Introduction à la science politique

PASCAL DELWIT

DIRECTEUR DE LA COLLECTION « SCIENCE POLITIQUE »

Pascal Delwit

DERNIERS TITRES PARUS

Adhérer à un parti. Aux sources de la participation politique, Emilie van Haute, 2009

L'islam à Bruxelles, Corinne Torrekens, 2009

Les voix du peuple. Le comportement électoral au scrutin du 10 juin 2009, édité par Kris Deschouwer, Pascal Delwit, Marc Hooghe et Stefaan Walgrave, 2010

Ordres et désordres au Caucase, édité par Aude Merlin et Silvia Serrano, 2010

La biodiversité sous influence ? Les lobbies industriels face aux politiques internationales d'environnement, Amandine Orsini, 2010

Revendiquer le « mariage gay ». Belgique, France, Espagne, David Paternotte, 2011

Clivages et familles politiques en Europe, Daniel-Louis Seiler, 2011

Party Membership in Europe: Exploration into the anthills of party politics, edited by Emilie van Haute, 2011

Les partis politiques en Belgique, édité par Pascal Delwit, Jean-Benoit Pilet, Emilie van Haute, 2011

Le Front national. Mutations de l'extrême droite française, édité par Pascal Delwit, 2012

L'état de la démocratie en Italie, édité par Mario Telò, Giulia Sandri et Luca Tomini, 2013

Culture et eurorégions. La coopération culturelle entre régions européennes, Thomas Perrin, 2013

Les entités fédérées belges et l'intégration des immigrés. Politiques publiques comparées, Ilke Adam, 2013

Le cumul des mandats en France : causes et conséquences, édité par Abel François et Julien Navarro, 2013

EDITIONS DE L'UNIVERSITE DE BRUXELLES

Introduction à la science politique

PASCAL DELWIT

SCIENCE POLITIQUE
SCIENCE POLITIQUE

ISBN 978-2-8004-1550-5
D/2013/0171/14

Avenue Paul Héger 26 - 1000 Bruxelles (Belgique)

EDITIONS@ulb.ac.be
www.editions-universite-bruxelles.be

Imprimé en Belgique

Avant-propos

S'initier à la science politique peut être trompeur pour de nouveaux étudiants ou un public intéressé. La politique est présente quotidiennement. Il ne se passe pas un journal parlé ou un journal télévisé sans qu'il y soit fait référence de manière plus ou moins marquée. Ce faisant, l'idée d'un rapport de proximité, de simplicité et de connaissance intuitive de la discipline peut s'insinuer. Il y a pourtant loin de la coupe aux lèvres. La science politique est une discipline scientifique en constante évolution et en débat(s) fréquent(s), qui a peu de choses à voir avec l'actualité et les commentaires le plus souvent superficiels, qui entourent régulièrement les faits sociaux et politiques de nos sociétés.

L'ambition de cet ouvrage est de faire découvrir au lecteur ce que recouvre la science politique, les débats qui l'animent, les objets dont elle traite et les méthodes mobilisées pour tenter d'analyser les faits politiques. Bien sûr, et il faut le prendre comme tel, il s'agit d'une introduction. Chaque partie mérite d'amples développements. Mais chaque chose vient en son temps. Nous avons pris le parti de ne pas développer outre mesure les mécanismes d'élaboration des politiques publiques ou encore tout le champ des relations internationales eu égard aux développements substantiels qu'ils connaissent dans la science politique contemporaine et à des approches plus centrées sur ces thématiques dans d'autres manuels[1].

A des fins didactiques, l'ouvrage se décompose en sept chapitres. Le premier porte sur l'histoire de la discipline, sur la définition de son champ d'investigation et sur les règles de base à respecter.

Le deuxième présente ce qui est le cœur de la science politique, le pouvoir politique et son évolution. Il est prolongé par la relation des différentes doctrines politiques avec l'Etat, forme contemporaine du pouvoir politique.

---

[1] Le lecteur intéressé pourra notamment utilement se reporter à J.-F. Morin, *La politique étrangère. Théories, méthodes et références*, Paris, Armand Colin, 2013 ; J.-G. Contamin, Th. Ribemont, P.-Y. Baudot, J. Aust, *Science politique*, Paris, Sup'Foucher, 2013 ; D. Battistella, *Théorie des relations internationales*, Paris, Presses de Sciences Po, 2009 ; L. Boussaguet, S. Jacquot, P. Ravinet (éd.), *Dictionnaire des politiques publiques*, Paris, Presses de Sciences Po, 2010 (3e édition) ; P. Muller, *Les politiques publiques*, Paris, puf, 2011 ; J.-J. Roche, *Relations internationales*, Paris, lgdj, 2012 (6e édition) ; P. Boniface, *La géopolitique : Les relations internationales*, Paris, Eyrolles, 2011.

Le troisième se fixe sur l'étude des régimes politiques, en distinguant les trois régimes les plus souvent épinglés : les régimes autoritaires, totalitaires et démocratiques.

Les chapitres IV, V, VI et VII sont une plongée dans le fonctionnement de la démocratie représentative. Le chapitre IV porte, sujet souvent méconnu et pourtant fondamental, sur les règles qui entourent le vote et l'élection, en particulier les modes de scrutin. Trois grandes configurations sont analysées : les modes de scrutin majoritaire, proportionnel et mixte.

Le chapitre V traite de l'acte principal qui légitime la démocratie représentative, l'élection au suffrage universel. Qui vote et pourquoi ? Mais aussi, qui ne vote pas et pour quelles raisons ?

Le chapitre VI a trait à l'un des acteurs majeurs de la démocratie représentative, les partis politiques. Après les avoir définis, nous évoquons les fonctions qu'ils remplissent et les typologies qui permettent de les classer.

Enfin, hors la participation électorale, le dernier chapitre aborde toutes les formes de participation politique et sociale dans les sociétés – de l'adhésion partisane à la participation aux nouveaux mouvements sociaux en passant par l'action dans les mouvements sociaux dits classiques.

CHAPITRE I

Histoire et règles méthodologiques de la science politique

I. Le caractère récent de la science politique

La science politique – comme discipline scientifique – est récente à l'échelle de l'histoire. Ce n'est en effet qu'au crépuscule du XIXe siècle qu'elle émerge lentement. Certes, plusieurs auteurs situent l'apparition de la science politique avant cette période. Ils le font en considérant l'œuvre de philosophes, de penseurs ou de théoriciens grecs du politique, Platon (428-347 avant notre ère) et Aristote (384-322 avant notre ère) en particulier[1], comme précurseurs de l'analyse rationnelle des faits politiques. D'autres jugent que la publication du livre *Le Prince* (1532) de Nicolas Machiavel marque les débuts de la science politique[2]. Machiavel y pense le politique en séparant, autant que faire se peut, morale et pensée rationnelle.

D'autres théoriciens cruciaux peuvent aussi être envisagés dans cette veine: Thomas d'Aquin (1224-1274), Jean Bodin (1529-1596), Thomas Hobbes (1588-1679), John Locke (1632-1704), Montesquieu (1689-1755), Hegel (1770-1831), Alexis de Tocqueville (1805-1859), Karl Marx (1818-1883)... On peut cependant difficilement parler dans leur chef de l'existence d'une *discipline scientifique* ayant vocation à analyser rigoureusement et scientifiquement «le» politique. De même pourra-t-on épingler que l'Université de Leyde dispense officiellement, dès 1613, la *science politique*, que l'Université d'Uppsala (Suède) établit une chaire dédiée au discours et à la politique et que l'ABO Académie en Finlande crée une chaire de politique et d'histoire en 1640[3]. En l'espèce aussi, nous n'en sommes qu'à la «préhistoire» de la science politique.

Ce n'est véritablement que dans le courant du XIXe siècle que naissent les sciences de la société, de l'homme et du politique. Durant ce siècle,

---

[1] G. Almond, «Political Science: The History of the discipline», *in* R. Goodin, H.-D. Klingemann (ed.), *A New Handbook of Political Science*, Oxford, Oxford University Press, 1996, p. 53.

[2] N. Machiavel, *Le Prince*, Paris, PUF, 2000.

[3] J. Coakley, «Evolution dans l'organisation de la science politique: la dimension internationale», *Revue internationale des sciences sociales*, 2004, n° 179, p. 193.

l'appréhension du *politique* devient petit à petit un objet d'étude et d'analyse à part entière. L'idée que le monde social, la société, l'organisation des êtres humains et l'agencement des faits sociaux peuvent être compris et interprétés à partir d'observations minutieuses, rigoureuses, récurrentes et «rationnelles» date de cette époque.

La question se pose alors: pourquoi au XIXe siècle? Selon Pierre Favre[4], il convient d'épingler quatre éléments principaux qui concourent au développement général des sciences sociales. A cela, s'ajoute un certain nombre de données plus spécifiques à l'origine de la progression et du développement de la science politique.

Qu'en est-il, de manière globale, pour les sciences sociales? Soulignons d'abord l'importance de la **révolution industrielle** dans le développement des sciences humaines. La révolution industrielle[5] change à la fois le monde, son approche et sa compréhension. En cela, elle modifie profondément les réflexions sur les sociétés humaines. Des phénomènes comme la standardisation de la production des biens, le développement des nouvelles technologies, le raccourcissement des distances grâce aux progrès enregistrés dans les moyens de transport, l'exploitation de la terre entière – il n'y a quasiment plus de territoires à «découvrir» –, l'apparition de nouveaux modes d'encadrement des populations, l'ouverture des frontières, la confrontation des productions nationales,... transforment radicalement les modes de perception et de représentation du monde. Il s'agit là d'éléments qui appellent l'attention, la comparaison, l'observation, l'exploration mais aussi, très rapidement, la compétition intellectuelle et politique.

Parallèlement à la révolution industrielle et au développement du capitalisme dans les pays les plus développés d'Europe, aux Etats-Unis et au Japon, se forge – dans un processus lent – **l'individualisme**. A l'échelle des élites économiques, politiques et intellectuelles, l'individu est désormais valorisé comme un être *indépendant*, détaché en particulier des liens de la religion ou de la soumission aux souverains de droit divin. Cela n'empêche pas que dans le même temps, les «individus» dans le processus de production (notamment la classe ouvrière et la paysannerie) subissent une exploitation effrénée[6]. Mais ce surgissement de l'individualisme, au niveau des élites pour commencer, est essentiel pour l'extension des sciences sociales et ce, à deux points de vue. D'abord, les individus peuvent désormais «se

---

[4] P. FAVRE, «Histoire de la science politique», *in* M. GRAWITZ, J. LECA (dir.), *Traité de science politique. 1. La science politique, science sociale. L'ordre politique*, Paris, PUF, 1985.

[5] K. POLANYI, *La grande transformation: aux origines politiques et économiques de notre temps*, Paris, Gallimard, 2009.

[6] Pour la Belgique, voir par exemple les deux tomes de J. NEUVILLE, *La condition ouvrière au XIXe siècle. Tome 1. L'ouvrier objet*, Bruxelles, éditions Vie ouvrière, 1976, et *La condition ouvrière au XIXe siècle. Tome 2. L'ouvrier suspect*, Bruxelles, éditions Vie ouvrière, 1980.

penser en retrait du monde social» et de la sorte être à même d'observer la société comme une chose. Par ailleurs, c'est avec l'individualisme que se fait plus systématique la nécessité du «projet créateur» individuel par lequel «l'intellectuel» a à cœur de se réaliser dans une œuvre – recherche, livre, cours – «qu'il veut croire indépendante de la pression des instances sociales»[7].

A ces composantes, ajoutons que l'individualisme contribue à la distinction et à la différenciation des rôles, des espaces et des enjeux. Autant de sujets qui développent tout à la fois les objets d'étude en sciences sociales, les «angles» de recherches et les disciplines.

Le XIXe siècle est aussi le siècle du ***scientisme***. Après des siècles au cours desquels la majorité des événements ont été présentés comme des œuvres d'essence divine, on entre dans l'ère de l'explication rationnelle et de l'approche scientifique. A un point tel que certaines élites politiques et scientifiques pensent que tout pourra désormais être abordé, réfléchi et résolu grâce et par la science. A titre d'exemple, la devise de l'Université libre de Bruxelles, créée en 1834, est: «Par la science nous vaincrons les ténèbres».

Si le «scientisme» fait souvent référence aux sciences dites «naturelles» ou «dures» – mathématique, physique, chimie, biologie, sciences de la santé... –, il a néanmoins contribué au besoin de «scientificité» dans les études relevant des domaines social et humain. Il s'agit d'avoir une approche scientifique et rationnelle des faits de société. Bref, d'instaurer les sciences sociales.

Enfin, quatrième élément, la fin du XIXe siècle voit une progression et une modification importantes des **«producteurs» et des «consommateurs» de sciences humaines**; en particulier avec l'apparition de lieux de recherche et d'enseignement scientifiques – notamment les universités «modernes». Le nombre d'étudiants, de chercheurs et de professeurs s'accroît peu à peu. Cela génère une compétition accrue et des recherches plus nombreuses qui favorisent l'exploration de nouveaux secteurs de la connaissance.

Si ces données ont globalement concouru à la progression des sciences sociales, qu'en est-il plus spécifiquement de la science politique?

---

7 P. FAVRE, *op. cit.*, p. 9.

II. L'autonomisation disciplinaire de la science politique

C'est au XIXe siècle que se scindent des disciplines jusqu'alors considérées comme formant un tout: **l'économie et la politique** ou **le droit et la politique**. L'étude de la «chose politique» devient un objet et un champ d'étude spécifique.

Le **développement des attributions étatiques et para-étatiques** (voir *infra*) génère la croissance d'une administration moderne; ce qui signifie plus d'agents de l'Etat, avec les besoins afférents: besoins de formation, d'encadrement, d'apprentissage,... Cela entraîne la création de nouvelles écoles d'administration, des études et des recherches plus pointues pour la fonction administrative. C'est en 1871 que voit le jour en France, à l'initiative d'Emile Boutmy (1835-1936), l'Ecole libre des sciences politiques. L'objectif de la nouvelle Ecole est double. Elle doit former la future élite politico-administrative en France. Et elle doit agréger de manière empirique des savoirs spécifiques comme l'économie, la finance, le droit public et l'étude des doctrines[8]. En Italie, la première Faculté de science politique est fondée à Florence (1874) alors que naît, vingt ans plus tard, la London School of Economics and Political Science.

Enfin, et c'est peut-être l'élément essentiel, la sécularisation progressive des sociétés et la démocratisation – lente – de quelques Etats d'Europe et des Etats-Unis engendrent l'émergence de **nouveaux objets d'étude**: les *électeurs*, les *élus*, les *modes de scrutin*, les *pouvoirs des assemblées*, les *pouvoirs des gouvernements*, les *formes de gouvernement*, l'impact de la démocratisation sur la vie et les choix politiques, les *Constitutions*, etc. mais aussi une rationalisation de la discussion et de l'argumentaire sur les «choses du politique». Sans disparaître, les arguments d'autorité font petit à petit place à des démonstrations – supposées – rationnelles et étayées.

A ces trois facteurs, ajoutons un quatrième élément mis en exergue par Philippe Braud[9], dans la cohérence des transformations économiques et politiques des sociétés d'Europe et des Etats-Unis à la fin du XIXe siècle: les exigences de ces sociétés de se connaître le plus exactement possible, de saisir **les rouages de leur fonctionnement** – à tous points de vue – de façon à pouvoir remplir les «tâches ambitieuses» qu'elles s'assignent. Mais aussi – et peut-être surtout – de réduire toutes les formes d'incertitude susceptibles d'engendrer des crises internes ou externes.

---

[8] J. BAUDOUIN, *Introduction à la science politique*, Paris, Dalloz-mémentos, 1996 (4e édition), p. 6.

[9] P. BRAUD, *La science politique*, Paris, PUF, 1993, p. 17.

Dans un pays comme la Belgique, l'émergence des sciences sociales et de la science politique se situe aussi dans le même canevas. Des personnalités et des associations pionnières sont à l'origine de leur développement. A ce sujet, il convient en particulier de citer Adolphe Quetelet (1796-1894). Tout au long du XIXe siècle, il contribue de manière décisive à la création d'institutions de connaissance scientifique des phénomènes de société : l'Association pour le progrès des sciences sociales à laquelle succède en 1891 la Société d'études sociales et politiques, en activité jusqu'en 1894-1895. Ces associations seront une source essentielle de légitimation des sciences sociales auprès des élites du pays[10].

L'industriel Ernest Solvay (1838-1922) est un autre précurseur. Pour celui-ci, toute réforme aux plans politique, économique ou social devait être au préalable l'objet d'études théoriques et scientifiques. C'est dans cette optique qu'à côté d'Instituts de sciences « dures » – notamment l'Institut de physiologie –, il fonde un Institut des sciences sociales en 1894. En 1897, il met aussi sur pied à l'Université libre de Bruxelles, en marge des cours dispensés, l'Ecole des sciences politiques et sociales. En 1902, l'Institut des sciences sociales fait place à l'Institut de sociologie, réputé pour ses recherches dans le domaine des sciences sociales[11].

C'est à la fin du XIXe siècle qu'émerge la science politique comme champ d'étude et de recherche. Mais il faudra encore attendre une bonne moitié du XXe siècle pour que la discipline soit largement reconnue et son champ d'investigation, défini.

Avant 1945, la science politique est surtout marquée par la publication de travaux pionniers qui participeront à la définition de son objet après la deuxième guerre mondiale. Du côté francophone, l'exemple le plus marquant est sans doute la publication du livre d'André Siegfried (1875-1959), *Tableau politique de la France de l'Ouest sous la Troisième République* (1913)[12], dont l'importance ne sera reconnue que bien plus tard. Dans le cadre de l'Ecole libre des sciences politiques, Siegfried, « seul prétendant au titre de père fondateur » de la science politique française[13], participe à la reconnaissance du caractère « scientifique » de l'étude du politique. Dans cet ouvrage, il mène une étude aussi minutieuse que possible du comportement électoral et de ses évolutions. Siegfried y présente ce qu'il considère

---

[10] J.-F. Crombois, *L'univers de la sociologie en Belgique de 1900 à 1940*, Bruxelles, Editions de l'Université de Bruxelles, 1994, p. 11.

[11] *Ibid.*, p. 33. Il sera dirigé pendant les premières années de son existence par Emile Waxweiler, une personnalité très importante dans le monde scientifique mais aussi politico-économique.

[12] A. Siegfried, *Tableau politique de la France de l'Ouest sous la Troisième République*, Bruxelles, Editions de l'Université de Bruxelles, 2010 (réédition).

[13] L. Blondiaux, « Pour une histoire sociale de la science politique », *in* Y. Déloye, B. Voutat (éd.), *Faire de la science politique*, Paris, Belin, 2002, p. 48.

comme des territoires du vote et souligne les permanences du comportement électoral.

Citons aussi le livre de Robert Michels (1876-1936), *Les partis politiques : essai sur les tendances oligarchiques des démocraties* (1919)[14], qui a profondément influencé les travaux relatifs aux schémas organisationnels des organisations politiques et sociales. Il est intéressant de noter que tant Michels que Siegfried étaient par ailleurs des chercheurs-acteurs, puisqu'ils étaient tous les deux engagés politiquement. Ce faisant, ils incarnent une réalité manifeste à cette époque : les chercheurs sont aussi des acteurs politiques et sociaux. En Belgique, le leader du parti ouvrier belge, Emile Vandervelde (1866-1938), fut aussi chercheur à l'Institut de sociologie.

Nous l'avons noté, quelques lieux d'enseignements et de recherche ont vu le jour, mais ils font office d'exception. Pas un département de science politique ne se crée dans une université britannique avant la deuxième guerre mondiale[15]. Avant 1940, on ne recense d'ailleurs qu'une seule association nationale de science politique en Europe, l'Association finlandaise, mise sur pied en 1935.

Dans l'entre-deux-guerres, le développement de la science politique pâtira fortement du *refoulement démocratique*. L'avènement de dictatures au Portugal et en Espagne, mais surtout en Italie et en Allemagne marque un coup d'arrêt des travaux en sciences sociales et politiques dans ces Etats. Ceux-ci ne peuvent être menés qu'en toute liberté, ce qui n'est pas (tout à fait) possible dans un Etat autoritaire. Nombre de savants sont d'ailleurs victimes de la répression et plusieurs émigrent.

III. Le caractère précurseur de la science politique américaine

En réalité, avant la première guerre mondiale et même pendant l'entre-deux-guerres, c'est surtout aux Etats-Unis que la science politique enregistre ses principaux progrès. Nés en 1776, les Etats-Unis sont un Etat qui se caractérise par un processus de démocratisation relativement linéaire sans refoulement fondamental. Les Etats-Unis dévoilent de nombreux objets de recherche inédits : le fédéralisme/confédéralisme, le constitutionnalisme, la question raciale, les processus électoraux, le présidentialisme, le bicaméralisme, les partis politiques...

---

[14] R. MICHELS, *Les partis politiques. Essai sur les tendances oligarchiques des démocraties*, Bruxelles, Editions de l'Université de Bruxelles, 2009 (réédition).

[15] J. COAKLEY, *op. cit.*, p. 193.

En juin 1880 est créée la School of Political Science à l'Université de Columbia. Cette école de science politique lance, en 1886, la première revue de la discipline: *Political Quarterly*[16]. En parallèle, la recherche et l'enseignement de la science politique naissent aussi à la John Hopkins University sous la forme des *John Hopkins Studies in Historical and Political Science.* En 1890, l'Université de Pennsylvanie crée les *Annals of the American Academy of Political and Social Sciences*[17]. Ces développements ne sont possibles que grâce à un instrument de financement appelé à se développer dans la culture anglo-saxonne, la collecte de fonds privés et la philanthropie. John Hopkins était lui-même un homme d'affaires fortuné.

En 1903, l'Association américaine de science politique voit le jour. Au départ, elle ne rassemble que quelques dizaines de personnes pour atteindre cinq cents membres environ à la veille de la première guerre mondiale. Relevons toutefois que la plupart des membres n'étaient pas des personnalités académiques, mais souvent des journalistes ou des personnalités politiques. Après la première guerre mondiale, l'Association américaine de science politique connaît un déploiement quantitatif et qualitatif. Dès 1920, elle rassemble 1 300 membres et près de 3 000 à la veille de la deuxième guerre mondiale. Entre les deux guerres, elle s'est «professionnalisée» peu à peu, dans la mesure où de plus en plus de ses membres travaillaient en milieu académique. Depuis, la croissance a été exceptionnelle. En 1995, l'Association américaine dénombrait 13 577 adhérents[18]. Et en 2013, elle annonce 15 000 membres[19]. Dès 1914, deux cents établissements dispensent des cours de science politique et quarante abritent des départements indépendants de science politique[20].

Les objets d'études principaux des politologues américains sont le fédéralisme, l'Etat et la sociologie électorale, domaines dans lesquels la science politique américaine est pionnière mais aussi l'étude des partis américains, notamment les phénomènes du «*boss*» et du parti comme «machine»[21]. En la matière, le livre de Moisei Ostrogorski (1854-1919), *La démocratie et les partis politiques* (1912), est la première grande œuvre majeure[22]. Il faut aussi

---

[16] F. Greenstein, N. Plosby (ed.), *Political Science: Scope and theory*, Boston, Addison-Wesley Publishing Company, 1975, p. 27.

[17] E. Berndstson, *«Schools of Political Science» and the formation of a discipline*, Paper presented at the xxist World Congress of the International Political Science Association, 2009, p. 10.

[18] L. Blondiaux, «Les tournants historiques de la science politique américaine», *Politix*, 1997, n° 40, p. 11.

[19] http://www.apsanet.org/content_1406.cfm?navID=721.

[20] J. Coakley, *op. cit.*, p. 193.

[21] H.F. Gosnell, *Boss Platt and His New York Machine: A Study of the Political Leadership of Thomas C. Platt, Theodore Roosevelt and Others*, Chicago, Chicago University Press, 1924.

[22] M. Ostrogorski, *Democracy and the Party System in the United States, a study in extra-constitutional government*, New York, MacMillan, 1910.

y ajouter les groupes de pression et les *lobbies*, et les phénomènes d'intégration de différentes minorités dans le cadre spécifique des Etats-Unis de l'entre-deux-guerres (voir *infra*).

Dans ce développement, un certain nombre de personnalités jouent un rôle déterminant. C'est le cas d'intellectuels en provenance de l'Université de Chicago. En science politique mais aussi dans les sciences sociales, on parle d'« Ecole de Chicago » : Charles Merriam (1874-1953), Harold Lasswell (1902-1978), spécialiste de l'étude de la propagande et de la psychologie politique, Harold Gosnell (1896-1997), précurseur dans l'étude du vote. Ces personnalités ont beaucoup contribué à donner un statut scientifique à l'étude du politique.

Par ailleurs, en science politique aussi en raison du développement du fascisme et du nazisme, les universités américaines ont « bénéficié », pendant la période de l'entre-deux-guerres, de l'émigration de personnalités scientifiques en provenance d'Italie mais surtout d'Allemagne, pays d'Europe où les universités étaient les plus développées et où la recherche dans le domaine des sciences sociales et de la philosophie était très réputée à cette époque. Les scientifiques des sciences naturelles, dont Einstein est le plus célèbre, ne sont pas les seuls à avoir choisi l'exil ; des sociologues, des politologues, des juristes, des historiens, des philosophes, etc., ont fait de même : Paul Lazarsfeld (1901-1976), qui a défendu sa thèse à l'université de Vienne ; Kurt Lewin (1890-1947), en provenance de l'Université Humboldt à Berlin ; Wolfgang Kohler (1887-1967), issu de l'Université de Berlin ; Otto Kirchheimer (1905-1965), professeur de science politique à l'école des syndicats allemands ; Herbert Marcuse (1898-1979), chercheur à l'Institut de recherche sociale de Francfort ; Hannah Arendt (1906-1975), docteure de l'Université d'Heidelberg ; Sigmund Neumann (1904-1962) ; Carl Friedrich (1901-1984),...

IV. La cristallisation politologique après 1945

Avant 1940, la science politique reste donc une discipline scientifique embryonnaire et sa position n'est « toujours pas parfaitement assurée »[23]. La fin de la deuxième guerre mondiale marque en Europe le véritable développement, la reconnaissance réelle de la science politique[24] et, de la sorte, son institutionnalisation comme « discipline à part entière »[25]. On considère

---

[23] J. Coakley, *op. cit.*, p. 190.

[24] Y. Déloye, *Sociologie historique du politique*, Paris, La Découverte, 1997, p. 20.

[25] P. Lecomte, B. Denni, *Sociologie du politique*, Grenoble, Presses universitaires de Grenoble, 1990, p. 12.

qu'il y a institutionnalisation dans la mesure où les critères le plus souvent admis en la matière sont remplis :

- l'existence d'une dénomination revendiquée en commun ;
- un accord sur une série d'objets d'études qui font partie du champ de la discipline ;
- la présence d'institutions d'enseignement et de recherches légitimées par la durée et la qualité. En France, par exemple, c'est en 1945 que sont créés l'Institut d'études politiques de Paris et la Fondation nationale des sciences politiques. En Europe, a été fondé en 1970 l'European Consortium for Political Research (ECPR[26]). Cette association organise chaque année deux Congrès annuels de science politique où le travail s'opère en ateliers sur des sujets annoncés. Plusieurs centaines de politologues de toutes les universités européennes et de plus en plus extra-européennes y prennent part. De même, l'International Political Science Association (IPSA[27]) – dont les origines se trouvent dans une réunion informelle mémorable en septembre 1948 à Paris – voit le jour en 1949. La guerre est encore dans toutes les mémoires et le président n'hésite pas à s'y référer pour expliquer la fondation de l'Association : « Ce qui a provoqué la création de notre Association, c'est la corruption de la politique par la tyrannie inhumaine et par la guerre totale qui ont et qui pourront avoir encore des conséquences désastreuses pour le monde entier. L'idéal auquel notre Association aspire est d'éliminer cette corruption par l'application de la méthode scientifique à la solution des problèmes politiques »[28]. Outre des congrès généraux tous les trois ans, elle publie une revue importante. Ces congrès rassemblent plusieurs milliers de politologues. L'American Political Science Association organise aussi un congrès chaque année qui rassemble plusieurs milliers de politologues ;
- enfin, l'existence de supports pour la diffusion et la reproduction des résultats de la recherche – manuels, revues, livres, colloques,...[29]. Le nombre de départements de science politique croît de manière notable.

En France, la cristallisation est alors patente. Plusieurs Instituts d'études politiques sont créés en un court laps de temps ; à Strasbourg en 1945, à Grenoble, Lyon, Toulouse et Bordeaux en 1948, à Aix-en-Provence

[26] http://www.ecprnet.eu/
[27] http://www.ipsa.org/
[28] Cité par J. COAKLEY, *op. cit.*, p. 199.
[29] P. FAVRE, *op. cit.*, p. 4.

en 1956. L'Association française de science politique est fondée en 1949 et la *Revue française de science politique,* en 1951[30].

Dans les années soixante, les sciences sociales et politiques connaissent une ***révolution behavioriste***. Contre une psychologie traditionnelle fondée sur «l'introspection et la subjectivité»[31], l'explication est préférée à l'analyse; la collecte scrupuleuse de données, à l'abstraction. De même, l'étude des institutions pâtit de l'étude croissante des comportements observables et réels...

V. Que recouvre la science politique?

Un groupe d'experts de l'UNESCO a procédé à l'une des premières tentatives de définition institutionnalisée en 1948. Ce groupe classa la science politique en quatre grandes rubriques[32]:

1. la *théorie politique* entendue comme non normative;
2. les *institutions politiques*, à savoir l'étude – souvent dans une perspective comparative – des types de gouvernements aux divers échelons (national, régional local,...), l'étude de l'administration publique et, souvent, l'étude des fonctions assumées par ces différentes institutions. Ce domaine s'est beaucoup développé ces dernières années à l'aune de l'étude des *politiques publiques*;
3. *les partis politiques, les groupes* et tout ce qui est du ressort de «l'opinion»;
4. le domaine des *relations internationales*: organisations internationales, politique étrangère des Etats, coopération, conflits,... Ce domaine s'est particulièrement imposé au lendemain de la deuxième guerre mondiale dès lors que les changements qu'elle avait induits étaient considérables. Outre les relations interétatiques, qui étaient le cœur des relations internationales, s'est développée l'analyse des relations entre Etats et organisations internationales, et des relations entre organisations internationales. Or, le nombre d'organisations internationales créées au lendemain de 1945 a été considérable et s'est accru au fil du temps. Que l'on songe par exemple à l'Organisations des Nations unies (ONU), fondée en 1945, et à ses organisations dérivées, à l'Organisation du traité de l'Atlantique nord (OTAN), mise sur les fonts baptismaux en 1949, à la Banque mondiale établie en 1945, au Fonds monétaire

[30] A. Cohen, B. Lacroix, Ph. Riutort, «Qu'est-ce que la politique?», *in* A. Cohen, B. Lacroix, Ph. Riutort, *Nouveau manuel de science politique*, Paris, La Découverte, 2009, p. 24.

[31] N. Mayer, *Sociologie des comportements politiques*, Paris, Armand Colin, 2010, p. 34.

[32] Ph. Braud, *op. cit.*, p. 9.

international (FMI), créé en 1944, à l'Union européenne (UE) dont l'institution originelle, la CECA, date de 1954,... Dans la période contemporaine, le champ des relations internationales s'est élargi à ce que l'on appelle en anglais la *Global Governance* (gouvernance globale) : l'exercice des politiques publiques à une échelle supranationale – gestion de l'eau, gestion financière, gestion des migrations...

C'est à partir de ces éléments classifiés que plusieurs autres catégorisations ont été proposées. Sachant par ailleurs que la science politique est une discipline en mutation continue, on peut retenir la catégorisation proposée par Philippe Braud pour le champ de la science politique :

1. *la théorie politique* qui, à la différence de la philosophie politique, n'aurait pas de vocation normative ;
2. *la sociologie politique ou science politique interne*, centrée sur l'analyse des institutions, du processus décisionnel et des acteurs présents dans l'Etat ;
3. *la science administrative*, qui regroupe l'administration publique et un domaine en plein développement, l'étude des politiques publiques ;
4. *les relations internationales*, champ d'étude en pleine mutation en raison de l'affadissement de l'Etat, du développement important d'acteurs non étatiques et de l'élaboration et de la mise en œuvre de politiques à l'échelle *supra*-étatique.

VI. Le rapport avec les autres disciplines

La définition stricte d'une discipline et de ses *territoires* est toujours un exercice très complexe. La délimitation de frontières disciplinaires s'avère ardue. Elle est compliquée d'un point de vue intellectuel mais aussi parce que les délimitations de cette définition se fixent sur des enjeux multiples : financiers, économiques, intellectuels, de prestige,... C'est vrai pour toutes les disciplines. Ce l'est aussi pour la science politique, d'autant que son objet d'étude est au carrefour d'autres disciplines : le droit (étude des institutions), l'histoire (la perspective historique est capitale en science politique), la sociologie, l'économie, la psychologie,... à tel point que l'on parle parfois des sciences politiques.

Au demeurant, les chercheurs en science politique ne sont pas d'accord entre eux sur les « sources » de la science politique. Là où Jean-Pierre Cot et Jean-Pierre Mounier, rejoints par Daniel-Louis Seiler, considèrent la science politique comme « la fille incestueuse de l'histoire et du droit »[33],

[33] J.-P. Cot, J.-P. Mounier, *Pour une sociologie politique, tome 1*, Paris, Points-politique, 1974, p. 11.

Yves Schémeil annonce que les deux sources d'inspiration rétrospectives de la science politique sont l'économie et la sociologie[34]. Pour sa part, Jean Baudouin parle d'une longue confusion de la connaissance du phénomène politique avec le droit public, tout spécialement avec le droit administratif et le droit constitutionnel. Cette confusion aurait engendré deux effets dans l'appréhension du politique. D'une part, l'approche du phénomène politique se ferait dans le cadre d'une vision normative pour l'essentiel et donc peu sociologique. D'autre part, le poids du droit aurait légué une vision institutionnaliste surtout[35].

En tout état de cause, les rapports de la science politique avec les quatre disciplines citées sont importants. Il est par ailleurs certain que des objets d'étude peuvent être réalisés à partir de la science politique et d'autres disciplines. Plusieurs exemples l'illustrent :

1. l'étude des institutions peut être à la fois l'objet du droit, de la science politique, de la sociologie (théorie des organisations, des élites, etc.), de la psychologie, de l'anthropologie,... ;
2. la politique économique peut être l'objet de recherches de la science économique et de la science politique ;
3. l'histoire politique est tout à la fois un objet d'étude des sciences historiques et de la science politique,... ;
4. les relations internationales sont l'objet d'étude de la science politique mais aussi du droit international.

Ce rapport complémentaire/conflictuel avec les autres disciplines doit amener le chercheur et l'étudiant en science politique à une triple démarche :

1. il doit affirmer – arguments à l'appui – la spécificité de la science politique (les constitutionnalistes ne sont, par exemple, pas les mieux habilités à expliquer la vie politique) ;
2. il faut qu'il explore et connaisse les disciplines nécessaires à l'étude du politique (sociologie, géographie, histoire, économie, droit, anthropologie, psychologie,...) et doit donc avoir une culture générale très développée en ces matières ;
3. enfin, il faut aborder des sujets d'étude de manière multidisciplinaire afin de disposer d'éclairages multiples.

In fine, ce qui distinguera une discipline ou des travaux disciplinaires, c'est le triptyque **objet – question – méthode**. On peut le cas échéant avoir un même objet d'étude dans des disciplines différentes, mais la ques-

---

[34] Y. Schémeil, *La science politique*, Paris, Armand Colin, 1994, p. 40.

[35] J. Baudouin, *op. cit.*, p. 8.

tion à l'origine du questionnement et du travail scientifiques et les méthodes mobilisées pour y répondre sont sensiblement différentes selon les disciplines. D'où l'importance essentielle de poser de bonnes questions – c'est très difficile – et d'utiliser des méthodes adaptées pour apporter certaines réponses.

VII. Aspects méthodologiques

Parce que la science politique couvre un champ qui a trait aux conflits, à l'actualité et au débat public, les règles méthodologiques d'approche du politique sont essentielles et doivent être **strictement respectées**, faute de quoi le caractère scientifique de la science politique lui sera vite dénié. Classiquement, les méthodes dans les disciplines de sciences humaines et sociales diffèrent de celles des sciences dures. Dans ces dernières, les expériences peuvent être conduites en laboratoire et sont reproduisibles. Ce n'est pas possible dans les sciences humaines, même s'il existe plus souvent qu'auparavant des dynamiques « d'expérimentation », notamment en science politique.

Il n'y a pas « une » méthode ou « une » école de pensée. En la matière, il existe une grande diversité et sur à peu près tous les sujets, on recense plusieurs « écoles de pensée » et plusieurs approches méthodologiques possibles. Classiquement, une grande ligne de partage émerge d'emblée : on partira soit du déterminisme social – les effets de « l'environnement » sur l'action des individus –, soit de l'individualisme méthodologique – l'analyse des choix et des actions de l'individu et de leur impact sur son environnement. Il y a donc deux perspectives dans l'interprétation des faits sociaux :

> « La première, on l'a montré, insiste sur les déterminismes sociaux niant toute latitude réelle aux individus. Et les faits « politiques » sont donc redevables de ces déterminismes et doivent être reliés à la totalité sociale et à ses « lois » pour être expliqués. Ils n'ont en soi d'ailleurs qu'une autonomie illusoire, étant gouvernés par d'autres phénomènes plus globaux. Cette version qu'on retrouve chez Durkheim s'observe dans toute une tradition sociologique pour laquelle la plupart des phénomènes sociaux – dont les phénomènes « politiques » – sont conditionnés par les structures sociales. Dans le domaine de l'analyse politique, cette théorie de la contrainte sociale est illustrée de manière non exclusive mais classique par la tradition marxiste et certains travaux contemporains de Pierre Bourdieu.
>
> Une autre perspective, inspirée de la sociologie wébérienne, s'attache à relativiser sensiblement – voire parfois à ignorer – le déterminisme des structures sociales pour restituer la signification des faits à travers les logiques d'actions individuelles. Ce courant de la sociologie – « l'indi-

vidualisme méthodologique» – ne centre pas de façon significative son analyse sur les phénomènes politiques à la différence de Weber mais donne une clef possible d'interprétation de ceux-ci»[36].

Quelles que soient les approches empruntées, un certain nombre de règles doivent être respectées.

A. Le principe de la neutralité axiologique

Le principe de la neutralité axiologique est un concept qui a été proposé par le célèbre sociologue Max Weber (1864-1920). Il implique une neutralité dans **l'appréhension de l'objet étudié**, sinon on introduit un biais dans la recherche et donc dans les résultats.

Le principe de neutralité axiologique ne veut pas dire qu'il faut être neutre d'un point de vue politique. D'ailleurs, la neutralité politique ne veut rien dire parce que c'est déjà en soi une position politique. **Ce qui est important, c'est la neutralité par rapport à son objet d'étude**.

Appliquer à 100% le principe de la neutralité axiologique est tout à fait impossible car cela supposerait que le chercheur ou l'étudiant en science politique soient «hors» la société. Il peut même y avoir un certain intérêt à la «participation» à son objet d'étude. En effet, selon Hastings, «la difficulté provient du statut de l'observateur: trop distant, il éprouvera des difficultés à saisir la complexité des processus qu'il étudie; trop impliqué, il risquera de perdre sa nécessaire neutralité»[37].

Mais **il faut tendre** vers la neutralité axiologique et, le cas échéant, avertir le lecteur ou l'auditeur des biais possibles dans une recherche. Illustrons ceci par quelques exemples:

1. être membre d'un parti et l'étudier présente certains intérêts et pose en même temps des défis. Ils ne sont pas insurmontables, loin s'en faut, mais il faut signaler leur existence;
2. faire de l'enquête par sondage rémunérée peut induire des types de questions et des types d'interprétations suivant la source de rémunération et les volontés du contractant, qui peuvent parfois nuire sérieusement à la qualité du travail scientifique *stricto sensu*;
3. travailler dans le privé tout en enseignant à l'université peut conduire à des déformations et, le cas échéant, à un manque d'esprit critique sur son milieu professionnel.

---

[36] D. CHAGNOLLAUD, *Science politique*, Paris, Dalloz, 2010 (7e édition), p. 11.

[37] M. HASTINGS, *Aborder la science politique*, Paris, Mémo-Seuil, 1996, p. 9.

Redisons-le, éviter toutes les sources de tensions et de contradictions en la matière est tout à fait impossible. Il faut y tendre et, le cas échéant, « annoncer la couleur ».

Soulignons par ailleurs qu'il n'existe pas de consensus dans la communauté des politologues à ce sujet et que de vifs débats la divisent régulièrement sur ce point. Ainsi, dès la fin des années soixante, la prestigieuse American Political Science Association fut-elle secouée par la contestation d'un certain nombre de politologues qui dénonçaient une science politique « incapable de s'exprimer sur les grandes questions et les crises de notre temps » et complice d'un certain nombre de choix politiques et de politiques publiques « simplement » décrites et analysées et non combattues. Le débat fait alors rage aux Etats-Unis sur la question des droits civiques et sur l'intervention militaire au Vietnam. En conséquence, ce groupe « sortira » de l'APSA pour fonder le New Caucus of Political Science[38].

En France, la définition du projet éditorial des Editions du Croquant où publient nombre de politologues ne cache pas son ambition d'être une aide à l'action : « L'essor du nouvel ordre économique mondial, les politiques qui l'orientent et ses conséquences pour les populations, commandent de nouvelles analyses pour comprendre et agir. S'inscrivant dans une démarche critique des mécanismes de domination, les Editions du Croquant publient des ouvrages de chercheurs en sciences humaines en étroite collaboration avec l'association Raisons d'Agir, des témoignages d'expériences sociales innovantes et des travaux de collectifs du mouvement social »[39].

B. La séparation de la morale et de la politique

La séparation de la morale et de la politique est un élément corollaire du premier. **Il est absolument indispensable dans l'étude du politique**. L'ambition du politologue ne doit pas être de dire ce qui est bien ou mal mais d'essayer d'analyser et d'expliquer ce qui est, ce qui est déjà une tâche exceptionnellement difficile.

Le politologue doit éviter de juger son objet d'étude – même si cela est aussi très complexe –, il doit tenter de le **comprendre** et de **l'interpréter**.

Beaucoup de gens sont d'accord pour estimer que l'attentat perpétré contre les deux tours du World Trade Center en septembre 2001 a été innommable. Au-delà de l'émotion et de la condamnation, le travail du politologue consistera à essayer de décortiquer, de comprendre, d'interpréter le sens de l'événement, ses acteurs, ses possibles répercussions et ses origines. Autrement dit, un travail très difficile, *a fortiori* pour les questions

[38] L. Blondiaux, « Les tournants historiques de la science politique américaine », *op. cit.*, p. 28.
[39] http://atheles.org/editionsducroquant.

extrêmement sensibles. Il est presque aussi difficile de mettre autour de la table nombre de politologues israéliens et palestiniens que les responsables politiques de l'Etat d'Israël et de l'Autorité palestinienne. La même observation peut valoir pour des scientifiques dans des Etats déchirés par des conflits politico-sociaux territoriaux : en Espagne, en Grande-Bretagne, en Belgique, en Italie,…

Soulignons que dans le champ de la théorie (philosophie) politique, ce refus du normativisme est contesté en partie.

C. La science politique n'est pas l'étude de « l'air du temps »[40]

Dans la mesure où plusieurs objets de la science politique peuvent être très médiatisés, il arrive que les chercheurs ou les étudiants en science politique soient « invités » à appréhender ces questions à chaud, en fonction de l'actualité. Ces problèmes sont parfois appelés à s'essouffler tout aussi vite qu'ils sont apparus. Ils sont de temps en temps très accessoires pour la science politique et, à l'occasion, essentiels.

Le politologue doit répondre aux sollicitations médiatiques ou de son entourage mais il doit refuser de courir après. Les questions traitées dans les médias sont parfois et, en réalité de plus en plus, des modes. Si elles sont importantes, il doit continuer à les traiter hors médiatisation. Au surplus, les médias ont **leur logique et leur dynamique propres** qui ne sont pas celles d'une discipline scientifique : traiter des faits les plus spectaculaires ou qui sortent de la normalité, valoriser les positions les plus distendues dans un débat…

En Belgique, des personnalités comme Jean-Marie De Decker, Bart De Wever ou Olivier Maingain font plus aisément le bonheur des médias que d'autres qui défendent des positions moins tranchées. En France, un débat avec Jean-Luc Mélenchon ou Marine Le Pen est synonyme d'audience.

En fait, il nous faut garder à l'esprit trois dimensions essentielles par rapport aux phénomènes de médiatisation :

1. « on » ne médiatise une chose que… s'il y a de quoi la médiatiser. Faute d'images, de reporters, d'informations et surtout d'*événement*, nombre de faits et d'éléments importants sont tout à fait passés sous silence ;
2. il y a une très forte propension médiatique à ne s'intéresser et à ne couvrir que les informations événementielles ou problématiques. Qui évoque le Botswana, pays au fonctionnement démocratique remarquable en Afrique ? En revanche, son voisin, le Zimbabwe est régulièrement pointé dans l'actualité en raison des conflits entre le président

[40] P. Lecomte, B. Denni, *op. cit.*, p. 32.

Mugabe et son challenger Morgan Tsvangirai, lors de l'élection présidentielle. Fondamentalement, pour le politologue, les deux situations sont tout aussi intéressantes. La notion d'« événement » est d'ailleurs très relative ;

3. il y a une forte propension occidentalo-centriste dans l'information. Les principaux groupes de presse sont « occidentaux » et la (re)présentation de l'actualité s'en ressent de manière forte. Le « poids » de la chaîne CNN en est sans doute l'illustration la plus saisissante.

D. L'utilisation des mots et des concepts en science politique

Il faut être particulièrement prudent dans l'appréhension des mots en science politique. Ne confond-on pas souvent « politicien » (homme ou femme politiques) et politologue ou politiste (analyste de la chose politique) ?

Les mots doivent être bien compris et le plus souvent précisés, comme l'ont souligné Cot et Mounier[41] pour le mot *fonction*, essentiel en science politique. Le mot peut avoir

- un sens professionnel (profession, emploi ou statut) ;
- un sens mathématique (la relation existant entre deux ou plusieurs éléments) : X est fonction de Y lorsque la valeur de X dépend de la valeur de Y ;
- un sens « biologisé ». On parlera des fonctions d'un organe : ensemble coordonné des opérations que ces organes effectuent pour le maintien de la vie qui peut être transposé à la science politique, par exemple dans l'étude des partis politiques (les fonctions d'un parti politique).

Même à ce stade, des distinctions peuvent encore être faites. Ainsi, la différence entre les fonctions *explicites* et les fonctions *latentes* ou les fonctions *exogènes* ou *endogènes* est importante. Pour les fonctions explicites, on peut considérer les dimensions conscientes. Pour les fonctions latentes, on se penche plutôt sur les conséquences objectives.

Le mot *politique* est d'ailleurs à la même enseigne que la notion de fonction. Il peut être compris différemment et, d'ailleurs, a des traductions différentes en anglais :

1. on parlera ainsi de politique fiscale, de politique budgétaire, de politique académique qu'on peut rassembler sous le terme de « gestion » et

---

[41] J.-P. COT et J.-P. MOUNIER, *op. cit.*, p. 86.

qui se traduira en anglais par *policy*. Les différentes politiques sont les *policies*;

2. il y a la communauté politique qui se traduit en anglais par la *polity*;
3. enfin, il y a la politique, la chose politique, ce qui a trait au politique traduit en anglais par *politics*, d'où la traduction de science politique par *political science*.

Au demeurant, ces trois grandes catégories n'épuisent pas tous les sens différents du mot politique. Songeons notamment au caractère péjoratif ou au rejet (exemple, « Ça, c'est politique ! »).

Par ailleurs, le sens des mots peut évoluer. Ce que recouvrent la gauche et la droite au XIXe siècle n'est pas la même chose que leur définition au XXe siècle. Et les choses évoluent encore au XXIe siècle. Au XIXe siècle, ce qui sépare la gauche de la droite est pour l'essentiel le rapport à la religion et à l'Etat. La gauche est favorable à une séparation radicale de l'Etat et de l'Eglise alors que la droite prône un rôle très important de l'Eglise dans les affaires de l'Etat. De la sorte, le parti libéral belge et le parti radical français étaient considérés comme des partis de gauche jusqu'au milieu du XXe siècle. Par la suite, c'est surtout par rapport aux questions économiques et sociales que sont classés les partis de gauche et de droite. Dès lors, le parti libéral belge et le parti radical français sont plutôt classés comme des formations de droite. Dans la période contemporaine, une distinction est aussi réalisée sur les questions de société – environnement, école, questions éthiques,... – entre une posture dite libérale culturelle (de gauche), et une vision traditionnaliste ou conservatrice, de droite. De même, d'aucuns évoquent sur les thématiques de rapport à l'autre – immigration, demandeurs d'asile, identité nationale,... – une opposition entre un positionnement universaliste de gauche et une posture ethnocentrique de droite (voir *infra*)[42].

Depuis le 11 septembre 2001, le terme « terroriste » est aussi intéressant à examiner. Il a été mis à toutes les sauces. A la suite du triple attentat du 11 septembre 2001, il a été mobilisé par de nombreux responsables politiques pour délégitimer leur adversaire : Sharon à propos des Palestiniens et de Yasser Arafat jusqu'à son décès, Alain Joxe à propos de Sharon, Vladimir Poutine à propos de la résistance tchétchène,... Dans cette optique, le caractère opératoire du « terroriste » dans les approches scientifiques n'en est que plus réduit.

---

[42] S. BORNSCHIER, « The new cultural divide and the two-dimensional political space in Western Europe », *West European Politics*, 2010, vol. 33, n° 3, p. 434.

E. Le danger du « sens commun »

Le «sens commun» est l'un des plus grands dangers qui menace la recherche et l'analyse en science politique. Dans la mesure où la science politique traite de certaines problématiques de la vie quotidienne, de nombreuses réponses aux questions soulevées relèveraient du «sens commun», du «bon sens», qui, très souvent, sont des «préjugés que les individus nourrissent plus ou moins spontanément à l'égard des faits sociaux»[43].

Or, «bon sens» et science politique font très rarement bon ménage. Soulignons d'abord que le «bon sens» est une formule de légitimation d'un discours sans devoir le prouver: «La réponse à ce problème est évidente», elle relève du «bon sens»; il «est évident que». En réalité, le «bon sens» ne tient quasi jamais la route après observation et analyse des phénomènes. Au demeurant, il y a souvent beaucoup de réponses de «bon sens» et de «sens commun» avancées pour un même problème. Cela fait souvent beaucoup de «bon sens» très différents, à l'image des proverbes d'ailleurs qui ont tous leur contraire mais qui nous sont pourtant assenés tous les jours: «Qui ne risque rien n'a rien»; «Qui risque tout perd tout»; «Un tiens vaut mieux que deux tu l'auras»...

F. Dépasser les apparences

Contrairement aux idées de sens commun, les choses du politique sont souvent opaques ou ambivalentes et nécessitent donc de l'investigation, beaucoup d'investigation. Cela suppose du temps, du travail, de l'énergie, de la réflexion et une méthodologie de recherche adaptée.

La temporalité est aussi importante en science politique que dans d'autres sciences. Il faut parfois tester plusieurs hypothèses, chercher longtemps avant de comprendre – ou plus exactement espérer comprendre – un phénomène ou une situation. Au surplus, un même événement peut receler des données et des explications contradictoires.

G. Les dangers de l'anachronisme

L'anachronisme guette en permanence toute recherche en science politique. Il est fondamental de resituer un événement, une pensée, un écrit, une idée ou une action **dans son contexte,** dans la manière dont on voit et vit les choses à l'époque de l'événement ou de l'action analysés.

---

[43] J. BAUDOUIN, *op. cit.*, p. 19.

Il est essentiel de ne pas projeter la situation économique, culturelle, politique, psychologique de son époque dans l'analyse d'événements antérieurs. Faute de quoi, l'interprétation sera souvent erronée. L'enthousiasme pour la pensée radicale révolutionnaire après mai 1968 est parfois peu compréhensible par rapport aux valeurs et aux idées très dominantes de nos jours mais elle l'est beaucoup plus dans le contexte de cette époque... La temporalité peut parfois être brève. L'image positive de Jacques Chirac en 2012 et 2013 contraste fortement avec son niveau d'impopularité à la fin de son deuxième mandat présidentiel. On ne peut pas identifier cette bonne image d'aujourd'hui avec celle qui existait en 2006, à la fin de son deuxième mandat.

H. Adopter une démarche scientifique

En bref, il s'agit donc pour les politologues d'adopter une démarche scientifique pour l'étude du politique. S'inscrire dans une démarche scientifique, c'est avant tout respecter des « critères de scientificité » essentiels :

1. la cohérence du raisonnement ;
2. le contrôle par les données de fait ;
3. le contrôle par ses pairs[44].

Une recherche passe en général par trois phases :

1. **l'enregistrement de données**. En science politique, les données peuvent être de nature différente : lectures, analyse de documents, observation de terrain, enquêtes quantitatives ou qualitatives,... ;
2. **le traitement des données**. Il faut les rassembler, les agréger, les articuler de « façon cohérente dans un système de relations explicatives »[45] ;
3. **l'interprétation des données**. Suite des deux premières étapes, l'interprétation est la phase la plus difficile du travail du politologue. A partir de l'analyse des constances, des régularités, des corrélations, des rapports entre les faits observés, le politologue avance une ou des interprétations des objets étudiés. Il essaie de distinguer les **variables dépendantes** des **variables indépendantes**. La variable dépendante est une variable qui est liée à la présence d'une autre variable. En revanche, la variable est indépendante si elle produit des effets indépendamment d'une autre variable. Dans cette optique, **elle est explicative**.

L'utilisation d'une bonne méthodologie quantitative ou qualitative est essentielle. Le statut des sources est aussi crucial : il faut toujours bien saisir à quelle type de source nous avons affaire.

---

[44] P. Lecomte, B. Denni, *op. cit.*, p. 24.

[45] *Ibid.*, p. 33.

VIII. Quand un objet d'étude est-il du ressort de la science politique ?

Nous avons vu que l'on pouvait classer la science politique en quatre grands domaines d'étude : la théorie politique, la sociologie politique, la science administrative – étude des politiques publiques et les relations internationales. Toutefois, nous n'avons pas encore défini quand un objet fait partie du champ spécifique de la science politique. Cette interrogation, presque anodine, n'a pas de réponse évidente. « Pas plus que la « politique » n'a de contenu universel, la « science politique » n'a d'objet intrinsèque », affirment Cohen, Lacroix et Riutort[46]. « On doit admettre également que cette question de l'objet n'a épistémologiquement pas de sens, dès lors qu'elle se limite au seul bien-fondé des divisions entre disciplines scientifiques dont on connaît la géométrie variable, voire parfois l'arbitraire », renchérissent Déloye et Voutat[47].

Cette problématique ramène à la question déterminante : qu'est-ce que le politique et qu'étudie la science politique, au-delà de la définition formelle de ses champs d'investigation ? De manière schématique, nous pouvons dire que **la science politique étudie les conflits et les modes de régulations des conflits du ou des pouvoirs politiques en présence**. A partir de cette définition synthétique, l'objet d'étude dans les quatre domaines cités vise à :

1. l'étude et à la présentation des conflits et de ses manifestations ;
2. l'étude des espaces des conflits ;
3. l'étude de la nature des conflits ;
4. l'étude des acteurs des conflits ;
5. l'étude des acteurs des règlements ou des tentatives de règlements des conflits.

En d'autres termes, la science politique est l'étude des rapports de forces, des conflits politiques, de leur évolution et de l'évolution parallèle des régulations ou non-régulations des conflits politiques. Comment, à partir de cette approche, définir si un objet est du ressort de la science politique ?

La réponse la plus largement acceptée dans la communauté scientifique des politologues est de savoir s'il y a ***politisation*** ou non de l'objet concerné. Qu'est-ce que cela veut dire ?

---

[46] A. Cohen, B. Lacroix, Ph. Riutort, « Qu'est-ce que la politique ? », *op. cit.*, p. 16.

[47] Y. Déloye, B. Voutat, « Entre histoire et sociologie : l'hybridation de la science politique », *in* Y. Déloye, B. Voutat, *Faire de la science politique*, Paris, Belin, 2002, p. 8.

L'hypothèse de départ est que les faits sociaux ne sont pas «politiques» par essence: un objet ou une question ne sont pas politiques «en soi». Ils sont potentiellement «politiques». Mais quand le deviennent-ils? Lorsque le fait ou l'objet sont «politisés», c'est-à-dire lorsque les acteurs relatifs à l'objet ou au domaine étudiés parviennent à faire prendre en considération, par les tenants du ou d'un pouvoir politique, la question dont ils sont porteurs comme une question à appréhender, à traiter et à réguler par ledit pouvoir politique. Dans le chef de l'Etat en particulier, Jean Leca propose de repérer le politique en ces termes:

> «C'est le rapport des forces entre les différents groupes qui fournissent chacun leur propre détermination (du politique) qui fait surgir la détermination objective des frontières du politique. (...) La détermination concrète d'une relation (sociale) comme relation politique ne peut donc surgir que de la comparaison d'une détermination subjective – qui est le fait des différents acteurs politiques – et d'une détermination objective – fournie par le rapport de forces qu'ils représentent à un moment donné»[48].

Suivant les époques et les contextes, la politisation d'une question ou d'un objet évolue. Et par ce fait, les champs de la science politique muent également. La définition d'un objet de la science politique par la «politisation» a l'avantage majeur d'être cohérente. Elle offre une délimitation relativement claire des objets qui sont du ressort de la science politique. Elle recèle néanmoins plusieurs inconvénients.

D'abord, une même question peut être traitée de *politique* par certains chercheurs (notamment d'une même «culture»), de religieuse ou de privée par d'autres. Songeons à la problématique des caricatures de Mahomet publiées par un journal danois il y a quelques années.

Ensuite, le *pouvoir politique* (l'Etat en particulier) a très souvent répondu à des conflits et à des revendications **par le silence** en lui refusant le statut de «problème» et en ignorant le caractère de fait social ou de fait politique. Il s'agit en l'espèce d'une réponse par l'indifférence. Pendant longtemps, nombre d'Etats ont ignoré la question sociale; ils la considéraient comme une affaire de droit privé ressortissant du contrat entre deux individus. Les manifestations étaient jugées comme des affaires de droit commun,... Le chercheur doit-il alors *s'aligner* sur la position des pouvoirs publics pour ne pas appréhender un phénomène et un objet comme politiques? Ne pas prendre en compte une question ou une problématique comme «politiques» n'est-ce pas déjà en soi un objet d'étude de la science politique? Ajoutons d'ailleurs, à la suite de Daniel Gaxie[49], que les problématiques

---

[48] P. Lecomte, B. Denni, *op. cit.*, p. 14.

[49] D. Gaxie, *La démocratie représentative*, Paris, Montchrestien-clé, 1993, p. 126.

«hors des affrontements centrés sur des questions socio-économiques» ont toujours trouvé difficilement leur place dans le «champ politique».

Cette définition de la «politisation» de l'objet peut aussi présenter l'inconvénient de cacher, voire d'ignorer, les interventions dans le champ politique qui sont peu ou non visibles et non institutionnelles. Un pouvoir politique reconnaît-il le poids des *lobbies* – les groupes de pression – dans la décision politique? Non. Pourtant, personne ne met en doute aujourd'hui, parmi les politologues, l'importance des *lobbies* dans la prise de décision politique. L'étude des *lobbies* est d'ailleurs un objet de la science politique.

Quelles conclusions peut-on tirer de cette définition et des critiques qui lui sont adressées? La «politisation» d'une question, d'un objet, est, en tout état de cause, quelque chose en évolution constante. Illustrons ce propos à l'aide de quelques exemples.

La question du féminisme a longtemps pu être considérée comme un fait non politique dans la mesure où les divers niveaux du pouvoir politique ne le prenaient pas en compte. L'amplification des luttes des femmes, le combat qu'elles ont mené pour la reconnaissance de la qualité de «question de société» à appréhender par le pouvoir politique leur ont permis de franchir un «seuil qualitatif» qui fait qu'aujourd'hui, plus personne ne conteste en science politique que le féminisme soit une question à traiter – aussi – par les politologues. C'est tellement vrai que de nos jours, les *Women* ou *Gender Studies* sont un objet d'étude politologique très prisé et que de très nombreux travaux scientifiques lui sont consacrés.

Un autre exemple est le sport. Certes le sport n'a, en réalité, jamais échappé à l'attention des sciences sociale et politique. Dès 1936, l'organisation des jeux olympiques à Berlin avait suscité une controverse importante et fait l'objet d'analyses historiques et politologiques. Plus prosaïquement, l'encadrement social par le sport a été très important dans les mondes sociologiques démocrate chrétien et socialiste dans la première moitié du XXe siècle. Mais on peut dire que ces trente dernières années, le sport s'est fort politisé et a été fort politisé. Les jeux olympiques de Montréal, en 1976, ont été boycottés par les pays africains. Les jeux olympiques de Moscou, en 1980, l'ont été par les Etats-Unis. Ceux de Los Angeles, en 1984, l'ont été par l'URSS et par les pays du «bloc de l'Est», à l'exception de la Roumanie. La problématique des jeux olympiques à Pékin, notamment en liaison à la question du Tibet, a montré la permanence de cette question.

Le spectre des angles d'approche s'élargit constamment. Est-il socialement acceptable – et donc les pouvoirs publics ne doivent-ils pas légiférer – que des sportifs engrangent des rémunérations hors norme? En 2011, le joueur de football de Barcelone Lionel Messi aurait perçu trente-trois millions d'euros.

Mais des changements tout aussi spectaculaires existent à d'autres niveaux. En 1995, l'arrêt *Bosman* de la Cour de justice des Communautés européennes a montré la primauté du droit communautaire européen sur le droit privé de l'Union européenne de football association (UEFA). Les transferts entre sportifs de l'Union européenne sont libres depuis lors. Plus généralement, l'impact du sport comme vecteur commercial et politique s'est fortement accru. Les coûts de retransmission ont explosé. A telle enseigne que des événements sportifs majeurs ne peuvent plus aujourd'hui être suivis par des téléspectateurs qui sont «simplement» câblés, ce qui pose toute la question de l'information et du droit à l'image. Bref, le sport est devenu de plein droit un objet d'analyse de la science politique.

En d'autres termes donc, suivant les époques et les contextes, la politisation d'une question ou d'un objet évolue. Et de ce fait, les champs de la science politique.

En tout état de cause, reconnaître un objet ou une relation comme «politiques» par un chercheur est le fruit d'une construction intellectuelle. Si un étudiant ou un chercheur traitent d'une question qui, *a priori*, ne se présente pas sous les atours d'objet de la science politique, il aura à justifier son choix et sa démarche suivant les critères que nous avons évoqués. Cette justification est d'autant plus nécessaire que si la science politique étudie les conflits du politique et leurs modes de régulation, elle est aussi la source de conflits sur les objets de politisation. A l'instar de la politique, le rapport de forces est présent aussi dans les lieux de la recherche et de l'enseignement scientifiques.

Enfin, en science politique comme dans toute autre science, la prudence est nécessaire et la modestie indispensable.

CHAPITRE II

Le pouvoir politique

I. La notion de pouvoir

En préambule, il est important d'observer qu'il n'y a pas que des pouvoirs politiques dans les sociétés. On peut relever, vivre et analyser de multiples relations de pouvoir qui ne ressortissent pas, à tout le moins *a priori*, du domaine politique : les relations entre parents et enfants, entre enseignants et enseignés, entre employeurs et employés, entre un entraîneur et des sportifs, entre des ami-e-s, entre conjoints,... Par ailleurs, notons que la notion de pouvoir peut revêtir des définitions et des acceptions différentes. Guy Hermet, Bertrand Badie, Pierre Birnbaum et Philippe Braud identifient trois perspectives principales au concept de pouvoir :

1. ***la perspective substantialiste***. Il s'agit de l'idée d'avoir du *pouvoir* (en termes militaires, financiers, hiérarchiques, intellectuels,...). On parlera du *pouvoir de l'argent*, du *pouvoir de l'information*, du *pouvoir de situation*... En l'espèce, il s'agit de la substance, du fond, qui fonde le pouvoir ;
2. ***la perspective institutionnaliste***. Il s'agit « du » pouvoir institutionnel : une institution incarne le pouvoir. Suivant le domaine, cela peut être un **jury de délibération**, les **parents**, le **gouvernement**, le **parlement,** l'**assemblée des actionnaires**,... Dans le champ politique, il s'agit de **l'Etat** (voir *infra*) ;
3. ***la perspective interactionniste***. Le pouvoir est une relation qui se caractérise par la « mobilisation de ressources pour obtenir d'un tiers qu'il adopte un comportement auquel il ne se serait pas résolu en dehors de cette relation »[1]. Le pouvoir suppose la présence d'au moins deux individus. La notion d'interaction est capitale. Elle suppose que le pouvoir n'est pas une essence : il n'existe pas une nature abstraite et immuable du pouvoir. L'interaction évolue suivant le contexte et les rapports de forces. On ne peut d'ailleurs comprendre toutes les formes de relations de pouvoir sans appréhender tous les tenants du contexte dans lequel elles s'expriment.

---

[1] G. Hermet, B. Badie, P. Birnbaum, P. Braud, *Dictionnaire de la science politique et des institutions politiques*, Paris, Armand Colin-cursus, 1994, p. 221.

Au demeurant, suivant les ressources mobilisées pour l'obtention d'un résultat, on distinguera le ***pouvoir d'injonction*** du ***pouvoir d'influence***[2]. Le pouvoir d'injonction est, ou peut être, basé sur la contrainte – menace ou coercition. En revanche, le pouvoir d'influence fait plutôt appel à la séduction ou à la persuasion. Les deux peuvent être mobilisés concomitamment ; ce que l'on traduit parfois par la politique du bâton et de la carotte. D'autres auteurs distinguent le pouvoir **fondé sur la contrainte** du pouvoir **fondé sur la légitimité**.

De même qu'il existe des acceptions différentes de la notion de pouvoir, le pouvoir politique recouvre des réalités diverses dans l'espace et dans le temps.

En effet, si le pouvoir politique est aujourd'hui largement confondu avec l'Etat, il n'en a pas toujours été ainsi et il n'en sera peut-être pas toujours ainsi. Il existe donc des formes de pouvoir politique pré-étatique. Peut-être y aura-t-il des formes de pouvoir politique post-étatique, dont on observe au demeurant certaines anticipations. Cette question est au centre de nouveaux travaux en science politique. Charles Tilly (1929-2008) rappelle d'ailleurs qu'à l'échelle de l'histoire, l'Etat moderne est une construction rare et que sa généralisation est récente :

> « Durant la plus grande partie des temps historiques, les Etats nationaux – Etat gouvernant de nombreuses régions contiguës et leurs cités au moyen de structures centralisées, différenciées et autonomes – ne sont apparus que très rarement »[3].

Dans la période contemporaine, plusieurs politologues se penchent sur le développement d'acteurs non étatiques dans des champs jusqu'alors largement monopolisés par les acteurs publics. Songeons à toute la problématique de la paix et de la guerre, où de plus en plus d'acteurs non étatiques interviendraient. Aux yeux du grand historien Eric Hobsbawm (1917-2012), la nouveauté est cruciale :

> « Le matériel de guerre est désormais largement accessible aux milices, de même que les ressources pour financer les guerres privées. En ce sens l'équilibre entre organisations étatiques et non étatiques a changé »[4].

Al-Qaida est un exemple souvent cité mais il en est beaucoup d'autres, ressortissant par exemple au monde de l'entreprise. Cette idée est ainsi au cœur du roman de Jeff Abbott, *Complot*[5].

---

[2] *Ibid.*

[3] C. TILLY, *Contrainte et capital dans la formation de l'Europe (990-1990)*, Paris, Aubier, 1991, p. 19.

[4] E.J. HOBSBAWM, *L'Empire, la démocratie, le terrorisme. Réflexions sur le XXIe siècle*, Waterloo, André Versaille éditeur, 2009, p. 33.

[5] J. ABBOTT, *Complot*, Paris, Cherche-Midi, 2011.

II. Les sources du conflit

D'un point de vue historique, s'il y a besoin d'une autorité politique, cela signifie que la société était et/ou est en proie à des **conflits à réguler et régler**. De quels conflits s'agit-il?

Dans l'histoire, quatre grandes catégories de conflits ont été épinglées. Elles ont nécessité l'expression et le développement d'une autorité politique «collectivement codifiée» dans la société.

La **violence sexuelle** est l'un des très grands conflits «historiques». La violence sexuelle peut s'exprimer de multiples façons mais ses principales facettes sont les violences sexuelles dans les relations entre parents et enfants, entre hommes et femmes, entre frères, entre sœurs, entre frère(s) et sœur(s). Ce point est évidemment approfondi en anthropologie et en sociologie. Dans certains Etats d'Amérique latine, le nombre de femmes qui ont un jour été victimes d'un viol est considérable: entre 15 et 35%. Dans plusieurs pays européens, le nombre de femmes battues dépasse les 20% du total des femmes. En termes quantitatifs et qualitatifs, il s'agit donc d'un type de conflit toujours très présent dans nos sociétés. Il a fallu par exemple attendre 2004 pour que le Cortès espagnol adopte une loi plus contraignante et répressive sur la maltraitance des femmes. Aujourd'hui encore, en Europe, la violence à l'endroit des femmes est la principale cause de décès dans la catégorie des femmes âgées de 16 à 49 ans. Dans les conflits, notamment dans les guerres civiles, la pratique du viol est une «arme» régulièrement utilisée[6].

On peut aussi épingler la pédophilie, longtemps ignorée ou cachée. Depuis dix ans, la chape de silence s'est levée en partie et le tableau est parfois édifiant. L'Eglise catholique a été confrontée à des révélations sans précédent.

La **violence extérieure** au groupe est un conflit central. Un environnement extérieur peut être agressif ou source d'agressivité et/ou d'inquiétude. Se pose dès lors la question de la coexistence avec des sociétés ou des groupes voisins qui peuvent être sources de tensions ou de batailles – physiques, verbales,... (manque d'espace, volonté de conquête,...).

Les individus, les groupes et les collectifs peuvent ainsi être confrontés à des problèmes de vie en commun ou de survie. Pour faire face à des menaces éventuelles ou réelles, ils s'organisent. Il y a de la sorte mobilisation des ressources au sein de la société. On est dans la... proto-histoire des

---

[6] Voir à ce sujet par exemple C. Braeckman, *L'homme qui répare les femmes. Violences sexuelles au Congo. Le combat du docteur Mukwege*, Waterloo, André Versaille Editeur, 2012.

relations internationales. En effet, le rapport d'un groupe aux collectivités et aux espaces voisins sera le champ principal d'étude et de recherche des théories des relations internationales.

A l'époque contemporaine, les groupes visés se confondent le plus souvent avec les nations ou avec les Etats. Mais la violence extérieure peut aussi être vécue ou mobilisée de manière intra-étatique. Les discours d'Umberto Bossi, l'ancien leader de la Ligue du Nord en Italie, sur les Italiens du sud en sont un exemple. La violence sporadique dans le Pays basque espagnol en est un autre, même si l'annonce récente de l'arrêt de l'utilisation de la violence par l'ETA modifiera sans doute la donne[7]. A la fin des années quatre-vingt-dix, les difficiles relations entre autorités et populations albanophones et bulgarophones de Macédoine l'ont aussi attesté. Et l'on peut bien sûr pointer le même phénomène entre habitants d'origine serbe et albanophone au Kosovo. Les autorités serbes considèrent d'ailleurs toujours que cette province leur appartient et que la proclamation unilatérale d'indépendance du Kosovo, le 17 février 2008, est contraire au droit international, point de vue que ne partagent pas les élites albanophones.

Si nous pouvons observer des menaces externes, les **« contradictions » au sein de la société** peuvent être de nature multiple : contradictions entre sexes, entre faibles et forts aux points de vue physique, intellectuel, entre employeur et employés, conflits de religion...

Dans ce cadre, l'un des conflits déterminants mis en lumière est celui qui oppose les acteurs collectifs dans le processus du travail. Ce thème est au centre des travaux de nombreux auteurs aux XIXe et XXe siècles. Il constitue le cœur des écrits de Karl Marx (1818-1883) et Friedrich Engels (1820-1895). Ces deux auteurs parmi les plus illustres du XIXe siècle distinguent deux grandes classes sociales qui s'affrontent dans le cadre d'une lutte de classes (voir *infra*) : d'une part, la bourgeoisie, décrite comme propriétaire des moyens de production et d'échange, et, d'autre part, le prolétariat, identifié comme la classe qui vend sa force de travail. « La société entière se scinde de plus en plus en deux vastes camps ennemis, en deux grandes classes qui s'affrontent directement : la bourgeoisie et le prolétariat », écrivent Marx et Engels dans *Le Manifeste du parti communiste* publié en 1848[8].

Mais au-delà de ces grandes catégorisations, nombre d'autres divisions ont été observées et examinées dans l'histoire et la science politique. Un autre conflit important concerne le rapport à la religion. L'histoire est aussi l'histoire des *guerres de religions*, thème en plein « redéploiement ». Le XXe siècle et le début du XXIe n'échappent pas à la règle. Les exemples

---

[7] *Le Monde*, 20 octobre 2011.

[8] K. MARX, F. ENGELS, *Le Manifeste du parti communiste*, Paris, éditions sociales, 1986, p. 54.

foisonnent en la matière: la lutte entre communautés protestante et catholique en Irlande du nord, entre sunnites et chiites en Irak et au Liban, entre coptes et musulmans en Egypte… Certains analystes estiment que la situation politique de guerre civile en Syrie depuis 2011 recouvre dans une mesure non négligeable une guerre de religion. Elle opposerait les alaouites de confession chiite, minoritaires dans le pays, aux sunnites majoritaires[9].

Les différences *ethniques* sont aussi une source majeure de conflits dans le monde et peuvent mener à des massacres de grande ampleur à l'image du génocide perpétré au Rwanda en 1994 par les hutus contre les tutsis.

Enfin, les **conflits entre gouvernants et gouvernés** peuvent être plus ou moins importants: légitimité des gouvernants par rapport aux gouvernés, choix des gouvernants sur des questions plus ou moins substantielles. La conflictualité suivant les contextes, les époques ou l'essence des régimes auxquels on a affaire peut revêtir des formes diverses: grèves, manifestations, jacqueries, révolte ou révolution des gouvernés,… Depuis 2011, des mouvements sociaux de grande ampleur s'organisent contre les plans d'austérité drastiques en Grèce, en Espagne, au Portugal ou encore en Italie.

III. L'Etat, forme contemporaine du pouvoir politique

A. L'Etat est l'institutionnalisation du pouvoir politique

A la fin de la féodalité, qui a été marquée par une «dispersion des pôles de puissance»[10], l'Etat émerge lentement comme forme contemporaine du pouvoir politique. Il y a donc eu nombre de formes de pouvoir politique autre qu'étatique. Dès lors, la question se pose de savoir ce qui distingue l'Etat des formes d'autorités politiques pré-étatiques. La réponse à cette interrogation n'est guère simple. Selon Georges Burdeau (1905-1988), le caractère distinctif tiendrait à la **dimension *pensée* de l'Etat**: la structure politique est mise en place par l'organisation des hommes pour résoudre structurellement des problèmes. En revanche, les pouvoirs politiques pré-étatiques seraient des formes d'organisation politique *spontanées*:

> «Par-delà, il apparaît que l'Etat est d'une essence différente de celle du clan et de la tribu car, tandis que ceux-ci procèdent d'une associa-

[9] R. Barbocuh, «Une guerre de religion en Syrie», *Le Monde*, 8 mars 2012.

[10] X. Landrin. «Vie et mort des groupements et des formes politiques», *in* A. Cohen, B. Lacroix, Ph. Riutort, *Nouveau manuel de science politique*, Paris, La Découverte, 2009, p. 42.

> tion spontanée des individus, l'Etat, au contraire, a besoin pour se former que chacun exerce sur soi-même un contrôle, réfléchisse aux exigences de l'ordre et finalement, pense l'Etat comme instrument de réalisation de notre destinée temporelle»[11].

Dans cette optique, l'Etat ne serait donc pas une institution «naturelle». Quoique restrictive, cette définition met l'accent sur un des traits de l'apparition de l'Etat: l'***institutionnalisation*** du pouvoir politique. L'institutionnalisation est le «processus de transfert de pouvoir d'une personne physique à une instance abstraite»[12], ce qui a le mérite d'assurer la perpétuation. Il y a donc un «rapport symétriquement inverse» entre la personnalisation et l'institutionnalisation du pouvoir[13]. A partir de cette approche, deux questions se posent: quels sont les pouvoirs politiques préétatiques et pourquoi a-t-il fallu une «institutionnalisation» du pouvoir politique?

Dans un premier temps, on observera que nombre de sociétés primitives ont existé sans structures de pouvoir ou avec des configurations de pouvoir légères. La «spécialisation des individus» dans l'exercice du pouvoir est quasi absente[14]. Sous l'Antiquité, le pouvoir politique par excellence est *la cité*, communauté politique enracinée localement. Par leur extension forte, certaines donnent naissance à des Empires, structurés autour d'une cité et dominant des territoires périphériques subordonnés[15]. Pouvoirs spirituel et temporel y sont confondus en général. Au Moyen Age s'impose la seigneurie, caractérisée par deux éléments: une volonté de différencier pouvoir politique et pouvoir religieux, une confusion entre pouvoir politique et pouvoir patrimonial[16].

Les réponses à la deuxième interrogation sont multiples. Mais soulignons que l'apparition de l'Etat moderne de la fin du Moyen Age aux Temps modernes est un processus à suivre dans une perspective de longue durée[17]. Relevons les éléments les plus fréquemment cités.

- La nécessaire **unification des marchés** impose une autorité centrale à l'échelle de territoires de plus en plus grands en termes de population et d'espaces géographiques. En schématisant, on pourrait dire que «l'entrée dans l'ère industrielle» ou dans le capitalisme impose **l'édification**

---

[11] G. Burdeau, *Méthode de la science politique*, Paris, Dalloz, 1959, p. 251.

[12] M. Hastings, *Aborder la science politique*, Paris, Mémos-Seuil, 1996, p. 22.

[13] J.-L. Chabot, *Introduction à la politique*, Grenoble, Presses universitaires de Grenoble, 2003, p. 56.

[14] Ph. Braud, *Sociologie politique*, Paris, LGDJ, 2004 (7e édition), p. 138.

[15] J.-L. Quermonne, *Les régimes politiques occidentaux*, Paris, Points-Essais, 2000 (4e édition), p. 267-268.

[16] *Ibid.*, p. 268.

[17] Y. Déloye, *Sociologie historique du politique*, Paris, La Découverte, 1997, p. 30.

d'un centre politique à chaque société[18]. L'émergence de l'Etat se fait au crépuscule de la féodalité dans le cadre de la Renaissance. La féodalité avait été marquée par un accroissement du morcellement et des relations d'individu à individu, ce qui avait entraîné une dispersion de l'autorité publique. Le phénomène de fragmentation s'était accéléré à la fin du Xᵉ siècle. A partir de ce moment, c'était au niveau du comté que «l'autorité accaparée, appropriée, patrimonialisée, continue de s'exercer»[19]. Les limites atteintes par la multiplicité des pouvoirs individuels ont favorisé un processus de centralisation. Le pouvoir politique féodal avait une très faible continuité dans le temps et dans l'espace. L'édifice politique connaissait une très grande fluidité[20]. Le temps de la multiplicité des seigneurs et des chefs féodaux disparaît progressivement. La société évolue et avec elle les modes de gestion économique et politique. Dans les sociétés qui ont atteint à la fois un haut niveau de division du travail et de différenciation sociale, le fractionnement des classes et des forces sociales atteint «un tel degré qu'il devient de plus en plus difficile à l'une ou l'autre de celles-ci d'imposer directement et ouvertement son hégémonie»[21], souligne Braud.

– L'Etat apparaît et se développe aussi en raison des inconvénients des pouvoirs individualisés multiples: dommages engendrés par l'instabilité politique, champs et récoltes détruits par les guerres et les expéditions, commerce et échange de tous ordres paralysés par toutes les formes d'insécurité. L'unification des marchés et des territoires doit contribuer à **sécuriser** la vie en société, la circulation des idées, des personnes et des marchandises. Il y a une très forte recherche de la sécurité. Ce thème constitue une des sources intellectuelles de la notion de **contrat social.** Dans son *Léviathan*, Thomas Hobbes (1588-1679) dépeint la situation chaotique à l'état de nature où règne la guerre de tous contre tous:

> «L'état de nature, cette guerre de tous contre tous, a pour conséquence que rien ne peut être injuste. Les notions de droit et de tort, de justice et d'injustice n'ont dans cette situation aucune place. Là où il n'y a pas de pouvoir commun, il n'y a pas de loi; là où il n'y a pas de loi, il n'y a pas d'injustice. Force et ruse sont à la guerre les vertus cardinales. Justice et injustice n'appartiennent pas à la liste des facultés naturelles de l'esprit

---

[18] B. BADIE, P. BIRNBAUM, *Sociologie de l'Etat*, Paris, Pluriel-Hachette, 1991, p. 123.

[19] R. BEAUTHIER, *Droit et genèse de l'Etat*, Bruxelles, Editions de l'Université de Bruxelles, 2011 (4ᵉ édition), p. 74.

[20] Y. DÉLOYE, *op. cit.*, p. 34.

[21] P. BRAUD, «Du pouvoir en général au pouvoir politique», *in* M. GRAWITZ, J. LECA (dir.), *Traité de science politique. 1. La science politique, science sociale. L'ordre politique*, Paris, PUF, 1985, p. 387.

> ou du corps; car dans ce cas elles pourraient se trouver chez un homme qui serait seul au monde (au même titre que ses sens ou ses passions)».

Pour éviter ce chaos et pour atteindre la sécurité – sous tous les angles – le peuple par contrat délègue le pouvoir de sécurité au Léviathan, autorité centrale forte, chargée d'assurer et de pérenniser la stabilité et la sécurité[22].

– En Europe, la naissance et le développement de l'Etat sont parallèles à un **phénomène d'urbanisation**. L'Etat contribue au développement des villes et... vice versa. Or, cette croissance des villes et cette unification des marchés ont un prix. Historien célèbre du capitalisme, Fernand Braudel (1902-1985) l'a mis en évidence:

> «Ces villes (...) représentent d'énormes dépenses, leur économie ne s'équilibre que du dehors, d'autres doivent payer leur luxe. Alors, à quoi servent-elles dans cet Occident où elles surgissent et s'imposent si puissamment? Elles fabriquent les Etats modernes, énorme tâche, énorme besogne. Elles marquent un tournant de l'histoire du monde. Elles fabriquent ces marchés nationaux sans quoi l'Etat moderne serait pure fiction. Car en vérité le marché britannique ne naît pas seulement à cause de l'Union politique de l'Angleterre avec l'Ecosse (1707), de l'Union Act avec l'Irlande (1801), ni à cause de la suppression bénéfique en soi de tant de péages, ou de l'animation des transports, de la «folie des canaux» et de la mer libre-échangiste par nature qui enveloppe les îles, mais bien des flux et des reflux de marchandises vers et à partir de Londres, énorme cœur exigeant qui rythme tout, bouleverse et apaise tout. Ajoutez le rôle culturel, intellectuel et même révolutionnaire de ces serres chaudes: il est énorme. Mais il se paie et se fait payer à très haut prix»[23].

– Le **besoin de la «durée»** dans l'exercice du pouvoir est la donnée essentielle; elle résume le tout. Dans l'institution étatique, le pouvoir dont la permanence est établie, ce n'est évidemment pas la puissance personnelle des individus qui usent de ses prérogatives, c'est le pouvoir institutionnalisé. Il est tout à fait significatif d'observer à quel point, au début du XVIe siècle, lorsque prend forme l'idée d'Etat, la «recherche de la durée du pouvoir a été une véritable obsession chez les théoriciens politiques. Toute l'œuvre de Machiavel notamment peut être considérée comme un recueil de maximes et de recettes destinées à garantir la stabilité de l'autorité»[24].

---

[22] Th. HOBBES, *Léviathan*, Paris, Vrin, 2004.

[23] F. BRAUDEL, *Civilisation matérielle, économie et capitalisme. XVe-XVIIIe siècle. Tome 1. Les structures du quotidien*, Paris, Le livre de poche, 1979, p. 602.

[24] G. BURDEAU, *L'Etat*, Paris, Points-Seuil, 1970, p. 48.

- Il y a aussi des évolutions importantes dans les technologies, militaires notamment. La **«révolution militaire»** permanente exige une centralisation et un contrôle étatique de l'armée. Elle suppose par conséquent de rompre avec l'organisation décentralisée des armées féodales. La nouvelle organisation militaire nécessite de l'argent, beaucoup d'argent, pour l'amélioration quantitative et qualitative des armements. En outre, on passe dans le temps à des mobilisations de plus en plus importantes en termes quantitatifs. Celles-ci ont aussi un impact financier considérable. Tout cela présuppose un financement adapté et permanent, et cela nécessite d'intervenir dans l'économie (en particulier par la monétarisation nécessaire au prélèvement rationalisé de l'impôt royal); «pour ces multiples raisons, elle perturbe et détruit l'ordre politique médiéval»[25]. La capacité à prélever l'impôt sur une base suffisamment large pour assurer l'innovation militaire est toujours d'actualité. Pour être à la pointe en matière d'armement, les Etats-Unis ont officiellement consacré 711 milliards de dollars – 551 milliards d'euros – au budget de la défense en 2011, soit l'équivalent de 4,1% du PIB. La même année, le budget de la défense de la Chine aurait atteint 143 milliards de dollars – 111 milliards d'euros –, soit 2,0% du PIB et celui de la France, 65 milliards de dollars – 49 milliards d'euros –, environ 2,3% du PIB.
- Enfin, il y a de manière concomitante, **le recul de la légitimité des formes de pouvoirs exercées autrefois**: l'Eglise, le droit divin, la soumission aux seigneurs, la loi du plus fort... dans le cadre d'une sécularisation progressive de plusieurs sociétés et d'une «rationalisation» de la légitimation.

In fine, on peut dire que l'établissement de l'Etat accompagne le passage du mode de production agraire au mode de production industriel. Ce dernier nécessite la **durée** et la **sécurité**, à tous points de vue, notamment pour assurer les investissements qui ne peuvent porter que sur le moyen et le long termes. Seul un pouvoir politique stable les lui offre. «C'est la défense de la propriété qui justifie l'existence d'un Etat dont la fonction essentielle est de la préserver»[26], tranche Robert Castel.

L'institutionnalisation du pouvoir politique a donc conduit à l'exercice d'un pouvoir politique centralisé et pérenne. Celui-ci est incarné par la forme qu'est l'Etat. La caractéristique déterminante de la définition de l'Etat, telle que l'a mise en évidence Max Weber (1864-1920), c'est l'exercice légitime des prérogatives régaliennes dans un espace donné. En d'autres termes: **le *monopole* de la contrainte physique, de l'usage de la force**

[25] Y. Déloye, *op. cit.*, p. 45.

[26] R. Castel, *L'insécurité sociale. Qu'est-ce qu'être protégé?*, Paris, Seuil, 2003, p. 16.

légitime. Ce qui ne veut pas dire qu'il n'y a pas d'autres types de violence que la violence considérée comme «légitime». Elles sont au contraire nombreuses, mais ne portent pas le sceau de la légitimité. Si l'Etat incarne le monopole de l'utilisation légitime de la violence, on peut *a contrario* aussi conclure, à la suite de Daniel-Louis Seiler, que lorsqu'il n'y a pas monopole légitime de la contrainte physique, il n'y a pas Etat:

> «Capable d'utiliser la force à bon escient grâce à ses appareils bureaucratiques, militaires et policiers, l'Etat est révéré comme son seul utilisateur légitime. Sous cet angle, tout système politique non doté d'un tel appareil, tout système politique où l'usage légitime de la force se trouve diffusé dans divers secteurs sociétaires, ne constitue pas un Etat»[27].

Mais qu'est-ce que la légitimité? Dormagen et Mouchard la définissent comme la reconnaissance accordée à celui qui exerce un pouvoir: autrement dit, c'est «l'acceptation du fait qu'il est «normal», «naturel», «juste», «souhaitable» que cet individu donne des ordres et prescrive des comportements»[28]. Dans le temps et dans l'espace, l'exercice de cette fonction et la légitimité qu'elle recouvre évoluent. La lutte sur le contenu de la légitimité devient de la sorte cruciale. Ce qui est considéré comme légitime à un moment donné ne l'est plus nécessairement dix, vingt ou cinquante ans plus tard. Il y a donc un rapport de forces permanent sur la légitimité de l'action de l'Etat. Jusqu'à la veille de la deuxième guerre mondiale, la *manifestation* est politiquement et juridiquement appréhendée comme une forme de protestation largement illégitime. Ce qui explique que les dispersions de manifestations étaient parfois très violentes. Il y a eu souvent de nombreux blessés et, de manière récurrente, des décès. Aujourd'hui, la manifestation est considérée comme une forme d'action et de protestation *normale*, banale même, acceptée par la société et même largement codifiée. Dans les capitales des pays démocratiques, il y a des manifestations chaque jour. Et une intervention des forces de l'ordre qui déboucherait sur une mort d'homme serait considérée comme un événement très grave et très problématique: la mort d'un manifestant italien lors du sommet du G8 à Gênes durant l'été 2001 avait d'ailleurs provoqué un émoi considérable. Plus généralement, l'attitude des forces de l'ordre à cette occasion avait suscité de nombreuses interrogations et récriminations indépendamment du jugement qui a pu être porté sur la *partie violente* du mouvement alter-mondialiste. Plus récemment, l'attitude d'un policier à l'endroit d'une «indignée» menottée suite à son interpellation à Bruxelles a conduit à son arrestation. L'acte violent porté à l'encontre de cette femme a été jugé illégitime.

---

[27] D.-L. SEILER, *La politique comparée*, Paris, Armand Colin, 1982, p. 63-64.

[28] J.-Y. DORMAGEN, D. MOUCHARD, *Introduction à la sociologie politique*, Bruxelles, De Boeck, 2007, p. 16-17.

Ce rapport de forces se normalise et se codifie au fil du temps. Dans une société, le **droit exprime donc l'état d'un rapport de forces** codifié à un moment donné.

B. Les formes et les sources de la légitimité

La légitimité est donc l'objet de conflits et sources de pouvoir. Quelles peuvent être les sources et les formes de la légitimité ? Elles sont multiples. Max Weber a isolé trois grandes configurations.

1. La tradition

Aux yeux de Max Weber, il s'agit de l'autorité de ce qu'il nomme «***l'éternel hier***», c'est-à-dire celle des «coutumes sanctifiées par leur validité immémoriale et par l'habitude enracinée en l'homme de les respecter». Ce qui s'est fait depuis les temps immémoriaux serait légitime. C'est, par exemple, dans cette optique qu'Edmund Burke (1729-1797), important penseur britannique du XVIIIe siècle, justifiera la révolution anglaise de 1688 (dite *révolution glorieuse*) et condamnera très sévèrement la révolution française de 1789 (dans ses *Réflexions sur la révolution française* – 1790). C'est un argument souvent mobilisé – «Pourquoi changer ? On a **toujours** fait comme cela ?» – et qui est le plus ferme appui au *statu quo*.

2. Le charisme

Max Weber évoque, en deuxième lieu, l'autorité fondée sur la «grâce personnelle et extraordinaire d'un individu» (charisme). Elle se caractérise par le dévouement tout personnel des sujets à la cause d'un homme et par leur confiance en sa seule personne en tant qu'elle se singularise par des qualités prodigieuses, par l'héroïsme ou d'autres particularités exemplaires qui font le chef. Dans l'histoire contemporaine, des personnalités comme le général de Gaulle (1890-1970), Winston Churchill (1874-1965) voire Staline (1878-1953) ont été appréhendées à l'aune d'une légitimité par le charisme.

3. La raison

Il y a enfin l'autorité qui s'impose en vertu de la «légalité», en vertu de «la croyance en la validité d'un statut légal et d'une «compétence» positive fondées sur des règles étatiques **rationnellement**, en d'autres termes l'autorité fondée sur l'obéissance qui s'acquitte des obligations conformes au statut établi»[29]. Pour Weber, il s'agit de la source principale de légi-

---

[29] M. WEBER, *Le savant et le politique*, Paris, Christian Bourgeois, 10-18, 1959, p. 102.

timité de l'Etat moderne. Il la nomme la ***légitimité légale-rationnelle***. Il est important de souligner que ce qui est considéré comme rationnel (*a fortiori* légal) évolue dans le temps et l'espace. A titre d'exemple, à la fin des années soixante-dix et au début des années quatre-vingt, on trouve encore de nombreux responsables politiques en Europe pour considérer qu'il est raisonnable et légitime de faire usage de la peine de mort. Lors des élections présidentielles de mai 1981, le président sortant Valéry Giscard d'Estaing (1918-) apostrophera le candidat socialiste François Mitterrand (1916-1996) à ce sujet. Ce dernier avait annoncé son ambition d'abolir la peine de mort s'il était élu. Aujourd'hui, il ne se trouve quasi plus un seul responsable politique d'un parti démocratique en Europe pour justifier ou légitimer une position en faveur de la peine de mort. On le sait, la situation est très différente aux Etats-Unis d'Amérique. En 2008, les candidats Barack Obama (démocrate) et John McCain (républicain) s'étaient déclarés tous deux hostiles à l'abolition de la peine de mort dans leur pays. Et en 2012, dans la campagne qui opposa le même Obama au républicain Mitt Romney, la configuration était identique.

Il s'agit de trois grandes catégories que l'on retrouvera sous des formes différentes dans l'étude de plusieurs objets de la science politique.

IV. Quand y a-t-il Etat ?

Il n'y a pas de réponse définitive à la question de savoir quand il y a un Etat. Les interprétations varient. Sous l'angle du droit international public. Il faut réunir trois grandes conditions générales :

1. il faut qu'il y ait une population ;
2. il faut qu'il y ait un territoire ;
3. il faut qu'il y ait un gouvernement.

Ce gouvernement devra avoir la capacité d'exercer la **souveraineté**, « pouvoir exclusif de toute autre subordination »[30]. Quel que soit son titulaire, le souverain est le dépositaire de l'idée de droit agissant dans un espace déterminé : il y a donc souveraineté interne des Etats et souveraineté externe des Etats[31]. Dans sa dimension externe, la souveraineté recouvre

[30] J. Donnedieu de Vabres, *L'Etat*, Paris, PUF, 1992, p. 5.

[31] Jacques Velu rappelle ainsi que « le territoire a une fonction à la fois négative et positive. Sa fonction négative est limitatrice : elle permet d'établir des frontières, lesquelles constituent des limites de compétence territoriale vis-à-vis des autres Etats. Sa fonction positive consiste en ce que le territoire représente pour les gouvernants une assise de puissance tant sur le plan intérieur que sur le plan extérieur ». J. Velu, *Droit public. Tome premier. Le statut des gouvernants*, Bruxelles, Bruylant, 1986, p. 27.

l'affirmation tout à la fois de l'indépendance de l'Etat et d'acteur dans le «concert des relations internationales». Ainsi, si un Etat s'engage à l'international, il doit être capable comme organe souverain d'assumer et d'assurer cet engagement à l'interne. C'est à la lumière de ces éléments que sont appréciées les reconnaissances d'Etat. La demande de reconnaissance de «l'Etat palestinien» sera formellement analysée à cette aune. En novembre 2012, la Palestine est «déjà» devenue un «Etat observateur non membre» de l'ONU par 138 voix pour, 9 contre et 41 abstentions.

Communauté étatique et communauté nationale ont souvent été confondues ou associées dans l'histoire. Ainsi, le substantif Etat est-il souvent accolé au substantif nation: on parle alors de l'*Etat-nation*. Yves Santamaria parle à ce sujet d'idéal-type:

> «L'Etat moderne, détenteur du monopole de la violence légitime à l'intérieur des limites géographiques qui lui sont reconnues, garantit en effet à la nation l'exercice de sa volonté politique souveraine. Indissolublement territorial et national, marqué par ses origines occidentales, cet idéal-type constitue aujourd'hui une référence centrale»[32].

De fait, il y a souvent eu, parallèlement à l'étatisation, la construction d'une identité nationale. Parfois, la nation précède l'édification de l'Etat; parfois, elle en est le résultat. Très souvent, la citoyenneté moderne consacre un ensemble nouveau d'allégeances politiques et s'accompagne d'un nationalisme politique qui favorisera la création d'une culture politique nationale: «La notion de citoyenneté stato-nationale se fonde ainsi sur l'idée de l'existence d'une certaine homogénéité culturelle et morale favorable à la promotion d'une identité capable d'absorber les particularismes et de limiter les conflits d'appartenance»[33].

Mais, si Etat et nation sont souvent confondus dans la pratique, cette association est loin d'être automatique. L'Etat et la nation recouvrent des réalités distinctes. L'Etat a une connotation juridique et institutionnelle qui renvoie aussi à un territoire tandis que la nation se rapporte à la dimension morale ou culturelle ou encore ethnique d'un ensemble humain[34]. Une des caractéristiques de la nation est la dimension volontaire de la communauté – qui est parfois très théorique –, «un plébiscite de tous les jours» selon les termes de Gellner (1925-1995). Au demeurant, il existe des nations sans Etat: les notions de «nation arabe», de «nation juive» dont le concept existait bien avant la création de l'Etat d'Israël en 1948 et le dépasse

---

[32] Y. SANTAMARIA, «L'Etat-nation. histoire d'un modèle», *in* J.-L. AMSELLE *et al.*, *Nations et nationalismes*, Paris, La Découverte, 1995, p. 27.

[33] Y. DÉLOYE, *op. cit.*, p. 71.

[34] G. HERMET, B. BADIE, P. BIRNBAUM, P. BRAUD, *op. cit.*, p. 105.

toujours largement aujourd'hui sont communes. De même, ne parle-t-on pas de nations sans Etats dans le domaine sportif? En la matière, la «diversité» peut être surpenante. Ainsi, aux Jeux olympiques, les athlètes écossais, anglais, gallois représentent le Royaume-Uni. Mais le Pays de Galles, l'Ecosse, l'Irlande du nord et l'Angleterre ont leur propre équipe «nationale» en football. Lors de la coupe du monde de rugby en 2011, il y avait le Pays de Galles, l'Ecosse et l'Angleterre. En revanche, il n'y a pas d'équipe d'Irlande du Nord en rugby! Le statut d'autonomie qui a été reconnu en 1998 à l'Ecosse et au Pays de Galles renforce cette perception. Pour autant, l'Angleterre, l'Ecosse, l'Irlande du nord et le Pays de Galles ne sont pas des Etats. Peut-être, cette situation évoluera-t-elle. La population écossaise votera sur l'indépendance de l'Ecosse en 2014.

En Espagne, le débat est vif sur la demande du Pays basque de se muer en *nation*. Et cette demande percole désormais en Catalogne. Plus d'un million de Catalans ont manifesté pour réclamer l'indépendance de «leur pays» en septembre 2012. En Belgique, Geert Bourgeois, un des ministres de la N-VA (Nouvelle Alliance flamande) annonce la «séparation» des Wallons et des Flamands après juin 2014[35].

Il existe aussi des Etats qui comptent plusieurs nations: c'est le cas des Etats plurinationaux. Au XIXe siècle, trois Etats plurinationaux majeurs se donnaient à voir: l'empire austro-hongrois, l'empire ottoman et l'empire russe. Au XXe siècle, certains Etats étaient composés de plusieurs communautés nationales: l'URSS et la Yougoslavie, notamment. Par ailleurs, certains Etats fédéraux ou confédéraux pourraient se ranger dans cette catégorie. Si l'Union européenne, par exemple, était considérée comme un Etat – fédéral ou confédéral – (ce qu'elle n'est pas), elle serait composée à l'évidence de plusieurs nations. Aux Etats-Unis, on parle d'un Etat fédéral composé d'*Etats fédérés* (voir *infra*). Et comme nous venons de le souligner, la Grande-Bretagne peut être considérée comme un Etat avec plusieurs nations. Nous assistons d'ailleurs à un phénomène nouveau: la délégation de prérogatives étatiques nationales vers des entités supranationales (comme l'Union européenne) et subnationales (comme les régions). La Belgique est, de ce point de vue, un bon exemple. Mais il y en a d'autres en Europe: les *Communautés* en Espagne, les *Länder* en Allemagne et en Autriche, les *départements* et les *régions* en France, les *assemblées* en Grande-Bretagne,...

---

[35] *De Staandard*, 16 mars 2013.

V. L'évolution des prérogatives étatiques

A. L'Etat minimal

A l'origine, l'Etat est avant tout, quoique de manière différente suivant les pays, le pouvoir politique qui a le monopole de la contrainte légitime. L'essentiel de ses pouvoirs sont alors des pouvoirs de police ou des pouvoirs militaires pour assurer la sécurité intérieure et extérieure, et ses deux principaux corps, outre celui des Finances puisqu'il détient le monopole de battre monnaie, sont l'armée et la police. Cet Etat se confond avec la vision libérale de l'Etat selon la formule de Benjamin Constant:

> «La législation comme le gouvernement n'ont que deux objets: le premier, de prévenir les désordres intérieurs, le second, de repousser les invasions étrangères»[36].

Les fonctions de cet Etat sont limitées. Elles sont souvent qualifiées de «gendarme» ou «régaliennes». De fait, comme le rappelle Guy Vanthemsche dans le cas belge, l'Etat est au XIXe siècle, une réalité bien circonscrite: quelques ministères (cinq en 1831, dix en 1914) et une poignée d'institutions parastatales (quatre en 1865, neuf en 1913), suffisent à gouverner un «pays qui semble très bien se débrouiller sans pléthore bureaucratique»[37].

Les fonctions des Etats modernes ont évolué sous un double effet:

- ses besoins pour remplir ses missions, notamment la défense du territoire, l'organisation des marchés, le développement économique;
- les revendications croissantes de nouvelles catégories sociales – patronat, classe ouvrière, paysannerie, classes moyennes –, qui en appellent à son intervention dans des domaines nouveaux pour lui: développement des infrastructures – en particulier de transport –, protection sociale des travailleurs, élévation des compétences et des qualifications par l'éducation,...

Les nouveaux champs d'intervention de l'Etat s'étendent lentement et dans plusieurs domaines. Il en est ainsi de tout ce qui est du ressort de la question et de la législation sociales et de la politique éducative. En France, la loi du 22 mars 1841 introduit une première limitation à l'âge d'admission dans les entreprises – huit ans – pour autant que l'entreprise emploie plus de vingt ouvriers. De huit à douze ans, ils ne peuvent travailler «que» huit heures; de douze à seize ans, «que» douze heures. En 1874, la législa-

---

[36] Cité par C. DEBBASCH et J.-M. PONTIER, *Introduction à la science politique*, Paris, Précis Dalloz, 1992, p. 54.

[37] G. VANTHEMSCHE, *Les paradoxes de l'Etat. L'Etat face à l'économie de marché. XIXe & XXe siècles*, Bruxelles, Labor, 1997, p. 46.

tion interdit le travail des femmes dans les mines et le travail des femmes le dimanche. Après moult péripéties, le livret ouvrier est abandonné en 1890. Ces quelques exemples illustrent l'intervention progressive des pouvoirs publics dans la «gestion» de la question sociale. Cette évolution est sanctionnée en 1906, lorsque Clémenceau crée un ministère du Travail et de la Prévoyance sociale. Quatre missions lui sont assignées. Le ministère du Travail doit grouper tout ce qui concerne :

- la réglementation du travail (heures de travail, repos, hygiène et sécurité, etc.) ;
- les relations entre employeurs et employés (contrat de travail, associations professionnelles, différends collectifs et conciliation, etc.) ;
- les conditions d'existence des travailleurs en cas de maladie, d'accidents du travail, de chômage, d'invalidité, de vieillesse, etc. ;
- les statistiques et les enquêtes relatives à tous ces objets.

En Belgique, les premières lois sociales sont plus tardives. Il faut attendre les émeutes de 1886 pour voir le mouvement s'amorcer. Ainsi, la loi du 16 août 1887 interdit la pratique du *truck system*, à savoir le paiement en nature du salaire. Celle du 18 août 1887 instaure l'incessibilité et l'insaisissabilité des salaires tandis que celle du 5 mai 1888 crée une police des établissements dangereux, insalubres ou incommodes. Le 31 décembre 1889, le législateur prohibe le travail industriel des enfants de moins de dix ans. Les garçons âgés de douze à seize ans et les filles de douze à vingt et un ans ne peuvent être employés que douze heures par jour au maximum (avec une heure et demie de repos au moins). Le travail de nuit leur est interdit et ils ne pourront être occupés plus de six jours par semaine. En 1892, un Conseil supérieur du travail est institué. Rassemblant des représentants du monde entrepreneurial et du monde ouvrier, il devient peu à peu un organe chargé de rendre des avis sur les questions qui lui sont soumises par l'exécutif. L'Office du travail est créé un an plus tard et, en 1894, le premier ministère de l'Industrie et du Travail voit le jour [38].

Dans la deuxième moitié du XIXe siècle, l'Etat légifère aussi en matière scolaire. Le 28 mars 1882, la loi «Ferry» introduit l'obligation scolaire pour tous les enfants âgés de six à treize ans. En Belgique, il faut attendre la loi du 19 mai... 1914 pour que soit adopté le principe de l'obligation scolaire pour les enfants de six à quatorze ans.

Ces quelques exemples montrent que les fonctions et les champs d'intervention de l'Etat au début du XXe siècle, notamment à la veille de la guerre 1914-1918, se sont largement accrus par rapport à la situation qui prévaut au début ou au milieu du XIXe siècle.

---

[38] J.-F. Crombois, *op. cit.*, p. 8.

B. L'impact protéiforme de la première guerre mondiale

La guerre 1914-1918 – comme toute guerre – contribue à l'accroissement de l'intervention de l'Etat et de son autorité dans la société: achats publics massifs en particulier dans l'industrie de l'armement, dans le domaine de l'agriculture, dans l'industrie textile, dans l'industrie du transport... A titre d'exemple, les pièces lourdes de l'armée française sont passées de 300 en 1914 à 5 200 en 1918. Dans le même temps, le nombre d'avions passe de 192 à 11 836. Pour la seule bataille de Verdun, plus de trois millions d'obus ont été tirés en trois jours! Cette mobilisation exceptionnelle se réalise dans le cadre d'un «encadrement» strict des populations ouvrières et paysannes: on n'autorise pas les mêmes mouvements sociaux et politiques en temps de guerre qu'en temps de paix.

Dans l'entre-deux-guerres, on enregistre une nouvelle étape dans l'extension du champ d'intervention de l'Etat sous l'effet de plusieurs facteurs.

– La **révolution bolchevique d'octobre 1917** a de multiples implications sur l'échiquier politique européen et mondial, et sur les missions dévolues à l'Etat. La révolution soviétique a d'abord un impact sur les prérogatives étatiques de la nouvelle Russie soviétique elle-même. Dès ses origines, le nouveau pouvoir est confronté à nombre de problèmes: les relations avec l'Allemagne qui le conduisent à la paix de Brest-Litovsk, le 16 mars 1918[39], la guerre que lui livrent plusieurs puissances belligérantes – la Grande-Bretagne, la France, le Japon et les Etats-Unis –, la relance économique, les relations avec l'énorme paysannerie... Ces éléments favorisent d'emblée une centralisation extrême du pouvoir politique, donc du nouvel Etat. Mais il y a plus. Le nouveau régime a la volonté et la prétention de faire fonctionner **une «autre» économie que l'économie de marché**. Après un passage dit de «l'économie de guerre» (1917-1921), puis de la «nouvelle politique économique» – NEP – (1921-1928), les prérogatives étatiques en matière économique et sociale connaissent une croissance spectaculaire. Ainsi en est-il de la mise en place des **plans quinquennaux** à la fin des années vingt. Cette initiative est la première tentative de planification économique à l'échelle d'un Etat – au territoire par ailleurs gigantesque. Le principal acteur des activités économiques est le pouvoir public, donc l'Etat (voir *infra*). Plus globalement, les prérogatives régaliennes, sociales et sociétales s'accroissent aussi de manière considérable dans le

[39] Il s'agit d'un accord de paix avec l'Allemagne. La Russie soviétique «perd» la Pologne, la Lituanie, la moitié de la Lettonie, la Finlande et l'Ukraine. Voir P. DELWIT, «L'histoire d'une révolution», *in* N. BACHKATOV *et al.*, *L'URSS de Lénine à Gorbatchev. L'histoire, le système politique et économique, la société, les changements*, Bruxelles, GRIP, 1989, p. 28-29.

cadre du système soviétique: encadrement de la population, contraintes morale, politique et physique multiples. En 1929, la décision prise de «collectiviser» par la force les terres puis d'éliminer les «koulaks» – paysans supposés riches – a conduit le gouvernement soviétique à une répression impitoyable. Des villages entiers sont vidés de leurs habitants, déportés ou massacrés. Il y a eu des centaines de milliers d'exécutions, de déportations mais aussi des millions de victimes de la famine[40].

– La révolution soviétique a aussi eu une forte **influence externe** sur les Etats d'Europe occidentale et aux Etats-Unis, et ce dans des sens multiples. Très souvent, elle a constitué une **pression forte – objective – à une intervention accrue des Etats dans les questions politiques, économiques et sociales** par crainte d'un effet de contamination et d'une extension de la révolution bolchevique ou du communisme. Dans beaucoup d'Etats européens, le droit de suffrage et la législation sociale sont étendus. En Belgique, l'octroi du suffrage universel masculin intervient en 1919 et est mis en pratique avant même le changement constitutionnel. L'élargissement – limité – de la citoyenneté politique et sociale est une des voies choisies pour s'éviter la contagion révolutionnaire dans certains Etats démocratiques. En France, la loi des huit heures est introduite en 1919. L'ambition de freiner l'extension du bolchévisme est évidente[41]. Mais la «peur du rouge» provoque d'autres réactions, en particulier des *refoulements démocratiques*.

– **L'avènement de l'Etat fasciste** et de certains Etats autoritaires aboutit à un autre type d'Etat, qui connaît un accroissement très sensible de ses prérogatives. Cela concerne principalement l'Italie à partir de 1922 avec l'accession de Mussolini au pouvoir et, de manière beaucoup plus nette, après 1926, et l'Allemagne, avec l'accession d'Hitler au pouvoir en 1933. L'Etat fasciste italien et l'Etat nazi allemand sont des **Etats forts**. Leurs prérogatives sont très importantes dans les domaines politiques, militaires, sociaux, culturels, sociétaux et économiques (voir *infra*). D'aucuns ont vu l'émergence de ces Etats comme une réaction, éventuellement anticipée, à la révolution sociale. Le développement du fascisme intervient dans deux Etats qui subissent des secousses politiques et sociales très fortes après la guerre.

– La crise économique des années 1929-1931 a aussi suscité un saut qualitatif de l'intervention étatique dans plusieurs Etats industriels: aux Etats-Unis et dans quelques Etats d'Europe. L'Etat s'octroie – et on lui octroie – des prérogatives économiques et sociales nouvelles visant

[40] R. Martelli, *Pour en finir avec le totalitarisme*, Paris, La ville brûle, 2012, p. 65.

[41] N. Souamaa, «La loi des huit heures: un projet d'Europe sociale? (1918-1932)», *Travail et Emploi*, 2007, n° 110, p. 28.

à *réguler* la vie économique et sociale, ce qui est neuf dans le cadre d'une économie de marché. Des Etats-Unis, le *New Deal* s'importe en Europe[42], en Grande-Bretagne, en Suède, en Belgique avec des modalités différentes mais qui se placent toutes sous le même sceau : une augmentation de l'intervention étatique, dans le cadre de la démocratie, face à la crise économique et morale des années trente et face à la menace de conflagration mondiale. Cet accroissement des interventions étatiques, principalement dans le domaine économique, fut théorisé – dans le cadre de travaux multiples – par l'économiste britannique John Keynes (1883-1946). Celui-ci met en cause le principe de la régulation automatique des déséquilibres économiques – la supposée *main invisible du marché* –, en particulier en période de chômage massif. Contre la déflation (*politique de l'offre*, raréfaction de la monnaie), il propose une politique de « reflation » (*politique de la demande*), axée sur une intervention beaucoup plus significative de l'Etat, mais dans une optique cyclique. Il théorise cette approche dans un livre célèbre, *La théorie générale de l'emploi, de l'intérêt et de la monnaie* (1936)[43]. Si l'approche de Keynes contient à l'évidence une critique du libéralisme pur, il ne remet pas pour autant en cause les principes fondamentaux de l'économie de marché, notamment l'idée que les acteurs de l'activité économique sont avant tout des acteurs privés. Ce qu'il propose, c'est une **intervention cyclique** de l'Etat, en période de basse conjoncture économique. Les pouvoirs publics aident au redémarrage économique, à la remise au travail de milliers de chômeurs et ainsi à la relance de la consommation. On sort du *cercle vicieux* pour retourner dans un *cercle vertueux*. L'endettement public qui s'en suit sera remboursé par la perception fiscale lorsque la croissance sera à nouveau au rendez-vous. Autrement dit, la perspective keynésienne suppose un désendettement en bonne conjoncture économique et un endettement possible en mauvaise conjoncture économique. En Europe, nous observons exactement l'inverse dans la période contemporaine. Il est demandé aux Etats de se désendetter alors même que la conjoncture économique est mauvaise. On accroît donc la dépression, on augmente les dépenses sociales – accroissement des allocations de chômage – et les recettes fiscales s'effondrent.

---

[42] Cette problématique est l'objet du livre de M. Telò, *Le New Deal européen. La pensée et la politique sociales-démocrates face à la crise des années trente*, Bruxelles, Editions de l'Université de Bruxelles, 1988.

[43] J.-F. Keynes, *Théorie générale de l'emploi, de l'intérêt et de la monnaie*, Paris, Payot, 1969 (réédition).

C. L'avènement de l'Etat social, de l'Etat-providence ou du *Welfare State*

La deuxième guerre mondiale a nécessité un nouvel investissement exceptionnel des Etats belligérants. S'il fallait en porter témoignage, épinglons que dans la dernière phase de la bataille de Moscou, on estime que l'armée rouge tirait 500 obus... à la minute – soit 720 000 par jour!

Mais c'est surtout après la deuxième guerre mondiale que le champ des interventions étatiques s'accroît encore sur beaucoup de plans: économique, social, culturel,... Au lendemain de la libération se cristallise l'*Etat providence* ou *Etat social* ou *Welfare State* (littéralement Etat de bien-être). Le traitement de la question sociale voit un changement de paradigme. De manière schématique, jusqu'à l'aube du XXe siècle, la question sociale est réglée sous l'angle de la *handicapologie*: ont droit à une *aide* sociale les individus qui ne sont pas à même de subvenir à leurs besoins – vieillards, invalides, malades surtout[44]. La logique est donc *assistantielle* pour une partie de la population. La période de l'entre-deux-guerres marque la transition entre cette dynamique et la logique *assurantielle* qui prévaut dans l'Etat social. Dans la dynamique *assurantielle*, l'optique est de s'assurer contre certains risques sociaux de la société. Cela conduit à l'avènement de la sécurité sociale moderne, gestionnaire de ces risques.

Deux risques majeurs sont couverts à titre principal. Le premier est de ne pas avoir de rémunération, soit pendant la vie active, soit au terme de la vie professionnelle. En conséquence sont développées les allocations de chômage et la pension légale. Le deuxième concerne la santé. L'ensemble des citoyens est désormais «couvert» pour les problèmes de santé éventuels, soit par l'accès gratuit ou presque à un «service national de santé» (National Health Service, Grande-Bretagne), soit par l'intervention de l'Etat dans le domaine des soins de santé (Belgique).

Au-delà de la dynamique assurantielle, l'Etat social est le résultat d'un compromis entre trois grands acteurs: le monde ouvrier et employé, principalement représenté par les syndicats et les partis socialistes, communistes et à l'occasion démocrates chrétiens; le monde patronal et l'Etat. Le compromis implicite ou explicite se fonde sur une série d'éléments:

- une amélioration sensible des conditions matérielles du monde du travail: rémunérations et conditions de travail notamment,
- la *garantie* du plein emploi,

[44] R. CASTEL, *Les métamorphoses de la question sociale. Une chronique du salariat*, Paris, Fayard, 1995, p. 29.

- une dynamique de paix sociale,
- l'acceptation de l'économie de marché par les forces de gauche,
- l'avènement de la sécurité sociale.

La sécurité sociale recouvre l'accès aux soins de santé, aux allocations en fonction des besoins – allocations familiales, de chômage,... –, à la pension,... La part contemporaine de la sécurité sociale dans le budget des Etats est désormais très importante. En France, le budget de la sécurité sociale prévu pour l'année 2013 – tous les régimes obligatoires – s'élève à 469 milliards d'euros pour un produit intérieur brut d'environ 2 000 milliards d'euros.

Comment le système de sécurité sociale est-il financé? De manière schématique avec des variantes suivant les Etats, les trois acteurs à l'origine de l'Etat social moderne concourent au financement. Il y a d'abord le **monde du travail**. Les travailleurs contribuent au financement de la sécurité sociale en acceptant le principe de ce que l'on appelle un *salaire différé*. Pour faire simple, c'est la différence entre le salaire brut et le salaire net. Il y a ensuite le **monde patronal**, qui finance la sécurité sociale par l'intermédiaire des cotisations sociales, parfois appelées charges patronales. Il y a enfin **l'Etat** qui utilise ou peut utiliser une partie de ses recettes (impôts directs et indirects) pour financer la sécurité sociale.

L'avènement de l'Etat social moderne marque une évolution très importante dans nos sociétés. Elle avait été anticipée en partie dans certains pays durant l'entre-deux-guerres, de même que dans les travaux de certains experts. Songeons en particulier au rapport célèbre de Beveridge (1879-1963), Report to the Parliament on Social Insurance and Allied Services (1942), et à son ouvrage, *Full employment in a free society*[45]. Mais, c'est véritablement après la deuxième guerre qu'est bâti le modèle de l'Etat social.

En parallèle, le champ d'intervention de l'Etat dans certains secteurs s'accroît et les pouvoirs publics deviennent d'importants pourvoyeurs d'emplois. Avec l'augmentation et la modernisation des services, la population travaillant pour les services publics – éducation, poste, transports publics, téléphonie publique, communications, sécurité,... – augmente de manière considérable. D'autant qu'entre 1975 et 1980, nombre d'Etats compensent en partie la perte d'emplois industriels lors du retournement de conjoncture économique par des emplois dans les services publics. Le temps de déploiement «optimal» de l'Etat social est souvent référé aux *trente glorieuses* (1945-1975) ou, de manière plus resserrée, aux *Golden sixties* (les années soixante). Cette phase temporelle se caractérise d'ailleurs par l'effacement

---

[45] W. Beveridge, *Full employment in a free society*, Londres, New statesman and nation & Reynolds, 1944.

ou l'estompement de la question sociale pour reprendre l'expression de Jacques Commaille :

> « Qu'il soit question de « capitalisme social » ou d'un « keynésianisme à la française », une forme de compromis est trouvée entre le développement de l'économie capitaliste et son encadrement social. La question sociale s'est effacée provisoirement de l'histoire »[46].

Nous y reviendrons.

D. Les mises en cause de l'Etat

L'accroissement majeur des champs d'intervention de l'Etat s'interrompt au cours de la décennie soixante-dix. A ce moment, une tendance de très longue durée s'installe, celle de la sortie de la période de croissance économique – les trente glorieuses et en particulier les *Golden sixties* – et de l'entrée dans une dépression économique. Deux chocs pétroliers en sont le symbole. En 1973 et 1978, les prix des produits pétroliers grimpent spectaculairement.

Evolution des prix du baril de pétrole* en prix courants et en prix constants (mai 2012 = 100, en dollars)[47]

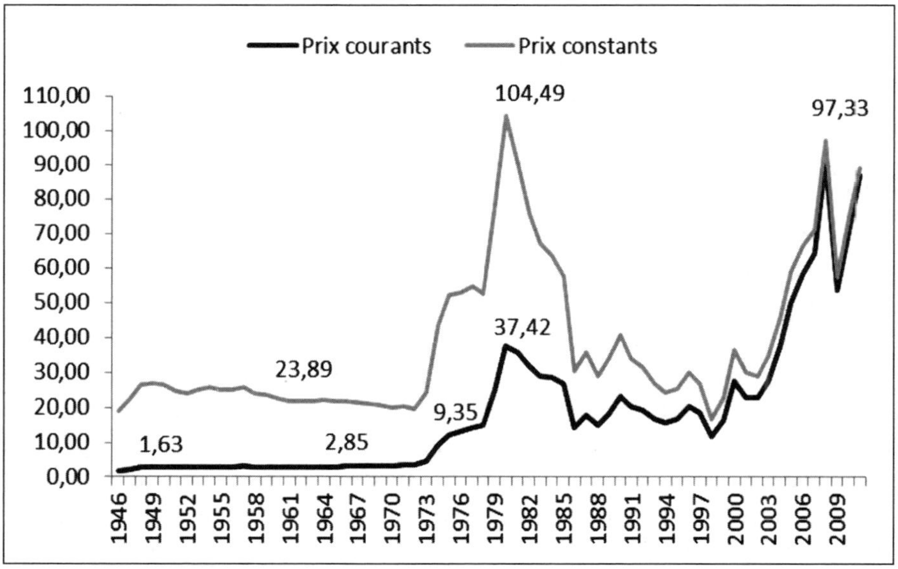

* Prix moyen annuel.

[46] J. Commaille, *Les nouveaux enjeux de la question sociale*, Paris, Hachette, 1997, p. 19.

[47] *Source* : http://inflationdata.com.

La croissance s'affaisse et, fait important, l'inflation s'élève. L'inflation, c'est-à-dire l'augmentation des prix des produits et services, atteindra 11, 12, 13% suivant les pays, générant un cercle vicieux d'augmentation des salaires qui elle-même entretenait l'inflation. L'évolution de l'inflation en France durant cette période en porte témoignage.

Evolution de l'inflation en France (1949-2012)

1945	48,5	**1968**	4,5	**1991**	3,2
1946	52,6	**1969**	6,5	**1992**	2,4
1947	49,2	**1970**	5,2	**1993**	2,1
1948	58,7	**1971**	5,7	**1994**	1,7
1949	13,2	**1972**	6,2	**1995**	1,7
1950	10,0	**1973**	9,2	**1996**	2,0
1951	16,2	**1974**	13,7	**1997**	1,2
1952	11,9	**1975**	11,8	**1998**	0,7
1953	– 1,7	**1976**	9,6	**1999**	0,5
1954	0,4	**1977**	9,4	**2000**	1,7
1955	1,0	**1978**	9,1	**2001**	1,7
1956	4,2	**1979**	10,8	**2002**	1,9
1957	3,0	**1980**	13,6	**2003**	2,1
1958	15,1	**1981**	13,4	**2004**	2,1
1959	6,2	**1982**	11,8	**2005**	1,8
1960	3,6	**1983**	9,6	**2006**	1,6
1961	3,3	**1984**	7,4	**2007**	1,5
1962	4,8	**1985**	5,8	**2008**	2,8
1963	4,8	**1986**	2,7	**2009**	0,1
1964	3,4	**1987**	3,1	**2010**	1,5
1965	2,5	**1988**	2,7	**2011**	2,1
1966	2,7	**1989**	3,6	**2012**	2,0
1967	2,7	**1990**	3,4		

L'exemple américain est tout aussi éloquent. Les deux pics dans les années soixante-dix et au début des années quatre-vingt sont très manifestes. Ils sont intimement liés à l'envolée des prix pétroliers. Ceux-ci impactent en effet de très nombreux produits et le coût du transport des personnes et des marchandises.

Evolution de l'inflation aux Etats-Unis (1945-2011)

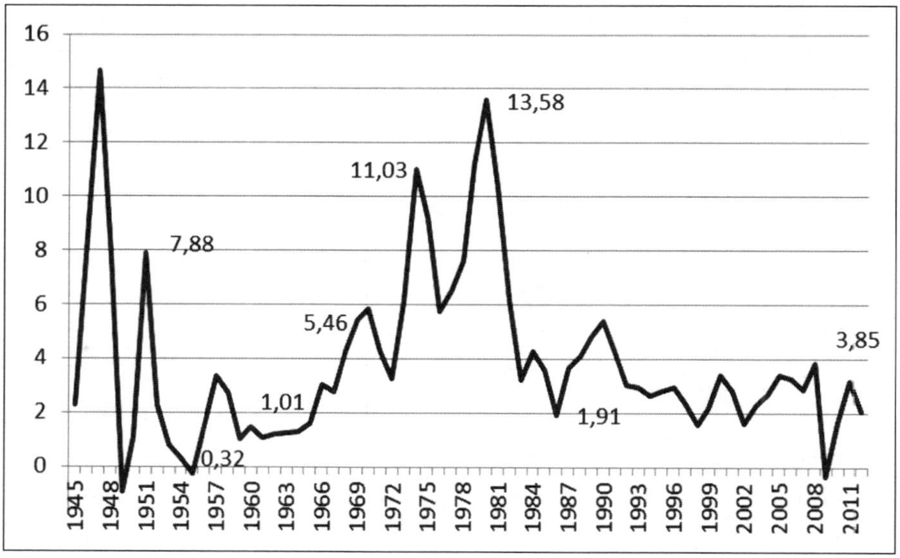

Depuis le milieu des années quatre-vingt, la lutte contre l'inflation est devenue une priorité forte de l'action des gouvernements. En Europe, c'est même cet objectif qui est au cœur de l'action de la Banque centrale européenne (BCE). Aussi, les taux sont-ils restés contenus pendant très longtemps. Pourtant, fin 2007 et en 2008, un nouveau choc pétrolier s'est produit. Le prix du baril de pétrole a connu une envolée.

Evolution du prix du baril de pétrole en dollars courants[48]

	2007	2008	2009	2010	2011	2012
Janvier	50,99	87,01	49,97	77,64	83,60	109,33
Février	54,96	86,54	40,53	75,36	88,93	107,41
Mars	58,16	88,74	44,34	77,04	92,51	110,63
Avril	63,45	90,16	43,51	73,88	100,39	117,32
Mai	64,17	97,72	45,87	77,77	108,95	122,80
Juin	65,30	104,19	50,09	83,70	116,51	117,29
Juillet	69,26	119,15	57,63	77,22	109,20	107,68
Août	66,05	128,28	69,48	74,09	107,84	94,42
Septembre	70,17	133,08	65,20	72,50	110,57	99,47
Octobre	68,34	113,13	71,69	74,58	105,10	109,05
Novembre	73,49	95,88	68,34	75,35	106,96	111,24
Décembre	77,51	68,89	73,40	80,52	104,88	108,67
Moyenne annuelle	65,15	101,06	56,67	76,64	102,95	109,61

[48] http://inflationdata.com.

Ce nouveau choc pétrolier a mené à une élévation de l'inflation qui risquait de générer un nouveau cercle pernicieux : accroissement de l'inflation, élévation des salaires, entretien de l'inflation.

Evolution de l'inflation dans l'Union européenne[49]

	2001	2002	2003	2004	2005	2006	2007	2008	2009	2010	2011	2012
Union européenne	2,2	2,1	2,0	2,0	2,2	2,2	2,3	3,7	1,0	2,1	3,1	2,6
Allemagne	1,9	1,4	1,0	1,8	1,9	1,8	2,3	2,8	0,2	1,2	2,5	2,1
Autriche	2,3	1,7	1,3	2,0	2,1	1,7	2,2	3,2	0,4	1,7	3,6	2,6
Belgique	2,4	1,6	1,5	1,9	2,5	2,3	1,8	4,5	0,0	2,3	3,4	2,6
Bulgarie	7,4	5,8	2,3	6,1	6,0	7,4	7,6	12,0	2,5	3,0	3,4	2,4
Chypre	2,0	2,8	4,0	1,9	2,0	2,2	2,2	4,4	0,2	2,6	3,5	3,1
Danemark	2,3	2,4	2,0	0,9	1,7	1,9	1,7	3,6	1,1	2,2	2,7	2,4
Espagne	2,8	3,6	3,1	3,1	3,4	3,6	2,8	4,1	-0,2	2,0	3,1	2,4
Estonie	5,6	3,6	1,4	3,0	4,1	4,4	6,7	10,6	0,2	2,7	5,1	4,2
Finlande	2,7	2,0	1,3	0,1	0,8	1,3	1,6	3,9	1,6	1,7	3,3	3,2
France	1,8	1,9	2,2	2,3	1,9	1,9	1,6	3,2	0,1	1,7	2,3	2,2
Grèce	3,7	3,9	3,4	3,0	3,5	3,3	3,0	4,2	1,3	4,7	3,1	1,0
Hongrie	9,1	5,2	4,7	6,8	3,5	4,0	7,9	6,0	4,0	4,7	3,9	5,7
Irlande	4,0	4,7	4,0	2,3	2,2	2,7	2,9	3,1	-1,7	-1,6	1,2	1,9
Italie	2,3	2,6	2,8	2,3	2,2	2,2	2,0	3,5	0,8	1,6	2,9	3,3
Lettonie	2,5	2,0	2,9	6,2	6,9	6,6	10,1	15,3	3,3	-1,2	4,2	2,3
Lituanie	1,6	0,3	-1,1	1,2	2,7	3,8	5,8	11,1	4,2	1,2	4,1	3,2
Luxembourg	2,4	2,1	2,5	3,2	3,8	3,0	2,7	4,1	0,0	2,8	3,7	2,9
Malte	2,5	2,6	1,9	2,7	2,5	2,6	0,7	4,7	1,8	2,0	2,5	3,2
Pays-Bas	5,1	3,9	2,2	1,4	1,5	1,7	1,6	2,2	1,0	0,9	2,5	2,8
Pologne	5,3	1,9	0,7	3,6	2,2	1,3	2,6	4,2	4,0	2,7	3,9	3,7
Portugal	4,4	3,7	3,3	2,5	2,1	3,0	2,4	2,7	-0,9	1,4	3,6	2,8
République tchèque	4,5	1,4	-0,1	2,6	1,6	2,1	3,0	6,3	0,6	1,2	2,1	3,5
Roumanie	34,5	22,5	15,3	11,9	9,1	6,6	4,9	7,9	5,6	6,1	5,8	3,4
Royaume-Uni	1,2	1,3	1,4	1,3	2,1	2,3	2,3	3,6	2,2	3,3	4,5	2,8
Slovaquie	7,2	3,5	8,4	7,5	2,8	4,3	1,9	3,9	0,9	0,7	4,1	3,7
Slovénie	8,6	7,5	5,7	3,7	2,5	2,5	3,8	5,5	0,9	2,1	2,1	2,8
Suède	2,7	1,9	2,3	1,0	0,8	1,5	1,7	3,3	1,9	1,9	1,4	0,9

Mais la crise financière spectaculaire de septembre-octobre 2008 a engendré un « contre-choc » pétrolier, qui a concouru à une stabilisation

[49] *Source* : Eurostat : http://epp.eurostat.ec.europa.eu/.

du problème de l'inflation. En 2009, l'inflation est même négative dans certains Etats.

Comme conséquence de ces changements économiques majeurs dans la décennie soixante-dix, le chômage connaît un accroissement très important. Alors que le plein emploi relatif ou le chômage résiduel était un des éléments clés des *trente glorieuses* et de l'Etat social, cet élément nouveau sape un des fondements de l'Etat social. Le taux de chômage franchit de la sorte la barre des 10% au début de la décennie quatre-vingt. En fonction de la conjoncture économique et des orientations dans les politiques publiques, il a crû ou décru, mais il est toujours resté à un niveau moyen nettement supérieur à celui observé de 1945 à 1975.

Evolution du taux de chômage au Royaume-Uni

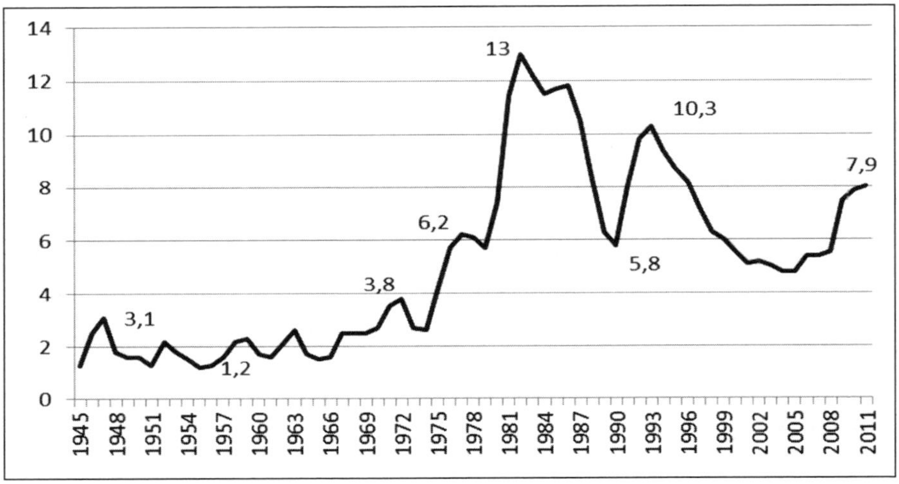

La décennie soixante-dix est aussi une période de tensions nouvelles dans les relations internationales: conflits au Proche-Orient avec le déclenchement de la guerre des Six jours en 1973, non-ratification des accords Salt II par le Congrès américain, invasion de l'Afghanistan par l'Union soviétique en 1979, boycott des jeux olympiques de Moscou en 1980,... On le sait, l'économie et la finance sont étroitement dépendantes de la configuration géopolitique. D'aucuns lient d'ailleurs l'évolution des prix du baril de pétrole à la situation politique dans les relations internationales, en particulier au Proche-Orient.

C'est dans ce contexte que débute la période – toujours en cours – de mises en cause des prérogatives de l'Etat. D'un point de vue politique, on peut relever des interpellations relatives au poids des pouvoirs publics à la gauche et à la droite du spectre politique. Les mises en cause ont toutefois un point commun: elles se fondent à partir d'une posture *libérale*.

A gauche, les critiques sont exprimées surtout par des courants libertaires. L'«Etat tentaculaire» au niveau économique, culturel ou politique est dénoncé par nombre d'auteurs de ce que Kitschelt nomme la *gauche libertaire*[50]. En s'appuyant sur les travaux d'auteurs comme Georges Orwell (1903-1950) (*Big Brother* dans *1984*), ou des philosophes de l'Ecole de Francfort[51] – Theodor W. Adorno (1903-1969) et Herbert Marcuse (1898-1979) (*L'homme unidimensionnel*) notamment –, l'Etat est contesté au nom de son emprise beaucoup trop forte sur les citoyens. Il aurait brisé la capacité de réflexion et d'action individuelles et aurait, de la sorte, contribué à la déresponsabilisation, à l'apathie et à l'élimination de la société civile. L'ambition est de revivifier le débat et l'expression démocratiques et de ramener l'encadrement étatique de la société à des proportions beaucoup plus modestes. Plusieurs auteurs présentent le mouvement étudiant de mai 1968 comme un moment fondateur des formes de contestation contre «l'Etat planificateur»[52]. La coupure entre l'Etat et la *société civile* est l'objet de critiques vigoureuses. Pour des auteurs comme Alain Touraine (1925-), l'Etat aurait confisqué la parole, l'expression et l'action des citoyens. En parallèle, il aurait, à travers un Etat social surdimensionné, généré une forme d'assistanat déresponsabilisant. Les citoyens seraient dépossédés du principe de responsabilité:

> «Il y a donc un prix, et de taille, à cette habileté qui a permis, par l'élision de la responsabilité, de trouver une solution pratique aux problèmes sociaux, échappant aussi bien aux certitudes libérales qu'au chantage socialiste. Et ce prix, on commencera à en prendre conscience au début des années soixante. C'est que pour avoir éliminé la responsabilité de la sphère des relations sociales, on a disposé l'Etat et les individus de telle façon que l'un doit effectuer des attributions à tous prix de cette promesse du progrès dont il s'est chargé, tandis que les autres s'installent dans la revendication permanente à l'égard de cet Etat pour compensation de cette prise sur leur *devenir* dont il les a *dessaisis*; et qu'entre l'Etat et les individus, il n'y a plus, dira-t-on de société»[53].

La question emblématique du choix du nucléaire civil par plusieurs Etats, suite au premier choc pétrolier de 1973, fut souvent épinglée comme l'exemple par excellence d'un choix de société crucial, sans débat orga-

---

[50] H. Kitschelt, «La gauche libertaire et les écologistes français», *Revue française de science politique*, vol. 40, n° 3, 1990, p. 339-365.

[51] P.-L. Assoun, *L'Ecole de Francfort*, Paris, PUF, 2012.

[52] S. Cattacin, M. Giugni, F. Passy, *Mouvements sociaux et Etat. Mobilisations sociales et transformations de la société en Europe*, Paris, Centre européen de la culture-Actes sud, 1997, p. 68.

[53] J. Donzelot, *L'invention du social. Essai sur le déclin des passions politiques*, Paris, Points-Essais, 1994, p. 177.

nisé par l'Etat ou les pouvoirs publics de manière générale. En France, le nucléaire devient rapidement le premier moyen de production d'électricité.

Production d'électricité en France en GWh[54]

	2000	2005	2010	2011	2012
Nucléaire	395 200	429 978	407 876	421 070	404 880
Combustibles fossiles	49 879	59 650	59 484	51 260	47 970
Hydraulique	71 593	56 179	67 599	50 290	63 816
Autres renouvelables	0	4 322	15 263	19 300	24 722
– dont éolien	0	985	9 726	11 940	14 868
– dont solaire	0	0	572	2 400	4 000
Production	**516 672**	**550 129**	**550 222**	**541 910**	**541 388**

A droite, la critique libérale n'est pas d'essence sociétale mais d'ordre économique. Les critiques adressées aux pouvoirs jugés exorbitants de l'Etat dans le champ économique se sont appuyées sur les travaux d'économie de «l'Ecole de Chicago», notamment de Milton Friedman (1912-2006), qui obtient le prix Nobel d'économie en 1976, et de Friedrich August von Hayek (1899-1992), qui l'avait reçu en 1974. Le titre de l'ouvrage majeur de von Hayek, *The Road to Serfdom (La route de la servitude)*, illustre d'emblée son propos[55]. Von Hayek et Friedman préconisent une «libéralisation» maximale de la société et donc une intervention aussi minimale que faire se peut de l'Etat, en particulier dans l'économe. Politiquement, cette sensibilité sera portée par deux personnalités emblématiques de la période: le leader du parti conservateur britannique **Margaret Thatcher** (1925-2013) et le président républicain américain **Ronald Reagan** (1911-2004).

La première remporte les élections nationales en 1979 au Royaume-Uni et reste au pouvoir jusqu'en 1990 (le parti conservateur jusqu'en 1997). Le deuxième est élu président des Etats-Unis en 1980 et le demeure jusqu'en 1988. Ils donneront naissance et expression au «néo-libéralisme» et à la *vague néo-libérale* (voir *supra*). L'empreinte néo-libérale touche alors de nombreuses formations du centre et de la droite en Europe. Des partis parfois réputés favorables à l'intervention de l'Etat n'y échappent pas. Dans leur enquête sur les cadres du Rassemblement pour la République (RPR), le parti gaulliste ancêtre de l'UMP, Bréchon, Derville et Lecomte évoquent un revirement spectaculaire en la matière par rapport à 1978. Au niveau des principes, l'Etat est rejeté avec force: 84,5% des répondants jugent que le

[54] Réseau de transport de l'électricité, *Statistiques de l'énergie électrique en France. Rapports annuels.*

[55] F.A. von Hayek, *La route de la servitude*, Paris, PUF, 2005 (réédition).

marché doit être le régulateur économique principal. Selon les auteurs, c'est un « vaste programme de déréglementation qui est souhaité »[56].

Compte tenu de ce renversement dans la croissance économique et de l'expression de ces critiques fortes à l'endroit de l'Etat, un vaste processus de *libéralisation* est lancé. Un nombre important d'opérateurs publics « passent » ou « repassent » dans le secteur privé : de très nombreux opérateurs bancaires, d'anciennes entreprises publiques – souvent monopolistiques – de téléphonie, des constructeurs automobiles, des compagnies d'aviation,... Ezra Suleiman a présenté la situation en Grande-Bretagne sous le gouvernement conservateur entre 1979 et 1997[57].

Privatisations au Royaume-Uni : 1979-1995

Société	1re tranche	Montants en livres sterling	2e tranche	3e tranche
British Petroleum	nov. 79	284	sept. 81	oct. 87
British Aerospace	févr. 81	43	mai 85	–
Cable and Wireless	oct. 85	181	déc. 83	déc. 85
Amersham International	févr. 82	64	–	
Britoil	oct. 82	334	août 95	
Assoc. British Ports	févr. 83	46	avr. 84	
Enterprise Oil	juin 84	384		
Jaguar	juill. 84	297		
British Telecom	nov. 84	3 685	déc. 91	juill. 93
British Gas	déc. 86	3 691	juill. 90	
British Airways	févr. 87	858		
Rolls Royce	mai 87	1 032		
British Airport Authority	juill. 87	1 223		
British Steel	déc. 88	2 425		
10 compagnies des eaux	déc. 89	3 395		
12 compagnies régionales d'électricité	déc. 90	3 395		
National Power	mars 91	1 341	mars 95	
PowerGen	mars 91	822	mars 95	
Scottish Hydro-Electric	juin 91	920		
Scottish Power	juin 91	1 955		
N. Ireland Eletricyt	juin 93	684		

[56] P. Bréchon, J. Derville, P. Lecomte, *Les cadres du RPR*, Paris, Economica, 1987, p. 161.

[57] E. Suleiman, *Le démantèlement de l'Etat démocratique*, Paris, Seuil, 2005.

E. Vers le dépassement de l'Etat?

Les décennies soixante-dix et quatre-vingt ont ainsi été des décennies de mises en cause profondes et multiples des interventions étatiques, tant dans la littérature que dans les faits. D'un point de vue politique, nous l'avons souligné, c'est aux Etats-Unis sous Ronald Reagan et en Grande-Bretagne sous Margaret Thatcher que les mises en cause de l'Etat sont les plus fortes. Mais globalement, l'Etat a été l'objet d'« attaques acharnées » et d'un « dénigrement systématique »[58].

En parallèle, il y a aussi eu un dépeçage de l'Etat-nation dans les faits par une dévolution de leurs pouvoirs vers des niveaux sub- et supranationaux : en matière institutionnelle, par exemple, vers l'Union européenne. Ces limitations de souveraineté sont, le plus souvent, consenties démocratiquement : Fonds monétaire international (FMI, 1944), Banque mondiale (1945), Organisation des Nations unies (1945), Organisation du traité de l'Atlantique nord (OTAN, 1949), Conseil de l'Europe (1949), Communauté européenne pour le charbon et l'acier (CECA, 1952), Communautés économiques européennes (CEE, 1957), Organisation pour la sécurité et la coopération en Europe (OSCE, 1973), Acte unique européen (1986), traité de Maastricht (1992), Organisation mondiale du commerce (OMC, 1995), traité d'Amsterdam (1997), traité de Nice (2000), projet de Constitution européenne (2005), traité de Lisbonne (2007)...

Les prérogatives de l'Etat sont aussi rognées en raison de la globalisation et de l'interdépendance économique et financière – par exemple, la libre circulation des capitaux dans l'Union européenne réalisée au 1er juillet 1990 et la création de la Banque centrale européenne (1998).

Dans ce mouvement à l'œuvre depuis trente ans, la spectaculaire crise financière de septembre-octobre 2008 a pour sa part mis en cause le principe de la dérégulation à tous crins. Face à un risque d'écroulement du système financier international, les Etats du monde entier ont été appelés à la rescousse pour sauver le secteur bancaire et financier de la banqueroute. De manière incroyable, des entreprises ont été nationalisées (en partie) du jour au lendemain : AIG (American International Group) aux Etats-Unis,... Fortis et Dexia n'ont dû leur salut qu'à l'action des gouvernements des Pays-Bas, de la Belgique et du Grand-Duché de Luxembourg,... « Bienvenue dans l'Union des républiques socialistes d'Amérique ! », a pu titrer *Trends Tendance*[59]. Trois ans plus tard, l'intervention étatique s'est à nouveau révélée nécessaire dans le cas de Dexia dont la branche belge a été natio-

[58] *Ibid.*, p. 11.

[59] *Trends Tendance*, 22 septembre 2008.

nalisée. Parallèlement, la « crise » est aussi devenue économique et étatique avec l'avènement de la « crise de la dette souveraine » : un endettement trop important de certains Etats, incapables de rembourser leurs échéances. Le cas grec est le plus emblématique de cette situation.

Evolution de la dette publique grecque, rapportée au produit intérieur brut[60]

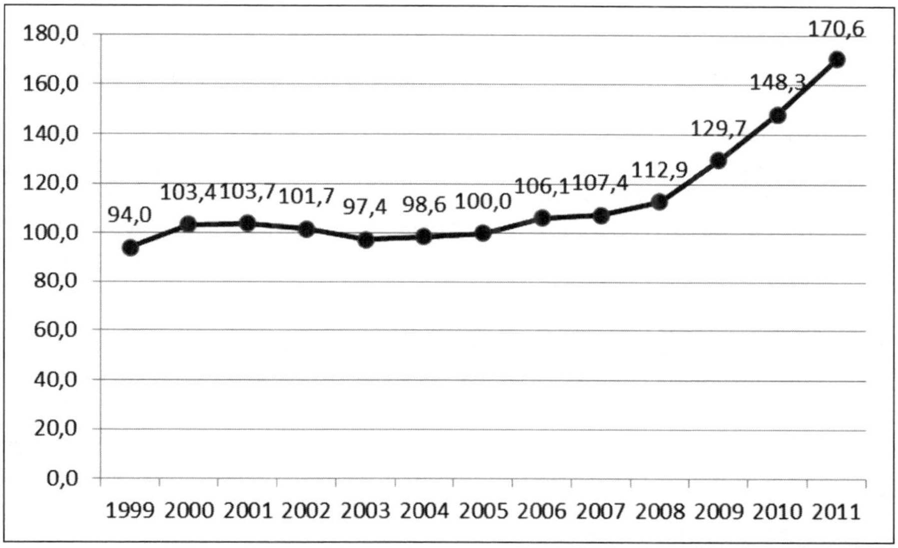

Paradoxalement, compte tenu de cette crise des dettes souveraines, les prérogatives étatiques sont désormais plus « surveillées » que jamais. A l'échelle de l'Union européenne ont été mis en place le mécanisme européen de stabilité et le traité sur la stabilité, la coordination et la gouvernance – souvent appelé pacte budgétaire européen – qui brident, avec une ampleur inégalée, l'action des Etats-membres de l'Union européenne. A ce titre, l'article 3 est emblématique :

> « 1. Outre leurs obligations au titre du droit de l'Union européenne et sans préjudice de celles-ci, les parties contractantes [les Etats membres, PD] appliquent les règles énoncées au présent paragraphe :
>
> a) la situation budgétaire des administrations publiques d'une partie contractante est en équilibre ou en excédent ;
>
> b) la règle énoncée au point a) est considérée comme respectée si le solde structurel annuel des administrations publiques correspond à l'objectif à moyen terme spécifique à chaque pays, tel que défini dans le pacte de stabilité et de croissance révisé, avec une limite inférieure de déficit structurel de 0,5 % du produit intérieur brut aux prix du marché.

[60] *Source* : Eurostat.

> Les parties contractantes veillent à assurer une convergence rapide vers leur objectif à moyen terme respectif. Le calendrier de cette convergence sera proposé par la Commission européenne, compte tenu des risques qui pèsent sur la soutenabilité des finances publiques de chaque pays. Les progrès réalisés en direction de l'objectif à moyen terme et le respect de cet objectif font l'objet d'une évaluation globale prenant pour référence le solde structurel et comprenant une analyse des dépenses, déduction faite des mesures discrétionnaires en matière de recettes, conformément au pacte de stabilité et de croissance révisé ;
>
> c) les parties contractantes ne peuvent s'écarter temporairement de leur objectif respectif à moyen terme ou de la trajectoire d'ajustement propre à permettre sa réalisation qu'en cas de circonstances exceptionnelles, telles que définies au paragraphe 3, point b) ;
>
> d) lorsque le rapport entre la dette publique et le produit intérieur brut aux prix du marché est sensiblement inférieur à 60 % et lorsque les risques pour la soutenabilité à long terme des finances publiques sont faibles, la limite inférieure de l'objectif à moyen terme telle que définie au point b) peut être relevée pour atteindre un déficit structurel d'au maximum 1,0 % du produit intérieur brut aux prix du marché ;
>
> e) un mécanisme de correction est déclenché automatiquement si des écarts importants sont constatés par rapport à l'objectif à moyen terme ou à la trajectoire d'ajustement propre à permettre sa réalisation. Ce mécanisme comporte l'obligation pour la partie contractante concernée de mettre en œuvre des mesures visant à corriger ces écarts sur une période déterminée ».

Jamais, les Etats membres de l'Union européenne n'avaient vu leurs compétences à ce point cadrées, illustrant une forme de *négation du politique* dans l'action de l'Etat.

VI. Les idéologies et l'Etat

Cette évolution et ce point d'aboutissement quant aux prérogatives de l'Etat sont aussi des points de synthèses d'idéologies et d'acteurs politiques en confrontation sur les rôles des pouvoirs publics dans les sociétés. Les approches et les considérations sur l'Etat ne manquent pas dans l'histoire. Quels sont les principales visions quant aux missions à exercer par les pouvoirs publics ? Globalement, nous pouvons différencier trois grandes approches : une perspective de rejet de l'Etat, la valorisation d'un Etat minimal et la promotion d'un interventionnisme plus ou moins important.

A. Les théories de rejet de l'Etat

1. La vision anarchiste

Il est aisé d'insérer **l'anarchie** dans une perspective de rejet radical de l'Etat. D'un point de vue idéologique, l'anarchie se fonde sur le rejet de tout rapport d'autorité, de toutes les formes de pouvoir et donc de tout pouvoir politique. Dans ce cadre, l'Etat, forme moderne du pouvoir politique, est une institution répudiée par les penseurs anarchistes.

William Godwin (1756-1836) fut l'un des premiers auteurs à avoir présenté cette perspective dans son *Enquête sur la justice politique*[61]. Godwin y nie le rôle de l'Etat comme arbitre ou garant du Contrat social. Selon lui, il convient d'agir conformément à une «loi morale» et en harmonie avec la *raison*. Or, l'Etat se substituerait constamment au jugement et à la conscience des citoyens. Dans cette configuration, il n'y a pas d'Etat mais des Communautés décentralisées, des fédérations de districts.

Dans la deuxième moitié du XIXe siècle se développe, à titre principal, la vision de gauche de l'anarchisme. Elle associe rejet des inégalités sociales et récusation de l'Etat. Bakounine (1814-1876) en est une figure emblématique. Il promeut un anti-étatisme intégral. Bakounine avait été l'un des initiateurs de la première grande organisation internationale, l'Association internationale des travailleurs (1864). Mais il s'était petit à petit opposé au courant «centraliste» promu par Karl Max (voir *infra*) et avait fait dissidence. En 1872, lors du premier congrès que ses partisans organisent à Saint-Imier après la dissidence, le *congrès anti-autoritaire* de la Ire Internationale, les congressistes sont on ne peut plus clairs quant à leur position politique anti-étatique. Ils adoptent la motion suivante:

> «Le congrès réuni à Saint-Imier déclare:
> - que **la destruction de tout pouvoir politique est le premier devoir du prolétariat**;
> - que toute organisation d'un pouvoir politique soi-disant provisoire et révolutionnaire pour amener cette destruction ne peut être qu'une tromperie de plus et serait aussi dangereuse pour le prolétariat que tous les gouvernements existants aujourd'hui;
> - que, repoussant tout compromis pour arriver à l'accomplissement de la révolution sociale, les prolétaires de tous les pays doivent établir, en dehors de toute politique bourgeoise, la solidarité de l'action révolutionnaire»[62].

---

[61] W. GODWIN, *Enquête sur la justice politique et son influence sur la morale et le bonheur d'aujourd'hui*, Lyon, Atelier de Création libertaire, 2005.

[62] *Congrès de l'Internationale anti-autoritaire*, Saint-Imier, 15-16 septembre 1872.

L'avènement progressif de la démocratie représentative ne modifie pas l'axe de positionnement. Les anarchistes répudient toute forme de participation aux mécanismes de démocratie parlementaire. Au XXe siècle, l'anarchisme de gauche s'incarne pour l'essentiel dans des organisations syndicales à vocation politique et sociale, en particulier dans le sud de l'Europe. A ce titre, la Confédération nationale du travail espagnole est l'organisation emblématique.

Durant le XXe siècle se sont aussi développées des visions libérales de l'anarchisme. Nombre d'auteurs ont ainsi épinglé l'importance du futurisme et du rédacteur de son manifeste (1909), Filippo Tommaso Marinetti (1876-1944), dans la première phase du fascisme italien. Marinetti, qui a rejoint le parti fasciste italien après avoir été un militant anarcho-syndicaliste, exalte l'action et la rupture intégrales :

> « 1. Nous voulons chanter l'amour du danger, l'habitude de l'énergie et de la témérité.
>
> 2. Les éléments essentiels de notre poésie seront le courage, l'audace, et la révolte.
>
> 3. La littérature ayant jusqu'ici magnifié l'immobilité pensive, l'extase et le sommeil, nous voulons exalter le mouvement agressif, l'insomnie fiévreuse, le pas gymnastique, le saut périlleux, la gifle et le coup de poing.
>
> 4. Nous déclarons que la splendeur du monde s'est enrichie d'une beauté nouvelle : la beauté de la vitesse. Une automobile de course avec son coffre orné de gros tuyaux tels des serpents à l'haleine explosive … une automobile rugissante, qui a l'air de courir sur de la mitraille, est plus belle que la *Victoire de Samothrace*.
>
> 5. Nous voulons chanter l'homme qui tient le volant dont la tige idéale traverse la terre, lancée elle-même sur le circuit de son orbite … C'est en Italie que nous lançons ce manifeste de violence culbutante et incendiaire, par lequel nous fondons aujourd'hui le *Futurisme* parce que nous voulons délivrer l'Italie de sa gangrène d'archéologues, de cicérones et d'antiquaires… »[63].

Dans la phase contemporaine s'est développé à droite un courant *libertarien*, que Préposiet préfère qualifier d'anarcho-capitaliste[64]. Dans son expression la plus radicale, ce courant considère que toute mission de l'Etat peut être prise en charge par un acteur privé. Assumant l'inégalité dans la société, le libertarianisme s'agence autour de quatre idées maîtresses : l'antiétatisme, la liberté, le laissez-faire et le droit à la propriété[65].

---

[63] F. T. MARINETTI, « Manifeste du futurisme », *Inter : art actuel*, 2009, n° 103, p. 6.

[64] J. PRÉPOSIET, *Histoire de l'anarchisme*, Paris, Pluriel, 2012, p. 343.

[65] D. et I. PARENTEAU, *Les idéologies politiques. Le clivage gauche-droite*, Québec, Presses de l'Université du Québec, 2008, p. 129.

Il s'agit véritablement de la pensée libérale poussée à ses extrêmes: la «main invisible» – l'autorégulation – est partout. Ce courant est assez puissant aux Etats-Unis. Durant le processus des primaires républicaines pour la campagne présidentielle de 2012, Ron Paul a porté cette sensibilité. Député du Texas, Ron Paul est une personnalité influente en rupture de ban avec l'appareil du parti républicain. Il prône une approche libertarienne absolue. Son influence dans le Tea Party américain est manifeste. L'optique de ce mouvement, très présent dans la campagne législative de novembre 2010, est une véritable rébellion patriotique contre le «*Big Government*». Lors du scrutin lui-même, les couleurs du *libertarianism* avaient été portées par l'ancien gouverneur du Nouveau-Mexique, Gary Johnson.

2. La vision marxiste de l'Etat

La notion de marxisme renvoie à la conception de son père fondateur, Karl Marx. Le marxisme a en réalité deux pères fondateurs, Karl Marx (1818-1883) et Friedrich Engels (1820-1895). Au XIXe siècle, Karl Marx et Friedrich Engels identifiaient indistinctement Etat et nation. Marx et Engels s'inscrivent dans un déterminisme historique où l'histoire est d'abord l'**histoire de la lutte des classes**. Cette histoire de la lutte des classes est elle-même pensée dans une démarche dialectique – la théorie de la contradiction. Chaque étape est une thèse qui sécrète son antithèse et débouche sur une synthèse provisoire qui devient elle-même une thèse... L'histoire de la lutte des classes s'arrêterait cependant avec l'avènement du socialisme.

> «L'histoire de toute société jusqu'à nos jours n'a été que l'histoire de luttes de classes. Homme libre et esclave, patricien et plébéien, baron et serf, maître de jurande et compagnon, en un mot oppresseurs et opprimés, en opposition constante, ont mené une guerre ininterrompue, tantôt ouverte, tantôt dissimulée, une guerre qui finissait toujours soit par une transformation révolutionnaire de la société tout entière, soit par la destruction des deux classes en lutte. Dans les premières époques historiques, nous constatons presque partout une organisation complète de la société en classes distinctes, une échelle graduée de conditions sociales. Dans la Rome antique, nous trouvons des patriciens, des chevaliers, des plébéiens, des esclaves; au Moyen Age, des seigneurs, des vassaux, des maîtres de corporation, des compagnons, des serfs et, de plus, dans chacune de ces classes, une hiérarchie particulière. La société bourgeoise moderne, élevée sur les ruines de la société féodale, n'a pas aboli les antagonismes de classes. Elle n'a fait que substituer de nouvelles classes, de nouvelles conditions d'oppression, de nouvelles formes de lutte à celles d'autrefois. Cependant, le caractère distinctif de notre époque, de l'époque de la bourgeoisie, est d'avoir simplifié les antagonismes de classes. La société se divise de plus en deux vastes camps ennemis, en deux grandes classes diamétralement opposées: la bourgeoisie et le prolétariat».

Marx et Engels appréhendent l'Etat-nation comme la forme politico-économique transitoire qui sanctionne le mode de production capitaliste et assure l'hégémonie de la bourgeoisie dans le processus historique en cours. Cette approche est clairement illustrée dans leur œuvre la plus célèbre, *Le Manifeste du parti communiste*, publiée en 1848 :

> « Chaque étape de développement de la bourgeoisie s'accompagnait d'un progrès politique correspondant. Corps social opprimé sous la domination des seigneurs féodaux, association armée s'administrant elle-même dans la commune, ici république urbaine indépendante, là tiers-état de la monarchie assujetti à l'impôt, puis, au temps de la manufacture, contrepoids de la noblesse dans la monarchie corporative ou absolue, principal fondement des grandes monarchies en général, la bourgeoisie depuis l'établissement de la grande industrie et du marché mondial, s'est finalement emparée à force de lutte de la souveraineté politique exclusive dans l'Etat représentatif moderne. Le pouvoir étatique moderne *n'est qu'un* (je souligne) comité chargé de gérer les affaires communes de la classe bourgeoise tout entière »[66].

Dans cette optique, l'Etat ne sert que les intérêts de la bourgeoisie – qui a besoin d'une centralisation politique pour l'exercice de son pouvoir. Marx et Engels appellent le prolétariat à renverser « l'Etat bourgeois » au profit d'un « Etat prolétarien » dans la phase socialiste de l'évolution des modes de production. Mais la phase socialiste est une étape transitoire entre le capitalisme et le communisme. L'Etat est encore nécessaire pour asseoir l'exercice du pouvoir du prolétariat. Au stade ultime du communisme, l'Etat est appelé à dépérir dès lors que le communisme marque la fin de la lutte des classes. En conséquence, il n'y aurait plus besoin d'un pouvoir politique : on passe à « l'administration des choses ». Cette vision des choses sera reprise et développée, contre les réflexions nouvelles dans les partis sociaux-démocrates et socialistes naissants à la fin du XIXe et au début du XXe siècle, par Lénine (1870-1924) dans un ouvrage important, *L'Etat et la révolution*, écrit peu avant la révolution bolchevique en 1917. Lénine y développe une approche strictement utilitariste de l'Etat dans une appréhension de l'histoire figurée comme l'histoire de la lutte des classes :

> « L'Etat est le produit et la manifestation des antagonismes de classes inconciliables. L'Etat surgit là, au moment et dans la mesure où, objectivement, les contradictions de classes ne peuvent pas être conciliées. Et inversement, l'existence de l'Etat prouve que les antagonismes de classes sont inconciliables »[67].

---

[66] K. Marx, F. Engels, *op. cit.*, p. 56-57.

[67] V. Lénine, *L'Etat et la révolution*, Paris, éditions sociales, 1946, p. 14.

Dans cet ouvrage, l'un des objectifs de Lénine, de son vrai nom Vladimir Illich Oulianov, est de récuser l'ambition de théoriciens et de dirigeants socialistes et sociaux-démocrates selon laquelle on peut changer les choses voire construire le socialisme en menant le combat «dans» l'Etat. En d'autres termes par la voie électorale et par la participation des socialistes au gouvernement. «Le remplacement de l'Etat bourgeois par l'Etat prolétarien est impossible sans révolution violente»[68], assène Lénine. Cette vision optimiste et ce dessein assigné au prolétariat ont entraîné un désintérêt de l'Ecole marxiste tout à la fois pour l'Etat et pour la nation dans un régime capitaliste, ce que reconnaissait d'ailleurs Ralph Miliband (1924-1994), un des penseurs marxistes brillants du XXe siècle, dans *L'Etat dans la société capitaliste*:

> «Pour la plupart, les marxistes se sont toujours contentés d'accepter cette thèse comme plus ou moins évidente; et d'adopter, en guise de texte central sur l'Etat, *L'Etat et la Révolution* de Lénine, maintenant vieux d'un demi-siècle et qui n'était pour l'essentiel qu'une redite et une formulation plus élaborée de la vision centrale de l'Etat d'après Marx et Engels, une affirmation véhémente aussi de sa validité à l'époque de l'impérialisme. Depuis, la seule contribution marxiste importante à la théorie de l'Etat a été celle d'Antonio Gramsci, dont les remarquables notes à ce sujet n'ont été reconnues à leur juste valeur hors d'Italie que depuis peu. A cette exception près, les marxistes n'ont guère tenté d'aborder la question de l'Etat à la lumière de la réalité concrète d'ordre socio-économique aussi bien que politique *et* culturel des sociétés capitalistes actuelles. Là où cette tentative a été faite, elle s'est trouvée entachée d'une simplification exagérée de l'interrelation qui existe entre la société et l'Etat»[69].

De fait, parmi les auteurs marxistes ayant *revisité* l'Etat, Gramsci (1891-1937) a tenté d'approfondir et de nuancer le propos de Marx et d'Engels. Responsable du parti communiste italien au début des années vingt, il voit échouer les mouvements sociaux de 1919-1920 en Italie et émerger le fascisme. Arrêté et condamné, Gramsci meurt en prison où il a rédigé l'essentiel de son œuvre[70]. A ses yeux, le pouvoir de l'Etat n'est pas à l'origine de l'hégémonie de la bourgeoisie mais sa **traduction**. Il s'agit donc de travailler à un changement culturel visant à cimenter une nouvelle hégémonie culturelle, sous la direction du parti communiste, en associant mondes ouvrier, paysan et intellectuel. Dans *Deux révolutions* (1920), il précise:

> «De la même manière, le Parti peut-il s'abstenir de participer aux luttes électorales pour les institutions représentatives de la démocratie

[68] *Ibid.*, p. 27.

[69] R. Miliband, *L'Etat dans la société capitaliste. Analyse du système de pouvoir occidental*, Bruxelles, Editions de l'Université de Bruxelles, 2012 (réédition), p. 17.

[70] A. Gramsci, *Cahiers de prison*, Paris, Gallimard, 1-5, 1978; 6-9, 1983; 10-13, 1978; 14-18, 1990; 19-29, 1992.

> bourgeoise, s'il a pour tâche d'organiser politiquement toutes les classes opprimées autour du prolétariat communiste, et si pour atteindre ce but il est nécessaire que de ces classes il devienne le parti de gouvernement au sens démocratique, étant donné que c'est seulement du prolétariat communiste qu'il peut être le parti au sens révolutionnaire?
>
> Dans la mesure où il devient le parti de confiance «démocratique» de toutes les classes opprimées, dans la mesure où il se tient en contact permanent avec toutes les couches de la population laborieuse, le Parti communiste conduit toutes les couches du peuple à reconnaître dans le prolétariat communiste la classe dirigeante qui doit remplacer ***dans* le pouvoir d'Etat** la classe capitaliste, il crée les conditions dans lesquelles il est possible que la révolution comme destruction de l'Etat bourgeois s'identifie avec la révolution prolétarienne, avec la révolution qui doit exproprier les expropriateurs, qui doit commencer le développement d'un nouvel ordre dans les rapports de production et de distribution.
>
> Ainsi, dans la mesure où il se pose comme parti spécifique du prolétariat industriel, dans la mesure où il travaille à donner conscience et orientation précise aux forces productives que le capitalisme a suscitées en se développant, le Parti communiste crée les conditions économiques du pouvoir d'Etat aux mains du prolétariat communiste, crée les conditions dans lesquelles il est possible que la révolution prolétarienne s'identifie avec la révolte populaire contre l'Etat bourgeois, dans lesquelles cette révolte devient l'acte de libération des forces productives réelles qui se sont accumulées au sein de la société capitaliste».

Nous l'avons montré, la perspective marxiste est radicalement antiétatiste en ce que l'Etat, élément de la «superstructure», assure l'hégémonie politique, sociale et culturelle de la bourgeoisie dans la lutte de classes qui l'oppose au prolétariat. Paradoxalement, dans le cadre de la construction de l'Etat soviétique qui s'appuyait officiellement sur un référentiel marxiste, les prérogatives de l'Etat seront très importantes à tous les niveaux (voir *supra* et *infra*). Ce qui aboutit au paradoxe suivant: la théorie marxiste est une approche de rejet – catégorique – de l'Etat alors que sa principale tentative d'application dans l'histoire – l'URSS – a vu l'établissement d'une société où l'Etat a exercé des prérogatives très fortes dans différents domaines (militaires, économiques, sociaux, culturels, politiques...). A l'heure actuelle, la grande majorité des partis communistes ou ex-communistes – parti communiste français (PCF), Alliance de gauche finlandaise (VAS), Die Linke en Allemagne, le parti de la gauche en Suède (V),... – sont des acteurs politiques qui prônent un rôle accru de l'Etat pour contrer l'action de l'entreprise privée et assurer une protection sociale publique. Sous cet angle, ils se sont largement alignés sur l'approche socialiste/sociale-démocrate qui se cristallise à la fin du XIXe siècle et au début du XXe (voir *infra*).

B. Pour un Etat minimal

1. La vision libérale

Nous l'avons déjà souligné, la vision libérale de l'Etat insiste sur le rôle limité que l'institution étatique doit avoir dans les affaires économiques. Historiquement, la pensée libérale et les organisations qui s'en réclament ont défendu le parlementarisme, le constitutionnalisme et la séparation des pouvoirs[71]. Politiquement et philosophiquement, le pouvoir doit effectivement fonctionner sur la base d'une séparation des pouvoirs. Locke (1632-1704), dans son *Traité du gouvernement civil*, prône une séparation en deux pouvoirs principaux, législatif et exécutif, où le pouvoir législatif est le «pouvoir suprême»[72]. Pour sa part, Montesquieu (1689-1755) envisage la séparation de trois pouvoirs – législatif, exécutif et judiciaire. Celle-ci doit empêcher concomitamment le despotisme et les dérives autoritaires mais aussi tenir à distance la menace du «gouvernement populaire, grâce à une mécanique institutionnelle sophistiquée, indispensable à ses yeux dans des Etats modernes, vastes et peuplés»[73]. Dans le cadre de ce combat contre les institutions de l'Ancien Régime et contre l'interventionnisme économique, la perception libérale «pure» confine les fonctions de l'Etat aux stricts attributs régaliens: les pouvoirs de police sur les plans interne et externe, la justice et la régulation monétaire. Il s'agit d'éviter l'édification d'un pouvoir tutélaire qui est craint, à l'image de la description qu'en fit Alexis de Tocqueville:

> «Au-dessus de ceux-là s'élève un pouvoir immense et tutélaire qui se charge d'assurer leur jouissance et de veiller sur leur sort. Il est absolu, détaillé, régulier, prévoyant et doux. Il ressemblerait à la puissance paternelle si, comme elle, il avait pour objet de préparer les hommes à l'âge viril; mais il ne cherche, au contraire, qu'à les fixer irrévocablement dans l'enfance; il aime que les citoyens se réjouissent, pourvu qu'ils ne songent qu'à se réjouir. Il travaille volontiers à leur bonheur; mais il veut en être l'unique agent et le seul arbitre; il pourvoit à leur sécurité, prévoit et assure leurs besoins, facilite leurs plaisirs, conduit les principales affaires, dirige leur industrie, règle leurs successions, divise leurs héritages; que ne peut-il leur ôter entièrement le trouble de penser et la peine de vivre?»[74].

Pour le reste, l'Etat n'a, en principe, pas à intervenir dans les autres domaines. Il s'agit donc d'un **Etat minimal**. Au fil du temps, plusieurs

---

[71] N. Rousselier, *L'Europe des libéraux*, Bruxelles, Complexe, 1991, p. 15-16.

[72] J. Locke, *Le second traité du gouvernement: essai sur la véritable origine, l'étendue et la fin du gouvernement civil*, Paris, PUF, 1994.

[73] L. Bouvet, *Le sens du peuple. La gauche, la démocratie, le populisme*, Paris, Gallimard, 2011, p. 41.

[74] Cité par J.-L. Chabot, *Introduction à la politique*, Grenoble, Presses universitaires de Grenoble, 2003, p. 61.

penseurs et hommes politiques libéraux prôneront néanmoins un élargissement des prérogatives de l'Etat dans les domaines économique (notamment pour développer des infrastructures de transport et de communication), social (notamment pour assurer la paix civile et/ou sociale) et éducatif (pour assurer la formation de la main-d'œuvre en particulier).

Ces quarante dernières années, l'approche libérale «pure» de l'Etat est revenue en force, d'où l'emploi du terme «néo-libéralisme». Ses tenants se sont appuyés sur les travaux de von Hayek et de Friedman, pour lesquels l'économie de marché tend idéalement vers une situation d'équilibre. La «main invisible» du marché régule la société. L'idée de la main invisible du marché a été développée à l'origine par Adam Smith (1723-1790) dans *La richesse des nations* (1776). Selon Adam Smith, le marché permet d'aboutir par l'échange à la satisfaction de tous, chacun cherchant à satisfaire les autres pour en tirer un bénéfice :

> «Par conséquent, puisque chaque individu tâche, le plus qu'il peut, 1° d'employer son capital à faire valoir l'industrie nationale, et 2° de diriger cette industrie de manière à lui faire produire la plus grande valeur possible, chaque individu travaille nécessairement à rendre aussi grand que possible le revenu annuel de la société. A la vérité, son intention en général n'est pas en cela de servir l'intérêt public, et il ne sait même pas jusqu'à quel point il peut être utile à la société. En préférant le succès de l'industrie nationale à celui de l'industrie étrangère, il ne pense qu'à se donner personnellement une plus grande sûreté ; et en dirigeant cette industrie de manière que son produit ait le plus de valeur possible, il ne pense qu'à son propre gain ; en cela, comme dans beaucoup d'autres cas, **il est conduit par une main invisible à remplir une fin qui n'entre nullement dans ses intentions** ; et ce n'est pas toujours ce qu'il y a de plus mal pour la société, que cette fin n'entre pour rien dans ses intentions. Tout en ne cherchant que son intérêt personnel, il travaille souvent d'une manière bien plus efficace pour l'intérêt de la société, que s'il avait réellement pour but d'y travailler. Je n'ai jamais vu que ceux qui aspiraient, dans leurs entreprises de commerce, à travailler pour le bien général, aient fait beaucoup de bonnes choses. Il est vrai que cette belle passion n'est pas très commune parmi les marchands, et qu'il ne faudrait pas de longs discours pour les en guérir»[75].

La *main invisible* assure la compatibilité des intérêts individuels. Le marché a également une fonction de régulation, il ajuste offre et demande. L'échange conduit ainsi à la division du travail dont l'efficacité conditionne croissance et emploi :

---

[75] A. SMITH, *Recherches sur la nature et sur les causes de la richesse des nations*, Paris, Gallimard, 1976, p. 255-256.

> «Mais l'homme a presque continuellement besoin du secours de ses semblables, et c'est en vain qu'il l'attendrait de leur seule bienveillance. Il sera bien plus sûr de réussir, s'il s'adresse à leur intérêt personnel et s'il leur persuade que leur propre avantage leur commande de faire ce qu'il souhaite d'eux. C'est ce que fait celui qui propose à un autre un marché quelconque; le sens de sa proposition est ceci: *Donnez-moi ce dont j'ai besoin et vous aurez de moi ce dont vous avez besoin vous-même*; et la plus grande partie de ces bons offices qui nous sont si nécessaires s'obtient de cette façon. Ce n'est pas de la bienveillance du boucher, du marchand de bière et du boulanger que nous attendons notre dîner, mais bien du soin qu'ils apportent à leurs intérêts. Nous ne nous adressons pas à leur humanité, mais à leur égoïsme; et ce n'est jamais de nos besoins que nous leur parlons, c'est toujours de leur avantage»[76].

Rappelons-le, sur le plan politique, Margaret Thatcher, Premier ministre conservateur de Grande-Bretagne au pouvoir de 1979 à 1991, a incarné cette lutte contre l'Etat de même que le président américain Ronald Reagan entre 1980 et 1988. Le tournant néo-libéral des républicains américains n'est pas sans soulever quelques questions. La première, sémantique, mérite un rappel: *liberal* aux Etats-Unis est un qualificatif qui ramène à un classement à gauche. En 2004, les partisans de Georges Bush rappelaient à l'envi que John Kerry s'était dit «*liberal*» et qu'on pouvait donc le classer à gauche, une insulte dans une partie des Etats-Unis. La deuxième, plus fondamentale, montre qu'au-delà de la rhétorique classique – les républicains «épargnent» et les démocrates «dépensent» –, les politiques républicaines ont été très interventionnistes en réalité, ce qui a généré une élévation forte de la dette publique, que certains présidents démocrates se sont évertués à réduire: les néo-libéraux Reagan et Bush père ont creusé le déficit américain qu'a essayé de résorber Bill Clinton avant que Georges Bush fils n'accroisse à nouveau la dette publique américaine et que Barack Obama ne la creuse sensiblement durant son premier mandat.

[76] *Ibid.*, p. 48.

Evolution de la dette publique américaine rapportée au PIB et à la couleur politique du président

1929	16%	Hoover	R	**1971**	35%	Nixon	R
1930	18%	Hoover	R	**1972**	34%	Nixon	R
1931	22%	Hoover	R	**1973**	33%	Nixon	R
1932	33%	Hoover	R	**1974**	31%	Nixon	R
1933	40%	Roosevelt	D	**1975**	32%	Ford	R
1934	41%	Roosevelt	D	**1976**	34%	Ford	R
1935	39%	Roosevelt	D	**1977**	34%	Carter	D
1936	40%	Roosevelt	D	**1978**	33%	Carter	D
1937	40%	Roosevelt	D	**1979**	32%	Carter	D
1938	43%	Roosevelt	D	**1980**	33%	Carter	D
1939	44%	Roosevelt	D	**1981**	31%	Reagan	R
1940	42%	Roosevelt	D	**1982**	35%	Reagan	R
1941	39%	Roosevelt	D	**1983**	38%	Reagan	R
1942	45%	Roosevelt	D	**1984**	40%	Reagan	R
1943	69%	Roosevelt	D	**1985**	43%	Reagan	R
1944	91%	Roosevelt	D	**1986**	47%	Reagan	R
1945	116%	Roosevelt	D	**1987**	49%	Reagan	R
1946	121%	Truman	D	**1988**	51%	Reagan	R
1947	106%	Truman	D	**1989**	52%	Bush Sr	R
1948	92%	Truman	D	**1990**	55%	Bush Sr	R
1949	94%	Truman	D	**1991**	61%	Bush Sr	R
1950	85%	Truman	D	**1992**	64%	Bush Sr	R
1951	74%	Truman	D	**1993**	66%	Clinton	D
1952	72%	Truman	D	**1994**	66%	Clinton	D
1953	70%	Truman	D	**1995**	67%	Clinton	D
1954	71%	Eisenhower	R	**1996**	66%	Clinton	D
1955	65%	Eisenhower	R	**1997**	66%	Clinton	D
1956	62%	Eisenhower	R	**1998**	62%	Clinton	D
1957	58%	Eisenhower	R	**1999**	60%	Clinton	D
1958	59%	Eisenhower	R	**2000**	57%	Clinton	D
1959	56%	Eisenhower	R	**2001**	56%	Bush Jr	R
1960	54%	Eisenhower	R	**2002**	58%	Bush Jr	R
1961	53%	Eisenhower	R	**2003**	60%	Bush Jr	R
1962	51%	Kennedy	D	**2004**	62%	Bush Jr	R
1963	49%	Kennedy	D	**2005**	62%	Bush Jr	R
1964	46%	Johnson	D	**2006**	63%	Bush Jr	R
1965	44%	Johnson	D	**2007**	64%	Bush Jr	R
1966	40%	Johnson	D	**2008**	70%	Bush Jr	R
1967	39%	Johnson	D	**2009**	85%	Obama	D
1968	38%	Johnson	D	**2010**	92%	Obama	D
1969	36%	Johnson	D	**2011**	102%	Obama	D
1970	35%	Nixon	R	**2012**	102%	Obama	D

C. L'interventionnisme étatique

1. La vision socialiste/sociale-démocrate

A l'origine, la pensée socialiste/sociale-démocrate emprunte largement à la perspective marxiste de rejet de l'Etat. Toutefois, sans toujours l'avoir proclamé officiellement, la perspective sociale-démocrate/socialiste s'est profondément séparée du projet marxiste de condamnation irrémédiable de l'Etat et de l'annonce de son dépérissement inéluctable suite à un processus révolutionnaire. Dans l'optique d'une accession graduelle au socialisme, les partis sociaux-démocrates et socialistes considèrent qu'il faut non rejeter l'Etat mais accéder à «ses commandes»; en d'autres termes, accéder au pouvoir et contribuer à changer la société à partir de positions de pouvoirs **dans l'Etat**.

Cette évolution dans la pensée et dans l'action socialistes s'accélère à la charnière des XIXe et XXe siècles. Le plus souvent, il s'agit d'une mutation empirique, pragmatique, non pensée. La doctrine reste toujours l'avènement de la révolution et l'affirmation du caractère internationaliste du mouvement ouvrier. Mais en pratique, la question se pose. La valorisation révolutionnaire mise en exergue par Marx et Engels dans le *Manifeste du parti communiste* date de 1848. Entre-temps, plusieurs changements majeurs sont intervenus. On signalera en particulier la naissance et le développement de partis ouvriers et socialistes dans plusieurs Etats: parti social-démocrate danois (1871), parti social-démocrate allemand (1875), parti ouvrier belge (1885), parti social-démocrate suédois (1889), parti travailliste britannique (1900),... En parallèle, plusieurs Etats se démocratisent: le droit de suffrage est étendu, le parlementarisme se développe,... Le rapport à ces institutions démocratisées et à l'organisation d'élections législatives se pose donc pour les formations sociales-démocrates. Peut-on prendre part à des processus d'une démocratie bourgeoise alors même que l'Etat n'est censé être qu'un instrument de domination sur le prolétariat? Dans les faits, les partis vont de l'avant, sans nécessairement modifier leur corpus doctrinal. Quelques théoriciens joueront les pionniers intellectuels face ces changements.

Longtemps exilé à Londres, Edouard Bernstein (1850-1932) fut le premier à aborder franchement le paradoxe de cette situation. Observant la croissance de l'influence du SPD en Allemagne à tous les niveaux et la mise en place progressive d'une législation sociale, Bernstein propose de revoir la doctrine et la pratique socialistes. Dans le cadre d'une Allemagne qui semblait progressivement s'ouvrir à la démocratie et dont l'essor économique prit une nouvelle dimension à partir de 1895, il s'interroge sur la validité de la formulation socialiste du «dépérissement de l'Etat»:

> «Mais dans la réalité, une société soucieuse d'intervenir, de s'occuper de certains besoins, de mettre fin à des abus, ne peut se passer d'organes,

d'une constitution, de moyens financiers et éventuellement de moyens de coercition. Or, pour tout cela, il faut de toute évidence autre chose qu'une société mystique désincarnée».

En parallèle, il interroge la perspective de renversement violent de l'Etat bourgeois:

> «Mais plus les institutions politiques des nations modernes se démocratisent, plus aussi la nécessité et l'éventualité des apocalypses sociales disparaissent. (...) Mais est-il inévitable que la conquête du pouvoir politique par le prolétariat s'accomplisse autrement que par un séisme politique? Et signifie-t-elle aussi la monopolisation du pouvoir par le prolétariat face et contre l'univers non prolétarien tout entier?»[77].

En 1896, Edouard Bernstein publie une série de thèses dans la *Neue Zeit*, l'une des principales revues socialistes, révisant certaines données essentielles de l'action du SPD à propos des étapes de la révolution. C'est le début d'une longue polémique à l'intérieur du parti «phare» du mouvement ouvrier. Impressionnant par le nombre de ses adhérents, de ses électeurs et la qualité de ses dirigeants, le parti social-démocrate allemand apparaît alors comme le modèle à suivre pour les autres organisations et partis révolutionnaires. Tour à tour, le rapport aux élections, à la violence, au recours à la grève générale sont autant de thèmes de débats, de controverses et, petit à petit, de division entre la «droite» du parti animée par Bernstein, le «centre» guidé par Karl Kautsky (1854-1938) et la «gauche» emmenée par Rosa Luxemburg (1871-1919).

Pour Bernstein, la démocratisation des sociétés capitalistes développées rend puérils les mots d'ordre d'écrasement de l'Etat et de renversement révolutionnaire. Plus les institutions politiques des nations modernes se démocratisent, «plus s'amenuiseront la nécessité et l'éventualité des grandes catastrophes politiques»:

> «La conquête de la démocratie et la formation d'organes politiques et économiques de cette démocratie sont les conditions primordiales et indispensables à la réalisation du socialisme».

L'investissement de l'Etat par le mouvement ouvrier permettra de conquérir des droits si importants que Bernstein s'autorisait à transposer cette conception à l'avènement du socialisme: «Grâce au bulletin de vote, aux démonstrations et à d'autres moyens de pression semblables, nous obtenons aujourd'hui des réformes dont il y a cent ans, la réalisation aurait exigé des révolutions sanglantes». Il dégage, pour la première fois sur un

---

[77] E. Bernstein, «Avant-propos à l'édition allemande», *in* E. Bernstein, *Socialisme théorique et social-démocratie pratique*, Paris, Les nuits rouges, 2010.

plan théorique, une **conception réformiste** du socialisme ; à savoir l'avènement au socialisme, réforme après réforme.

Bernstein subira les foudres de plusieurs auteurs, singulièrement de Parvus (1867-1924) et de Rosa Luxemburg (1871-1919). En retour, ces derniers seront bousculés par les représentants syndicaux. « Frau Dr Luxemburg nous parle comme Dieu, du haut du ciel », s'écrie l'un d'eux au congrès de 1898[78].

Toujours est-il que ses prévisions et ses propositions sont largement rencontrées dans la majorité du parti social-démocrate allemand au début du XXe siècle. Grèves de masse ou grèves générales sont désormais perçues et décrites par les responsables sociaux-démocrates non seulement comme inefficaces mais comme aventureuses. Elles seraient hasardeuses et susceptibles d'offrir au pouvoir un prétexte pour briser les organisations socialistes, pour inverser le cours démocratique du pays et, ainsi, ruiner le socle politique et social conquis jusque-là. Ces arguments deviendront des leitmotivs pour la majorité des dirigeants du parti. Des processus parallèles existent dans les autres partis socialistes et ouvriers.

Cette promotion de l'intervention étatique vise désormais à protéger les catégories sociales les plus exposées, les plus faibles, qui sont en général la base sociale des partis socialistes et sociaux-démocrates. Contre la « main invisible du marché », les socialistes se battent pour l'établissement de lois et de mécanismes de protection sociale, d'avancées sociales, etc. En ce sens, la famille socialiste/sociale-démocrate est la famille qui incarne le plus l'Etat social, en faisant sienne la maxime énoncée par Lacordaire : « Entre le fort et le faible, entre le riche et le pauvre, entre le maître et le serviteur, c'est la liberté qui opprime et la loi qui affranchit ». On parle d'ailleurs parfois d'Etat social-démocrate, notamment dans le cas de la Suède.

Dans ce cadre, la crise contemporaine de l'Etat social et/ou de l'Etat-nation constitue un défi majeur pour les partis socialistes et sociaux-démocrates, qui en ont été les promoteurs les plus importants. Les partis socialistes sont obligés d'adapter leurs pratiques aux contraintes et aux rapports de forces actuels. Néanmoins, quelle que soit l'évaluation de la pratique socialiste au gouvernement, l'importance de la « responsabilité des pouvoirs publics » est souvent réaffirmée. En septembre 2008, cet extrait du Manifeste publié par Elio Di Rupo, alors président du parti socialiste en Belgique, en témoigne :

> « Le marché peut être source de bien-être partagé... lorsqu'il est régulé de manière efficace. Régulation ne signifie pas étatisation ou planification centralisée de l'économie, ni contrôle tatillon à tous les

---

[78] D. DESANTI, « L'œuvre et la vie de Rosa Luxemburg », *in* R. LUXEMBURG, *Lettres à Karl et Luise Kautsky*, Paris, PUF, 1970, p. XL.

niveaux, ni hyperrégulation ou prolifération de la «paperasserie administrative». Régulation signifie définition, aux différents niveaux, de balises cohérentes et évaluations à même d'assurer un développement équilibré et durable de la société. La prise en compte optimale des intérêts des citoyens ne sera pleinement accomplie que lorsque de tels mécanismes auront été mis en place au niveau de la communauté internationale où se développent aujourd'hui les échanges globalisés. En attendant la mise en place d'une régulation mondiale, les socialistes veulent rendre opérationnels des mécanismes régulateurs à tous les niveaux, de l'Union européenne à la commune. Réguler signifie aussi instaurer les mécanismes de redistribution et de solidarité qui humanisent la croissance en faisant profiter chacun de ses bénéfices. On n'a encore rien inventé de mieux que l'action collective et citoyenne pour réguler démocratiquement les rapports humains. Les socialistes d'aujourd'hui croient en l'importance du politique, qui n'est pas l'Etat dirigiste tout-puissant, mais l'instance choisie démocratiquement qui assure le respect et le bien-être de chacun»[79].

2. La vision démocrate chrétienne

Si les partis socialistes et sociaux-démocrates, de même que les organisations syndicales qui en étaient proches, ont été des acteurs déterminants de la construction de l'Etat-providence, ils ne sont pas les seuls. La pensée et les partis démocrates chrétiens ont aussi joué un rôle non négligeable dans plusieurs pays (Belgique, Allemagne, Pays-Bas, Grand-Duché de Luxembourg, Italie,...)[80].

Au XIXe siècle, le monde catholique se divise en deux grandes tendances: d'une part, le catholicisme libéral, de l'autre, le catholicisme intransigeant. Le catholicisme intransigeant se caractérise par un refus de la modernité économique et politique; bref, par un rejet de la modernité libérale à tous points de vue. Ce courant est profondément anti-démocratique. Mais il dévoile des préoccupations sociales dans le cadre d'une approche corporatiste. Pour le catholicisme libéral, au contraire, la modernité libérale est acceptée. Les catholiques libéraux souhaitent être des acteurs de l'Etat parlementaire et de la démocratie représentative. Mais l'attention à la problématique sociale est beaucoup moindre.

La démocratie chrétienne sera en quelque sorte une sorte de synthèse difficile de ces deux courants: acceptation du passage à l'économie de marché et à la démocratie représentative tout en ayant une préoccupation sociale affirmée et un rapport à la tradition fort. «Les partis confessionnels et ensuite démocrates chrétiens peuvent se définir comme une aile

---

[79] E. Di Rupo, *Etre socialiste aujourd'hui*, Bruxelles, Luc Pire, 2008.

[80] D.-L. Seiler, *Les partis politiques en Occident. Sociologie historique du phénomène partisan*, Paris, Ellipses, 2003, p. 76.

gauche du conservatisme, dont ils ont adopté certaines idées fondamentales: le respect de la tradition, la notion de l'imperfection de l'homme, l'intérêt pour les communautés naturelles dans la société, l'insistance sur la nécessité sociale de la religion, une préférence marquée pour le principe d'autorité, l'acceptation d'une inégalité naturelle entre humains (le concept des «états») et la défense de la propriété privée»[81], épingle le spécialiste Emiel Lamberts.

Cette rencontre entre les deux courants ne sera pas simple, mais au tournant des XIXe et XXe siècles, elle s'opère de plus en plus. La démocratie chrétienne condense les réponses que les catholiques apportent tout à la fois à la révolution française et à la révolution industrielle. L'encyclique *Rerum Novarum* du pape Léon XIII (1810-1903) sur la condition des ouvriers (1891) peut être considérée comme le document et le moment fondateurs de la démocratie chrétienne, «la grande charte de l'activité sociale chrétienne», selon l'expression de Pie XII[82]. Même si Léon XIII reste encore très réservé par rapport à l'activité politique des chrétiens, l'appel vise néanmoins à marquer la société d'une présence chrétienne dans la vie publique. Face à la montée en force du monde ouvrier socialiste «sécularisateur», l'Eglise en appelle à la formation d'organisations chrétiennes dans le monde social pour encadrer à son tour les diverses catégories et classes sociales, en particulier la paysannerie et la classe ouvrière[83]. Par ailleurs, alors que l'Eglise et le monde catholique ont toujours été très hostiles à l'action de l'Etat au profit du mouvement associatif (catholique), une ouverture est réalisée en faveur de l'investissement des pouvoirs publics. L'adresse inaugurale de Léon XIII est toute empreinte de ces considérations:

> «C'est une erreur grave et funeste de vouloir que le pouvoir civil pénètre à sa guise jusque dans le sanctuaire de la famille. Assurément, s'il arrive qu'une famille se trouve dans une situation matérielle critique et que, privée de ressources, elle ne puisse d'aucune manière en sortir par elle-même, il est juste que, dans de telles extrémités, **le pouvoir public vienne à son secours**, car chaque famille est un membre de la société. De même, si un foyer domestique est quelque part le théâtre de graves violations des droits mutuels, il faut que le pouvoir public y rétablisse le droit de chacun. Ce n'est point là empiéter sur les droits des citoyens, mais leur assurer une défense et une protection réclamées par la justice. Là toutefois doivent s'arrêter ceux qui détiennent les pouvoirs publics, la nature leur interdit de dépasser ces limites»[84].

---

[81] E. LAMBERTS, «La démocratie chrétienne en Europe comme expression politique des religions chrétiennes: essor et déclin (1945-2000)», *Social Compass*, 2000, vol. 47, n° 1, p. 117.

[82] J.-D. DURAND, *L'Europe de la démocratie chrétienne*, Bruxelles, Complexe, 1995, p. 62.

[83] P. LETAMENDIA, *La démocratie chrétienne*, Paris, PUF, 1993 (2e édition), p. 17.

[84] *Lettre encyclique du souverain pontife Léon XIII, Rerum Novarum*, 1891, http://www.emmanuel-info.com/fr/eglise/textes/encycliq/leonxiii/Rerum_Novarum.htm.

En la matière, la Belgique fait presque office de modèle. La Ligue démocratique belge est fondée le 30 mai 1891. Elle rassemble en son sein toutes les sociétés ouvrières chrétiennes – syndicats, mutuelles, coopératives. Associée au parti catholique, elle compte dès 1896 plus de 80 000 membres et, en 1911, plus de 200 000[85]. Pour autant, elle n'est pas isolée. Des initiatives similaires se développent en France, en Allemagne ou encore aux Pays-Bas. A l'issue de la première guerre mondiale sera d'ailleurs créée à Utrecht la Confédération internationale des syndicats chrétiens[86].

Sous l'angle politique, les partis démocrates chrétiens émergent difficilement dans l'entre-deux-guerres. D'ailleurs, plus précisément, comme le souligne Almond à l'époque, c'est au lendemain de la deuxième guerre mondiale que se cristallise le phénomène partisan démocrate chrétien et qu'il devient dominant dans les pays de tradition catholique :

> «*Christian Democracy, as the dominant Political organisation of the Catholic population of Western Europe, is a new political phenomenon. Before World War II a very large proportion of Western European Catholics were deeply distrustful of democracy if not explicitly anti-democratic*»[87].

Les partis et organisations démocrates chrétiens, malgré des dissemblances fortes suivant les pays, dévoilent quatre grands axes programmatiques communs : a) une promotion ambivalente de la démocratie, b) une valorisation de l'organisation communautaire de la société, c) la promotion de l'union de l'Europe – Emiel Lamberts les voit même, et de manière exagérée au demeurant, comme les «principaux architectes de cette construction politique»[88] – et d) le déploiement de l'économie au service de l'homme[89].

L'Etat doit être un Etat de droit, entendu comme un Etat démocratique, ce qui n'est historiquement pas évident dans le chef du catholicisme. Il doit s'agir d'un Etat «modeste», qui œuvre dans une société de contre-pouvoirs. A ce titre, la démocratie chrétienne est très favorable aux organes et structures «intermédiaires» de la société. Ces organes fondent son organisation communautaire : les corps intermédiaires peuvent être d'essence différente. Ainsi la famille sera toujours privilégiée par rapport à l'individu et, sur le plan institutionnel, les entités décentralisées – communes, provinces, régions,... – par rapport à l'Etat central. Sur le plan fonctionnel, nous l'avons dit, les associations sont préférées à l'action des pouvoirs publics, qui

---

[85] P. LETAMENDIA, *op. cit.*, p. 19.

[86] G. ALMOND, «The political ideas of Christian Democracy», *The Journal of Politics*, 1948, vol. 1, n° 4, p. 741-742.

[87] G. ALMOND, «The Christian Parties of Western Europe», *World Politics*, 1948, vol. 1, n° 1, p. 33.

[88] E. LAMBERTS, *op. cit.*, p. 114.

[89] J.-D. DURAND, *L'Europe de la démocratie chrétienne*, Bruxelles, Complexe, 1995, p. 132-133.

ne doivent agir qu'à titre supplétif. C'est dans ce contexte que l'on peut comprendre les «guerres scolaires» qui ont marqué plusieurs Etats de tradition catholique: dès lors que l'Eglise et le monde catholique organisaient l'enseignement (libre confessionnel), il n'y avait aucune raison pour que se déploie un enseignement officiel: la «tâche» était assurée. Le conflit sur les questions scolaires a d'ailleurs longtemps structuré le «monde catholique» contre les courants libéraux laïcs et, dans plusieurs Etats, les partis socialistes balbutiants.

Cet équilibre doit aussi être atteint sur le plan économique pour accéder à une économie au service de l'homme. L'organisation de l'économie doit assurer ce qui est considéré comme les droits naturels fondamentaux: posséder un bien, se procurer de quoi vivre décemment et pouvoir s'associer.

La démocratie chrétienne se meut à l'intérieur d'un système économique qu'elle ne met pas en cause: le système capitaliste et l'économie de marché. L'économie ne doit pas être une fin en soi mais être «au service de l'homme». Il y a nécessité d'atteindre ce que certains responsables démocrates chrétiens appellent un «consensus social»[90]. Ce consensus social auquel on doit aboutir à chaque niveau de l'Etat doit s'inscrire dans une approche globale de justice sociale à l'échelle internationale. Cependant, contrairement à la doctrine socialiste, l'intervention étatique dans la pensée démocrate chrétienne ne s'inscrit pas dans une perspective de changement de régime mais plutôt dans une vision et une perspective caritatives. Au demeurant, la promotion de l'intervention étatique dans la famille démocrate chrétienne s'est surtout développée en réaction à la montée des partis socialistes et, rappelons-le, après l'encyclique papale *Rerum Novarum* de 1891.

Aussi, la démocratie chrétienne se configure-t-elle dans une triple option dans son rapport à l'Etat et dans son identité:

1. c'est une famille politique et spirituelle qui épingle l'importance de toutes les structures intermédiaires dans la société: familles, Eglise, organisations sociales;
2. dans ce contexte, elle développe une dynamique et une pensée d'Etat ***subsidiaire***, d'Etat ***supplétif***, d'Etat ***subsidiant***. L'Etat n'intervient que quand personne d'autre n'est à même ou n'a la volonté de le faire. Et fondamentalement, lorsque l'Etat intervient, il doit le faire en promouvant l'action des structures intermédiaires. C'est, par exemple, tout à fait évident concernant la sécurité sociale belge. Pour le payement des allocations de chômage, les organisations syndicales incarnent ces structures intermédiaires. Et il en va de même des mutualités dans le secteur des soins de santé;

---

[90] *Ibid.*, p. 164.

3. enfin, redisons-le, la démocratie chrétienne développe une pensée favorable au fédéralisme : un Etat central modeste, des entités décentralisées, la promotion de l'Etat fédéral européen.

La situation contemporaine de la démocratie chrétienne se décline aussi avec un certain paradoxe. Sous l'angle politique, les partis politiques se réclamant du catholicisme ont enregistré ces trente dernières années un recul sensible. Ces formations subissent de plein fouet la sécularisation, la « marginalisation des Eglises », la « privatisation des croyances »[91] qui génèrent des comportements politiques et électoraux de plus en plus distincts de ceux des catholiques. En Belgique, le fait est patent pour l'ancien CVP devenu CD&V, et l'ancien PSC devenu CDH. Aux Pays-Bas, l'Appel démocrate chrétien (CDA) est au plus mal. En Italie, la Démocratie chrétienne a implosé et ses héritiers sont ramenés à la portion congrue dans le système politique. Le CSV luxembourgeois semble être l'un des seuls à tirer son épingle du jeu.

Evolution des résultats électoraux des deux partis démocrates chrétiens en Belgique et aux Pays-Bas

	CDH	CD&V	CDA		CDH	CD&V	CDA
	Wallonie	Flandre	Pays-Bas		Wallonie	Flandre	Pays-Bas
1946	27,01	56,23	51,55	**1978**	26,94	43,94	
1948			53,44	**1981**	19,56	32,36	30,81
1949	31,97	54,46		**1982**			29,39
1950	33,76	60,34		**1985**	22,59	34,77	
1952			48,9	**1986**			34,59
1954	30,47	52,20		**1987**	23,16	31,57	
1956			50,03	**1989**			35,78
1958	35,07	56,56		**1991**	22,54	26,97	
1959			49,09	**1994**			22,22
1961	30,94	50,95		**1995**	22,52	27,61	
1963			49,18	**1998**			18,37
1965	24,56	44,18		**1999**	16,83	22,62	
1967			44,55	**2002**			27,93
1968	20,97	39,01		**2003**	15,35	21,35	28,62
1971	20,52	37,82	36,74	**2006**			26,51
1972			31,29	**2007**	15,74	29,64	
1974	22,55	39,85		**2010**	14,63	17,63	13,61
1977	25,79	43,96	31,89	**2012**			8,51

[91] J.-L. ORMIÈRES, *L'Europe désenchantée. La fin de l'Europe chrétienne? France, Belgique, Espagne, Italie, Portugal*, Paris, Fayard, 2005, p. 9.

En parallèle pourtant, les organisations sociales du monde démocrate chrétien se portent bien. Ce faisant, on observe, à la base, une déconnexion entre la fréquentation d'organisations chrétiennes – hôpitaux catholiques, syndicats chrétiens, mutuelles chrétiennes, enseignement libre confessionnel,... – et une traduction politique éventuelle pouvant mener à un vote en faveur d'un parti démocrate chrétien.

3. Les prudentes mutations « étatistes » de l'écologie politique

A la fin des années soixante et tout au long des années soixante-dix se développe une préoccupation de plus en plus forte pour les questions relatives à l'environnement dans son sens le plus large. Jusqu'alors, l'écologie était surtout une discipline scientifique. A partir de ce moment, elle *se politise*.

Deux vecteurs principaux agrégeront la lutte pour la protection de l'environnement: d'une part, les prises de conscience face aux pollutions multiples – les marées noires de pétrole symboliseront l'ampleur possible des catastrophes écologiques – et, d'autre part, la crise énergétique en 1973.

Le premier choc pétrolier de 1973 a entraîné une forte augmentation des prix. Il incitera les dirigeants des pays européens et des Etats-Unis à diversifier leurs sources énergétiques. C'est à ce moment que le choix en faveur de la production d'électricité à partir du nucléaire civil s'effectue et que commence le combat contre cette option. «Les écologistes (...) posent le conflit nucléaire dès 1971 qui met en cause (...) le plus directement le système de domination sociale», soutient Alain Touraine[92]. Des actions très visibles sont entreprises sur les sites de Wyhl en Allemagne (1975), de Kaisergaust en Suisse (1975) et contre la centrale de Seabrook dans le New Hampshire (1976-1977). Les mouvements environnementaux s'inscrivent aussi dans la foulée des événements de mai 1968. La lutte contre les choix gouvernementaux en faveur du nucléaire civil et l'aspect libertaire issu des événements de 1968 expliquent la mise en cause très sévère de l'Etat par les organisations écologistes. La dimension est patente dans les écrits des théoriciens de l'écologie politique dans les années soixante-dix: André Gorz (1923-2007), Ivan Illich (1926-2002), René Dumont (1904-2001) ou encore Ernst Friedrich Schumacher (1911-1977)...

«Le socialisme n'est pas immunisé contre le techno-fascisme. Il risque, au contraire, d'y basculer d'autant plus facilement qu'il perfectionnera et multipliera les pouvoirs d'Etat sans développer simultanément l'autonomie

---

[92] A. Touraine, Z. Hegedus, F. Dubet, M. Wieviorka, *La prophétie anti-nucléaire*, Paris, Seuil, 1980, p. 42.

de la société civile», écrit André Gorz dans les années soixante-dix[93]. Il est plus explicite encore par la suite :

> «La destruction des capacités autonomes s'inscrit donc dans un processus, planifié ou non, tendant à assurer au capital (ou à l'Etat qui en prend le relais) la domination du travailleur dans son travail et dans sa consommation à la fois. (...) Cette destruction des capacités autonomes et l'uniformisation culturelle qui en résulte s'accompagnent nécessairement d'une destruction de la société civile par l'Etat. Par «société civile», il faut entendre le tissu des relations sociales que les individus établissent entre eux au sein de groupes ou de communautés qui ne doivent leur existence ni à la médiation ni à l'acte institutionnel de l'Etat : ce sont toutes les relations fondées sur la réciprocité et le volontariat, non sur le droit ou l'obligation juridique. (...) Ce dépérissement de la société civile entraîne toujours un renforcement et un développement des activités institutionnelles de l'Etat. Les individus atomisés lui demandent de suppléer, par une prise en charge sociale de plus en plus complète, à la disparition de leur capacité à s'aider, à se protéger, à se soigner mutuellement et à élever eux-mêmes leurs enfants. Le développement de la prise en charge institutionnelle accélère à son tour la professionnalisation, la spécialisation et la division de toutes tâches, et donc le dépérissement de la société civile. (...). Le dépérissement de la société civile au profit de l'Etat amorce aussi le dépérissement des libertés fondamentales et l'instauration d'une société pan-étatiste, plus ou moins militarisée : **on a pris l'habitude d'appeler «totalitaire» ce genre de sociétés parce que l'Etat y a totalement évincé la société civile et est devenu «Etat total». Nous avons virtuellement atteint ce stade**»[94].

Cette méfiance envers l'Etat est un des éléments constitutifs des formations écologistes qui naissent de ces mouvements au début des années quatre-vingt[95]. La plupart des partis verts prônent une extension de l'expression de la «société civile», se déclarent favorables à toutes les formes possibles de décentralisation et sont très critiques à l'endroit de l'Etat voire des autorités publiques. Ce faisant, ils sont en phase avec l'Ecole de Francfort de philosophie. *Small is beautiful*[96], titre de l'ouvrage de Schumacher (que très peu ont lu en réalité), est un mot d'ordre populaire et de rassemblement. C'est l'individualisme *versus* le «paternalisme»[97]. La méfiance envers l'Etat et le centralisme est illustrée dans le programme du parti vert belge francophone, Ecolo, de 1994. Il prône la décentralisation et l'avè-

---

[93] A. Gorz, M. Bosquet, *Ecologie et politique*, Paris, Points-Politique, 1978, p. 27.

[94] *Ibid.*, p. 47-48.

[95] S. Ollitrault, «Les écologistes français. Des experts en action», *Revue française de science politique*, 2001, vol. 51, n° 1-2, p. 105.

[96] E.F. Schumacher, *Small Is Beautiful: A study of economics as if people mattered*, New York, Harper and Row, 1973.

[97] Voir par exemple D. Simonnet, *L'écologisme*, Paris, PUF, 1994.

nement du fédéralisme européen sans même mentionner l'Etat au niveau central-fédéral :

> « Alors que le fait régional s'affirme un peu partout sur notre continent, la Communauté européenne ne reconnaît que les Etats. Ceci va à l'encontre du fédéralisme intégral réclamé par Ecolo : à partir des quartiers, des villages, des contrées et des régions, il s'agit de construire, sur base du consentement volontaire des différentes entités, l'Europe des régions ; l'Europe, enfin, sans frontières, premier pas vers la fédération mondiale (...). A ce stade, la représentation des citoyens ne se fera plus au niveau national mais régional. Le Parlement européen sera remplacé par une « Assemblée parlementaire des régions d'Europe » ».

Cette posture est donc pour une bonne part due à la position libertaire des partis verts, évoquée par plusieurs politologues. Pionnier dans l'étude des partis verts, Herbert Kitschelt parlera à leur sujet de partis de la gauche libertaire :

> « *Their political alternatives conform neither to traditional conservative nor to socialist programs, but link libertarian commitments to individual autonomy and popular participation, with a leftist concern for equality* »[98].

Pour sa part Thomas Poguntke évoque principalement les thèmes nouveaux qui fondent cette posture anti-étatiste. Sous cet angle, les partis verts seraient des formations de la *New Politics* :

> « *In principle, three important elements of the New Politics which served in most countries as mobilising issues are by no means new. Nuclear energy production, the policies of growth and the strategy of nuclear deterrence had been relatively uncontroversial for many years* »[99].

La volonté de (re)donner la parole aux citoyens a persisté dans le temps, tout comme la persistance d'une méfiance envers le pouvoir du *centre*. Cependant, une évolution dans l'appréciation des partis écologistes envers l'Etat, ses attributions et le rôle du politique dans la société s'est faite jour. Les partis écologistes se sont aussi de plus en plus déclinés comme des défenseurs du secteur non marchand, qui est en partie une composante des pouvoirs publics – une partie de l'enseignement ou du monde hospitalier ou extra-hospitalier par exemple – et des services publics de manière générale. En d'autres termes, ce qui est en partie du ressort de l'Etat. Très souvent, ils se montrent opposés aux privatisations et prônent une revalorisation du « politique ». Dans cette optique, une certaine forme de réorien-

---

[98] H.P. Kitschelt, « Left Libertarian Parties. Explaining innovation in Competitive Party Systems », *World Politics*, 1988, vol. 40, n° 2, p. 195.

[99] Th. Poguntke, *Alternative Politics. The German Green Party*, Edimbourg, Edimburgh University Press, 1993, p. 16.

tation «étatiste» des partis verts s'est produite. Dans son projet pour les élections présidentielles françaises, la candidate écologiste Eva Joly évoque même un «bouclier de services publics» pour assurer la cohésion sociale:

> «Le contrat social français se caractérise par des services publics de qualité assurant l'égalité sur l'ensemble du territoire. L'égalité d'accès à l'éducation, à la justice, à la santé, à l'emploi, à l'eau, à l'énergie ou aux transports est essentielle pour que notre société assure sa cohésion. Plus que jamais, la France doit se doter d'un «bouclier de services publics» pour préparer son avenir. Ce bouclier de proximité a vocation à être établi en priorité dans les zones urbaines sensibles et les territoires ruraux délaissés. Il faudra restructurer la dépense publique en remettant en cause les politiques qui ont cassé nos vecteurs d'égalité»[100].

Cette «reconversion» reste toutefois partielle car le fond doctrinal rétif à l'action de l'Etat et à l'Etat central demeure présent chez nombre de penseurs et d'acteurs de l'écologie politique.

4. L'étatisme d'extrême droite revisité et... retour?

Le rapport originel de l'extrême droite à l'Etat se décline d'une manière ambivalente. On peut d'abord y déceler un rejet du libéralisme politique, qui a été à l'origine de l'édification de l'Etat parlementaire puis de l'Etat démocratique. En même temps, se dévoile la promotion d'un Etat d'une autre essence, un Etat aux prérogatives (très) importantes. En 1922, à l'aube de sa fulgurante ascension, Mussolini est on ne peut plus explicite à ce sujet:

> «Les choses sont claires: il s'agit de démolir toute la superstructure démocratico-socialiste. Nous aurons un Etat qui tiendra dans ce simple discours: «L'Etat ne représente pas un parti, l'Etat représente la collectivité nationale, il comprend tout, il est au-dessus de tout, protège tout et se dresse contre quiconque porte atteinte à son imprescriptible souveraineté». Voilà l'Etat qui doit sortir de Vittorio Veneto...».

En 1925, le même Mussolini préconise à nouveau la volonté totalitaire dans le discours de l'Augusteo lors du congrès fasciste de 1925:

> «Ce qu'on a appelé notre farouche volonté totalitaire poursuivra son action avec une force encore plus grande»[101].

Et durant l'entre-deux-guerres, l'extrême droite fasciste et nazie promeut et édifie un Etat aux pouvoirs substantiels, dans les domaines répressifs, culturels, sociétaux mais aussi économiques et sociaux.

---

[100] *L'écologie, la solution. Le projet présidentiel d'Eva Joly*, 2012.

[101] J.-L. POUTHIER, «Luigi Sturzo et la critique de l'état totalitaire», *Vingtième Siècle*, 1989, n° 21, p. 86.

Après la deuxième guerre mondiale, la promotion fasciste est résiduelle. Il ne se trouve que le Mouvement social italien (MSI) pour avoir une certaine audience et garder la ligne d'un Etat aux prérogatives substantielles. Depuis trente ans, plusieurs partis d'extrême droite ou de la droite populiste opèrent une percée dans leur système politique national : le Front national en France, le parti de la liberté (FPÖ) et l'Alliance pour l'avenir de l'Autriche (BZÖ), le parti du progrès en Norvège et au Danemark (FRP), le parti populaire danois (DF), le parti national slovaque (SNS), le Mouvement social italien-Alliance nationale (MSI-AN), la Ligue du nord, les Republikaner, le parti national-démocrate (NPD) et l'Union populaire (DVU) en Allemagne, la Liste Pim Fortuyn (LPF) et le parti de la liberté (PVV) aux Pays-Bas, Attaka en Bulgarie, le parti de la Grande Roumanie (PRM), le Vlaams Belang, les Démocrates suédois (SD), les Vrais Finlandais (Peruss), l'ancien Front national en Belgique, l'Union démocratique du centre (UDC) en Suisse, Aube dorée en Grèce…

Cette (ré)émergence a suscité une attention soutenue de la communauté scientifique et nombre de travaux sont depuis lors consacrés à ce fait politique et partisan nouveau. Pour ce qui a trait au rapport à l'Etat, les postures ont longtemps été en rupture partielle avec la perspective fasciste de l'entre-deux-guerres. Pour Ignazi, ces formations ne sont d'ailleurs pas fascistes[102]. Ainsi, dans le champ économique, l'extrême droite contemporaine fut souvent une ardente avocate du libéralisme économique. D'aucuns épinglent une combinaison de laissez-faire dans le domaine économique couplée à une perspective autoritaire dans le domaine politique[103]. Plusieurs formations d'extrême droite ont fait de la lutte contre la fiscalité directe un cheval de bataille. Cet extrait du programme du Vlaams Belang belge l'illustre :

> « *De samenleving moet worden ingericht met respect voor het subsidiariteitsbeginsel. Wat door een lager niveau efficiënter kan tot stand gebracht worden, mag niet aan een ver van de mens staande, naamloze autoriteit toevertrouwd worden.*
>
> *De overheid en het politiek bestuur treden dus in principe sober en terughoudend op. Hieruit vlœit voort dat de partij bijvoorbeeld steeds zal opkomen voor de laagst mogelijke fiscale druk en tegen verkwisting. De partij is ook tegenstander van politiek geïnspireerde onderwijshervormingen.*
>
> *Politiek (en ook de partij zelf) is overigens geen doel op zich, maar een instrument waarmee het algemeen belang wordt nagestreefd. De partij bepleit dan ook een gezondere visie op de overheidstaken. Daarbij horen : meer aandacht voor het essentiële (zoals veiligheid en justitie), het actief terugdringen van overtollige struc-*

[102] P. IGNAZI, *Extreme Right Parties in Western Europe*, Oxford, Oxford University Press, 2003, p. 2.

[103] J. VEUGELERS, « Social cleavage and the revival of Far Right Parties : the case of France's National Front », *Acta Sociologica*, 1997, vol. 40, n° 1, p. 32.

> *turen en wetten, de strijd tegen corruptie en bureaucratie en het respect voor de scheiding der machten. Benoemingen en bevorderingen door de overheid kunnen enkel gebeuren op grond van bekwaamheid en ervaring».*

Toutefois dans la période contemporaine, certains éléments font penser à un tournant moins libéral en économie pour certains partis d'extrême droite. Il est même possible de déceler l'appel à une intervention étatique d'essence sociale. Piero Ignazi l'a mis en évidence dans le cas du parti du progrès en Norvège. Et Marine Le Pen en a fait la démonstration aux élections présidentielles françaises. Dans la partie dédiée à l'autorité de l'Etat, elle n'hésite pas à brandir la nécessité d'un Etat fort pour relancer une France supposée en perdition :

> «Totalement désarmée par trente d'ans d'inaction et de reculades face à la mondialisation, la France doit revenir dans le jeu des Nations. L'emploi, la réindustrialisation du pays, l'égalité entre les Français, l'aménagement du territoire et la vitalité des services publics en dépendent. En raison de notre histoire nationale, **c'est naturellement l'Etat qui sera le fer de lance de ce réarmement de la France : un Etat fort capable d'imposer son autorité aux puissances d'argent**, aux communautarismes et aux féodalités locales»[104].

De la même façon, à l'instar du parti du progrès en Norvège, le FN français prône une protection sociale renforcée mais assortie d'une condition fondamentale, le principe de la priorité ou de la préférence nationales ; ce que d'aucuns nomment la politique du *Welfare Chauvinism* (chauvinisme du bien-être)[105].

Relativement aux questions de société, l'extrême droite actuelle en appelle à l'intervention de l'Etat. Ce faisant, elle se fait souvent le thuriféraire d'un Etat pénal : promotion de thèses sécuritaires, appel à une politique migratoire restrictive et action des pouvoirs publics contre l'immigration, déboutement des demandeurs d'asile, souhait d'une interdiction de certaines pratiques – interruption volontaire de grossesse, mariage des homosexuels,...

---

[104] *Projet de Marine Le Pen*, 2012.

[105] E. KONING, *The Real and Perceived Economics of Immigration : Welfare Chauvinism and Immigrants' Use of Government Transfers in Twelve Countries,* Paper prepared for 2011 Canadian Political Science Association conference, Waterloo, Ontario, Canada.

CHAPITRE III

Les régimes et les systèmes politiques

Un régime politique rend compte de la manière spécifique dont sont organisés les pouvoirs publics : leur mode de désignation, leurs compétences respectives, les règles juridiques et politiques qui gouvernent leurs rapports[1]. Le système politique inclut le régime politique. Il élargit le champ de l'analyse en y incluant l'étude des acteurs : partis politiques, groupes de pression, systèmes de partis, médias, libertés publiques, mécanismes de socialisation politique, système électoral, perspective historique, etc.

Trois grandes catégories de régimes politiques sont communément abordées dans la littérature politologique : les **régimes autoritaires**, les **régimes totalitaires** et les **régimes démocratiques**. Soulignons néanmoins d'emblée un certain nombre d'éléments.

A l'échelle de l'histoire – même contemporaine –, les régimes autoritaires sont la norme[2]. A l'inverse, donc, les régimes démocratiques sont (très) minoritaires. Ce n'est que depuis trente-cinq ans que des évolutions majeures mais lentes vers des régimes démocratiques sont intervenues dans le monde : dans plusieurs pays d'Amérique centrale et du sud (Brésil, Argentine, Chili, Uruguay, Paraguay, Haïti,...), dans quelques pays d'Asie (Corée du sud, Philippines, Indonésie...), dans quelques pays africains (Afrique du sud,...) et dans les pays de l'ancien « bloc de l'Est », après la chute du mur de Berlin en 1989. Il y a de la sorte une évolution démocratique mais de grandes parties du monde restent encore composées d'Etats autoritaires, notamment en Asie et en Afrique.

En outre, la ligne de démarcation entre régimes démocratiques et régimes autoritaires est poreuse dans plusieurs situations. Un même Etat peut donner à voir tout à la fois des attributs de régime autoritaire et des attributs de régime démocratique.

Enfin, il est important d'avoir à l'esprit qu'il n'existe pas nécessairement de perspective linéaire. L'histoire n'est pas un fil continu qui mène de configurations autoritaires vers la démocratisation : l'Allemagne et l'Italie, Etats démocratiques au début de la période de l'entre-deux-guerres, sont « redevenus » autoritaires par la suite. Il en est allé de même du Portugal, de

[1] G. Hermet, B. Badie, P. Birnbaum, P. Braud, *op. cit.*, p. 234.

[2] Voir S. Berstein, *Démocraties, régimes autoritaires et totalitarismes au XXe siècle*, Paris, Hachette, 1992, p. 33.

l'Espagne, de l'Autriche et de certains Etats d'Europe centrale et orientale avant la deuxième guerre mondiale. La démocratie française a sombré le temps de la deuxième guerre mondiale avec l'avènement du régime pétainiste. Et la démocratisation sur le continent africain connaît des soubresauts répétés dans de nombreux pays.

I. Les régimes autoritaires

Les régimes autoritaires agrègent une grande diversité de situations dans le monde. Ils sont de nature très variée et ont pour particularité d'être le plus souvent définis en creux par rapport à un régime supposé de référence : le régime démocratique et certains des attributs qui lui sont prêtés. Dans un régime autoritaire,

- il n'y a pas d'élections « réelles », de mise en concurrence « véritable » entre des candidats ou des organisations qui aspirent à l'exercice des responsabilités publiques ;
- il n'y a dès lors pas d'alternance entre personnalités politiques et partis ;
- les rapports entre gouvernants et gouvernés reposeraient sur la force – à tout le moins sur la contrainte – plutôt que sur la persuasion ;
- il ne s'agirait pas d'un Etat de droit.

Pour intéressants qu'ils soient, ces attributs et ces propositions peuvent se révéler faux ou à nuancer et ce, d'un double point de vue. Toutes les démocraties ne recouvrent pas nécessairement les traits positifs inversés (voir *infra*, notamment la problématique de l'alternance). Plusieurs régimes autoritaires revêtent des caractères formels du point de vue juridique, voire constitutionnel[3]. Il reste qu'il est cependant difficile de donner une définition globalisante positive pour les régimes autoritaires.

Une approche contemporaine a été de travailler par indices sur la base d'un certain nombre d'indicateurs. A titre d'exemple, l'équipe scientifique du magazine *The Economist* élabore un indice de démocratisation autour de cinq indicateurs établis sur douze thèmes chacun :

1. un processus électoral juste et libre,
2. l'existence de libertés civiles,
3. le fonctionnement du gouvernement,
4. la participation politique,
5. la culture politique.

[3] G. Hermet, « L'autoritarisme », *in* M. Grawitz, J. Leca (dir.), *Traité de science politique. 2. Les régimes politiques contemporains*, Paris, PUF, 1985, p. 275.

Sur cette base, une typologie de quatre types de régimes a été établie : les démocraties « pleines », les démocraties « défectueuses », les situations hybrides et les régimes autoritaires. En 2006, l'équipe de *The Economist* recensait vingt-huit démocraties « pleines », cinquante-quatre démocraties « défectueuses », trente situations hybrides et cinquante-cinq régimes autoritaires. Deux ans plus tard, le classement dégageait trente démocraties « pleines », cinquante démocraties « défectueuses », trente-six configurations « hybrides » et cinquante et un régimes autoritaires. Sous le titre, *Democracy in retreat*, le classement de 2010 épinglait un affaissement de la démocratie. Seuls vingt-six Etats s'inscrivaient dans la catégorie des démocraties pleines, pour cinquante-trois dans les démocraties défectueuses. Trente-trois situations hybrides étaient répertoriées et cinquante régimes autoritaires, dénombrés. Un an plus tard, le rapport parlait d'une démocratie sous stress[4]. Sont désormais répertoriés vingt-cinq démocraties pleines, cinquante-trois défectueuses, trente-sept situations hybrides et cinquante-deux régimes autoritaires.

Les démocraties pleines en 2011

		Score global	Pluralisme et processus électoral	Fonctionnement du gouvernement	Participation politique	Culture politique	Libertés civiles
Norvège	1	**9,80**	10,00	9,64	10,00	9,38	10,00
Islande	2	**9,65**	10,00	9,64	8,89	10,00	9,71
Danemark	3	**9,52**	10,00	9,64	8,89	9,38	9,71
Suède	4	**9,50**	9,58	9,64	8,89	9,38	10,00
Nouvelle-Zélande	5	**9,26**	10,00	9,29	8,89	8,13	10,00
Australie	6	**9,22**	10,00	8,93	7,78	9,38	10,00
Suisse	7	**9,09**	9,58	9,29	7,78	9,38	9,41
Canada	8	**9,08**	9,58	9,29	7,78	8,75	10,00
Finlande	9	**9,06**	10,00	9,64	7,22	8,75	9,71
Pays-Bas	10	**8,99**	9,58	8,93	8,89	8,13	9,41
Luxembourg	11	**8,88**	10,00	9,29	6,67	8,75	9,71
Irlande	12	**8,56**	9,58	7,86	7,22	8,13	10,00
Autriche	13	**8,49**	9,58	7,86	7,78	8,13	9,12
Allemagne	14	**8,34**	9,58	8,21	6,67	8,13	9,12
Malte	15	**8,28**	9,17	8,21	5,56	8,75	9,71
République tchèque	16	**8,19**	9,58	7,14	6,67	8,13	9,41
Uruguay	17	**8,17**	10,00	8,93	4,44	7,50	10,00
Royaume-Uni	18	**8,16**	9,58	7,86	6,11	8,13	9,12

[4] ECONOMIST INTELLIGENCE UNIT, *Democracy Index 2011, Democracy under stress*, http://www.sida.se/Global/About%20Sida/S%C3%A5%20arbetar%20vi/EIU_Democracy_Index_Dec2011.pdf.

Etats-Unis	19	**8,11**	9,17	7,50	7,22	8,13	8,53
Costa Rica	20	**8,10**	9,58	8,21	6,11	6,88	9,71
Japon	21	**8,08**	9,17	8,21	6,11	7,50	9,41
Corée du sud	22	**8,06**	9,17	7,86	7,22	7,50	8,53
Belgique	23	**8,05**	9,58	8,21	5,56	7,50	9,41
Ile Maurice	24	**8,04**	9,17	8,21	5,00	8,13	9,71
Espagne	25	**8,02**	9,58	7,50	6,11	7,50	9,41

Les démocraties défectueuses en 2011

		Score global	Pluralisme et processus électoral	Fonctionnement du gouvernement	Participation politique	Culture politique	Libertés civiles
Cap-Vert	26	**7,92**	9,17	7,86	7,22	6,25	9,12
Portugal	27	**7,81**	9,58	6,43	6,11	7,50	9,41
Afrique du sud	28	**7,79**	8,75	8,21	7,22	6,25	8,53
France	29	**7,77**	9,58	7,14	6,11	7,50	8,53
Slovénie	30	**7,76**	9,58	7,50	6,67	6,25	8,82
Italie	31	**7,74**	9,58	6,43	6,67	7,50	8,53
Grèce	32	**7,65**	9,58	5,71	6,67	6,88	9,41
Botswana	33	**7,63**	9,17	7,14	5,56	6,88	9,41
Estonie	34	**7,61**	9,58	7,14	5,00	7,50	8,82
Chili	35	**7,54**	9,58	8,57	3,89	6,25	9,41
Israël	36	**7,53**	8,75	7,50	8,33	7,50	5,59
Taïwan	37	**7,46**	9,58	7,14	5,56	5,63	9,41
Slovaquie	38	**7,35**	9,58	7,50	5,56	5,00	9,12
Inde	39	**7,30**	9,58	7,50	5,00	5,00	9,41
Chypre	40	**7,29**	9,17	6,43	6,11	5,63	9,12
Lituanie	41	**7,24**	9,58	5,71	5,56	6,25	9,12
Timor-Oriental	42	**7,22**	8,67	6,79	5,56	6,88	8,24
Trinidad et Tobago	43	**7,16**	9,58	7,14	6,11	5,00	7,94
Jamaïque	44	**7,13**	9,17	6,43	5,00	6,25	8,82
Pologne	45	**7,12**	9,58	6,43	6,11	4,38	9,12
Brésil	45	**7,12**	9,58	7,50	5,00	4,38	9,12
Panama	47	**7,08**	9,58	6,43	5,56	5,00	8,82
Lettonie	48	**7,05**	9,58	5,36	5,56	5,63	9,12
Hongrie	49	**7,04**	9,58	6,07	4,44	6,88	8,24
Mexique	50	**6,93**	8,75	7,14	6,11	5,00	7,65
Argentine	51	**6,84**	8,75	5,71	5,56	6,25	7,94
Bulgarie	52	**6,78**	9,17	5,71	6,11	4,38	8,53
Croatie	53	**6,73**	9,17	5,71	5,56	5,00	8,24
Surinam	54	**6,65**	9,17	6,43	4,44	5,00	8,24
Colombie	55	**6,63**	9,17	7,50	3,89	3,75	8,82

Pérou	56	**6,59**	9,17	5,00	5,56	5,00	8,24
Sri Lanka	57	**6,58**	7,00	6,07	5,00	6,88	7,94
Thaïlande	58	**6,55**	7,83	6,07	5,56	6,25	7,06
Roumanie	59	**6,54**	9,58	6,07	4,44	4,38	8,24
Indonésie	60	**6,53**	6,92	7,50	5,56	5,63	7,06
El Salvador	61	**6,47**	9,17	6,07	3,89	5,00	8,24
Paraguay	62	**6,40**	8,33	6,07	5,00	4,38	8,24
Mali	63	**6,36**	8,25	6,43	4,44	5,63	7,06
Serbie	64	**6,33**	9,17	4,64	6,11	4,38	7,35
Lesotho	64	**6,33**	7,42	5,71	6,11	5,63	6,76
Moldova	64	**6,33**	8,75	5,00	5,56	4,38	7,94
Papouasie-Nouvelle-Guinée	67	**6,32**	7,33	6,43	3,33	6,25	8,24
Namibie	68	**6,24**	5,67	5,00	6,67	5,63	8,24
Mongolie	69	**6,23**	8,33	5,71	3,89	5,00	8,24
République dominicaine	70	**6,20**	8,75	5,00	2,78	6,25	8,24
Malaisie	71	**6,19**	6,50	6,79	5,56	6,25	5,88
Zambie	71	**6,19**	7,92	5,00	4,44	6,25	7,35
Macédoine	73	**6,16**	7,75	4,64	6,11	4,38	7,94
Monténégro	74	**6,15**	8,75	5,00	5,56	4,38	7,06
Philippines	75	**6,12**	8,33	5,00	5,00	3,13	9,12
Bénin	76	**6,06**	7,33	6,43	4,44	5,63	6,47
Guyane	77	**6,05**	7,92	5,36	5,56	4,38	7,06
Ghana	78	**6,02**	8,33	5,00	5,00	5,00	6,76

Les situations hybrides en 2011

		Score global	Pluralisme et processus électoral	Fonctionnement du gouvernement	Participation politique	Culture politique	Libertés civiles
Ukraine	79	**5,94**	8,33	4,64	5,00	4,38	7,35
Hong Kong	80	**5,92**	3,50	5,36	4,44	6,88	9,41
Singapour	81	**5,89**	4,33	7,50	2,78	7,50	7,35
Guatemala	82	**5,88**	7,92	6,43	3,33	4,38	7,35
Bangladesh	83	**5,86**	7,42	5,43	5,00	4,38	7,06
Bolivie	84	**5,84**	7,00	5,00	6,11	3,75	7,35
Honduras	84	**5,84**	8,75	5,71	3,89	4,38	6,47
Malawi	84	**5,84**	7,00	5,71	5,56	5,63	5,29
Albanie	87	**5,81**	7,00	4,71	5,00	5,00	7,35
Turquie	88	**5,73**	7,92	7,14	3,89	5,00	4,71
Equateur	89	**5,72**	7,83	4,64	5,00	3,75	7,35
Tanzanie	90	**5,64**	7,42	4,29	5,56	5,63	5,29

Nicaragua	91	**5,56**	6,58	4,36	3,89	5,63	7,35
Tunisie	92	**5,53**	5,33	5,00	6,67	6,25	4,41
Sénégal	93	**5,51**	7,00	4,29	4,44	5,63	6,18
Liban	94	**5,32**	6,67	2,14	7,22	5,00	5,59
Bosnie-Herzégovine	95	**5,24**	6,92	3,29	3,33	5,00	7,65
Ouganda	96	**5,13**	5,67	2,86	5,00	6,25	5,88
Venezuela	97	**5,08**	5,67	3,93	5,56	4,38	5,88
Liberia	98	**5,07**	7,83	0,79	5,56	5,00	6,18
Palestine	99	**4,97**	6,00	2,86	7,78	4,38	3,82
Mozambique	100	**4,90**	4,83	4,64	5,56	5,63	3,82
Cambodge	101	**4,87**	6,08	6,07	2,78	5,00	4,41
Géorgie	102	**4,74**	6,58	2,14	4,44	4,38	6,18
Kenya	103	**4,71**	3,92	4,29	4,44	5,63	5,29
Bhutan	104	**4,57**	6,25	5,36	3,33	4,38	3,53
Pakistan	105	**4,55**	5,17	5,71	2,22	4,38	5,29
Sierra Leone	106	**4,51**	7,00	1,86	2,78	5,63	5,29
République kyrgyze	107	**4,34**	5,75	1,86	4,44	4,38	5,29
Népal	108	**4,24**	1,83	4,29	3,89	5,63	5,59
Mauritanie	109	**4,17**	3,42	4,29	5,00	3,13	5,00
Niger	110	**4,16**	7,50	1,14	2,78	4,38	5,00
Arménie	111	**4,09**	4,33	3,21	3,89	3,13	5,88
Irak	112	**4,03**	4,33	0,43	7,22	3,75	4,41
Burundi	113	**4,01**	3,42	3,29	3,89	5,63	3,82
Haïti	114	**4,00**	5,17	1,86	2,78	3,75	6,47
Egypte	115	**3,95**	2,08	3,21	5,00	5,63	3,82

Les régimes autoritaires en 2011

		Score global	Pluralisme et processus électoral	Fonctionnement du gouvernement	Participation politique	Culture politique	Libertés civiles
Madagascar	116	**3,93**	2,17	2,14	5,00	5,63	4,71
Russie	117	**3,92**	3,92	2,86	5,00	3,13	4,71
Jordanie	118	**3,89**	3,17	4,29	4,44	3,75	3,82
Nigeria	119	**3,83**	5,67	3,21	3,33	3,13	3,82
Maroc	119	**3,83**	3,50	4,64	2,22	4,38	4,41
Ethiopie	121	**3,79**	0,00	3,93	5,00	5,63	4,41
Koweït	122	**3,74**	3,17	4,29	3,33	4,38	3,53
Fidji	123	**3,67**	0,42	2,86	3,89	5,00	6,18
Burkina Faso	124	**3,59**	4,00	3,57	2,22	3,75	4,41
Libye	125	**3,55**	0,00	2,86	3,33	6,25	5,29
Cuba	126	**3,52**	1,75	4,64	3,89	4,38	2,94
Comores	126	**3,52**	3,92	2,21	3,89	3,75	3,82

Gabon	128	**3,48**	2,17	2,21	3,89	5,00	4,12
Togo	129	**3,45**	4,00	0,79	3,33	5,00	4,12
Algérie	130	**3,44**	2,17	2,21	2,78	5,63	4,41
Cameroun	131	**3,41**	1,17	4,29	2,78	5,00	3,82
Gambie	132	**3,38**	2,17	4,29	2,22	5,00	3,24
Angola	133	**3,32**	1,33	3,21	4,44	4,38	3,24
Oman	134	**3,26**	0,00	3,93	3,89	4,38	4,12
Swaziland	134	**3,26**	0,92	2,86	2,78	5,63	4,12
Rwanda	136	**3,25**	0,83	4,64	1,67	5,00	4,12
Kazakhstan	137	**3,24**	1,33	2,14	3,33	4,38	5,00
Qatar	138	**3,18**	0,00	3,93	2,22	5,63	4,12
Belarus	139	**3,16**	1,75	2,86	3,89	4,38	2,94
Azerbaïdjan	140	**3,15**	2,17	1,79	3,33	3,75	4,71
Chine	141	**3,14**	0,00	5,00	3,89	5,63	1,18
Côte d'Ivoire	142	**3,08**	0,00	1,79	4,44	5,63	3,53
Vietnam	143	**2,96**	0,00	4,29	2,78	6,25	1,47
Bahreïn	144	**2,92**	1,75	2,50	3,33	4,38	2,65
Congo (Brazzaville)	145	**2,89**	1,25	2,86	3,33	3,75	3,24
Guinée	146	**2,79**	3,50	0,43	3,33	3,75	2,94
Zimbabwe	147	**2,68**	0,00	1,29	3,89	5,00	3,24
Djibouti	147	**2,68**	0,83	1,79	2,22	5,63	2,94
Emirats arabes unis	149	**2,58**	0,00	3,57	1,11	5,00	3,24
Yémen	150	**2,57**	2,17	0,36	4,44	5,00	0,88
Tadjikistan	151	**2,51**	1,83	0,79	2,22	6,25	1,47
Afghanistan	152	**2,48**	2,50	0,79	2,78	2,50	3,82
Soudan	153	**2,38**	0,00	1,79	3,33	5,00	1,76
Erythrée	154	**2,34**	0,00	2,86	1,11	6,25	1,47
République démocratique du Congo	155	**2,15**	2,58	1,07	2,22	3,13	1,76
Laos	156	**2,10**	0,00	3,21	1,11	5,00	1,18
Guinée-Bissau	157	**1,99**	2,08	0,00	2,78	1,88	3,24
Syrie	157	**1,99**	0,00	1,79	2,22	5,63	0,29
Iran	159	**1,98**	0,00	2,86	2,78	2,50	1,76
République centrafricaine	160	**1,82**	1,75	1,07	1,11	2,50	2,65
Arabie séoudite	161	**1,77**	0,00	2,86	1,11	3,13	1,76
Guinée équatoriale	161	**1,77**	0,00	0,79	2,22	4,38	1,47
Myanmar	161	**1,77**	0,00	1,79	0,56	5,63	0,88
Ouzbékistan	164	**1,74**	0,08	0,79	2,22	5,00	0,59
Turkménistan	165	**1,72**	0,00	0,79	2,22	5,00	0,59
Tchad	166	**1,62**	0,00	0,00	1,11	3,75	3,24
Corée du nord	167	**1,08**	0,00	2,50	1,67	1,25	0,00

Existe-t-il des formes différentes de régimes autoritaires? Il n'est pas simple de les catégoriser tant sont différents leur essence, leur culture, leur mode d'implantation et les formes de leur fonctionnement. Guy Hermet distingue quatre idéaux-types de régimes autoritaires: les régimes de pouvoir patrimonial, les régimes de «caudillos», les dictatures libérales et les populismes. Il s'impose d'y ajouter les autoritarismes contemporains.

A. Les régimes de pouvoir patrimonial

Les régimes de pouvoir patrimonial sont des situations dans lesquelles le patrimonialisme incarne le mode de domination à l'échelle de l'Etat comme dans un foyer familial. Dans ce type de régime, l'autorité patriarcale ne distingue pas les biens privés des biens publics. On observe de la sorte une confusion entre les biens du patriarche et ceux de l'Etat. L'exercice de l'autorité patriarcale est souvent l'exercice du pouvoir de clans familiaux. Les exemples les plus couramment cités sont des Etats arabes du Proche-Orient: le Koweït, l'Arabie séoudite, les Emirats arabes unis,...

B. Les régimes de « caudillos »

Désignant à l'origine un chef de bande pendant les guerres de reconquête de la péninsule ibérique sur les Arabes, le terme «caudillo» s'applique «aux leaders latino-américains qui, au regard de la seule légitimité de la force et de leur capacité de conserver le pouvoir face à leurs rivaux, ont restauré un ordre minimal bien qu'arbitraire et souvent sanguinaire dans les petits Etats libérés de la tutelle espagnole»[5].

Dans ce cas d'école existe aussi une confusion entre gestion du domaine personnel et du domaine étatique. Ce type de situations est historiquement plutôt lié à certains régimes d'Amérique centrale et du sud dans le cadre de l'exploitation de latifundia (grandes propriétés foncières). Vis-à-vis de la population comme de tous les intermédiaires qui le relient à celle-ci, le «caudillo mise sur les relations affectives de loyauté personnelle qui caractérisent tous les systèmes de patronage et de clientèle»[6].

Les régimes de pouvoir patrimonial et le régime de caudillo ont certaines caractéristiques communes:

- l'appropriation privée de l'Etat et des biens de l'Etat;
- un fonctionnement de type clientélaire ou fondé sur le patronage;
- la volonté de se prémunir contre l'émergence d'une souveraineté populaire;

[5] *Ibid.*, p. 43.

[6] G. Hermet, «L'autoritarisme», *in* M. Grawitz, J. Leca (dir.), *op. cit.*, p. 280.

- les formes de légitimité sont tantôt liées au pouvoir charismatique tantôt liées à la tradition ;
- la religion – souvent catholique – joue aussi un rôle essentiel de justification de ce type de pouvoir.

C. Les dictatures « libérales »

La littérature distingue deux types de dictatures libérales :

- le bonapartisme ou *autoritarisme plébiscitaire* ;
- les diverses formes de populisme.

La qualification de « bonapartisme » fait référence à l'exercice du pouvoir par Napoléon III. En décembre 1848, Napoléon III s'était très largement fait élire président de la République après la chute de la monarchie : il recueille près de cinq millions cinq cent mille voix, soit 74,3 % des suffrages. Le coup d'Etat du 2 décembre 1851 est l'acte par lequel, en violation de la légitimité constitutionnelle, Louis-Napoléon Bonaparte, président de la République française depuis trois ans, conserve le pouvoir à quelques mois de la fin de son mandat, alors que la Constitution de la Deuxième République lui interdisait de se représenter.

Le matin du 2 décembre, Louis-Napoléon Bonaparte édicte six décrets proclamant la dissolution de l'Assemblée nationale, le rétablissement du suffrage universel masculin, la convocation du peuple français à des élections et la préparation d'une nouvelle constitution pour succéder à celle de la Deuxième République. Celle-ci, proclamée en février 1848, a duré moins de quatre ans.

Ce coup d'Etat suscite des manifestations et se heurte à l'opposition de nombre de personnalités mais Napoléon III argue de la supériorité du suffrage universel sur la Constitution et convoque un référendum fin décembre pour valider son action. Référendum plébiscitaire, la consultation intervient au milieu de troubles politiques et dans le cadre d'une répression des opposants à la démarche bonapartiste. Aux yeux de partis qui soutiennent Louis Napoléon Bonaparte, seule compte la « voix du peuple ». Mais nécessité économique fait aussi loi. Le dirigisme économique suppose une forme de « dirigisme » politique.

Cette approche se reproduit dans plusieurs régimes de la seconde moitié du XIXe siècle : ces derniers assurent le décollage économique et industriel d'un pays[7] dans le cadre d'un régime largement autoritaire. Outre la France, on songe à l'Allemagne bismarckienne dans la deuxième moitié du XIXe siècle.

---

[7] Ainsi Hermet souligne que « cette longue transition libérale-autoritaire peut représenter une formule parfaitement normale de réagencement politique dans une grande partie de l'espace occidental, au cours de la phase critique du décollage industriel ». *Ibid.*, p. 284.

Dans la mesure où l'on parle d'autoritarisme libéral, il convient de souligner que ce type de régime ne rejette pas les «présupposés» du libéralisme économique. Au contraire, il veut assurer leurs succès en «amadouant ou banalisant la pulsion libertaire et égalitaire» de catégories de la population revendiquant des droits politiques, économiques et sociaux.

Néanmoins, l'exercice de cet autoritarisme et ses formes peuvent avoir un rapport particulier avec l'exercice du suffrage et ce, d'un double point de vue:

- soit dans l'installation de la personne qui incarne l'autoritarisme à l'exemple de Napoléon III élu, avant son coup d'Etat de décembre 1851, et la mise en place de l'empire français jusqu'en 1871 (Max Weber parlera de *démocratie plébiscitaire*);
- soit dans la volonté de préparer – et de se préparer – l'octroi de l'élargissement du suffrage: mise en avant de problématiques comme l'unité nationale, du dépassement de la lutte des classes, du péril des partis, rejet des revendications extrêmes, assimilation des partis aux démagogues, etc. Et aussi, peut-être, encadrement d'une population appelée à contenir l'émergence de la classe ouvrière comme acteur politique – supposé exprimer des choix «radicaux»: la paysannerie.

Il s'agit là d'autant d'éléments qui confèrent certains attributs particuliers à l'autoritarisme libéral de type bonapartiste. Il se situe dans une perspective modernisatrice. A ce titre, il a des prétentions dans les questions économiques et sociales. Dans son ouvrage, *Le passage à la démocratie*, Guy Hermet fait ainsi de Bismarck l'anticipateur sinon le créateur de l'Etat-providence[8]. Cette suggestion est reprise par Sandro Cattacin, Marco Giugni et Florence Passy qui, en se fondant sur l'instauration de l'assurance-vieillesse successivement dans l'industrie, dans le monde agricole et chez les employés, évoquent l'établissement d'un Etat-providence occupationnel, c'est-à-dire qui vise à «couvrir les risques de certaines catégories de travailleurs en créant des situations de solidarité et de redistribution à l'intérieur de ces catégories»[9].

L'Etat est une institution forte et joue donc dans le cadre de cette modernisation économique un rôle clé: ce n'est pas un hasard si les deux exemples évoqués sont la France bonapartiste et l'Allemagne bismarckienne. L'Etat s'attribuerait ainsi le rôle de mener la «révolution (industrielle) par le haut». Le régime serait dès lors plus directorial que dictatorial.

---

[8] G. Hermet, *Le passage à la démocratie*, Paris, Presses de la Fondation nationale des sciences politiques, 1996.

[9] S. Cattacin, M. Giugni, F. Passy, *Mouvements sociaux et Etat. Mobilisations sociales et transformations de la société en Europe*, Paris, Centre européen de la culture-Actes sud, 1997, p. 51.

D. Les populismes

Tout comme les régimes de type bonapartiste, le populisme a un rapport complexe au suffrage et à la population dans la mesure où il y a affirmation du principe populaire et même volonté de mobilisation populaire dans un cadre de libre expression du libéralisme économique. Il y a une exaltation du primat de la volonté populaire sur les organisations intermédiaires – partis, syndicats,… – qui sont répudiées et les structures intermédiaires – parlement – supposées «capturer» la volonté générale.

On peut aussi observer des formes d'expression plébiscitaire par le vote ou, justement, par la mobilisation «populaire» – parfois même dans le cadre de l'octroi du suffrage universel!

Les formes de détournement de la volonté peuvent recouvrir des thématiques identiques: affirmation de l'identité nationale, négation de la lutte des classes, mobilisation contre un ennemi extérieur. Les Etats-Unis ont souvent joué ce rôle en Amérique latine parfois… avec leur propre consentement.

Mais on relève toutefois des différences sensibles avec les régimes de type bonapartiste. L'exercice des populismes est rarement lié à la modernisation économique. Là où l'autoritarisme bonapartiste se situait dans le cadre de la modernisation industrielle, les populismes d'Amérique latine après la deuxième guerre mondiale œuvrent dans une optique économique où prédomine toujours la structure latifundiaire. Il y a même souvent dans le populisme une «sentimentalité romantique du retour aux valeurs ancestrales»[10] et, parfois, un discours contre la modernisation.

Contrairement à l'autoritarisme de type bonapartiste, l'Etat dans le populisme est une structure faible. Les rapports clientélistes restent très nombreux. L'exercice du pouvoir de l'Etat est sujet à caution surtout dans les grands pays[11].

E. Les autoritarismes contemporains

Nous relevons deux types d'autoritarisme contemporain:

- les régimes ultra-conservateurs et anti-communistes de l'entre-deux-guerres;
- les Etats de la décolonisation dans un monde bipolaire.

---

[10] G. Hermet, «L'autoritarisme», *in* M. Grawitz, J. Leca (dir.), *op. cit.*, p. 291.

[11] G. Hermet, *Les populismes dans le monde. Une histoire sociologique. xixe-xxe siècle*, Paris, Fayard, 2001.

La période de l'entre-deux-guerres donne à voir un déclin ou un refoulement de la démocratie représentative. Selon les travaux de Samuel Huntington (1927-2008), le pourcentage d'Etats démocratiques s'affaisse de 43% en 1922 à 20% en 1942[12].

Evolution temporelle de la démocratie représentative

	Etats démocratiques	Etats non démocratiques	Nombre d'Etats	Pourcentage d'Etats démocratiques
1922	29	35	64	43,3
1942	12	49	61	19,7
1962	35	75	111	32,4
1973	30	92	122	24,6
1990	59	71	130	45,4

Concomitamment, l'affirmation ou la réaffirmation de régimes autoritaires se développe. Deux éléments ont participé à ce processus: la lutte contre le communisme après la victoire de la révolution bolchevique d'octobre 1917 et la vague nationaliste charriée par la guerre 1914-1918 et par les multiples frustrations qu'elle a générées. Ce sont les deux ressorts essentiels de l'accession au pouvoir du général Franco (1892-1975) en Espagne et d'António de Oliveira Salazar (1889-1970) au Portugal, chaque fois avec le soutien actif de l'Eglise catholique. Il en va de même dans l'avènement de plusieurs régimes autoritaires en Europe centrale et orientale.

L'accession au pouvoir de Salazar au Portugal se fait à partir d'un putsch militaire en mai 1926 à la tête duquel on trouve Antonio Fragoso Carmonia. Salazar devient vite ministre des Finances avant d'être nommé Premier ministre en 1932. En 1933, il promulgue une nouvelle constitution qui crée un «Nouvel Etat» corporatiste et catholique.

L'accession de Franco s'opère à l'issue d'une guerre civile qui a duré trois ans (1936-1939). Cette guerre civile a caricaturé, en ce sens qu'elle grossit les traits, l'opposition entre bourgeoisie et classe ouvrière, l'opposition entre droite et gauche. Toutes les forces de gauche s'étaient alliées en octobre 1935 – le parti communiste, le parti ouvrier d'unification marxiste, le parti socialiste ouvrier espagnol, la gauche républicaine, l'Union républicaine et l'Esquerra – dans un front populaire. Le 16 février 1936, le front

---

[12] S.P. Huntington, *The third wave. Democratization in the late xxth century*, Norman, University of Oklahoma Press, 1991, p. 26.

populaire remporte les élections[13]. Très vite, les forces de droite et l'institution catholique récusent cette victoire démocratique. Après plusieurs incidents, le général Franco organise le 17 juillet 1936 un soulèvement militaire dans les colonies, à partir du Maroc. L'Espagne entre en guerre civile pour trois ans. D'une certaine manière, la guerre civile espagnole illustre de manière « exemplaire » la dimension nouvelle introduite par la révolution d'octobre 1917 : la peur et le rejet du communisme. C'est au nom de l'anticommunisme que le camp « nationaliste » du général Franco est aidé par l'Italie fasciste et l'Allemagne nazie et que les démocraties occidentales d'Europe (France, Grande-Bretagne, Belgique,...) n'interviendront pas. L'Union soviétique, pour sa part, soutiendra le camp « républicain » de façon prudente. Franco restera au pouvoir jusqu'en 1975, date de son décès. L'Espagne accède à la démocratie dans le cadre d'une transition de trois ans du régime franquiste à une monarchie constitutionnelle. La nouvelle constitution qui fait entrer l'Espagne dans les régimes de démocratie représentative est adoptée le 27 décembre 1978.

Pour sa part, le régime salazariste sera renversé le 25 avril 1974, par les franges progressistes de l'armée. C'est ce qu'on appelle la « révolution des œillets ». Après une année de transition et d'incertitude, les éléments les plus révolutionnaires sont écartés. Un régime de démocratie représentative voit aussi le jour au Portugal.

Cette accession du Portugal et de l'Espagne au rang de régimes démocratiques permettra leur entrée dans la Communauté européenne, aujourd'hui Union européenne, en 1986. Elle est à la fois le signe et le garant de la démocratie dans ces pays.

Cette composante anti-communiste, nationaliste mais aussi russophobe est aussi fondamentale dans le maintien de régimes autoritaires en Europe centrale et orientale entre 1918 et 1945 et dans l'avènement des régimes fascistes italien et allemand (voir *supra*).

Après 1945, une autre dimension déterminante contribue à une faible démocratisation dans le monde : la division bipolaire internationale. Que revêt de 1947 à 1989 l'idée de monde bipolaire ? Il s'agit de la lutte – la guerre froide – entre deux « camps » : le *camp occidental* incarné par les Etats-Unis et les *pays de l'Est*, incarnés par l'Union soviétique. Cette **contrainte externe** est capitale dans la création et l'entretien de nouveaux régimes autoritaires.

Ce sera particulièrement vrai pour la grande majorité des Etats qui se libèrent de leur tutelle coloniale, notamment en Afrique et en Asie. Dans

[13] A. Dulphy, *Histoire de l'Espagne de 1814 à nos jours. Le défi de la modernisation*, Paris, Nathan-Université, 1992, p. 46-47.

ce cas, la dimension nationale ou *nationaliste* joue un rôle essentiel. Peu de nouveaux Etats auront la volonté ou parviendront à mettre en place un régime démocratique, pour des motifs d'ordre interne mais aussi en raison de la contrainte externe.

L'élément principal de contrainte externe tient au fait que la plupart de ces nouveaux Etats indépendants seront sollicités par les régimes occidentaux d'Europe et par les Etats-Unis, d'une part, ou par les régimes de «démocratie populaire», avant tout l'Union soviétique, d'autre part, pour s'inscrire dans leur sphère d'influence respective. Pour les Etats-Unis ou l'URSS, l'essence du régime importe peu. Ce qui compte, c'est l'inscription dans «leur» sphère d'influence ou l'évitement qu'ils ne sombrent dans «l'autre» camp.

C'est à ce titre que l'installation de régimes autoritaires sera tolérée, sinon encouragée, de part et d'autre au nom de la *Realpolitik*. Les Etats qui tenteront de repousser cette alternative devront vite changer de cap. Cuba en est l'illustration. Malgré la mise sur pied, à l'initiative de la Yougoslavie et de l'Inde, du Mouvement des pays non alignés – la qualification est en soi révélatrice – en 1961, peu d'Etats restent en dehors de cette confrontation bipolaire.

En conclusion, redisons-le, l'Etat autoritaire n'est pas une exception mais bien plutôt la norme dans l'histoire. Les régimes démocratiques sont très récents. Ils ont été longtemps minoritaires. Il y a plusieurs types d'Etats autoritaires dont les caractéristiques peuvent être très différentes (Etat fort/Etat faible,...). Il est plus facile de les définir négativement – Etat qui n'entre pas dans la catégorie des régimes démocratiques – que de façon positive. Par ailleurs, ce sont des Etats mal connus compte tenu du fait qu'il y a peu de politologues dans ces Etats et surtout qu'on ne peut souvent pas y mener un travail d'investigation rigoureux.

La dimension coercitive – contrainte physique, matérielle, psychologique, etc. – y est, en général, plus importante que dans les Etats démocratiques. C'est pour l'essentiel à l'échelle de la privation de(s) liberté(s) – en particulier, de la liberté d'expression – que l'Etat autoritaire est identifié.

Il convient toutefois de remarquer que ces données ne leur enlèvent pas l'attribut d'Etat et que leur mode de fonctionnement «autoritaire» est codifié en général. Même quand il y a codification, notons que pour les régimes qui se basent sur l'exercice du pouvoir par une seule personne, un problème récurrent apparaît: la faiblesse ou l'inexistence d'un mode de succession normal. Dans ce cas, la disparition du dictateur ouvre le plus souvent une «période de crise et d'incertitude, qui dégénère parfois en guerre de succession»[14]. Cette guerre de succession peut affaiblir le régime

[14] *Ibid.*, p. 40.

ou le transformer... Franco en Espagne, Enver Hoxha (1908-1985) en Albanie, Mao (1893-1976) en Chine en ont été autant d'exemples différents.

Enfin, il convient d'insister sur une donnée cruciale en science politique dans l'étude des Etats. «Etat autoritaire» ne veut pas dire Etat sans politique, Etat sans résultats ou Etat sans orientation. Il faut donc les analyser sans préjugés d'aucune sorte. Il est aussi indispensable de les examiner dans une perspective historique. L'Espagne de Franco en 1939 n'est pas l'Espagne franquiste de 1970. La nature de la contrainte est différente, la politique économique aussi, etc. Enfin, un Etat autoritaire n'est pas nécessairement dépourvu de soutien(s). Des Etats autoritaires peuvent recueillir des formes d'assentiment plus ou moins larges, plus ou moins actives ou passives. Cela évolue d'ailleurs dans le temps.

Assiste-t-on à la fin des Etats autoritaires en ce début de troisième millénaire? Nous l'avons vu, l'existence de la guerre froide entre 1947 et 1989 s'est posée comme une contrainte extérieure forte pour la naissance et l'*entretien* de régimes autoritaires et de situations incompatibles avec la démocratie. La chute du mur de Berlin en novembre 1989 et de l'URSS en 1991 a mis fin à la guerre froide. Cet événement fondamental a radicalement modifié la donne en matière de contrainte externe. Des situations jusqu'alors tolérées ne l'ont plus été. La pression internationale a cette fois été dans le sens de la **démocratisation des Etats**. Il n'était plus bon d'être un Etat autoritaire. En Afrique du sud, Nelson Mandela est passé en peu de temps du statut de plus vieux prisonnier politique à celui de... président de la république. Libéré fin 1990, il devient président de la république en 1994. L'Afrique du sud n'a par ailleurs plus reçu le même soutien pour s'opposer à la Namibie ou financer l'Unita en lutte contre le régime angolais. Des potentats africains ou asiatiques ont dû ouvrir leur régime voire parfois abandonner le pouvoir. Plus généralement, les organisations internationales conditionnent leurs aides ou leurs financements à des efforts en matière de démocratisation. Ainsi, à tout le moins sur le plan des procédures, nombre d'Etats ont «dû» démocratiser leur régime, en introduisant le processus électif. Cela n'empêche pas d'observer les limites sinon parfois le caractère purement fictif des élections. Mais le *temps politique* pour les régimes autoritaires a changé après 1989.

Cela dit, le temps post-1989 où l'idéal démocratique était presque *vénéré* s'est aussi estompé. Dans un contexte international où la géoéconomie, la géostratégie et surtout la géoénergie jouent un rôle de plus en plus déterminant, les exigences de démocratisation sont moins prégnantes. L'Arabie séoudite, principal producteur de pétrole, ne subit pas de pressions particulières quant à la nature de son régime, pourtant autoritaire. La Chine, un des nœuds du développement économique, commercial et, de plus en plus financier, mondial au XXIe siècle, est aussi épargnée. Et la Russie, important exportateur de pétrole et de gaz naturel, est un autre cas particulier. La contrainte économique est forte dans le poids de la contrainte externe sur l'essence des régimes des Etats. Certaines voix évoquent même désormais les « charmes » d'un *autoritarisme éclairé* ou les *fragilités* de la démocratie dans un contexte nouveau.

II. Les régimes totalitaires

A. Les temporalités du concept de totalitarisme

La problématique du totalitarisme est une question qui a suscité et suscite encore nombre de polémiques en science politique ou en histoire. Les discussions qui entourent le totalitarisme sont très complexes pour deux raisons fondamentales.

Le débat sur le totalitarisme est difficile parce que toute référence au totalitarisme et à son qualificatif – totalitaire – est connotée très négativement. Ce qui, nous l'avons vu, porte souvent un préjudice à la qualité de l'analyse et de la réflexion. Evoquant le totalitarisme et le qualificatif « totalitaire », Krzysztof Pomian insiste à juste titre sur la prudence dans leur approche :

> « Ces mots, nous l'avons vu, ont eux-mêmes une longue histoire. Ils sont chargés d'émotion. Ils comportent un jugement de valeur tout à fait explicite. Ils ont été sur-exploités par la propagande et la presse. Et ils souffrent d'une polysémie qui interdit de les utiliser sans précautions »[15].

Ensuite, on peut considérer que le concept de « totalitarisme » a trois vies. Dans l'entre-deux-guerres, certains auteurs analysant l'avènement des régimes fascistes – Italie et Allemagne – et stalinien – URSS – les qualifient de « totalitaires » dans une acception qui mêle analyse scientifique et expression citoyenne, de valorisation ou de dévalorisation du processus. Ainsi, Giovai Amendola (1882-1926) dénonce-t-il, dès 1923, « l'esprit totalitaire »[16] dans son analyse du fascisme italien, alors que Carl Schmitt (1888-1985) loue la « formule agissante et éclairante de l'Etat total » à la veille de l'accession au pouvoir d'Hitler[17]. Quelques années plus tard, Herbert Marcuse (1898-1979) publie *La lutte contre le libéralisme dans la conception totalitaire de l'Etat*. Il y présente les liens possibles entre libéralisme et avènement de

---

[15] K. Pomian, « Qu'est-ce que le totalitarisme ? », *in* M. Ferro (éd.), *Nazisme et communisme. Deux régimes dans le siècle*, Paris, Pluriel-Hachette, 1999, p. 160.

[16] Cité par R. Martelli, *Pour en finir avec le totalitarisme*, Paris, La ville brûle, 2012, p. 14.

[17] B. Bruneteau, *Les totalitarismes*, Paris, Armand Colin, 1999, p. 11.

«l'Etat autoritaire total». Et dès 1939, la société américaine de philosophie organise un colloque dédié au *Totalitarianism*.

Après 1945, l'approche est beaucoup plus connotée politiquement. Elle s'inscrit le plus souvent dans une optique de condamnation morale et dans un dessein politique[18] – quelquefois scientifique – de mettre sur le même pied l'Allemagne nazie et l'Union soviétique stalinienne. François Furet (1927-1997) le souligna, après 1945, le terme de totalitarisme sera surtout utilisé «pour penser ce qu'ont de comparable les régimes fascistes et les régimes communistes»[19]. Depuis la chute du mur de Berlin, cette approche très connotée a fait place à un retour plus scientifique dans l'usage et l'analyse du totalitarisme.

Ce débat est difficile aussi parce que définir positivement le totalitarisme se révèle encore bien plus ardu que définir positivement l'autoritarisme. Cet obstacle de la caractérisation est franchi par la plupart des analystes qui ne définissent tout simplement pas ce qu'ils entendent par «totalitarisme» et les caractéristiques supposées discriminantes de sa définition. Se déclinent de la sorte des approches qui recouvrent parfois des réalités fondamentalement différentes. La plus grande prudence s'impose donc à l'évocation du totalitarisme.

B. Définir le totalitarisme

Comment essayer d'approcher le concept? Après 1945, le premier auteur à s'être penché sur cette problématique et qui reste l'un des auteurs, sinon l'auteur de référence en la matière est Hannah Arendt (1906-1975). En 1951, elle publie *The Origins of Totalitarianism*. Cet ouvrage sera traduit, et quelque peu remanié pour la traduction française, en 1972 sous le titre *Le système totalitaire*[20]. Arendt y envisage comme régimes totalitaires l'URSS et l'Allemagne nazie.

Selon Hannah Arendt, il faut attribuer à ces deux régimes une qualification nouvelle – totalitaire – dans la mesure où le totalitarisme «diffère par essence des autres formes d'oppression politique que nous connaissons

[18] Cette idée est niée ou nuancée par Bernard Bruneteau dans son ouvrage *Les totalitarismes*: «La littérature sur l'objet «totalitaire» est, on le voit, déjà bien luxuriante. Mais, en dépit de leurs intuitions, les précurseurs de l'entre-deux-guerres n'ont pas fondé un concept suffisamment analytique pour s'imposer durant les années où l'URSS représentait un allié déterminant pour les démocraties occidentales. L'instauration de la guerre froide allait permettre l'épanouissement de modèles explicatifs qu'il serait injuste d'assimiler à des sous-produits propagandistes». *Ibid.*, p. 16.

[19] F. Furet, «Les différents aspects du concept de totalitarisme», *in* M. Ferro (éd.), *Nazisme et communisme, op. cit.*, p. 137.

[20] H. Arendt, *Le système totalitaire*, Paris, Points-politique, Seuil, 1972.

tels le despotisme, la tyrannie, la dictature partout où celle-ci s'est hissée au pouvoir»[21]. Ils diffèrent en ce que :

- ils auraient détruit toutes les traditions sociales, juridiques et politiques du pays considéré ;
- le régime totalitaire transférerait toujours «les classes en masse», dépersonnaliserait l'individu, le «décitoyenniserait» ;
- déplacerait le centre du pouvoir de l'individu à l'armée ;
- mettrait en œuvre une politique étrangère visant ouvertement à la domination du monde ;
- agirait selon un système de valeurs radicalement différentes de ce que l'histoire avait connu jusqu'alors ;
- la terreur y serait un moyen de réalisation d'une loi du mouvement et serait portée à son paroxysme.

Dans cette optique, la **dimension idéologique** serait essentielle avec toutes les dérives qu'entraînerait une idéologie – quelle qu'elle soit :

> «Premièrement dans leur prétention de tout expliquer, les idéologies ont tendance à ne pas rendre compte de ce qui est, de ce qui naît et meurt. (...) La prétention de tout expliquer permet d'expliquer tous les événements historiques, promet l'explication totale du passé, la connaissance totale du présent et la prévision certaine de l'avenir. En deuxième lieu, dans ce pouvoir de tout expliquer, la pensée idéologique s'affranchit de toute expérience, dont elle ne peut rien apprendre de nouveau même s'il s'agit de quelque chose qui vient de se produire. (...) La propagande du mouvement totalitaire sert aussi à émanciper la pensée de l'expérience et de la réalité ; elle s'efforce toujours d'injecter une signification secrète à tout événement public et tangible, et de faire soupçonner une intention secrète derrière tout acte politique public (...). En troisième lieu, puisque les idéologies n'ont pas le pouvoir de transformer la réalité, elles accomplissent cette émancipation de la pensée à l'égard de l'expérience au moyen de certaines méthodes de démonstration»[22].

L'idéologie du *mouvement totalitaire* aurait vocation à offrir un «cadre interprétatif global à l'ensemble de la réalité sociale»[23].

Dans la foulée d'Hannah Arendt, d'autres auteurs ont essayé de mettre en évidence les dimensions spécifiques du totalitarisme. Raymond Aron (1905-1983), par exemple, dans un ouvrage important intitulé *Démocratie et totalitarisme*, isole cinq traits constitutifs du «type-idéal» totalitaire :

---

[21] *Ibid.*, p. 203.

[22] *Ibid.*, p. 219-220.

[23] J.-Y. Dormagen, D. Mouchard, *Introduction à la sociologie politique*, Bruxelles, De Boeck, 2007, p. 59.

> «Le phénomène totalitaire intervient dans un régime qui accorde à un parti le monopole de l'activité politique.
>
> Le parti monopolistique est animé ou armé d'une idéologie à laquelle il confère une autorité absolue et qui, par suite, devient la vérité officielle de l'Etat.
>
> Pour répandre cette vérité officielle, l'Etat se réserve à son tour un double monopole, le monopole des moyens de force et celui de persuasion. L'ensemble des moyens de communication, radio, télévision, presse, est dirigé, commandé, par l'Etat et ceux qui le représentent.
>
> La plupart des activités économiques et professionnelles sont soumises à l'Etat et deviennent, d'une certaine façon, partie de l'Etat lui-même. Comme l'Etat est inséparable de son idéologie, la plupart des activités économiques et professionnelles sont colorées par la vérité officielle.
>
> Tout étant désormais activité d'Etat et toute activité étant soumise à l'idéologie, une faute commise dans une activité économique ou professionnelle est simultanément une faute idéologique»[24].

Les données du livre de Carl Friedrich (1901-1984), *Dictatures totalitaires et autocratie*, paru en 1959, sont assez proches. Le totalitarisme serait une doctrine officielle couvrant tous les aspects de l'existence humaine, articulée à un parti de masse unique avec à sa tête une personnalité charismatique, qui détiendrait le monopole du pouvoir sur les moyens du combat armé et le monopole du pouvoir sur les moyens de production. Un système de pouvoir policier terroriste y serait à l'œuvre.

Outre ces éléments, plusieurs auteurs ont aussi mis en exergue l'importance du rapport à la guerre 1914-1918 dans l'édification de sociétés totalitaires. François Furet, en particulier, appuie cette dimension qui lui paraît capitale:

> «Or la seule chronologie indique qu'ils naissent presque ensemble de la guerre de 1914, comme deux critiques radicales de la société bourgeoise: de son obsession marchande, de sa fragmentation en intérêts opposés, de sa corruption morale et politique»[25].

C. Le totalitarisme, un concept opératoire?

A l'analyse de ces différents points mis en évidence, nombre d'entre eux peuvent être contestés ou nuancés du point de vue de leur caractère discriminant par rapport aux régimes autoritaires. Il est même possible de s'interroger sur la pertinence de certains d'entre eux.

---

[24] R. Aron, *Démocratie et totalitarisme*, Paris, Gallimard, 1965, p. 284-285.

[25] F. Furet, «Les différents...», *op. cit.*, p. 140.

L'idée de rupture totale par rapport aux régimes antérieurs peut être et, parfois doit être, fortement nuancée. Ainsi, beaucoup de soviétologues ont montré non les éléments de rupture avec l'empire russe tsariste mais plutôt les continuités à l'œuvre, à l'instar du «phénomène bureaucratique»[26] par exemple. De même, l'ordre juridique de l'Allemagne nazie n'a été que légèrement modifié par rapport à celui en vigueur sous l'Allemagne de Weimar. Au surplus, l'ordre administratif n'a été que peu altéré.

Pour justifier la dimension radicalement nouvelle des Etats et des régimes totalitaires, plusieurs politologues et philosophes les qualifient de révolutionnaires :

> «Les régimes qui seront désignés par le terme de totalitarisme ont donc ceci en commun qu'ils appartiennent à la catégorie de régimes révolutionnaires, quelle que soit par ailleurs la portée attribuée aux différences dans l'expression même de cette volonté révolutionnaire»[27].

Cette qualification «révolutionnaire» peut aussi être mise en question, surtout dans la perspective d'une comparaison entre régimes stalinien et nazi. L'URSS est, en effet, créée à la suite d'une révolution – la révolution d'octobre 1917 – ou d'un mouvement insurrectionnel. Elle a pour ambition de révolutionner l'ensemble des structures de la société, en particulier le mode de production. En revanche, l'avènement du fascisme en Italie (1922-24) et du nazisme en Allemagne (1933) ne s'accomplit pas dans le cadre d'une révolution. Il se réalise, dans un cas comme dans l'autre, dans un contexte pour le moins particulier. Il mêle élections et intimidations. Mussolini et Hitler sont arrivés au pouvoir par la voie légale, au terme de processus électoraux qui interviennent dans un contexte chahuté. On notera d'ailleurs que le score décroché par le NSDAP en novembre 1932 (33,1 % et 196 sièges) qui a permis l'accession d'Hitler à la chancellerie en janvier 1933 est inférieur au résultat engrangé en juillet 1932 (37,4 % et 230 sièges). Ainsi donc ni en Italie, ni en Allemagne, le pouvoir fasciste n'est le résultat d'une révolution ni même d'une insurrection.

Au surplus, il y a une différence de fond entre les deux types de régimes. L'URSS a une vocation révolutionnaire assumée ; l'Italie fasciste et l'Allemagne nazie préconisent, en revanche, une optique contre-révolutionnaire. Dans le cas italien, Pierre Milza et Serge Berstein suggèrent d'ailleurs de

---

[26] Pour Serge Berstein, «dès les années 1920, le totalitarisme est donc mis en place en Union soviétique. Il succède quasiment sans transition à l'autoritarisme tsariste, aucune expérience de démocratie libérale n'ayant pu voir le jour durant les quelques mois qui ont suivi la chute du tsar». S. BERSTEIN, *op. cit.*, p. 115.

[27] L. FERRY, E. PISIER-KOUCHNER, «Théorie du totalitarisme», *in* M. GRAWITZ, J. LECA (dir.), *Traité de science politique. 2. Les régimes politiques contemporains*, Paris, PUF, 1985, p. 118.

parler de « contre-révolution préventive »[28]. Et l'on retrouvera dans ces deux régimes un élément essentiel que nous avions noté pour l'avènement de l'Espagne franquiste et du Portugal salazariste : la lutte contre le communisme qui sera, comme le rappelle Serge Berstein, concrétisée par la signature du pacte anti-Komintern[29] :

> « Concrètement, cette dimension idéologique du conflit lui est conférée, par la signature, en 1936, du pacte anti-Komintern entre l'Allemagne nazie et le Japon, pacte qui a pour objet de lutter contre le communisme délétère qui menace de subversion tous les Etats du monde. A ce pacte, répond la constitution, autour des puissances signataires, d'une ligue des Etats anti-communistes, à laquelle adhèrent l'Italie, en 1937, puis successivement la plupart des Etats dictatoriaux d'Europe centrale et orientale »[30].

La terreur pose aussi question. S'il est indéniable que l'Union soviétique, à certains moments de son histoire – dans la deuxième moitié des années trente, en particulier –, l'Italie fasciste, très partiellement, et l'Allemagne nazie ont pratiqué « la terreur de masse », il est en revanche difficile de retenir cet élément pour définir le régime totalitaire. En effet, comme le pointent Luc Ferry et Evelyne Pisier-Kouchner, l'argument reste « fort impressionniste, qui tente d'établir un rapport de causalité entre la « quantité » de terreur et la « qualité » de l'idéologie »[31]. Tous ceux qui l'ont tenté n'ont pas réussi à établir un seuil « scientifique ». Tenants de la valeur opératoire du concept de totalitarisme, Dormagen et Mouchard rejettent la définition par la terreur :

> « Le décompte des victimes de la répression politique n'est d'ailleurs pas ce qui distingue l'autoritarisme du totalitarisme : le régime autoritaire du général Suharto s'est bâti sur une répression anticommuniste féroce et sur le massacre, au cours de l'année 1965, de 500 000 à un million de personnes dans le prolongement de la dissolution du parti communiste indonésien (PKI), alors que le régime totalitaire fasciste en Italie n'éliminait pas physiquement ses opposants »[32].

La terreur est un moyen utilisé ponctuellement par de nombreux régimes autoritaires voire démocratiques – au temps de la colonisation par exemple. Mais il est difficile sinon impossible d'en sérier la nature suivant les époques et les pays. Plusieurs analystes distinguent même, dans la logique de terreur, camps de concentration et camps d'extermination. Le

---

[28] P. MILZA, S. BERSTEIN, *Le fascisme italien. 1919-1945*, Paris, Points-histoire, 1980, p. 71.

[29] Le Komintern est l'Internationale communiste, fondée en 1919 à Moscou et qui rassemble les partis communistes du monde.

[30] S. BERSTEIN, *op. cit.*, p. 133.

[31] L. FERRY, E. PISIER-KOUCHNER, *op. cit.*, p. 125.

[32] J.-Y. DORMAGEN, D. MOUCHARD, *op. cit.*, p. 78.

débat peut d'ailleurs s'inviter dans la sphère politique. Interpellée par Fabian Namias sur le fait qu'elle avait comparé la bande de Gaza à un « camp de concentration », sur la question de savoir si « Israël menait une politique d'extermination des Palestiniens » et si l'on pouvait « tout dire », la candidate de Lutte ouvrière aux élections présidentielles française de 2012, Nathalie Artaud, avait durement répondu : « Tout dire quoi ? Qu'avez-vous en tête ? Vous plaisantez ? Pour vous, camps de concentration, camps de travail et camps d'extermination c'est pareil ? Je suis désolée pour vous, vous faites des amalgames. Les camps de concentration ne sont pas une spécialité de l'Allemagne nazie. La France en a connu, où on a enfermé des militants espagnols. Vous faites des amalgames ! ».

Le parti unique est-il un élément discriminant d'un régime totalitaire ? Heymann-Doat défend cette hypothèse. Il juge que les partis uniques constituent les « piliers sur lesquels s'appuient le totalitarisme stalinien comme le totalitarisme nazi »[33]. On peut néanmoins douter du caractère discriminant de cette variable dans une comparaison entre un régime autoritaire et un régime totalitaire. Plusieurs régimes à parti unique pourraient difficilement être rangés dans la catégorie des Etats totalitaires, notamment la plupart des régimes africains depuis la décolonisation. L'« Etat partisan », selon la formule de Georges Burdeau[34], est-il alors un discriminant des régimes autoritaires et/ou totalitaires face aux régimes démocratiques ? Oui et non.

Oui, dans la mesure où un régime démocratique suppose presque « naturellement » une compétition entre plusieurs partis (voir *infra*). On pourra dès lors classer « négativement » tout régime à parti unique comme ne ressortissant pas à la catégorie des Etats démocratiques et donc appartenant à la catégorie « large » des Etats autoritaires et/ou totalitaires.

Non, dès lors que certains régimes autoritaires tolèrent l'existence d'autres partis aux côtés d'un parti central, dont le rôle prépondérant est cependant reconnu officiellement (parfois dans la constitution) ou de fait. L'autonomie de ces partis est néanmoins souvent limitée. Plusieurs auteurs n'hésitent pas à les appréhender en termes de partis « croupions », « fantoches », etc.

C'est parfois vrai mais pas toujours. La légitimité d'un régime autoritaire est même accrue à l'occasion compte tenu de l'existence d'autres partis que le parti central. Soulignons toutefois que cette situation n'est « tenable » que dans la mesure où les autres partis ne contestent pas, de fait, l'autorité de référence. L'exemple polonais est intéressant de ce point de vue.

---

[33] A. Heymann-Doat, *Les régimes politiques*, Paris, La Découverte, 1998, p. 93.

[34] G. Burdeau, *L'Etat*, *op. cit.*, p. 96.

Certaines personnalités de la dissidence, qui joueront un rôle majeur dans la chute du régime communiste, avaient été élues députés sous ce régime sous l'étiquette de tiers-partis. Il en est ainsi de Tadeusz Mazowiecki, le premier Premier ministre non communiste. La possible existence de plusieurs partis dans le cadre d'un régime autoritaire permet aussi de souligner *a contrario* qu'il ne suffit pas qu'il y ait plusieurs partis pour qu'un régime ou un Etat soient démocratiques.

Le caractère systématiquement expansionniste d'un régime totalitaire est aussi sujet à discussion. Plusieurs analystes ont mis en doute l'assertion du caractère expansionniste a-temporel. Le doute est permis dans le cas de l'Union soviétique après la deuxième guerre mondiale, même dans la période la plus dure, entre 1947 et 1953, date du décès de Staline. Ce qui semble avoir prédominé dans la diplomatie stalinienne entre 1945 et 1953, ce n'est pas son caractère expansionniste mais, au contraire, sa dimension extrêmement prudente dans les relations internationales et dans le rôle qu'elle assignait aux partis communistes, tout spécialement en Europe. C'est explicite en Italie après l'élection très troublée qui eut lieu en avril 1948. Ce l'est aussi dans la situation grecque au lendemain de la deuxième guerre mondiale. Staline invitera même le mouvement insurrectionnel communiste au repli :

> « Si vous n'êtes pas convaincus que les partisans vont l'emporter, il faut replier le mouvement partisan. Les Américains et les Anglais s'intéressent énormément à la mer Méditerranée. Ils veulent avoir une base en Grèce et n'épargneront pas leurs moyens pour maintenir là-bas un gouvernement qui leur soit obéissant. C'est une question internationale importante. Si on replie le mouvement partisan, ils n'auront pas de prétexte pour vous attaquer. Ce n'est pas si facile que ça de commencer une guerre maintenant. Si vous êtes convaincus que les partisans ont des chances de l'emporter, alors c'est une autre question. Mais j'ai quelques doutes à ce sujet »[35].

Enfin, la question de la perspective historique se pose. Un régime est-il totalitaire en soi, dès son avènement et pour le reste de son histoire ? C'est douteux. Peut-on parler de régime totalitaire pour l'Italie dès 1922 ? Certainement pas à la lumière des éléments de définition apportés jusqu'ici. Le pluripartisme était toujours présent. De même, il existait toujours une vie associative, et nombre de formes de liberté d'expression. Peut-on, de même, accoler l'étiquette totalitaire à l'Union soviétique post-stalinienne et aux régimes de « démocratie populaire » en Europe centrale et orientale ? Beaucoup d'auteurs, même sérieux, s'y emploient sans justifier leur choix.

---

[35] V. Kolarov, « Staline et les Balkans. Un document important sur la réunion du 10 février 1948 », *Balkanologie*, 1999, vol. III, n° 1, p. 5.

Ce choix peut être à la fois cohérent et problématique. Il peut être cohérent dès lors que les prérogatives de l'Etat restent très importantes dans le régime politique de l'Union soviétique après 1953 : dans les domaines économique, politique, culturel, social,... les choix étatiques demeurent prépondérants. Sous cet angle, l'Union soviétique resterait un Etat totalitaire. Mais il est aussi douteux pour plusieurs raisons. Par exemple, si l'on retient le critère de « terreur ». La terreur de masse n'existe plus en Union soviétique après 1953. Ce qui ne veut pas dire qu'il s'agit d'un régime de « libertés ». Loin s'en faut. Mais la contrainte physique à une échelle importante a disparu. Il y a des répressions ponctuelles (des dissidents notamment) mais, en termes d'échelle – pour autant que ce critère ait de la pertinence –, cela ne représente rien comparé à certaines pratiques sous Staline, qui sont d'ailleurs dénoncées par des officiels – le fameux rapport secret de Khrouchtchev en 1956 au XXe congrès du parti communiste d'Union soviétique – et par des contestataires. Le régime soviétique toléra même la publication en 1962 du remarquable livre d'Alexandre Soljenitsyne, *Une journée d'Ivan Denissovitch*[36], qui raconte la vie dans les camps soviétiques.

Pour répondre à cette problématique de la perspective historique, Bernard Bruneteau avance l'idée du caractère transitoire ou évolutif des totalitarismes. A ses yeux, l'histoire de l'Union soviétique est « une » dans ses objectifs et ses finalités mais pas dans ses moyens :

> « Aussi ce qui assimilerait le totalitarisme brejnévien à son sinistre ancêtre ne serait pas le degré de violence (la « normalisation » tchèque fit moins de cent victimes) mais l'intention récurrente de réduire toute autonomie par le biais du « parti polymorphe » »[37].

Cette proposition a le mérite d'aborder cette question complexe mais l'idée avancée par l'auteur ne peut que fragiliser, comme il le reconnaît lui-même, le canevas de définition abordé auparavant : par exemple, une terreur maximale, une vocation révolutionnaire,... Quelle est dans ces conditions la pertinence de ces éléments pour qualifier le totalitarisme ?

Si l'on retient les critères de désidentification, de massification, de décitoyenneté, il y a aussi des évolutions considérables et de multiples formes d'expressions d'opinion, de questionnement, d'interpellation. Des centaines de milliers de lettres sont envoyées au comité central du parti communiste d'Union soviétique pour la réouverture de dossiers de condamnation durant la période Khrouchtchev. Des millions de lettres sont adressées aux journaux soviétiques – notamment la *Pravda* – sommés – constitutionnelle-

---

[36] A. SOLJENITSYNE, *Une journée d'Ivan Denissovitch*, Paris, 10-18, 1975.

[37] B. BRUNETEAU, *op. cit.*, p. 40.

ment – d'y répondre[38]. Que dire aussi après 1985, du lancement de la *Glasnost* (la transparence) et de la *Perestroïka* (la restructuration) sous Mikhaïl Gorbatchev ? Il y aurait là des formes d'affirmation publique de l'opinion[39] dans la mesure où il y aurait conquête d'une certaine « autonomie intellectuelle et morale »[40]. Sans se prononcer clairement, Hannah Arendt a souligné le changement induit en URSS par la mort de Staline :

> « Staline, comme Hitler, mourut au beau milieu d'une horrible tâche inachevée. Et quand survint cette mort, l'histoire de que ce livre raconte, les événements qu'il essaie de comprendre et d'expliquer de l'intérieur, connurent une conclusion au moins provisoire »[41].

Pour sa part, Raymond Aron a proposé quatre périodes de rassemblement des éléments du totalitarisme en URSS : 1930, 1934-1938, 1940, 1948-1952. Linz résout la question en jugeant qu'un régime totalitaire pérenne est impossible :

> « Le totalitarisme n'est peut-être pas en mesure de se maintenir sur un grand laps de temps, ce qui a son importance en vue de sa transformation en un régime post-totalitaire dont nombre de caractéristiques sont proches du type autoritaire »[42].

Ces deux traits – terreur et massification – sont encore plus en question dans certains pays d'Europe centrale – comme la Hongrie. Mais surtout, l'examen de ces Etats pose à l'avant-plan un autre élément qui met en question leur caractère totalitaire : le totalitarisme économique. Contrairement à l'Union soviétique, plusieurs pays d'Europe centrale ont conservé des pans – plus ou moins importants – d'économie privée, à l'image de l'agriculture polonaise. Y existent également plusieurs PME,... Il n'y a donc pas – ou plus – prise en charge totale de l'économie par les pouvoirs publics, ce qui atténue son amplitude totalitaire.

La question des similitudes et des divergences entre Allemagne nazie et Union soviétique pose aussi plusieurs problèmes. Il y a à l'évidence des similitudes : réaction à la guerre 1914-1918, rejet de la démocratie parlementaire, rejet de l'individualisme, négation du conflit, pratiques de terreur de masse,... Et Roger Martelli, qui réfute pourtant le concept de totalitarisme, convient que la « convergence de techniques de régulation extrême

---

[38] On peut trouver des exemples de lettres envoyées à *La Pravda* dans C. Revuz, *Ivan Ivanovitch écrit à La Pravda*, Paris, éditions sociales, 1980.

[39] Sur le concept d'opinion publique, voir *infra*.

[40] J.-M. Denquin, *Introduction à la science politique*, Paris, Hachette, 1992, p. 36.

[41] H. Arendt, *op. cit.*, p. 26.

[42] J.J. Linz, « L'effondrement de la démocratie, autoritarisme et totalitarisme dans l'Europe de l'entre-deux-guerres », *Revue internationale de politique comparée*, 2004, vol. 11, p. 543.

du social peut certes relever du concept de totalitaire»[43]. Dans le même temps, constatons aussi que ces convergences s'expriment dans un contexte et dans une perspective qui diffèrent. Le nazisme allemand ou le fascisme italien proviennent d'une démocratie parlementaire, la Russie ne l'a jamais connue. Le rapport à 1914-1918 est révolutionnaire dans le chef des bolcheviks et contre-révolutionnaire pour l'avènement du fascisme et du nazisme. Les éléments et les «responsables» de la conflictualité sont identifiés séparément:

> «Selon le nazisme donc, la responsabilité du conflit incombe aux éléments ethniquement et génétiquement allogènes, en premier lieu aux juifs. Et, selon le bolchevisme, elle incombe aux éléments socialement allogènes, aux ressortissants des ci-devant classes possédantes, aux koulaks, aux membres du clergé, aux individus contaminés par les influences bourgeoises»[44].

Il s'avère donc très difficile de déterminer si le concept de totalitarisme a une valeur opératoire en histoire et en science politique et, si oui, de déterminer ce qu'il recouvre. Si on utilise le concept de totalitarisme, il faut en tout état de cause déterminer le contenu qu'on lui donne, distinguer les types différents – s'il en existe – et analyser ces régimes avec la même rigueur[45] qu'un régime autoritaire ou démocratique. A l'instar de ce que nous avons observé pour les régimes autoritaires, il convient d'analyser la vie, la forme et le contenu de ces régimes même si c'est, par définition, plus difficile que pour les régimes démocratiques.

III. Les régimes démocratiques

Qu'est-ce que la démocratie? Très régulièrement, l'approche liminaire part de l'adresse célèbre du président américain Abraham Lincoln (1809-1865): la démocratie est le gouvernement du peuple, par le peuple et pour le peuple, énoncée en 1863:

> «Mais, en un sens plus large, il n'est pas en notre pouvoir de dédier – de consacrer – de sanctifier ce sol. Les braves, vivants et morts, qui se

---

[43] R. Martelli, *Pour en finir avec le totalitarisme*, *op. cit.*, p. 150.

[44] K. Pomian, «Qu'est-ce que le totalitarisme?», *in* M. Ferro (éd.), *op. cit.*, p. 156.

[45] On ne peut se contenter de multiples affirmations de principe sans les étayer comme par exemple celle de Denquin: «A part quelques secteurs privilégiés (comme les industries d'armement), le système fonctionne mal, mais peu importe: le totalitarisme n'a pas pour but le bien-être de la population» (p. 46). Certains travaux portant sur le fascisme italien, le nazisme allemand et, plus encore, sur l'Union soviétique apportent – sans aucune complaisance pour ces régimes – plus d'une nuance à ce type de jugement tranché, notamment en fonction des époques étudiées.

sont battus ici-même, l'ont consacré bien au-delà du faible pouvoir que nous avons d'y ajouter ou d'en soustraire. Le monde ne remarquera guère, ni ne se rappellera longtemps, ce que nous disons ici, mais il ne pourra jamais oublier ce qu'ils ont fait ici. C'est à nous plutôt, les vivants, de nous consacrer ici à l'œuvre inachevée que ceux qui ont combattu ici ont jusqu'à ce point si noblement menée. C'est plutôt à nous de nous vouer ici à la grande tâche qui nous reste à accomplir – qu'à ces morts honorés nous empruntions une dévotion accrue à l'égard de cette cause pour laquelle ils ont donné jusqu'à la pleine mesure de leur dévouement – que nous prenions ici la ferme résolution que ces morts ne soient pas morts en vain – que cette nation, sous l'égide de Dieu, renaisse à la liberté – et le **gouvernement du peuple, par le peuple, pour le peuple, ne périsse pas sur cette Terre**».

De ce point de vue, selon les termes classiques d'Hérodote (484-420 avant notre ère), elle s'oppose à la «monarchie» – c'est-à-dire le gouvernement d'un seul – ou à l'«oligarchie» – c'est-à-dire le gouvernement de quelques-uns[46]. Mais l'appréhension de la définition qu'en a faite Lincoln «définit» relativement peu de choses. Que faut-il entendre par le «peuple» et comment comprendre l'exercice du pouvoir «par» et «pour» le peuple?

A l'échelle de l'histoire, il est possible de distinguer deux grandes formes historiques de démocratie à partir de cette définition générique: la **démocratie directe** et la **démocratie représentative**.

A. La démocratie directe

La démocratie directe, dont «l'idéal» historique est la Grèce dans l'ère pré-chrétienne, suppose **l'absence de médiation entre les gouvernés et les gouvernants**. Les décisions se prennent en assemblée libre par l'ensemble des citoyens.

Le chantre contemporain de la démocratie directe est Jean-Jacques Rousseau (1712-1778). Les traits dominants de sa pensée sont surtout présentés dans *Le contrat social*[47]. Aux yeux de Rousseau, la loi gère et organise véritablement la société. Sortir de la loi, c'est sortir du contrat social. La loi est le fait du **souverain assemblé**. Il s'agit donc d'une forme de démocratie directe dans les formes définies par Rousseau:

> «Il ne suffit pas que le peuple assemblé ait une fois fixé la constitution de l'Etat en donnant la sanction à un corps de lois: il ne suffit pas qu'il ait établi un gouvernement perpétuel ou qu'il ait pourvu une fois pour toutes à l'élection des magistrats. Outre les assemblées extraordinaires que des cas imprévus peuvent exiger, il faut qu'il y en ait de fixes

[46] HÉRODOTE, *Histoires. Livre III*, Paris, Les Belles lettres, 1967.

[47] J.-J. ROUSSEAU, *Du contrat social*, Paris, Garnier-Flammarion, 2012 (réédition).

> et de périodiques que rien ne puisse abolir ou proroger, tellement qu'au jour marqué, le peuple soit légitimement convoqué par la loi; sans qu'il soit besoin pour cela d'aucune convocation formelle. Mais, hors de ces assemblées juridiques par leurs seules dates, toute assemblée du peuple qui n'aura pas été convoquée par les magistrats préposés à cet effet et selon les formes prescrites doit être tenue pour illégitime et tout ce qui y est fait est nul; parce que l'ordre même de s'assembler doit émaner de la loi»[48].

Le peuple assemblé définit de la sorte la **Volonté générale** *:*

> «Chacun de nous met en commun sa personne et toute sa puissance sous la suprême direction de la volonté générale; et nous recevons en corps chaque membre comme partie indivisible du tout».

Les modalités pratiques de la démocratie directe et ses principes se heurtent néanmoins à une série d'obstacles et d'objections d'essence philosophique ou technique. Trois problématiques ont surtout été mises en évidence pour montrer le caractère complexe, sinon utopique ou irréalisable, de la démocratie directe.

1. Se pose d'abord une difficulté d'**ordre technique**. La démocratie directe n'est envisageable qu'à l'échelle de petites entités. Si l'on imagine une petite assemblée de trois cents personnes dont chacune donne son avis pendant cinq minutes sur une question, cela fait vingt-cinq heures de délibération! Au demeurant, pour illustrer son propos, Rousseau évoquait le plus souvent la République de Genève ou la Corse. On imagine donc mal la démocratie directe à l'échelle d'un pays.
2. La deuxième difficulté est d'**essence philosophique**. Un système de démocratie directe suppose la participation active et régulière des citoyens. Or, rien ne permet de justifier cette prétention. Tous les citoyens veulent-ils être des acteurs de la délibération et de la décision? Veulent-ils l'être systématiquement? Si la réponse est négative, le risque est alors d'octroyer trop de pouvoir à ce que l'on qualifie souvent de «minorités agissantes».

   Certains auteurs ont ainsi présenté le principe de démocratie directe comme dangereux, en illustrant leur propos par certaines pratiques durant la révolution française, surtout entre 1792 et 1794. Plusieurs auteurs ont même présenté Jean-Jacques Rousseau comme le théoricien de l'Etat totalitaire[49]. Soulignons toutefois que si la critique est sérieuse, l'exemplification par la révolution française est curieuse dans la mesure

---

[48] *Ibid.*, p. 126.

[49] Voir notamment le livre célèbre de J.-L. TALMON, *Les origines de la démocratie totalitaire*, Paris, Calmann-Lévy, 1966.

où jamais avant 1789, participation et débat – en termes quantitatifs et qualitatifs – n'avaient été aussi importants dans la population.

3. La troisième difficulté relative à la démocratie directe est le danger de **marginaliser les minorités**. La démocratie directe correspond souvent à l'application pure et simple d'un «principe majoritaire» sans prendre les minorités en compte, quels que soient leur qualité ou leur quantité, leur côté structurel (ethnique, linguistique, philosophique, de genre...) ou conjoncturel.

1. Le référendum, un mécanisme de démocratie directe?

Aussi, la démocratie directe incarne-t-elle plus soit un idéal, soit un modèle théorique. Aujourd'hui, la démocratie est donc appréhendée sous la forme de la démocratie représentative. Toutefois, la démocratie représentative peut se combiner avec des «éléments» dits de démocratie directe ou de démocratie participative, notamment par l'intermédiaire de référendums ou de consultations populaires à l'échelle nationale ou subnationale. D'autres évoquent, dans la période contemporaine, la prise d'avis possibles via les nouveaux moyens de communication. On aurait alors affaire à la E-Democracy ou à la *démocratie d'opinion*.

Qu'est-ce qu'un référendum? Julien Laferrière l'a défini comme un «procédé par lequel le corps des citoyens est appelé à exprimer par une votation populaire, son avis ou sa volonté à l'égard d'une mesure qu'une autre autorité a prise ou envisage de prendre que sa grande généralité met à l'abri du temps»[50].

Plusieurs pays le pratiquent. En définitive, seuls les Etats-Unis, parmi les démocraties consolidées historiques, n'ont jamais organisé de référendum ou de consultation populaire **à l'échelle nationale** (fédérale). S'il n'y a pas eu de référendums nationaux aux Etats-Unis, les référendums dans chacun des Etats sont en revanche très nombreux. En particulier en Californie, dans le Colorado, dans le Dakota du nord, dans l'Oregon et à Washington[51]. Ces référendums sont organisés à partir d'approches différentes.

Le cas de la Belgique est quelque peu complexe. Juridiquement et formellement, il n'y a jamais eu de référendum organisé dans cet Etat. La pratique est anti-constitutionnelle. Une consultation populaire fut cependant organisée en 1950 concernant le retour éventuel du roi Léopold III sur le trône.

Certains pays l'utilisent de manière très fréquente et en font un mode de gouvernement. Il en est ainsi de la Suisse, où le référendum est une «institution». Il fait partie du mode de gouvernement: à l'échelle des

---

[50] M.G. HOFNUNG, *Le référendum*, Paris, PUF, 1994 (2e édition), p. 18.

[51] J.-P. LASSALE, «Le référendum aux Etats-Unis», *Pouvoirs*, 1996, n° 77, p. 152.

cantons, d'une part, à celle de l'Etat fédéral, de l'autre. Tous les trois mois, les Suisses sont appelés à se positionner sur différentes questions. D'autres nations le mettent en place de manière sporadique ou exceptionnelle.

En dehors de la Suisse et, dans une moindre mesure, de l'Irlande, le procédé référendaire est très rarement utilisé. Les tableaux suivants en portent témoignage.

Référendums nationaux en Irlande, en Suisse, en Allemagne, au Danemark, en France, au Royaume-Uni et en Suède[52]

	Nombre de référendums organisés pendant la période							
	Irlande	**Suisse**	**Allemagne**	**Autriche**	**Danemark**	**France**	**Royaume-Uni**	**Suède**
2005-2009	2	26			1	1		
2000-2004	6	61			1	1		1
1995-1999	6	9			1			
1990-1994	4	22		1	2	1		1
1985-1989	2	7			1	1		
1980-1984	2	3						1
1975-1979	2	17		1	1		1	
1970-1974	2	1			2	1		
1965-1969	4	3	1		1	1		
1960-1964	2	5			4	3		
1955-1959	1	2			2	2		2
1950-1954		9	2					
1945-1949		5				4		

2. Avantages, inconvénients et positionnements envers le référendum

Les avis sont très divergents sur les vertus et les vices prêtés à la pratique. Le référendum ou la consultation populaire sont-ils démocratiques ? Quels sont leurs avantages ou/et inconvénients supposés ? Il s'agit là de questions très débattues par le monde politique, par les citoyens et par la communauté scientifique. Ces débats peuvent être vifs comme l'illustrent, par exemple, les points de vue exprimés après l'annonce, en octobre 2011, par le Premier ministre grec de la tenue d'un référendum.

Il n'y a en fait pas de réponse tranchée à ces questions. Dans son principe, le référendum paraît démocratique. Mais il met à l'avant-plan certaines questions philosophiques liées à la vie démocratique.

[52] *Source* : Center for Research on Direct Democracy (http://www.c2d.ch/).

– Le référendum est l'**application pure et simple du principe majoritaire**. Il n'y a pas ou peu d'accommodements avec les minorités, quelle que soit leur importance. Sous cet angle, on peut s'interroger sur la possibilité de mettre en place des procédures référendaires dans les Etats fédéraux, en Belgique en particulier, ou dans les Etats où coexistent des minorités multiples. En Belgique, l'introduction d'un référendum au niveau fédéral, sans autre forme de procès, conduit de fait à donner un avantage à la population flamande. Plus généralement, des résultats asymétriques d'une région à l'autre seraient porteurs de dynamiques centrifuges, comme l'a montré la consultation populaire sur la question royale en 1950. Ce débat n'est pas que rhétorique. Plusieurs partis préconisent la mise en place de consultations populaires et/ou référendaires au plan fédéral. Il y eut même un débat serré à ce sujet relativement à la ratification du projet de Constitution européenne (2005). Les libéraux et les verts y étaient favorables contrairement aux socialistes et aux démocrates chrétiens.
– La question des minorités est d'autant plus importante qu'au plan social et culturel, ce sont les catégories les plus favorisées qui participent le plus aux référendums et aux consultations et les catégories les moins favorisées qui y prennent part le moins. Malgré un taux de participation très important, l'observation s'est vérifiée dans le référendum français sur la question du traité constitutionnel français. Le pourcentage de chômeurs qui se sont exprimés est de huit points inférieur à la moyenne. De même, le nombre de votants bénéficiant d'un revenu inférieur à 1 000 euros ayant voté est-il six points en deçà de la moyenne alors qu'il est de huit points au-dessus de la moyenne pour ceux dont les revenus sont supérieurs à 3 000 euros.

Profil des votants et des abstentionnistes au référendum sur le traité constitutionnel européen de 2005[53]

	Votants	Abstentionnistes
	%	%
Ensemble	**70**	**30**
Sexe		
Hommes	72	28
Femmes	69	31

[53] IPSOS, *Référendum 29 mai 2005 : le sondage sortie des urnes.*

Age		
18-24 ans	57	43
25-34 ans	56	44
35-44 ans	69	31
45-59 ans	79	21
60-69 ans	89	11
70 ans et plus	71	29
Profession de l'interviewé		
Agriculteurs	71	29
Artisans, commerçants, chefs d'entreprise	75	25
Professions libérales, cadres supérieurs	69	31
Professions intermédiaires	72	28
Employés	65	35
Ouvriers	71	29
Statut de l'interviewé		
Salariés du privé	65	35
Salariés du public	75	25
Travailleurs indépendants	78	22
Chômeurs	62	38
Etudiants	59	41
Retraités	78	22
Catégorie d'agglomération		
Rurale	70	30
Moins de 20 000 habitants	80	20
De 20 000 à 100 000 habitants	70	30
Plus de 100 000 habitants	64	36
Agglomération parisienne	69	31
Dernier diplôme obtenu		
Sans diplôme	68	32
BEP/CAP/Certificat d'études primaires	71	29
Baccalauréat	69	31
Bac + 2	66	34
Au moins Bac + 3	73	27
Revenu net mensuel du foyer		
Moins de 1 000 euros	64	36
De 1 000 euros à 2 000 euros	74	26
De 2 000 euros à 3 000 euros	68	32
Plus de 3 000 euros	78	22

Au-delà de la sociologie électorale, il convient d'observer que pour le déclenchement d'un référendum ou d'une consultation populaire, les différences sociales et culturelles sont importantes. Comme le souligne Jean-François Aubert dans le cas suisse, la récolte des signatures et les campagnes référendaires coûtent cher; «certains milieux ont, plus que d'autres, les moyens financiers qu'il faut pour les conduire, et les Suisses ne sont pas mieux protégés que les Français, les Allemands et les Italiens contre les effets d'une propagande habile. L'argent, chacun le sait, peut fausser la démocratie»[54]. Autre exemple, dans l'Etat de Californie, les seules dépenses relatives à la collecte de signatures pour soumettre à référendum une proposition avoisinaient le million de dollars dans les années quatre-vingt-dix[55]. Cette donnée est un des éléments fondamentaux qui motive les oppositions au référendum.

– Décider par le biais d'un référendum revient très souvent à laisser le choix à une **minorité de la population**. On constate en effet souvent que les taux de participation pour les référendums sont (très) en deçà des taux de participation aux élections nationales. Cela pose un problème certain: jusqu'à quel point est-il acceptable que des minorités soient les responsables de la décision politique? Ce problème est d'autant plus prégnant qu'il y a, de fait, une inégalité devant la participation. Nous l'avons épinglé, toutes choses égales par ailleurs, les catégories sociales les plus favorisées d'un point de vue socio-économique et socio-culturel participent plus, et parfois beaucoup plus, que les catégories sociales les moins favorisées d'un point de vue socio-économique et socio-culturel. Cette problématique de la participation renvoie aussi à la différence potentielle des électorats. Ne peuvent en principe voter aux élections que les nationaux d'un Etat âgés de dix-huit ans minimum. Dans une consultation populaire ou un référendum, il y peut avoir un élargissement par rapport à la nationalité et/ou à l'âge. L'électorat convoqué pour un référendum et/ou une consultation populaire pourrait ainsi différer de celui qui est appelé aux urnes pour les élections.

En 2003, huit des dix futurs nouveaux Etats membres de l'Union européenne ont organisé un référendum sur l'entrée de leur pays dans l'Union. Il s'agissait donc d'une question cruciale et, dans certains cas, indécise. Les gouvernements ont organisé de grandes campagnes de sensibilisation et ont tout fait pour que la participation soit élevée. Pour autant, comme on peut s'en apercevoir, en dépit de l'importance de la thématique et de la mobilisation des exécutifs et de nombre d'autres acteurs, la participation n'atteint pas des sommets. A l'exception de Malte et, pour partie, de la Lettonie, la participation reste modeste. Elle est même en deçà de 50% en Hongrie et ne franchit que timidement cette barre en Slovaquie, en Pologne et en République tchèque.

[54] J.-F. AUBERT, «Leçons suisses», *Pouvoirs*, 1996, n° 77, p. 133.

[55] J.-P. LASSALE, «Le référendum aux Etats-Unis», *op. cit.*, p. 152.

Taux de participation aux référendums d'adhésion de l'Union européenne (2003)

Hongrie	45,62	Pologne	58,85
Lituanie	63,37	République tchèque	55,21
Lettonie	73,12	Slovaquie	52,15
Malte	90,86	Slovénie	60,44

En 2005, les référendums et les consultations populaires organisés sur le traité constitutionnel européen ont aussi dévoilé des situations très contrastées du point de vue de la participation : une très bonne mobilisation au Grand-Duché de Luxembourg et en France ; des niveaux plus modestes aux Pays-Bas et, plus encore, en Espagne.

Taux de participation aux référendums et consultations populaires relatifs au projet de Constitution européenne (2005)

Espagne	42,32	Luxembourg	90,44
France	69,34	Pays-Bas	62,00

En Belgique, la consultation populaire organisée dans la ville d'Anvers en 2009 a amené 35 % d'électeurs aux urnes. C'est évidemment beaucoup. Mais sensiblement moins que les taux de participation électorale aux élections communales ou générales.

Résultat de la consultation populaire organisée à Anvers en 2009 sur l'édification d'un pont au-dessus du ring

Inscrits	388 104		
Ont pris part	134 861	**Taux de participation**	**34,75**
Blancs	1 573		
Valables	133 288		
Pour	54 333	40,76	
Contre	78 955	59,24	

– Une des grandes questions attachées à la pratique référendaire est de savoir dans quelle mesure les citoyens peuvent éventuellement opter pour des mesures « impopulaires ». *A priori*, il paraît peu probable qu'une majorité d'électeurs choisissent volontairement une solution «difficile» pour eux. De manière intéressante, le référendum de novembre 2010 dans l'Etat de Californie suggère que ce n'est pas exclu. Une majorité d'électeurs ont accepté que le budget de l'Etat soit désormais voté à la majorité simple et non plus à une majorité spéciale. Ce faisant, il sera plus facile pour le législateur californien d'ajuster les recettes et les dépenses, ce qui nécessitera (sans doute) une augmentation de certains impôts eu égard à l'état des finances publiques en Californie, ce qui est rarement… populaire.

Référendum en Californie sur la majorité simple pour voter le budget (novembre 2010)

Pour	4 551 354	54,60%
Contre	3 787 721	45,40%

De même, en Suisse, le référendum du 11 mars 2012 sur l'octroi d'une sixième semaine de congés payés a-t-il débouché sur une réponse largement négative. Deux-tiers des votants ont rejeté cette éventualité.

Référendum en Suisse sur l'octroi d'une sixième semaine de congés payés (2012)

Pour	771 742	33,50
Contre	1 531 635	66,50

La consultation populaire ou le référendum peuvent, sur des questions spécifiques, détacher l'expression des opinions sur des questions d'intérêt général pour se focaliser sur de multiples questions d'intérêt plus pointu. Dans cette optique, le référendum serait souvent conservateur, dans le sens où il conserve des situations acquises. Ainsi souligne-t-on souvent que c'est par référendum que les Suisses ont octroyé le droit de vote aux femmes en 1971. Ce qui est beaucoup moins épinglé, c'est que la Suisse est le dernier pays «civilisé» où les femmes ont eu le droit de vote. Peut-on raisonnablement attendre des comportements d'«intérêt général» sur des problématiques «particulières»: droits des étrangers, fiscalité, censure, publicité,… ? Il n'y a sans doute pas de réponse univoque à cette question.

– En général, le référendum et/ou la consultation populaire détachent une problématique particulière d'un traitement d'ensemble. Cela peut contribuer à avoir des résultats ou des attentes antinomiques ou inattendus. Un référendum peut par exemple conduire à une demande de diminution de la fiscalité et un autre, à un redéploiement des forces de sécurité, qui sont pour une large part financées par… l'impôt. Ce type de situation peut avoir des impacts considérables sur des questions qui, elles, n'ont pas été soumises à référendum. Dans notre exemple, il pourrait y avoir désinvestissement de l'action de l'Etat dans l'éducation ou la culture au profit de son action en matière de sécurité.

- Un problème mis à l'avant-plan par les opposants au référendum est que, le plus souvent, les citoyens n'auraient ni les «qualités analytiques» ni l'information nécessaire pour prendre des «décisions sages»[56]. Telle est l'optique du politologue italien Sartori : à ses yeux, la complexité croissante des sociétés mettrait plus que jamais en évidence l'impératif d'efficacité peu compatible avec le référendum. Cette approche élitiste est contestée. Pour le politologue Robert Dahl, la dérive technocratique des gouvernants exigerait plus que jamais le «rétablissement des liens plus directs avec l'électorat»[57].
- L'organisation de référendums et les résultats qui en découlent peuvent être très liés à des *effets de contexte* où l'émotion prévaudrait. L'organisation d'une consultation dans une situation troublée, de crise ou d'euphorie influerait sur le résultat de manière significative. Cela dit, les partisans du référendum affirment qu'il en va exactement de même pour l'élection législative ou à d'autres niveaux. Songeons à l'affaire Dutroux ou à la crise de la dioxine avant les élections nationales de 1999 en Belgique. On peut bien sûr aussi penser aux attentats de mars 2004 en Espagne, trois jours à peine avant le scrutin. De même, il ne fait pas de doute que l'assassinat du leader populiste Pim Fortuyn moins d'une semaine avant le scrutin a influencé le résultat des élections hollandaises d'avril 2002. A cette occasion, la Lijst Pim Fortuyn avait recueilli 17% des suffrages et vingt-six sièges. Au surplus, tous les sociologues ou politologues ne voient pas l'expression de l'émotion comme un problème. Georges Marcus défend même une perspective inverse :

> «Dans ce livre, je soutiens la thèse radicale selon laquelle les gens peuvent être rationnels précisément parce qu'ils sont sujets aux émotions : ce sont ces dernières qui permettent la rationalité»[58].

---

[56] A. Ranney, «Référendum et démocratie», *Pouvoirs*, 1996, n° 77, p. 15.

[57] Sur cette question et ce débat, je renvoie à L. Morel, «Référendums : la pratique dans les démocraties libérales», *Pouvoirs*, 1996, n° 77, p. 23 et s.

[58] G.E. Marcus, *Le citoyen sentimental. Emotions et politique en démocratie*, Paris, Presses de SciencesPo, 2008, p. 20.

– Sur des problématiques générales, le référendum peut contribuer au débat, à sa **politisation** et à l'expression de la citoyenneté : le référendum français du 20 septembre 1992 sur la ratification du traité de Maastricht par la France en a été une preuve exemplaire de même que celui du 29 mai 2005 sur le projet de traité constitutionnel européen. Plus largement, on observe que les quelques référendums organisés dans les Etats européens depuis une dizaine d'années concernent souvent le rapport à l'Union européenne – ratification d'un traité, adhésion d'un Etat,... – et qu'ils sont souvent l'occasion d'un débat approfondi. En ces circonstances d'ailleurs, le taux de participation est souvent plus élevé. En revanche, dans d'autres configurations, cette donnée de la politisation peut être singulièrement absente. En novembre 1988, le Premier ministre français, Michel Rocard, avait souhaité soumettre à référendum le contenu des «accords de Matignon» sur la Nouvelle-Calédonie. Cette thématique n'avait, pour le moins, pas passionné les différents segments de l'opinion et la participation n'avait pas dépassé 36,0%.
– Il y a des dérives possibles dans l'organisation des référendums. L'une d'entre elles est le **caractère plébiscitaire**[59] que peut recouvrir la consultation : voter sur une question déterminée peut être en même temps étroitement associé à une question de confiance envers le chef de l'Etat ou le chef de gouvernement. Dans ces cas, il y a une double question au référendum : celle qui concerne le référendum lui-même et celle relative à la confiance ou la défiance que l'on exprime envers celui qui l'organise. Telle était la pratique du général de Gaulle pendant sa présidence de la république en France (1958-1969) : il liait son maintien à la présidence au résultat du référendum. En 1969, de Gaulle a d'ailleurs démissionné de la présidence de la république française après que la population eut voté majoritairement contre son projet de décentralisation. L'opération peut être menée de manière implicite. Le référendum français sur la ratification du traité constitutionnel européen cachait mal les objectifs internes dans la perspective des élections présidentielles de 2007. De même, l'annonce par Tony Blair d'un référendum sur la même question avait-elle d'abord pour ambition de prendre de court le parti conservateur dans la perspective des élections générales au printemps 2005. Toujours sur la même question, le référendum interne au PS français le 1er décembre 2004 était tout autant un positionnement par rapport au futur candidat socialiste pour la présidentielle de 2007 qu'un positionnement par rapport à la «Constitution» européenne. Plus récemment, l'annonce par le Premier ministre britannique d'un référendum en 2015 sur le maintien de la Grande-Bretagne dans l'Union européenne ressort

[59] J.-L. QUERMONNE, *Les régimes politiques occidentaux*, Paris, Seuil-Essai, 1994, p. 93.

plus de considérations politiques internes que d'une volonté de faire trancher le peuple britannique sur une question essentielle.

– Le référendum peut davantage **légitimer certaines décisions**: «Les gens ordinaires pensent que les décisions les plus légitimes sont celles qu'ils prennent directement plutôt que celles qui sont prises par les représentants élus, les dirigeants de partis et autres élites»[60], juge Ranney. En même temps, ce principe de légitimation est conditionné par l'ampleur du taux de participation. On constate au demeurant dans les enquêtes d'opinion que ce «plus» de légitimation n'est réel que quand il y a eu un véritable débat durant la campagne référendaire et qu'il y a eu mobilisation pour aller voter.
– Les référendums ou les consultations populaires peuvent dégager une réponse claire mais parfois très générale qui ne débouche sur aucune solution pratique. La consultation organisée dans la ville de Namur dans les années quatre-vingt-dix pour donner un avis sur le lieu d'implantation du Parlement wallon l'illustre. Les Namurois se sont clairement prononcés contre un site mais sans plébisciter un autre. Finalement, le parlement wallon ne s'est installé dans aucun des quatre sites soumis à la votation!

Venons-en à une question délicate: tous les thèmes peuvent-ils être soumis à référendum ou consultation populaire? Cette question n'est pas simple et il faut l'aborder au moins de deux points de vue. **Sous l'angle juridique**, il est clair que dans la très grande majorité des Etats, il n'est pas possible d'organiser des référendums sur toutes les questions. De très nombreux Etats ont en effet signé et ratifié des conventions internationales qui les lient ou adhéré à des organisations internationales qui les engagent sur l'objet de l'organisation. Sur les problématiques relatives à leurs engagements, il n'est guère possible d'organiser des référendums. Les Etats appartenant à l'Union européenne sont tenus de respecter le droit communautaire européen qui prime sur le droit national. Un Etat ne peut donc légiférer à l'issue d'un référendum dans un sens qui contredirait le droit communautaire européen. Par ailleurs, pour ce qui a trait à la protection des droits et libertés et, de manière générale, à toutes les normes constitutionnelles, seule l'existence d'un référendum constituant serait à même de modifier le prescrit constitutionnel. De plus, d'un point de vue juridique, on ne peut organiser un référendum ou une consultation populaire qu'au niveau institutionnel de compétence considéré. En d'autres termes, en Belgique, on ne pourrait par exemple pas organiser une consultation populaire sur une question d'essence fédérale à l'échelle d'une commune et vice versa.

[60] A. Ranney, «Référendum et démocratie», *op. cit.*, p. 10.

Sous l'angle politique, en dehors des **contraintes juridiques**, il est théoriquement possible d'organiser un référendum sur toutes les questions. Dans la pratique, les choses sont plus complexes. Est-il souhaitable et judicieux politiquement de mettre en place sur des questions (très) sensibles – immigration, prières dans les écoles, peine de mort, homosexualité... – des pratiques référendaires? Le risque de polariser la société et la situation politique est grand, tout comme le risque de dérapage. L'exemple du référendum suisse sur la construction de mosquées et de minarets (2009) illustre les risques de polarisation. Des interrogations prévalent aussi, en la matière, sur l'opportunité politique d'organiser des référendums sur les matières fiscales mais, sur cette question, le débat est plus ouvert.

B. La démocratie représentative

La démocratie représentative s'impose comme un nouveau régime politique dans certains Etat à la fin du XIXe siècle et dans le courant du XXe. Pour se voir désigné comme démocratique, un régime doit remplir certaines conditions que l'on qualifiera tantôt de formelles, tantôt de substantielles. Nous entendons ici par «démocratique», des régimes qui répondent à des critères de démocratie représentative. Certains régimes se qualifient de «démocratiques» tout en étant fort éloignés de la démocratie représentative. Ce fut le cas des anciennes *démocraties populaires*. Aujourd'hui encore, la Corée du nord, dernière dans le classement de l'équipe du *Times*, s'intitule officiellement République populaire démocratique de Corée.

1. La nécessité de la représentation

La démocratie représentative suppose qu'il y ait... représentation. Qu'entend-on par *représentation*? Que les instances de législation – le parlement – et d'exécution – le gouvernement – représentent les opinions exprimées par les représentés, principalement à travers le principe électif.

Le principal mode d'expression des opinions dans les démocraties est **l'acte électoral**: le parlement est alors composé de représentants suivant les différentes expressions et sensibilités de l'opinion indiquées par le vote. Dire de la sorte qu'un régime est fondé sur le principe représentatif signifie que «les conflits et les clivages de la société se projettent dans le champ électoral et donnent un contenu aux enjeux de pouvoirs impliqués par la compétition»[61].

L'élection fonde donc la représentation des opinions et la légitimité du régime démocratique. Toutefois, contrairement à une idée très largement

[61] P. Avril, *Essais sur les partis politiques*, Paris, Petite bibliothèque Payot, 1990, p. 176.

répandue, l'élection n'est pas la seule modalité pratique imaginable pour assurer la représentation. En effet, dans l'absolu, le tirage au sort des représentants par les représentés serait sans doute plus *représentatif* – certainement en termes de configurations sociales et de capital culturel – des différentes catégories économiques et sociales, et des sensibilités philosophiques de la population. Sa pratique visait à préserver le caractère démocratique de l'exercice du pouvoir « en faisant obstacle à toute professionnalisation des carrières politiques ou judiciaires par le biais de cet apprentissage des affaires publiques ouvert à tous »[62].

C'est principalement au nom de la « compétence » que l'élection a été préférée au tirage au sort. La démocratie élective postule donc que les citoyens sont capables de « distinguer la compétence de certains d'entre eux à assumer certaines fonctions, même s'ils ne possèdent pas eux-mêmes cette compétence »[63].

2. Mandat représentatif et mandat impératif

A partir du moment où l'acte électoral a eu lieu, où les représentants ont été élus par les représentés, se pose la question du rapport entre les deux catégories d'individus : les électeurs et les élus. Comment s'exerce l'*accountability* (littéralement, la redevabilité, le fait de rendre compte) ? Quelles sont les marges de liberté des représentants et les possibilités de contrôle des électeurs ? En termes de rapports, on distingue historiquement deux types de mandats : le **mandat impératif** et le **mandat représentatif**.

Le mandat impératif est une relation de l'élu à ses électeurs dans laquelle l'élu obéit *impérativement* à l'opinion exprimée par ses électeurs sur chaque question. En pratique, cela s'avère très difficile sinon impossible. Pourquoi ? D'abord, parce que cela supposerait que les élus connaissent leurs électeurs : ce qui n'est pas possible en théorie puisque le vote est secret. Ensuite, parce que cela supposerait que tous les électeurs d'un même élu aient un avis identique sur chaque question, ce qui est tout à fait improbable. Pour approcher cette situation, une médiation s'opère alors : le plus souvent, l'opinion sur la question est exprimée par la voix d'un parti politique, censé représenter les opinions des électeurs. Si l'élu n'obtempère pas, il est soit obligé de démissionner de son mandat, soit obligé de quitter le parti. Au début du siècle, les candidats qui se présentaient sur les listes de certains partis signaient en même temps une lettre de démission de leur mandat. Une fois élus, s'ils refusaient de suivre les consignes du parti, celui-ci pouvait les « démissionner ». De telles pratiques n'existent plus ou sont tout à fait exception-

[62] G. Hermet, *L'hiver de la démocratie ou le nouveau régime*, Paris, Armand Colin, 2007, p. 19.

[63] P. Martin, *Les systèmes électoraux et les modes de scrutin*, Paris, Montchrestien, Clefs-politique, 1994, p. 13.

nelles. Mais la plupart des parlementaires dans les démocraties restent tenus de suivre, formellement ou non, une discipline de groupe. C'est surtout vrai en Europe, ce l'est beaucoup moins aux Etats-Unis.

Dans le cas d'un mandat représentatif, l'élu est beaucoup plus « libre » d'agir selon ses choix et ses appréciations. Ce faisant, il agit dans une logique d'élu de la nation au nom d'intérêts supposés de la nation. Il a alors nettement moins de comptes à rendre à un parti ou à ses électeurs durant le temps de son mandat. La discipline de groupe parlementaire est bien plus lâche. L'exemple le plus clair de cette situation, ce sont les Etats-Unis. La discipline des groupes parlementaires y est beaucoup plus souple que dans les pays européens. En Europe, on tolère en général des votes « en âme et conscience » sur des questions de société, d'éthique en particulier : l'avortement, la légalisation des drogues douces, le mariage des homosexuels, l'euthanasie...

En tout état de cause, tant pour le mandat impératif que pour le mandat représentatif, l'acte premier d'*accountability* intervient lors des élections, moment où les élus et les partis sont jugés par les citoyens.

3. La pacification des conflits

Une des caractéristiques du régime démocratique est que la transposition des conflits sociétaux au parlement et au gouvernement par la médiation du vote traduit et implique une **compétition pacifiée**. A l'échelle de l'histoire, même contemporaine, la nouveauté est double :

- d'une part, les conflits sont exprimés de façon relativement pacifique ;
- d'autre part, les modes de résolution de conflit le sont également.

Ainsi donc, l'avènement de la démocratie marque-t-il « l'institutionnalisation du « dissensus » »[64].

4. Les conditions de la démocratie représentative

Quand a-t-on affaire à une démocratie représentative ? Nous l'avons vu en examinant les régimes autoritaires, cette question ne dévoile pas des réponses simples. Toutefois, un certain nombre d'éléments sont régulièrement mentionnés pour caractériser une démocratie représentative.

a) Le suffrage universel

La condition première de la démocratie représentative est l'établissement du **suffrage universel**. Le suffrage universel n'est ni une donnée historique, ni une donnée contemporaine évidente. Il y a eu, et il subsiste,

[64] J.-Y. Dormagen, D. Mouchard, *op. cit.*, p. 44.

des exclus du suffrage et du suffrage universel. René Rémond le rappelait opportunément :

> « Or, l'idée même de recourir à l'élection pour la dévolution du pouvoir et plus encore celle de donner à tous les citoyens le droit d'y participer, qui paraissent aujourd'hui aller de soi et ont acquis à l'usage la consistance des évidences scientifiques ou des nécessités inéluctables, ont d'abord provoqué des débats de principe et suscité des oppositions passionnées »[65].

Plusieurs pays d'Europe ont connu pendant longtemps des régimes représentatifs et parlementaires qui n'étaient pas des démocraties *complètes*. Les élus et les électeurs représentaient les élites (tantôt économiques, tantôt culturelles ou académiques) et le suffrage n'était octroyé qu'à des franges réduites de la population. On vit alors une *notabilisation* des relations politiques. « La légitimité politique et électorale procède de l'autorité et de l'estime sociales dont elle est le prolongement « naturel » »[66]. Pour reprendre l'expression de Max Weber, on ne vit pas alors de la politique mais pour la politique. Plusieurs restrictions existaient et existent au suffrage universel.

Pendant longtemps, le suffrage est resté l'apanage des élites économiques, culturelles et politiques sous la forme, en particulier, du **suffrage censitaire** : il fallait payer un cens pour avoir le droit de vote. Parfois, le cens ou d'autres dimensions permettaient de se voir conférer des voix supplémentaires. En Belgique, la première extension du suffrage vers les hommes fut assortie du « vote plural ». Un suffrage supplémentaire était accordé aux chefs de famille âgés de trente-cinq ans payant au moins cinq francs de contribution personnelle pour leur habitation ou aux propriétaires de biens immobiliers ou mobiliers d'une certaine valeur, et une voix complémentaire était octroyée aux personnes dotées d'une certaine capacité, les diplômés de l'enseignement supérieur ou du degré supérieur de l'enseignement moyen[67]. Aux élections municipales, une quatrième voix fut même octroyée aux citoyens diplômés possédant un immeuble dont le revenu cadastral s'élevait à 150 francs au moins. En Grande-Bretagne, les propriétaires fonciers pouvaient voter dans toutes les circonscriptions où ils possédaient des terres. En France, la loi dite du « double vote » du 29 juin 1820 permettait au quart des électeurs les plus imposés du collège départemental de voter une première fois avec les autres électeurs censitaires pour

---

[65] R. Rémond, « Pour une histoire idéologique du suffrage universel : d'une utopie contestée au consensus relativisé » (1982), *in* R. Rémond, *La politique est-elle intelligible ?,* Bruxelles, Complexe, 1999, p. 211.

[66] Y. Déloye, *op. cit.*, p. 96.

[67] P. Delwit, *La vie politique en Belgique de 1830 à nos jours*, Bruxelles, Editions de l'Université de Bruxelles, 2012 (3e édition), p. 66.

l'élection de 258 députés sur un nombre total de 430, puis une deuxième fois, seuls, dans la même circonscription pour élire les 172 restants[68].

Parfois, il fallait savoir lire ou écrire[69]. En France, l'article 16 de la Constitution de 1795 émet une double réserve:

> «Les jeunes gens ne peuvent être inscrits sur le registre civique, s'ils ne prouvent pas qu'ils savent lire et écrire, et exercer une profession mécanique»[70].

Aux Etats-Unis, le suffrage est refusé jusqu'au milieu du XXe siècle aux illettrés. Au surplus, dès la fin du XIXe siècle, le principe d'une *poll tax* (taxe à la votation) est introduit. Introduite en Floride en 1889, tous les Etats l'adopteront à l'exception du Kentucky et de l'Oklahoma[71]. Il faut attendre l'adoption du XXIVe amendement en 1963 pour que tout cens soit interdit:

> «Le non-paiement d'une taxe électorale ou de tout autre impôt ne peut priver un citoyen de son droit de vote»[72].

Sauf exception, ne peuvent voter aux élections que les nationaux d'un pays. Les étrangers en sont donc exclus. Une évolution très lente s'est opérée ces vingt dernières années dans l'élargissement du droit de vote aux étrangers ou à certaines catégories d'étrangers lors de certains scrutins. Le droit de vote est par exemple parfois accordé aux étrangers dans certains pays lors des élections locales: les Pays-Bas, le Danemark, la Suède et la Belgique. Aux scrutins municipaux d'octobre 2006 et d'octobre 2012, moyennant cinq ans de résidence légale en Belgique, les étrangers non ressortissants de l'Union européenne ont pu voter, sans cependant pouvoir être élus. Mais assez peu de ressortissants étrangers ont fait usage de cette possibilité[73].

Auparavant, le traité de Maastricht (1992) instituant l'Union européenne avait prévu que les résidents de l'Union européenne puissent voter aux niveaux municipaux et à l'échelle des élections européennes. Néanmoins, beaucoup de pays avaient tout fait pour retarder la mise en application de cette disposition et pour en amoindrir la portée. Ce fut notamment le cas du Grand-Duché de Luxembourg et de la Belgique. Aujourd'hui cependant, le phénomène est généralisé: tous les ressortissants de l'Union

---

[68] J.-L. CHABOT, *op. cit.*, p. 142.

[69] Les analphabètes sont exclus des élections en Italie jusqu'aux élections de 1912.

[70] F. SUBILEAU, M.-F. TOINET, *Les chemins de l'abstention. Une comparaison franco-américaine*, Paris, La découverte, 1993, p. 24.

[71] *Ibid.*, p. 48.

[72] A. HEYMANN-DOAT, *Les régimes politiques*, Paris, La découverte, 1998, p. 58.

[73] D. JACOBS, P. DELWIT, F. DELMOTTE, «Political participation and Electoral Impact of EU Citizens in the Brussels Capital Region: The October 2006 Local Elections», *in* R. DE GROOF (ed.), *Brussels and Europe*, Brussels, Academic and Scientific Publisher, 2008, p. 303-331.

européenne peuvent voter aux élections locales dans leur commune de résidence, pour autant qu'elle se situe dans un Etat membre de l'Union européenne. Cette opportunité s'est révélée peu exploitée dans l'ensemble des pays membres de l'Union européenne pour trois raisons principales :

- d'abord, en raison du peu d'information fournie à ce sujet ;
- ensuite, parce que la démarche administrative était peu encouragée sinon découragée dans les administrations municipales[74] ;
- enfin, parce que l'abstention aux élections, en particulier européennes, est désormais souvent importante et qu'elle touche donc aussi les électeurs européens qui ne vivent pas dans leur pays.

En matière d'informations, les choses se sont améliorées à l'occasion des scrutins de juin 2004 et de juin 2009, mais l'inscription sur les listes est restée limitée.

Il reste à épingler un autre angle relativement à la nationalité pour le vote. Peut-on voter aux élections législatives si l'on ne réside pas dans la nation ? En la matière, il n'y a pas une seule manière de faire. Certains Etats acceptent voire encouragent le vote de leur nationaux vivant à l'étranger. D'autres ne prévoient pas cette opportunité. A l'occasion du scrutin législatif de juin 2012, la France a innové en introduisant le principe de circonscriptions pour les Français de l'étranger. Onze sièges étaient réservés aux Français résidant à l'étranger, 1 471 622 en 2012. Mais en l'espèce aussi, l'abstention a été particulièrement saisissante.

Participation électorale des Français de l'étranger aux élections législatives de 2012

	Participation électorale	Abstention		Participation électorale	Abstention
1re circonscription	20,40	79,60	7e circonscription	24,08	75,92
2e circonscription	15,95	84,05	8e circonscription	12,77	87,23
3e circonscription	20,56	79,44	9e circonscription	18,26	81,74
4e circonscription	26,03	73,97	10e circonscription	23,04	76,96
5e circonscription	20,76	79,24	11e circonscription	26,07	73,93
6e circonscription	22,38	77,62			

Dans la plupart des pays d'Europe occidentale, l'extension du suffrage fut toujours d'abord une extension « masculine ». Et la conquête du suffrage

[74] Voir par exemple M. GHEMMAZ, « La participation électorale des ressortissants communautaires dans leur pays de résidence : dynamiques collectives et individuelles », *in* P. DELWIT, Ph. POIRIER (éd.), *Parlement puissant, électeurs absents. Les élections européennes de juin 2004*, Bruxelles, Editions de l'Université de Bruxelles, 2005.

universel a quasi toujours signifié d'abord la conquête du suffrage universel masculin. L'accès des femmes au droit de vote a été très lent dans les démocraties représentatives. L'Etat de Wyoming a frayé le chemin en 1869, mais il faut attendre 1893 pour qu'un Etat l'adopte : la Nouvelle-Zélande, suivie en 1902 de l'Australie[75]. En Europe, les pays scandinaves ont ouvert la voie mais ce n'est qu'après la deuxième guerre que le suffrage universel généralisé se propage dans les pays occidentaux. Dans les pays à tradition catholique, l'opposition au suffrage féminin fut surtout le fait de partis anticléricaux, comme le parti radical en France[76] ou le parti libéral en Belgique. Ils le voyaient comme l'annonce d'une nouvelle emprise de l'Eglise catholique. « Si vous établissez le suffrage universel des femmes, vous aurez donné à chaque confesseur à peu près autant de voix qu'il n'y a de pénitentes », affirmait le leader libéral belge Paul Janson[77]. Dans la période contemporaine, nous observons une extension du droit de vote aux femmes dans plusieurs Etats du Proche-Orient.

Octroi du droit de vote aux femmes

1906	Finlande	**1948**	Belgique
1913	Norvège	**1971**	Suisse
1915	Danemark	**1999**	Qatar
1919	Suède	**2002**	Bahreïn
1920	Etats-Unis	**2003**	Oman
1944	France	**2005**	Koweït
1945	Italie	**2011**	Arabie séoudite
1946	Japon		

L'âge de la majorité électorale a aussi subi un abaissement progressif pour rejoindre lentement l'âge de la majorité civile. En France, par exemple, l'âge de la majorité électorale se situait à trente ans en 1815, à vingt-cinq ans en 1830, à vingt et un ans en 1848 et à dix-huit ans en 1974[78]. En Belgique, le dernier grand changement en la matière date de l'élection législative de 1981 où, pour la première fois, les jeunes de dix-huit ans ont pu voter. Dans la période contemporaine, d'aucuns évoquent la possibilité dans certains pays d'Europe d'abaisser l'âge de la majorité

[75] G. Hermet, *L'hiver de la démocratie ou le nouveau régime*, Paris, Armand Colin, 2007, p. 130.

[76] A. Garrigou, *Histoire sociale du suffrage universel en France. 1848-2000*, Paris, Seuil, 2002, p. 274.

[77] P. Delwit, *La vie politique en Belgique de 1830 à nos jours*, *op. cit.*, p. 88.

[78] Voir P. Martin, *op. cit.*, p. 17.

électorale à dix-sept ans. Durant la campagne pour les élections présidentielles de 2002, le candidat socialiste Lionel Jospin avait marqué son souhait d'aller dans cette voie. En Belgique, le parti vert a été plus loin en proposant de ramener l'âge du vote à seize ans.

Le suffrage universel est donc une donnée cruciale, tout comme son utilisation. L'analyse de la participation électorale renvoie à la qualité de la situation démocratique d'un Etat et à la légitimité du régime et du processus décisionnel[79].

b) Le suffrage doit être tenu à échéance régulière

Outre son existence propre, le suffrage universel doit être observé et pratiqué de manière régulière. On ne peut pas imaginer des écarts de dix, quinze ou vingt ans entre des élections. La durée moyenne – **la législature** – du mandat pour les Chambres est de quatre ans (Allemagne, Finlande, Danemark, Suède, Norvège, Espagne, Portugal, Grèce,...) à cinq ans (Luxembourg, Grande-Bretagne, France,...). Mais il existe des exceptions. A un extrême, la législature n'est que de deux ans pour les députés américains. En revanche, la législature est de six ans pour les conseillers communaux et provinciaux en Belgique. Selon Pierre Martin, la durée du mandat constitue un des indices du degré de démocratisation d'un système électoral. Plus le mandat est court, plus le renouvellement est fréquent et plus le pouvoir des électeurs sur les élus s'avère important[80]. Ces deux critères – le suffrage universel et la tenue d'élections à échéances régulières – fondent véritablement la légitimité politique et procédurale des démocraties représentatives.

c) L'alternance

Beaucoup d'auteurs jugent que le mécanisme d'**alternance** constitue un indicateur de démocratisation. L'alternance consiste en un «transfert de rôle» entre deux ou plusieurs partis qui alternent au pouvoir et dans l'opposition. Une démocratie ne serait consolidée que lorsque se serait produite une alternance. A l'instar de Philip Schmitter, certains politologues assurent même qu'il faut deux alternances pour cimenter la démocratie.

L'alternance est-elle vraiment une condition de la démocratie? S'il semble indiscutable que l'alternance témoigne souvent de l'existence d'un régime démocratique, son absence ne permet pas de conclure que le régime n'est pas démocratique. Si l'on pense à l'exemple du Japon, il a fallu

---

[79] B. Radcliff, P. Davis, «Labor Organization and Electoral Participation in Industrial Democracies», *American Journal of Political Science*, 2000, vol. 44, n° 1, p. 132.

[80] P. Martin, *op. cit.*, p. 24.

attendre 1993 pour que, pour la première fois depuis la fin de la seconde guerre mondiale, le parti libéral démocrate (PLD) quitte – pour très peu de temps, entre août 1993 et juin 1994 – le pouvoir. En 2009, le PLD avait dû abandonner le pouvoir suite à sa première vraie défaite électorale, mais il est revenu aux affaires en 2012. Doit-on en conclure que jusqu'en 1993, le Japon n'était pas un régime démocratique ?

Plus proche de nous, que penser de la situation italienne ? La démocratie chrétienne (DC) fut au pouvoir de 1948 à 1992. Le parti communiste italien (PCI), qui s'est par la suite transformé en parti de la gauche démocratique – PDS – et désormais en parti démocrate – PD[81] –, deuxième parti de la péninsule, n'a pas été au pouvoir de 1947 à 1996, en raison de la « convention » *ad excluendum* qui jouait contre lui[82]. Il n'y a pas eu d'alternance entre les deux. Il a fallu attendre l'élection législative de 1996 pour que l'héritier du parti communiste italien, le parti de la gauche démocratique, accède au pouvoir. Doit-on pour autant considérer que l'Italie n'était pas un régime démocratique jusqu'en 1996 ?

L'Italie et le Japon ont souvent suscité les interrogations et les interprétations des politologues par rapport à cette singularité. En 2001, dans un numéro de la *Revue française de science politique*, Jean-Marie Bouissou et Marc Lazar ont dirigé une recherche comparative sur le Japon et l'Italie en tentant d'isoler les points communs et les dissemblances, de systèmes politiques qui sont souvent apparus figés[83]. Quelques années auparavant, Mario Caciagli avait aussi mis en parallèle ces deux configurations :

> « *The distinctive feature of Democrazia Italiana (DC, Christian Democracy) is that of being the major Party in the Italian Political System. It explains the structure and functioning, the nature and governing style of a party which has never been in the opposition. Indeed, with the Japanese Liberal Democratic Party, the Italian DC is the only Party in the competitive democracies that has been able to maintain itself in power since the II World war* »[84].

Enfin que penser de la situation en Suisse ? Dans ce régime dit de « concordance », la mise en place de la « formule magique » au Conseil fédéral (l'équivalent du gouvernement) rend caduque l'idée d'alternance. Le Conseil fédéral est composé de sept membres : deux pour les trois principaux partis (le parti radical, le parti démocrate chrétien et le parti socia-

---

[81] Voir P. DELWIT, J.-M. DE WAELE, J. GOTOVITCH, *L'Europe des communistes*, Bruxelles, Editions Complexe, 1992.

[82] M. CACIAGLI, « Doomed to govern? Christian Democracy in the Italian Political System », *in* M. CACIAGLI (ed.), *Christian Democracy in Europe*, Barcelone, ICPS, 1992, p. 10.

[83] J.-M. BOUISSOU, M. LAZAR, « Comparer deux « démocraties hors normes » », *Revue française de science politique*, 2001, vol. 51, n° 4.

[84] M. CACIAGLI, *op. cit.*, p. 9.

liste) et le dernier pour l'Union démocratique du centre. Dès 2003, l'UDC a conquis un deuxième siège au détriment des démocrates chrétiens.

d) La nomination de « vrais gouvernants »

Une élection démocratique doit conduire à la désignation de **«vrais gouvernants»**. En d'autres termes, il ne faut pas que les élections soient des «élections alibis». Le pouvoir législatif – les élus de la chambre ou des chambres – doit pouvoir exercer toutes ses prérogatives: en particulier, légiférer et contrôler l'exécutif. Le pouvoir exécutif – le gouvernement qui reçoit l'aval de la chambre ou des chambres ou le président dans les régimes présidentiels – doit lui aussi jouir de tous ses pouvoirs: exécuter les décisions et très souvent légiférer. Il ne doit pas y avoir de pouvoir «occulte» qui rende les prérogatives des pouvoirs législatif et exécutif caduques, par exemple du fait de l'armée. C'est une des questions qui taraude la transition politique chaotique en Egypte où, historiquement, le poids de l'armée est très important. Le coup d'Etat de l'été 2013 en témoigne.

e) Le marché et l'économie de marché

Le rapport entre démocratie, économie de marché et concept de société développée est l'un des plus controversés en science politique. Selon Serge Berstein, à l'origine, les régimes démocratiques ont en commun quatre paramètres:

- il s'agit d'Etats économiquement évolués qui ont bénéficié au lendemain des grandes découvertes des effets stimulants de la conquête du nouveau monde et des courants commerciaux importants qu'ils ont suscités;
- la révolution industrielle et la richesse économique ont donné naissance dans ces Etats à des bourgeoisies, enrichies par le commerce, le négoce, l'industrie et la banque;
- richesse et volonté de promotion sociale expliqueraient les progrès de l'instruction;
- la démocratie libérale supposerait un consensus minimum sur les principes d'organisation de l'Etat[85].

Plusieurs auteurs ont affirmé et affirment toujours qu'une démocratie «véritable» ne peut se déployer que dans les pays industrialisés développés, ce qui suppose le plus souvent une économie de marché, un taux d'alphabétisation très important,... Pour Alain Touraine, «l'économie de marché et la démocratie politique apparaissent à beaucoup comme les deux

---

[85] S. Berstein, *op. cit.*, p. 13.

faces d'une même monnaie. N'ont-elles pas en commun de limiter l'Etat absolu ? »[86]. Deux propositions soutiennent cette assertion :

- d'une part, la démocratie ne pourrait se déployer que dans les pays dits « développés » ;
- d'autre part, les pays « développés » sont des pays à économie de marché.

Ces deux propositions ne résistent pas à l'analyse. Aujourd'hui, plusieurs Etats dans le monde sont des démocraties (parfois même depuis longtemps) sans qu'il s'agisse de pays particulièrement développés et industrialisés : l'Inde ou le Botswana, par exemple. Il n'y a donc pas un lien « mécanique » entre démocratie et pays développés, ni même entre démocratie et alphabétisation. Les élections présidentielles et communales en Afrique du sud ont pu être organisées en 1994, en 1995 et en 1999 sans fraude majeure alors qu'une grande partie de la population était encore illettrée à l'époque.

La deuxième proposition est franchement ridicule à l'échelle de l'histoire. La plupart des pays à économie de marché n'étaient pas ou ne sont pas des démocraties. Le fascisme italien et le nazisme allemand ont, par exemple, gardé jusqu'au bout de larges pans d'économie de marché. En novembre 1921, au congrès du parti national fasciste, Mussolini résumait cette approche dans une formule célèbre :

> « Nous, libéraux en économie, nous ne le serons point en politique »[87].

De même, de nombreux régimes autoritaires vivent sous une économie de marché. Une association entre économie de marché et démocratie n'a donc aucun fondement scientifique. *A contrario*, il convient de s'interroger sur une proposition renversée : existe-t-il des régimes de démocratie représentative dans des économies planifiées ? De manière durable, la réponse est négative. Les régimes dans lesquels l'Etat a ou avait une position déterminante dans l'économie – l'ex-URSS et l'ancien « bloc de l'Est », par exemple – n'étaient pas – ou pas depuis longtemps – des régimes de démocratie représentative.

f) Le principe majoritaire et la protection des minorités

Dans une démocratie représentative, le droit des minorités doit être garanti. Selon Jean-Louis Quermonne, il est même consubstantiel au principe majoritaire :

> « En fait le principe majoritaire n'a de sens, et sa portée ne peut être exactement mesurée que s'il a pour contrepartie le respect de la minorité par la majorité, et le droit pour celle-ci de se constituer librement en

---

[86] A. TOURAINE, *Qu'est-ce que la démocratie ?*, Paris, Fayard, 1994, p. 219.

[87] P. MILZA et S. BERSTEIN, *op. cit.*, p. 113.

opposition. Tel est donc le second principe fondamental de la démocratie occidentale, consubstantiel au premier»[88].

La démocratie représentative n'est donc pas l'application pure et simple du principe majoritaire. L'opposition doit être respectée fondamentalement et formellement. Cela commence par l'opposition au parlement, qui doit avoir les moyens de fonctionner, de s'exprimer, de soumettre des propositions alternatives à la majorité gouvernementale et parlementaire, et de soumettre le gouvernement à des commentaires, des questions et des critiques.

Le respect des minorités peut aussi passer par des mécanismes institutionnels: existence d'organes gouvernementaux pour certaines communautés ou pour certains territoires. En Belgique, par exemple, la petite Communauté germanophone – 76 700 habitants – bénéficie d'une assemblée et d'un gouvernement propres.

g) *L'existence de contre-pouvoirs et de garde-fous*

Dans un régime démocratique, les contre-pouvoirs et les garde-fous sont essentiels et doivent contribuer à lutter contre toute dérive autoritaire. Ces contre-pouvoirs peuvent être institutionnels ou non. Dans une période où la ligne de partage entre régimes démocratique et autoritaire est plus floue qu'auparavant, l'existence de ces contre-pouvoirs ou de ces garde-fous est un bon indice de la vitalité ou de la qualification démocratiques d'un régime.

Le principe de la séparation des pouvoirs (législatif, exécutif et judiciaire) est, du point de vue institutionnel, la principale garantie contre toute dérive autoritaire. Sous cet angle, le droit est le premier des garde-fous. Par le droit public, notamment constitutionnel, et privé, le citoyen est prémuni de l'arbitraire, en ce compris de l'arbitraire éventuel des pouvoirs publics et de l'autorité politique. Le pouvoir judiciaire est fondamentalement indépendant et peut, si cela s'avère nécessaire, condamner, au pénal et/ou au civil, les autorités politiques et publiques.

Dans le cadre d'Etats fédéraux ou décentralisés, les contre-pouvoirs peuvent aussi être les Etats fédérés ou les régions qui ont acquis une certaine autonomie. Que l'on songe au rapport complexe entre les prérogatives de l'Etat fédéral et des entités fédérées aux Etats-Unis.

Les contre-pouvoirs peuvent aussi être extra-institutionnels: une presse libre – le «quatrième pouvoir» –, des organisations syndicales, des groupes de pression, des associations de la société civile, etc., qui informent, participent au processus décisionnel, en le contestant éventuellement dans le

[88] J.-L. QUERMONNE, *op. cit.*, p. 17.

cadre démocratique, sans craindre des représailles, et participent au respect des lois.

C'est contre la «tyrannie» de la démocratie, de l'Etat démocratique que Tocqueville (1805-1859), dans son célèbre ouvrage *De la démocratie en Amérique*, insistera sur la nécessité des organisations et des associations:

> «Un gouvernement ne saurait pas plus suffire à entretenir seul et à renouveler la circulation des idées chez un grand peuple, qu'à y conduire toutes les entreprises industrielles. Dès qu'il essayera de sortir de la sphère politique pour se jeter dans cette nouvelle voie, il exercera, même sans le vouloir, une tyrannie insupportable; car un gouvernement ne sait que dicter des règles précises; il impose les sentiments et les idées qu'il favorise; et il est toujours malaisé de discerner ses conseils de ses ordres. (...) Il est donc nécessaire qu'il n'agisse pas seul. Ce sont les associations qui, chez les peuples démocratiques, doivent tenir lieu des particuliers puissants que l'égalité des conditions a fait disparaître»[89].

5. Les types de régimes démocratiques

Trois grandes catégories de régimes démocratiques sont généralement recensées:

- les régimes d'assemblée;
- les régimes parlementaires;
- les régimes présidentiels.

a) Les régimes d'assemblée

Dans un **régime d'assemblée**, les fonctions de décision se répartissent entre un gouvernement qui exécute les lois et décide en matière réglementaire, et un parlement qui légifère et qui contrôle l'exécutif. Dans les régimes d'assemblée, «l'exécutif procède de l'Assemblée»[90]. L'exécutif est transformé en «simple exécutant» des volontés du parlement. **L'assemblée est l'institution dominante**. C'est elle qui est le cœur de la vie politique du pays.

La IVe République en France (1945-1958) ou le régime politique en Suisse, dans lequel le Conseil fédéral fait figure de simple exécutant, en sont les exemples les plus couramment mentionnés. Cependant, à l'échelle des régimes démocratiques contemporains, le régime d'assemblée est très rare.

---

[89] A. DE TOCQUEVILLE, *De la démocratie en Amérique*, tome II, Paris, Gallimard, 1986, p. 158 (réédition).

[90] D.-L. SEILER, *La politique comparée*, Paris, Armand Colin, 1982, p. 74.

b) Les régimes parlementaires

Dans le domaine des **régimes parlementaires**, il importe de distinguer les **parlementarismes monistes** des **parlementarismes dualistes**.

Dans les parlementarismes monistes, les pouvoirs du chef de l'Etat – qu'il soit roi ou président de la République – sont symboliques. Ils n'empiètent pas sur les prérogatives du gouvernement et du chef de gouvernement. Le plus souvent, le chef de l'Etat est «irresponsable» et n'a, le cas échéant, comme seul pouvoir effectif que celui de nommer le Premier ministre. Encore convient-il de signaler que sa marge, en la matière, est le plus souvent très réduite.

Dans le parlementarisme dualiste, le pouvoir exécutif est partagé entre le chef de l'Etat, d'une part, et le gouvernement, de l'autre. Le pouvoir exécutif est donc bicéphale.

De même qu'un régime parlementaire peut être moniste ou dualiste, il peut aussi être **monocaméral** ou **bicaméral**.

Le parlementarisme monocaméral se présente sous la configuration d'un parlementarisme avec une seule Chambre des représentants. C'est la configuration la plus fréquente dans les pays nordiques. En revanche, il y a deux chambres dans le parlementarisme bicaméral. D'une manière générale, trois grandes formes de bicaméralisme peuvent être mises en évidence.

La première, la plus ancienne, met en parallèle, et souvent en confrontation, une chambre *basse* – dite du peuple ou populaire – et une chambre *haute* – plus élitiste, supposée modérer les *ardeurs* de la première. Les conditions de recrutement ou d'éligibilité des parlementaires de la Chambre haute ne sont d'ailleurs bien souvent pas les mêmes que celles de la chambre basse. La première est supposée être la chambre des oppositions et des passions; la deuxième, celle du débat policé, de la sagesse, de la discussion entre *gens du monde*, qui freine, atténue et modère les «ardeurs» des députés. L'exemple le plus célèbre est le parlementarisme britannique où coexistent la Chambre des Communes (basse) et la Chambre des Lords (haute).

La deuxième forme de bicaméralisme s'inscrit dans une architecture institutionnelle de type fédéral. La première Chambre représente les intérêts et les débats de l'Etat fédéral. La deuxième Chambre incarne, elle, la représentation des intérêts des entités fédérées. Il en va ainsi au Congrès américain où la Chambre des représentants – 435 députés – a vocation à débattre des questions relatives à l'Etat fédéral alors que le Sénat – 100 sénateurs – a pour vocation d'incarner la représentation des cinquante Etats fédérés américains. Il est d'ailleurs composé de deux sénateurs par Etat quelle que soit leur taille. La même dynamique prévaut en Allemagne. Le Bundestag est composé des députés de l'Etat fédéral allemand alors que le Bundesrat rassemble des représentants des exécutifs des différents *Länder* allemands.

La troisième configuration bicamérale est plus rare. Elle associe une chambre des députés à une chambre qui représente des intérêts: économiques et sociaux, pouvoirs locaux,... Le Sénat français en est un exemple. Dans les institutions de la Cinquième République, le Sénat est la chambre qui représente le monde des collectivités territoriales[91]. Le mode d'élection des sénateurs est d'ailleurs adossé à cet objectif: ils sont élus par les élus locaux; sous le mode de scrutin majoritaire dans les circonscriptions où le nombre de sénateurs élus se situe entre un et trois, ou sous le mode proportionnel dans les circonscriptions où le nombre de sénateurs élus est supérieur à trois.

En Belgique, le bicaméralisme a évolué. A l'origine, il s'inscrit dans la première configuration. La Chambre est l'assemblée «populaire» et le Sénat, l'assemblée des élites fortunées[92]. Dans le temps, le Sénat sera composé d'élus directs et cooptés puis d'élus directs, cooptés et de sénateurs provinciaux. En 1993, le bicaméralisme belge a été remanié en profondeur. La Chambre des députés est devenue la chambre prééminente. Le Sénat était censé entrer dans une logique de représentation des entités fédérées et dans une dynamique de débat inter-communautaire; une évolution vers le deuxième type donc. Or, ce n'est pas à proprement parler ce qui s'est produit. Le bicaméralisme belge est devenu hybride. Le Sénat se vivait toujours dans une large mesure comme une assemblée fédérale. Les raisons principales tenaient sans doute à sa composition: quarante sénateurs élus directement (vingt-cinq néerlandophones et quinze francophones), dix sénateurs cooptés (quatre francophones et six néerlandophones), et vingt et un sénateurs de communautés en provenance des parlements régionaux (dix francophones, dix néerlandophones, et un germanophone). Cette composition mixte ne facilitait pas la construction d'une nouvelle identité pour le Sénat. C'est la raison pour laquelle depuis le début des années 2000, l'idée d'une réforme du Sénat était en chantier. Dans l'accord institutionnel de 2011[93], le Sénat était appelé à être réformé. Et le législateur a voté la réforme en juin 2012. A l'avenir, le Sénat ne sera plus une chambre permanente et sera composé différemment: cinquante sénateurs de Communauté (vingt-neuf néerlandophones, vingt francophones et un germanophone) et dix sénateurs cooptés (six néerlandophones et quatre francophones). Il

---

[91] E. Kerrouche, S. Bruard, Z. Deiss-Helbig, T. Schnatterer, «Les deux Sénats: mode de scrutin et profil des sénateurs français», *Pôle sud*, 2011, n° 35, 2, p. 117.

[92] Voir *L'histoire du Sénat de Belgique*, Bruxelles, Racine, 1999 et E. Gérard, E. Gubin, J.-F. Nandrin et E. Witte (éd.), *Histoire de la Chambre des représentants de Belgique 1830-2002*, Bruxelles, Chambre des représentants, 2003.

[93] *Un Etat fédéral plus efficace et des entités plus autonomes. Accord institutionnel pour la 6e réforme de l'Etat*, 11 octobre 2011.

subsiste une dimension hybride dans le Sénat belge, mais celle-ci est nettement moins prononcée que celle observable depuis 1993.

Le régime parlementaire « idéal-typique peut se définir comme celui où le gouvernement, qui exerce le pouvoir exécutif au nom d'un chef d'Etat irresponsable, est responsable devant une assemblée législative, elle-même susceptible d'être dissoute »[94]. Sous ce regroupement générique, on peut regrouper quatre sous-catégories » :

- le régime de Cabinet ;
- le régime partitocratique ;
- le régime semi-parlementaire ;
- le régime semi-présidentiel.

Dans le **régime de Cabinet**, l'essentiel des fonctions de décision appartient au gouvernement, qui a pour devoir de les exercer dans le respect des libertés constitutionnelles. Les pouvoirs parlementaires sont relativement « amoindris ». Le parlement constitue plutôt la « caisse de résonance » de l'opposition. L'exemple type est la Grande-Bretagne. Le Royaume-Uni est le foyer du parlementarisme. Au XIIIe siècle déjà, les premières libertés furent consignées dans la *Magna Carta* (1215) : le terme parlement est déjà adopté. Dès le XIVe siècle, il devient organe de gouvernement puisqu'il contraindra Edouard II à abdiquer en 1327[95]. Trois siècles plus tard, les droits du parlement et de la justice sont consacrés par le *Bill of Rights* (déclaration des droits, 1689), après la révolution « paisible » et « glorieuse » de 1688, qui déposa le catholique Jacques II. Celui-ci avait succédé, en 1685, à Charles II.

Le parlementarisme moderne se développe rapidement sur la base d'un scrutin majoritaire à un tour (voir *infra*). Au XIXe siècle, il oppose deux camps, les *Whigs* (libéraux) aux *Tories* (conservateurs) avant que, dans l'entre-deux-guerres, le bipartisme ne se transforme en une lutte entre conservateurs (*Tory Party*) et travaillistes (*Labour Party*).

Dans le régime politique britannique, le leader du parti vainqueur devient le Premier ministre qui forme son gouvernement. Il est responsable devant la Chambre des Communes. L'opposition quant à elle forme le *Shadow Cabinet* (cabinet fantôme ou contre-Cabinet) qui a pour vocation de faire des contre-propositions à celles du gouvernement.

Historiquement, le pouvoir de la Chambre des Communes était contrebalancé par la Chambre des Lords, une chambre d'aristocrates (premier modèle de bicaméralisme). Toutefois, les prérogatives de la Chambre des

---

[94] G. HERMET, B. BADIE, P. BIRNBAUM, P. BRAUD, *op. cit.*, p. 234-235.

[95] O. DUHAMEL, *Les démocraties. Régimes, histoire, exigences*, Paris, Seuil-science politique, 1993, p. 17.

Lords ont été sérieusement diminuées au cours du XXe siècle. Notamment en 1949, lorsque le gouvernement travailliste de Clement Attlee adopta un *Parliament Act* qui réduisit de deux à un an le droit de véto temporaire opposable à la Chambre des Communes[96]. Pour Seiler, cinq traits caractérisent le régime de Cabinet :

- *primo*, l'écrasante majorité des lois est l'œuvre du gouvernement. Dans l'acception juridique du terme, l'essentiel du pouvoir législatif revient au gouvernement. Dans ce contexte, le parlement devient le lieu d'« explication » et de « ratification »[97] ;
- sauf crise majeure, le Cabinet est assuré de la confiance du parlement pendant toute la durée de la législature ;
- une très forte concentration du pouvoir s'opère entre les mains du Premier ministre ;
- le parlement est le lieu symbolique majeur où s'exprime librement l'opposition. Celle-ci est respectée ;
- le bipartisme permet aux citoyens de choisir non seulement leurs représentants mais aussi leur gouvernement (voir *infra*).

Qu'en est-il des **régimes partitocratiques** ? Partitocratique vient de l'italien *partitocrazia.* Dans un système partitocratique, l'essentiel du pouvoir politique appartient aux **directions de partis**. Plusieurs éléments caractérisent la *partitocratie.* L'essentiel du pouvoir appartient au gouvernement. Mais celui-ci l'exerce sur la base d'accords conclus entre les partis qui sont membres de la majorité, en particulier l'accord du gouvernement, conclu en début de législature. Les gouvernements partitocratiques ont, ou plus exactement avaient, une tendance à l'instabilité mais ils ne tombent pas sur un vote de défiance de l'assemblée. La discipline des groupes parlementaires est en général très forte. Cette observation a cependant été contredite dans le cas italien avec la chute du gouvernement Berlusconi en novembre 2011.

Il y a une concentration considérable des pouvoirs au profit des appareils de partis. Ce sont les partis qui ont véritablement droit de vie ou de mort sur les gouvernements. Le rôle des partis est très important dans de nombreux domaines de la société. Ils y interviennent sur une base souvent clientéliste. Dans les régimes partitocratiques, les fonctions du parlement sont relativement réduites.

Enfin, ce régime se caractériserait par une frustration des électeurs qui, en votant, ne pourraient rien exprimer d'autre que leur confiance dans le

[96] *Ibid.*, p. 27.

[97] D.-L. Seiler, *op. cit.*, p. 74.

parti[98] (voir *infra*). Les régimes les plus souvent évoqués comme partitocratiques sont la Belgique et l'Italie.

Les **régimes semi-parlementaires** sont des régimes où le président de la République est élu au suffrage universel ou par l'assemblée mais dans lesquels ses pouvoirs sont très limités. C'est le cas en Autriche, en Irlande, en Islande, au Portugal et en Finlande. On observe cependant une légitimité accrue ces dernières années pour cette fonction et une intervention dans la vie politique du président plus importante qu'auparavant. Dans les faits, le poste de président de la République, auparavant honorifique pour l'essentiel, gagne en importance et suscite donc plus de convoitise. La compétition électorale se polarise sur l'attribution du mandat.

Dans un **régime semi-présidentiel**, le président de la République et le gouvernement se partagent le pouvoir exécutif: il s'agit donc, en l'espèce, d'un régime dualiste. L'exemple type est la France. Dans les nouvelles démocraties d'Europe centrale et orientale, il a été imité par la Pologne. Quel est l'ordonnancement du régime semi-présidentiel français?

Les institutions de la Cinquième République ont été adoptées en 1958 après le retour au pouvoir du général de Gaulle (1890-1970), qui la «complétera» par l'adoption du principe de l'élection du président de la République au suffrage universel (1962), mis en pratique pour la première fois en 1965. En ce qui concerne la présidence, le régime est asymétrique. En effet, le président de la République a la possibilité de dissoudre l'Assemblée nationale. En revanche, l'Assemblée nationale ne peut révoquer le président; elle ne peut que censurer le gouvernement[99].

Jacques Chirac a usé de ce droit de dissolution au printemps 1997. Il a pratiqué ce qu'on appelle une *dissolution de convenance*, c'est-à-dire une dissolution qui n'intervient pas à l'issue d'un scrutin présidentiel mais bien pour tenter de consolider une majorité ou d'avancer un scrutin à un moment supposé propice. Mal lui en a pris puisque la majorité de centre-droit a perdu les élections au profit de la «gauche plurielle». Un nouveau gouvernement a été mis en place sous la direction de Lionel Jospin, comprenant le parti socialiste, le parti communiste français, les verts, le Mouvement des citoyens et le parti radical socialiste. Celui-ci a gouverné jusqu'en mai 2002. Depuis lors, les partis de la droite parlementaire sont revenus au pouvoir suite à la victoire de Jacques Chirac aux élections présidentielles et de l'Union pour la majorité présidentielle (devenue Union pour le Mouvement populaire) aux élections nationales qui ont eu lieu en juin 2002. La

---

[98] *Ibid.*, p. 76.

[99] O. DUHAMEL, *op. cit.*, p. 161.

droite a confirmé son emprise avec l'élection à la présidence de la République de Nicolas Sarkozy en 2007 avant de céder le maroquin au socialiste François Hollande en 2012.

Le président de la République nomme le Premier ministre, prérogative très importante lorsqu'il y a convergence des couleurs politiques dans le chef du président et de la majorité parlementaire.

Au fil des ans, le président de la République s'est attribué le pouvoir dans toutes les questions relatives à la politique extérieure de la France. C'est ce qu'on appelle le «domaine réservé». Mais il s'agit plus d'une tradition et d'une pratique inaugurée par le général de Gaulle que d'un fait constitutionnel. C'est le 15 novembre 1959 que le chef du parti gaulliste (l'Union pour la Nouvelle République – UNR – ancêtre du RPR, qui est lui-même devenu l'UMP) avait précisé les termes du «domaine réservé»:

> «Le secteur présidentiel comprend l'Algérie, sans oublier le Sahara, la Communauté franco-africaine, les affaires étrangères, la défense. Le secteur ouvert se rapporte au reste, un reste d'ailleurs considérable, puisqu'il réunit les éléments mêmes de la condition humaine. Dans le premier secteur, le gouvernement exécute; dans le second, il conçoit. Pour l'UNR dans le premier cas, elle doit suivre de Gaulle pas à pas; dans le second, il lui revient de devancer l'événement»[100].

Mais en période de cohabitation, la notion de «domaine réservé» est mise en cause. Si le gouvernement est de la même couleur politique que le président de la République, les pouvoirs de ce dernier sont aussi très importants sur les questions intérieures. On en a eu une illustration saisissante avec le quinquennat de Nicolas Sarkozy, qui n'a d'ailleurs pas hésité à utiliser le terme «collaborateur» à propos de son Premier ministre, François Fillon. Dans cette configuration, le président est alors le vrai moteur de la vie politique française. Le président de la République préside le Conseil des ministres. Par ailleurs, le président nomme trois des neuf membres du Conseil constitutionnel.

Jusqu'en 2000, le président de la République était élu pour sept ans (renouvelables). de Gaulle a été président de la République jusqu'en 1969, Georges Pompidou de 1969 à 1974, Valéry Giscard d'Estaing de 1974 à 1981, François Mitterrand de 1981 à 1995 et Jacques Chirac de 1995 à 2007. Lors d'un référendum organisé au mois de septembre 2000, la population française a adopté le quinquennat. Soulignons néanmoins que le taux de participation à ce référendum a été très faible: 30%.

Pour sa part, le gouvernement est responsable devant l'Assemblée nationale. Il est compétent pour toutes les questions intérieures. En situation de cohabitation, la figure du Premier ministre est prééminente.

---

[100] A. PASSERON, «Le «domaine réservé»», *Le Monde*, 2 décembre 1992.

Le pouvoir législatif est exercé par l'Assemblée nationale dont la législature est de cinq ans. Les députés peuvent révoquer le gouvernement. Ils sont élus dans le cadre d'un système uninominal à deux tours (voir *infra*). A côté de l'Assemblée nationale se dresse le Sénat, dont les pouvoirs sont beaucoup plus restreints. Le Sénat est pour l'essentiel une chambre de consultation à même, le cas échéant, de retarder l'adoption de propositions ou de projets de lois mais sans pouvoir les arrêter. Nous l'avons vu, l'élection des sénateurs est une élection indirecte. Les sénateurs se caractérisent par une moyenne d'âge très élevée. Ce qui leur vaut l'étiquette d'assemblée des «sages». Leur mandat est de neuf ans. En 2011, pour la première fois depuis l'instauration de la ve République, le Sénat est «passé» à «gauche».

Contrairement aux Etats-Unis, où le contrôle de constitutionnalité a lieu après l'adoption des lois (voir *infra*), en France, celui-ci s'effectue en amont. Le Conseil constitutionnel vérifie la constitutionnalité des lois proposées. Il est composé de neuf membres. Trois sont nommés par le président de la République, trois par le président de l'Assemblée nationale et trois par le président du Sénat. S'y ajoutent les anciens présidents de la République, qui sont membres de droit.

c) Le régime présidentiel

Le **régime présidentiel** ne connaît pas les liens institutionnels de dépendance réciproque entre l'exécutif et le législatif: ni responsabilité politique, ni droit de dissolution. L'exécutif ne peut dissoudre les assemblées; les assemblées ne peuvent renverser le président (sauf par l'intermédiaire d'une procédure exceptionnelle – l'*impeachment*). L'exemple type de régime présidentiel est celui des Etats-Unis.

Aux Etats-Unis, les pouvoirs sont partagés entre trois institutions: le Congrès, le président des Etats-Unis et la Cour suprême.

Constitutionnellement, le pouvoir législatif appartient au Congrès. Le Congrès est divisé entre la Chambre des représentants – censée incarner la représentation populaire et l'intérêt fédéral – et le Sénat – qui a pour vocation de représenter les intérêts des Etats. A la Chambre des représentants, 435 sièges sont à pourvoir. Ceux-ci sont répartis entre les Etats en fonction de leur démographie. Au Sénat, cent sièges sont à pourvoir à concurrence de deux sièges par Etat. Les principaux pouvoirs du Congrès sont l'élaboration et le contrôle budgétaires et la réglementation commerciale.

Le Sénat, seul, donne son avis et son consentement aux nominations, sur proposition présidentielle, des secrétaires d'Etat, des juges fédéraux, des ambassadeurs et des hauts fonctionnaires.

Le Congrès doit ratifier, à la majorité des deux tiers, les traités négociés et signés par le président. Rappelons certains précédents importants où il refusa la ratification: l'adhésion des Etats-Unis à la Société des nations

(SDN) en 1921 sur la base d'un texte pourtant élaboré par le président américain Wilson ou encore les accords Salt II négociés par Jimmy Carter, alors président des Etats-Unis, avec l'URSS à la fin des années soixante-dix.

Il revient aussi au Congrès de légiférer, ce qui est très compliqué aux Etats-Unis. En effet, le parcours d'une proposition de loi est tellement long et complexe qu'il rend son adoption presque improbable[101].

Enfin, le Congrès dispose de l'arme de la destitution du président. C'est la procédure d'*impeachment*, procédure à laquelle fut confronté Bill Clinton, mais qui n'a pas abouti. La Chambre des représentants vote le lancement de la procédure (à la majorité simple). Le Sénat vote le cas échéant la destitution (à une majorité des deux tiers), majorité que n'ont pas obtenue les sénateurs républicains qui souhaitaient destituer Bill Clinton.

La législature de la Chambre est de deux ans. C'est l'une des plus courtes au monde. La législature du Sénat est de six ans, avec un renouvellement par tiers tous les deux ans. Au terme de l'élection de novembre 2012, la Chambre se composait de deux cent trente-quatre députés républicains et deux cent et un députés démocrates. Quant au Sénat, il compte sous la législature actuelle cinquante-trois sénateurs démocrates, quarante-cinq sénateurs républicains et deux indépendants.

Le **pouvoir exécutif appartient au président**. Celui-ci est élu au suffrage universel – indirect – pour quatre ans (renouvelable une fois, voir *infra*). Il s'entoure de secrétaires d'Etat mais il n'y a pas à proprement parler de gouvernement aux Etats-Unis. Il s'agit donc d'un régime présidentiel. Le président nomme et révoque ses secrétaires d'Etat et ses conseillers comme il l'entend. Il est donc à la fois chef d'Etat et chef de l'exécutif. Il n'est pas responsable devant les Chambres. Au-delà du pouvoir exécutif, le président représente non seulement l'Etat américain, mais de manière générale, la continuité, la permanence à l'intérieur et à l'extérieur du pays.

En politique étrangère, il est le chef de la diplomatie américaine. Comme commandant en chef des armées, il est responsable des choix opérés en matière de défense. Toutefois, d'un point de vue constitutionnel, c'est le Congrès qui a le pouvoir de déclarer la guerre. En pratique, c'est le président qui décide de (ne pas) la faire.

Il a le pouvoir d'émettre un véto aux propositions de lois du Congrès qui ne peut être outrepassé que par une majorité des deux tiers.

Le **système judiciaire**, et la **Cour suprême** en particulier, contribuent largement à la stabilité politique générale aux Etats-Unis mais aussi dans une large mesure à son immobilisme. La raison en est pour l'essentiel

[101] M.-F. TOINET, *Le système politique américain*, Paris, PUF, 1987, p. 326 et s.

un pouvoir que la Cour suprême s'est adjugé en 1803 : celui du contrôle de constitutionnalité *a posteriori* des lois. La Cour apprécie donc la constitutionnalité des lois après leur adoption. Toute loi est dès lors objet d'interprétations multiples. C'est fondamental car l'interprétation de la Cour suprême détermine pour une large part le champ et les modalités d'application des lois. A ce titre, le rôle du judiciaire dans la vie politique et la mise en œuvre des politiques publiques est considérable[102].

Les juges à la Cour suprême sont nommés à vie par le président. C'est dire son potentiel de blocage en cas de modification de la majorité présidentielle. L'orientation politique d'un président lui survit en quelque sorte grâce aux juges qu'il a pu nommer à la Cour suprême. Ainsi a-t-il été fréquent dans l'histoire des Etats-Unis d'avoir un président plutôt progressiste face à une Cour suprême plutôt conservatrice – pendant le *New Deal*, par exemple – et vice versa.

En 2012, la Cour suprême des Etats-Unis eut à trancher sur la constitutionnalité de la couverture santé individuelle étendue, promue par le président Barack Obama, généralement qualifiée d'Obamacare. *In fine*, et de manière inattendue, la Cour donna tort par cinq voix contre quatre aux plaignants – plusieurs Etats républicains – suite à la position décisive de son président, John J. Roberts. Républicain et en opposition avec la loi, Roberts a néanmoins jugé la loi constitutionnelle en raison du pouvoir fiscal du Congrès[103].

---

[102] D. Howard, « Les Américains sont spontanément antiétatistes, pas les Français », *Le Monde*, 14-15 mai 2006.

[103] R. Witmeur *et al.*, « La réforme Obama du système américain de soins de santé », *Courrier hebdomadaire du CRISP*, 2012/35-36, n° 2160-2161, p. 70.

CHAPITRE IV

Les règles électorales dans une démocratie

I. L'évolution des conditions de vote

L'élection est l'acte principal qui légitime la démocratie représentative comme régime politique. Les conditions d'organisation des élections ont considérablement évolué dans le temps. D'une manière générale, les garanties individuelles ont été renforcées à l'occasion de la tenue de scrutins. A ce titre, l'avènement du **vote secret**, par l'introduction de l'urne, de l'isoloir, des bulletins de vote standardisés, de témoins de partis... fut cruciale.

En France, quatre modifications importantes interviennent dans ce domaine en 1913: la suppression des inscriptions multiples, la représentation officielle des candidats dans les bureaux de vote, le bulletin placé sous enveloppe et l'isoloir[1]. Elles sont somme toute tardives par rapport à des Etats comme le Royaume-Uni, où l'isoloir est introduit dès 1872 et la Belgique, où il apparaît dès 1876. Ces modifications génèrent moins de fraudes qu'auparavant. Or, c'est peu dire qu'elles étaient nombreuses et le demeurent parfois: fausses inscriptions ou radiations sur les listes électorales, contrôle des bulletins, bourrage d'urnes, tricheries dans les décomptes de voix, pressions sur les électeurs...[2]. Dans le même temps, l'essence de l'acte électoral s'est aussi transformée.

Dans l'expression du vote, il y a eu dans le temps remplacement de ***manifestations collectives*** par un témoignage et un acte ***individuels***. Yves Schémeil le rappelle: on ne vote plus aujourd'hui comme au premier temps du suffrage universel, «lorsque des villages entiers se déplaçaient derrière leur maire ou leur curé, leur fanfare et les porte-drapeaux, ni même, en France, selon les habitudes de la Troisième République naissante, en demandant au châtelain, au patron, aux notables pour quel candidat se prononcer»[3]. On est donc passé d'une logique de *vote communautaire*[4] à une dynamique de *vote individuel*, en âme et conscience A l'origine, la dyna-

---

[1] A. Garrigou, *Histoire sociale du suffrage universel en France. 1848-2000*, Paris, Seuil, 2002, p. 196.

[2] *Ibid.*, p. 169.

[3] Y. Schémeil, *op. cit.*, p. 50.

[4] A. Bleton-Ruget, «1848 et l'introduction du suffrage universel: enjeux politiques et techniques électorales», *Territoires contemporains, Voter et élire à l'époque contemporaine*, 1999, n° 4, p. 148.

mique communautaire et collective du vote est forte et assumée. Alexis de Tocqueville en a fait une présentation pittoresque pour le cas français:

> «Nous devions aller voter ensemble au bourg de Saint-Pierre, éloigné d'une lieue de notre village. Le matin de l'élection, tous les électeurs (c'est-à-dire toute la population mâle au-dessus de vingt ans) se réunirent devant l'église. Tous ces hommes se mirent à la file deux par deux, suivant l'ordre alphabétique; je voulus marcher au rang que m'assignait mon nom, car je savais que dans les pays et dans les temps démocratiques, il faut se faire mettre à la tête du peuple et ne pas s'y mettre soi-même. Au bout de la longue file, venaient sur des chevaux de bât ou dans des charrettes, des infirmes ou des malades qui avaient voulu nous suivre; nous ne laissions derrière nous que les enfants et les femmes; nous étions en tout cent soixante-dix. Arrivés au haut de la colline qui domine Tocqueville, on arrêta un moment; je sus qu'on désirait que je parlasse. Je grimpai donc sur le revers d'un fossé; on fit cercle autour de moi et je dis quelques mots que la circonstance m'inspira. Je rappelai à ces braves gens la gravité et l'importance de l'acte qu'ils allaient faire; je leur recommandai de ne point se laisser accoster ni détourner par ceux qui, à notre arrivée au bourg, pourraient chercher à les tromper; mais de marcher sans se démunir et de rester ensemble, chacun à son rang, jusqu'à ce qu'on eût voté»[5].

Auparavant le vote était (fortement) soumis aux pressions sociales multiples et de tous ordres. Ces pressions étaient d'autant plus saillantes que les conditions de l'exercice du vote étaient loin d'assurer et de rassurer sur le secret du vote. Dans l'analyse qu'il a faite du cas français, Daniel Gaxie note ainsi que pendant longtemps, il n'y a pas eu de bulletins officiels de vote, pas d'enveloppes et pas d'isoloirs. Nous l'avons pointé, c'est la loi du 29 juillet 1913 qui réglemente l'organisation des scrutins en imposant notamment l'usage d'une enveloppe uniforme et de l'isoloir, l'unicité d'inscription sur les listes électorales et la possibilité d'une présence de témoins des candidats et des partis[6]. Cette mutation n'est pas sans susciter un débat de philosophie politique. Le vote en *âme et conscience* consacre la «privatisation» de l'activité politique. Certes, il protège des pressions sociales de tous ordres, mais dans le même temps, il isole l'électeur de «ses égaux», et permet ainsi d'éventuellement «rompre dans l'isoloir des solidarités qu'il se sentirait tenu d'afficher en public»[7]. Pour d'aucuns, ce cheminement est bénéfique. Les citoyens sont enfin dégagés des pressions sociales et peuvent pleinement s'exprimer. Pour d'autres, elle est une facilité pour «sortir» du groupe à moindre coût. «L'isoloir, planté dans une salle d'école

[5] N. Mayer, *Sociologie des comportements politiques*, Paris, Armand Colin, 2010, p. 105-106.

[6] D. Gaxie, *op. cit.*, p. 45.

[7] P. Martin, *Les systèmes électoraux et les modes de scrutin*, Paris, Montchrestien, Clefs-politique, 1994, p. 21.

ou de mairie, est le symbole de toutes les trahisons que l'individu peut commettre envers les groupes dont il fait partie», tranche Jean-Paul Sartre sans nuance[8].

Depuis le très grave problème posé par l'élection très controversée dans l'Etat de Floride lors du scrutin présidentiel américain de 2000, l'intérêt pour les **modalités de vote** et de **comptage** s'est beaucoup accru. En 2000, la forme du bulletin de vote avait été fort contestée dans le comté de Palm Beach. Aux yeux de nombreux électeurs, le bulletin était pour le moins trompeur. Plusieurs électeurs auraient voté pour Pat Buchanan en pensant opter pour Al Gore.

Modèle de bulletin de vote dans le comté de Palm Beach aux élections présidentielles américaines de 2000

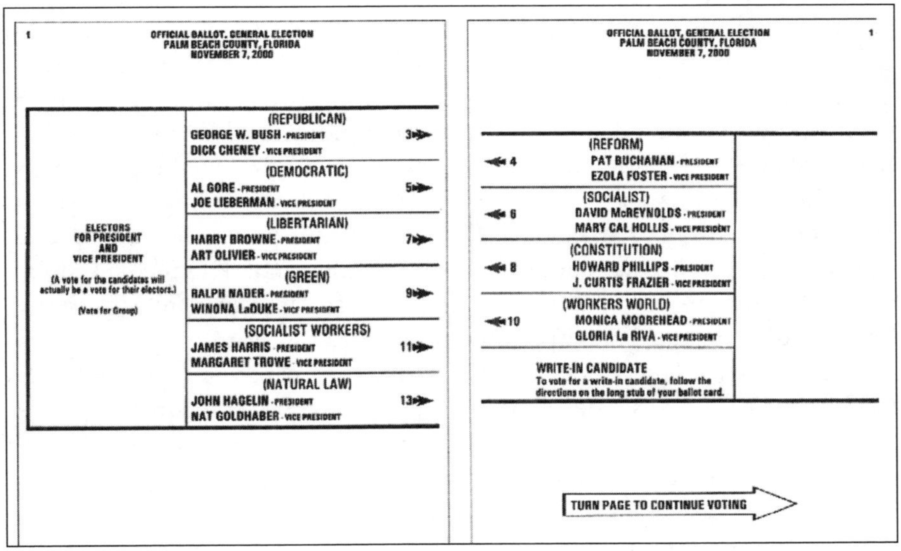
1
OFFICIAL BALLOT, GENERAL ELECTION
PALM BEACH COUNTY, FLORIDA
NOVEMBER 7, 2000

ELECTORS FOR PRESIDENT AND VICE PRESIDENT
(A vote for the candidates will actually be a vote for their electors.)
(Vote for Group)

(REPUBLICAN)
GEORGE W. BUSH - PRESIDENT
DICK CHENEY - VICE PRESIDENT
3

(DEMOCRATIC)
AL GORE - PRESIDENT
JOE LIEBERMAN - VICE PRESIDENT
5

(LIBERTARIAN)
HARRY BROWNE - PRESIDENT
ART OLIVIER - VICE PRESIDENT
7

(GREEN)
RALPH NADER - PRESIDENT
WINONA LaDUKE - VICE PRESIDENT
9

(SOCIALIST WORKERS)
JAMES HARRIS - PRESIDENT
MARGARET TROWE - VICE PRESIDENT
11

(NATURAL LAW)
JOHN HAGELIN - PRESIDENT
NAT GOLDHABER - VICE PRESIDENT
13

OFFICIAL BALLOT, GENERAL ELECTION
PALM BEACH COUNTY, FLORIDA
NOVEMBER 7, 2000
1

4
(REFORM)
PAT BUCHANAN - PRESIDENT
EZOLA FOSTER - VICE PRESIDENT

6
(SOCIALIST)
DAVID McREYNOLDS - PRESIDENT
MARY CAL HOLLIS - VICE PRESIDENT

8
(CONSTITUTION)
HOWARD PHILLIPS - PRESIDENT
J. CURTIS FRAZIER - VICE PRESIDENT

10
(WORKERS WORLD)
MONICA MOOREHEAD - PRESIDENT
GLORIA La RIVA - VICE PRESIDENT

WRITE-IN CANDIDATE
To vote for a write-in candidate, follow the directions on the long stub of your ballot card.

TURN PAGE TO CONTINUE VOTING

Depuis, nombre de scrutins ont débouché sur des contestations plus ou moins sévères du décompte des voix. Songeons à l'élection présidentielle au Congo, en 2006, qui opposa Jean-Pierre Bemba et Joseph Kabila ou, en 2011, Etienne Tsishekedi et Joseph Kabila.

En 2006, la contestation a été plus radicale dans le cas mexicain. Le candidat de la gauche, Obrador, a résolument mis en cause les résultats électoraux produits, qui donnaient la victoire, à 250 000 voix près, à son concurrent de droite Felipe Calderón. De gigantesques manifestations ont eu lieu pour demander un recomptage des voix, ce qu'a refusé la commission électorale.

---

[8] O. Ihl, *Le vote*, Paris, Montchrestien, Clefs-politique, 1996, p. 92.

Election présidentielle mexicaine de juillet 2006

	Votes
Felipe Calderón	15 000 284
Andrés Manuel López Obrador	14 756 350
Roberto Madrazo	9 301 441
Patricia Mercado Castro	1 128 850
Roberto Campa Cifrián	401 804

En Côte d'Ivoire, la présentation des résultats du second tour de l'élection présidentielle de 2011 a suscité beaucoup d'interrogations et a été rejetée par le président sortant Laurent Gbagbo (45,9%), qui contestait la victoire d'Alassane Ouattara (54,1%). Le conflit a tourné en guerre civile stoppée par l'intervention des troupes françaises et l'arrestation de Laurent Gbagbo.

Parfois, c'est à l'intérieur même d'un parti que le scrutin est contesté. L'élection pour le poste de Premier secrétaire du parti socialiste français en novembre 2008, entre Martine Aubry et Ségolène Royal, l'a illustré. Après moult péripéties, le Conseil national du parti socialiste avait fini par valider la victoire de Martine Aubry sur l'ancienne candidate à l'élection présidentielle avec un différentiel de 102 voix. Toujours en France, l'élection pour la présidence de l'UMP a aussi donné à voir une contestation sans précédent. Jean-François Copé et François Fillon ont chacun proclamé leur victoire. Après une phase dramatique, qui a notamment conduit François Fillon à créer un temps un nouveau groupe parlementaire, les deux protagonistes se sont mis d'accord sur l'organisation d'un nouveau scrutin.

Au cours de la période contemporaine, un débat sur les «nouvelles modalités de vote» se développe. Il porte notamment sur l'usage des nouvelles technologies de l'information et de la communication à des fins électorales. De nombreux travaux s'intéressent à la *philosophie* de l'acte électoral à l'aune de ces nouvelles modalités, à la sécurité des procédures – thème qui suscite beaucoup de doutes – mais aussi aux nouvelles formes potentielles de contraintes induites par ces voies inédites de l'acte électoral: internet, téléphone, SMS, envoi postal,... Plusieurs politologues mettent en cause l'atteinte possible à l'acte **individuel** de voter: pressions éventuelles dans l'enceinte familiale, dans la communauté ou dans le milieu professionnel. Le vote postal introduit en Grande-Bretagne a déjà suscité plusieurs fraudes. L'Electoral Reform Society a dû enjoindre les partis de stopper les «interférences» dans les choix et motivations véritables des citoyens[9]. Mais

[9] H. MUIR, S. LAVILLE, A. GILLAN, «New fears over postal vote fraud», *The Guardian*, 13 avril 2005.

les problèmes subsistent et de nouvelles investigations ont été lancées suite aux élections locales de 2012[10].

II. Les dimensions de l'élection

De manière générale, les élections peuvent être à **un ou à plusieurs degrés**. Une élection au premier degré suppose que les électeurs élisent directement leur(s) mandataire(s). Une élection à deux ou plusieurs degrés suppose que les électeurs élisent des élus qui opteront ensuite pour le(s) mandataire(s). Aux Etats-Unis, l'élection présidentielle est ainsi une élection au second degré (voir *infra*) : les citoyens votent pour de *grands électeurs* qui élisent le président. En France, l'élection au Sénat est aussi au second degré. Ce sont les élus des collectivités territoriales qui élisent les sénateurs.

On notera encore des mutations contemporaines dans les **temporalités du vote**. Dans plusieurs situations, le vote est désormais pratiqué sur plusieurs jours, ce qui peut influencer l'organisation de la campagne électorale. En Italie, les bureaux sont ouverts pendant deux jours. Aux Etats-Unis, certains Etats organisent le scrutin présidentiel sur une période qui peut atteindre quatre semaines avant le jour officiel du scrutin. Pour la première fois dans l'histoire politique américaine, un candidat a ainsi voté de manière avancée lors du scrutin présidentiel de 2012. Barack Obama a en effet voté le 25 octobre.

Une dimension importante des scrutins est le **découpage en circonscriptions**. Dans les modes de scrutin proportionnels, la question du découpage se fixe avant tout sur le nombre de circonscriptions. Plus il y en aura, plus la magnitude moyenne des circonscriptions sera faible, la magnitude étant le nombre d'élus dans la circonscription. Nous y reviendrons, plus la magnitude diminue, plus la proportionnalité de l'élection décroît. Plus le nombre de circonscriptions s'élève, plus le poids des notabilités territoriales s'affirme. Plus globalement, pour les scrutins de listes, la détermination de la magnitude peut reposer sur des critères différents. En général, le critère prépondérant est le nombre d'habitants. Mais d'autres indicateurs sont parfois pris en considération. Pour l'élection présidentielle américaine, le nombre de grands électeurs par circonscription est défini comme équivalent au nombre de parlementaires de la circonscription : deux par Etat au Sénat et un nombre proportionnel à la démographie de l'Etat à la Chambre. Il y a donc une distorsion par rapport au seul critère démographique. De même, le nombre de députés affectés à chaque Etat dans l'Union européenne pour les élections européennes est-il, dans une mesure non négligeable, déconnecté du poids

---

[10] « Tower Hamlets postal vote fraud claims referred to police », BBC *News*, 26 avril 2012 ; « Postal vote fraud concerns in Pendle investigated », BBC *News*, 28 août 2012.

démographique de chacun des Etats membres de l'Union européenne. Après l'adhésion de la Croatie, la distribution ramènera à la distribution suivante.

Affectation des sièges au Parlement européen et simulation sur la base de la population des Etats

	Distribution après 2014	Population	Simulation	Pourcentage hypothétique de sièges	Pourcentage cumulé hypothétique
Allemagne	96	81 843 743	123	16,38	16,38
France	74	65 327 724	98	13,05	29,43
Italie	73	60 820 996	91	12,12	41,54
Royaume-Uni	73	62 989 551	94	12,52	54,06
Espagne	54	46 196 726	69	9,19	63,25
Pologne	51	38 538 447	58	7,72	70,97
Roumanie	32	21 355 849	31	4,13	75,10
Pays-Bas	26	16 730 348	25	3,33	78,43
Belgique	21	11 094 850	16	2,13	80,56
République tchèque	21	10 505 445	15	2,00	82,56
Grèce	21	11 290 067	16	2,13	84,69
Hongrie	21	9 957 731	14	1,86	86,55
Portugal	21	10 541 840	15	2,00	88,55
Suède	20	9 422 855	14	1,86	90,41
Autriche	18	8 443 018	12	1,60	92,01
Bulgarie	17	7 327 224	11	1,46	93,48
Danemark	13	5 580 516	8	1,07	94,54
Finlande	13	5 401 267	8	1,07	95,61
Slovaquie	13	5 404 322	8	1,07	96,67
Irlande	11	4 582 769	6	0,80	97,47
Lituanie	11	3 007 758	4	0,53	98,00
Croatie	11	4 398 150	6	0,80	98,80
Lettonie	8	2 041 763	3	0,40	99,20
Slovénie	8	2 055 496	3	0,40	99,60
Chypre	6	862 011	1	0,13	99,73
Estonie	6	1 339 662	2	0,27	100,00
Luxembourg	6	524 853	0	0,00	100,00
Malte	6	414 520	0	0,00	100,00
	751		751		

Une allocation des sièges sur la base de la population des Etats et en utilisant le diviseur D'Hondt modifierait profondément la donne. A titre d'exemple, Malte et le Grand-Duché de Luxembourg n'auraient droit à aucun siège et les parlementaires des quatre pays les plus importants d'un poids de vue démographique seraient majoritaires au Parlement européen.

Pour ce qui a trait aux modes de scrutins majoritaires, la question du découpage des circonscriptions est cruciale à deux points de vue.

1. D'abord sous l'angle de l'**égalité de la représentation**. Il peut y avoir de fortes inégalités dans la représentation démographique des circonscriptions électorales. Historiquement, l'exemple le plus connu est celui des «bourgs pourris» au Royaume-Uni au XIXe siècle. Certaines circonscriptions n'avaient que quelques dizaines d'électeurs, voire moins : Old Sharum, sept électeurs inscrits, à Dunwich où... un électeur élisait un député à la Chambre des communes[11]. Très souvent, les circonscriptions urbaines ont été et sont parfois encore sous-représentées en nombre d'électeurs représentés par rapport aux circonscriptions rurales. Dès lors, un député des circonscriptions urbaines représentait ou représente beaucoup plus d'électeurs qu'un député d'une circonscription rurale. Il s'agit d'une volonté ancienne des partis conservateurs et catholiques pour contenir la montée des partis libéraux et socialistes et, à une époque plus récente aux XXe et XXIe siècles, pour contenir le poids du vote communiste ou de gauche. Aujourd'hui, ces disproportions ont beaucoup diminué mais il subsiste parfois des différences notables. En France, la Cour constitutionnelle a dû enjoindre à deux reprises le pouvoir législatif de redécouper les circonscriptions eu égard à des disproportions flagrantes. Le travail a finalement été opéré mais il subsiste des disproportions. Lors du scrutin de juin 2012, 59 904 électeurs étaient convoqués dans la circonscription de Lozère alors qu'ils étaient 103 081 dans la première circonscription des Vosges.

   Dans certains pays, des dispositions sont prises pour éviter ces déséquilibres. Aux Etats-Unis, depuis les années soixante, obligation est faite aux Etats sur injonction de la Cour suprême de procéder à un redécoupage de leurs circonscriptions tous les dix ans, en fonction des résultats du recensement. En Grande-Bretagne, une commission parlementaire est chargée du redécoupage[12].

2. Par ailleurs, les découpages peuvent être réalisés pour amoindrir le potentiel électoral d'un ou plusieurs partis. Tel ou tel découpage pourra avoir des effets très différents sur la traduction parlementaire d'un résultat électoral. Partant d'une connaissance fine de la géographie et de la sociologie électorales – notamment sur la base des scrutins précédents –, cette technique vise à amoindrir, voire annuler la force électo-

---

[11] O. IHL, *op. cit.*, p. 38.

[12] D. CHAGNOLLAUD, *Introduction à la politique*, Paris, Seuil-essai, 1996, p. 33.

rale d'un adversaire. On confine le maximum de voix de son adversaire dans une ou quelques circonscriptions. Il y a de la sorte beaucoup de « voix perdues ». Le « *gerrymandering* », du nom du gouverneur Gerry du Massachusetts expert en découpage en forme de « salamandre », avait, en 1812, débouché dans une élection sénatoriale sur une situation où ses amis politiques avaient recueilli 29 sièges en décrochant 50 164 suffrages pour 11 à leurs adversaires qui avaient, eux, récolté 51 766 suffrages[13]. On avait qualifié son découpage de salamandre (voir *infra*).

Découpage de la circonscription par le gouverneur Elbridge Gerry

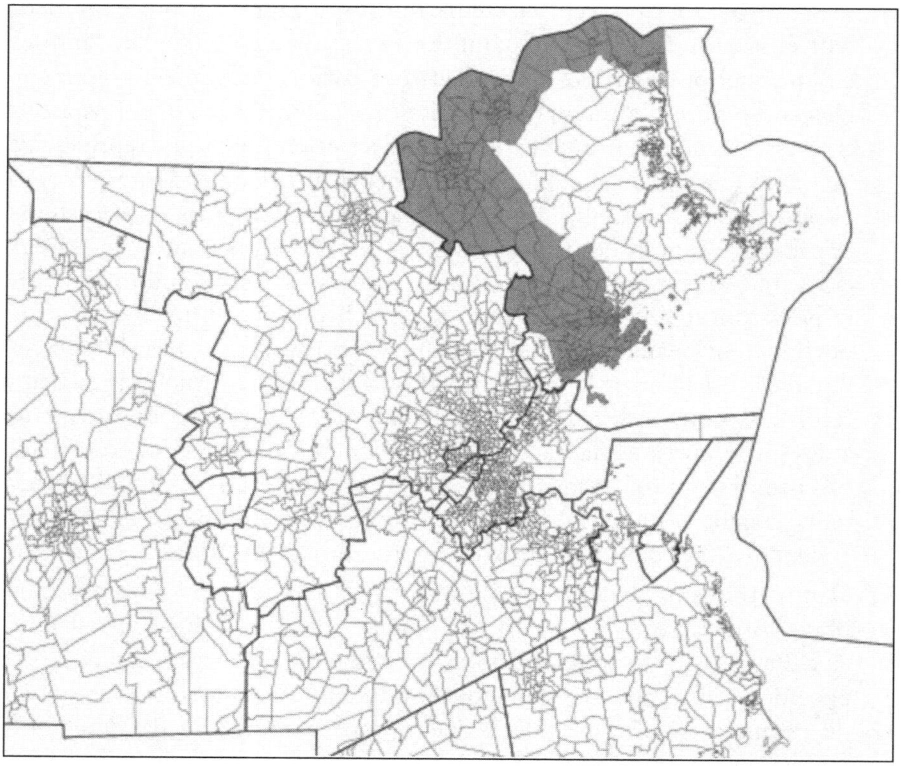

L'exemple suivant illustre ce procédé. Prenons deux entités découpées en cinq circonscriptions. La liste A et la liste B ont chacune vingt électeurs. Dans le premier découpage, l'essentiel des électeurs de A est regroupé dans une circonscription que A emporte (7A contre 3B) mais ce regroupement de ces électeurs permet à B de remporter les quatre autres (3B contre 2A, 4B contre 3A, 4B contre 3A, et 6B contre 5A).

[13] *Ibid.*, p. 32.

Découpage 1 en circonscriptions électorales uninominales

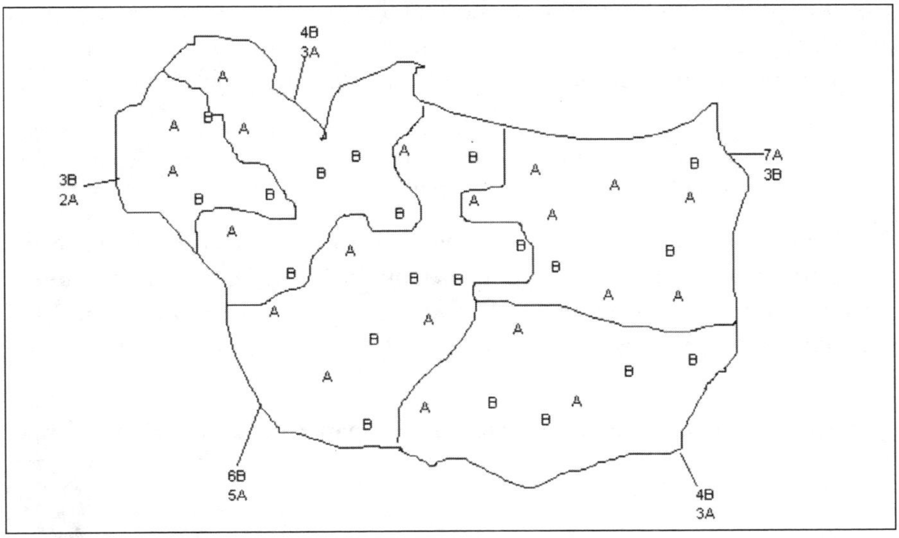

Dans l'autre découpage, c'est exactement l'inverse. L'essentiel des électeurs de B est concentré dans une circonscription que B emporte (8B contre 3A), ce qui permet à A de remporter les quatre autres circonscriptions (3A contre 2B, 4A contre 3B, 4A contre 3B, 6A contre 4B, et 4A contre 2B). Partant d'une même situation, le résultat en sièges peut être très différent suivant le découpage des circonscriptions.

Découpage 2 en circonscriptions électorales uninominales

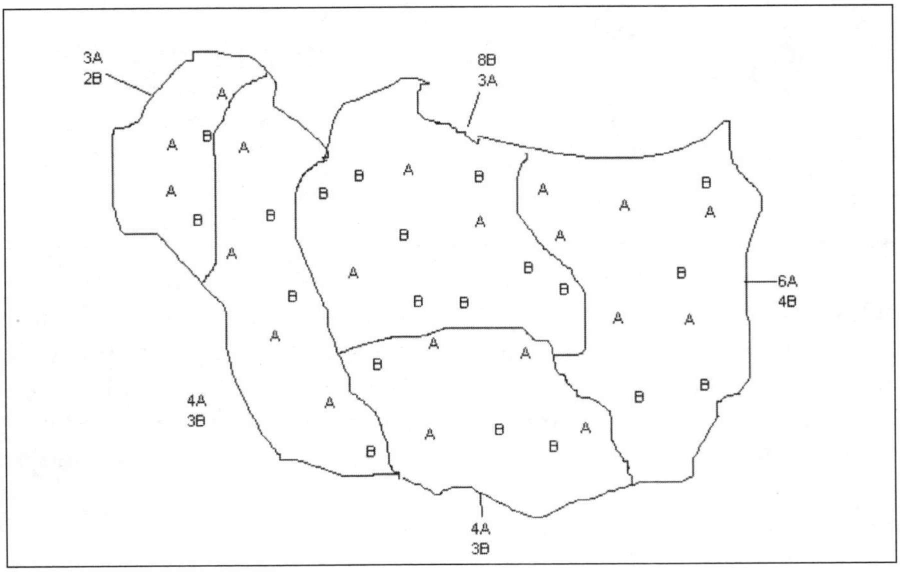

Aux Etats-Unis, la problématique des découpages et redécoupages de circonscriptions est toujours d'actualité, tant il est vrai que les redécoupages sont très nombreux et visent explicitement à mettre le parti ou le candidat adverses en difficulté. Michel Balinski a un avis tranché sur cette problématique :

> « Par le jeu du charcutage électoral, les politiques en place qu'ils soient démocrates ou républicains, sont ainsi parvenus à réduire la compétition entre candidats à un infime pourcentage en siège »[14].

Il est vrai que lorsqu'on examine le tracé de certaines circonscriptions aux élections pour la Chambre et/ou le Sénat, les contours peuvent parfois prendre des formes étranges. Cet exemple d'une circonscription à la Chambre des représentants dans l'Etat du Texas le montre.

Découpage d'une circonscription aux élections parlementaires aux Etats-Unis

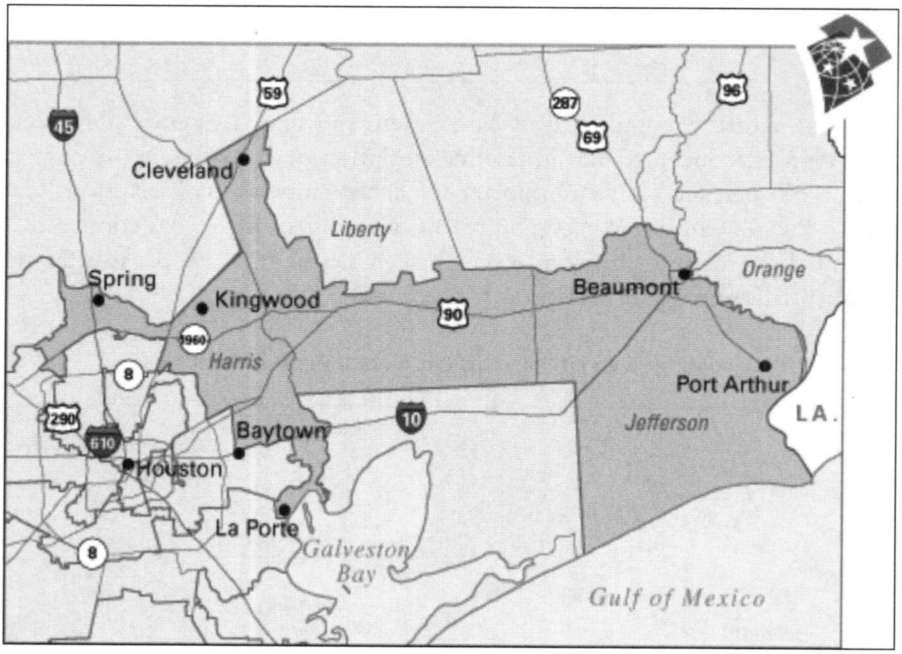

Cela conduit souvent à des actions en justice de la part des deux partis politiques principaux. A titre d'illustration, au Texas toujours, les républicains avaient redessiné les circonscriptions des 23e et 28e districts. Ils avaient intégré dans le 23e district (et donc à côté du 28e district) la moitié du comté de Webb d'où provenait le député démocrate sortant Henry Cuellar. Les démocrates ont saisi la Cour suprême qui leur a donné raison.

---

[14] *Le Monde*, 28 août 1999.

La moitié du comté de Webb qui avait été intégrée au 23e district a finalement été maintenue dans le 28e district.

Débats sur les découpages de circonscription aux Etats-Unis

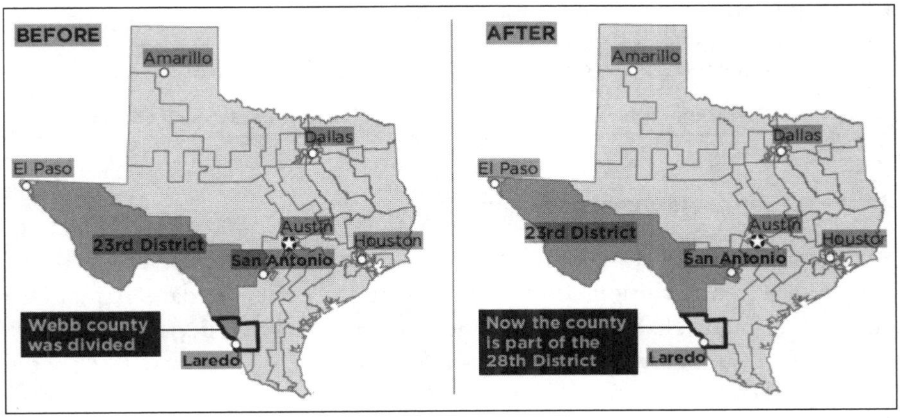

III. Les modes de scrutin

Le mode de scrutin est à l'évidence la contrainte institutionnelle la plus importante dans l'organisation de l'élection. La fonction du mode de scrutin est l'agencement qui traduit une distribution de voix en sièges. Classiquement, les modes de scrutin existants sont divisés en trois grandes catégories :

- les scrutins majoritaires ;
- les scrutins proportionnels ;
- les scrutins mixtes.

A. Le mode de scrutin majoritaire

Le **scrutin majoritaire** est le plus ancien. Il est à l'origine même des modes de scrutin. Le scrutin à la majorité relative – scrutin à un tour – est le plus simple, celui qui a dû être utilisé naturellement en premier, « quand il s'est agi de désigner un chef, un responsable ou un délégué »[15]. *A priori*, un mode de scrutin de type majoritaire a pour **vocation de dégager aisément une majorité en sièges**. Cela permet de former facilement une majorité parlementaire et à un exécutif – national, régional ou municipal – qui en

[15] P. Martin, *op. cit.*, p. 38.

procède de gouverner aisément. Il s'inscrit donc dans une **philosophie de la gouvernabilité**[16]. L'objectif primaire est de faciliter l'acte de gouverner.

Le scrutin majoritaire se pratique à un ou deux tours. En parallèle, il peut être uninominal – un élu par circonscription – ou plurinominal – plusieurs élus par circonscription. De la sorte, quatre grands types de scrutins majoritaires peuvent être mis en évidence :

Uninominal à un tour	**Uninominal à deux tours**
Plurinominal un tour	**Plurinominal à deux tours**

1. Le scrutin uninominal à un tour

Dans un mode de scrutin uninominal à un tour, le pays en divisé en autant de circonscriptions qu'il y a de sièges à pourvoir dans l'assemblée concernée. Dans chacune d'entre elles, **un et un seul siège** est attribué. Le candidat qui **arrive en tête** dans la circonscription – quand bien même il n'a pas la majorité absolue – emporte le siège. La clé est donc d'**être premier**. D'où la dénomination de ce scrutin, *first-past-the-post*.

Dans cette optique, le candidat et/ou le parti doivent se focaliser sur cet objectif; le pourcentage décroché est une information relative. Ce qui compte, c'est d'être le premier. Certes, il est possible d'emporter une circonscription avec une avance substantielle. Lors du scrutin britannique de 2010, le candidat conservateur a emporté la circonscription de Brentwood & Ongar en décrochant 56,9% des voix, loin devant son plus proche concurrent.

Résultat dans la circonscription de Brentwood & Ongar (élection nationale de Grande-Bretagne en 2010)

Eric Pickles	**Conservateur**	**28 792**	**56,9**
David Kendall	Libéral démocrate	11 872	**23,5**
Heidi Benzing	Travailliste	4 992	**9,9**
Michael McGough	UKIP*	2 037	**4,0**
Paul Morris	BNP*	1 447	**2,9**
Jess Barnecutt	Vert	584	**1,2**
Robin Tilbrook	Démocrates anglais	491	**1,0**
James Sapwell	Indépendant	263	**0,5**
Danny Attfield	Indépendant	113	**0,2**

* UKIP : parti pour l'indépendance du Royaume-Uni ; BNP : parti national britannique (extrême droite).

[16] D.-L. Seiler, «Le mode de scrutin fait-il l'élection ?», *in* P. Delwit, J.-M. De Waele (éd.), *Le mode de scrutin fait-il l'élection ?*, Bruxelles, Editions de l'Université de Bruxelles, 2000, p. 33.

Mais un écart substantiel n'est pas une nécessité. Son collègue travailliste de la circonscription d'Edimbourg-sud n'enlève, pour sa part, que 34,7% des voix. Néanmoins, avec ce score, il devance de justesse le candidat libéral démocrate. Ce faisant, il est premier et emporte donc le siège de la circonscription.

Résultat dans la circonscription d'Edimbourg-sud (élection nationale de Grande-Bretagne en 2010)

Ian Murray	**Travailliste**	**15 215**	**34,7**
Fred Mackintosh	Libéral démocrate	14 899	**34,0**
Neil Hudson	Conservateur	9 452	**21,6**
Sandy Howat	SNP*	3 354	**7,7**
Steve Burgess	Vert	881	**2,0**

* SNP : parti national écossais.

On l'aura compris, l'exemple type de ce mode de scrutin est la Grande-Bretagne, pionnière du mode de scrutin uninominal à un tour. Elle a d'ailleurs largement influencé en la matière ses anciennes colonies. Le mode de scrutin uninominal à un tour est aussi en vigueur au Canada, en Australie, en Inde de même qu'aux Etats-Unis pour l'élection des députés et des sénateurs.

Dans le mode de scrutin uninominal à un tour, on observe en général une **forte propension à une amplification en sièges du résultat en voix pour le premier parti.** Il en alla ainsi lors du dernier scrutin en Grande-Bretagne. Le parti conservateur enleva 47,23% des sièges pour 36,13% des voix. *A contrario*, les tiers-partis généralistes ont beaucoup de difficultés à décrocher des sièges car ils sont souvent devancés dans chaque circonscription par l'un des deux grands partis en compétition, voire par les deux. Avec 23,03% des suffrages, les libéraux démocrates n'enlèvent que 8,77% des sièges. En revanche, les tiers-partis avec une implantation fixée sur une partie du territoire peuvent tirer leur épingle du jeu. Le fait est patent pour les partis régionalistes. En Grande-Bretagne, le parti national écossais ou le parti du pays de Galles sont parfois capables de devancer travaillistes, conservateurs et libéraux dans certaines circonscriptions.

Résultats des élections en Grande-Bretagne (2010)

	Voix	% en voix	Sièges	% en sièges
Parti conservateur	10 726 614	**36,13**	307	**47,23**
Parti travailliste	8 609 527	**29,00**	258	**39,69**
Libéraux démocrates	6 836 824	**23,03**	57	**8,77**
DUP	168 216	**0,57**	8	**1,23**
SNP	491 386	**1,65**	6	**0,92**
Sinn Fein	171 942	**0,58**	5	**0,77**
PC	165 394	**0,56**	3	**0,46**
SDLP	110 970	**0,37**	3	**0,46**
Green	285 616	**0,96**	1	**0,15**
Alliance Party	42 762	**0,14**	1	**0,15**
UKIP	919 546	**3,10**	0	**0,00**
BNP	564 331	**1,90**	0	**0,00**
Autres	59 825	**2.02**	1	**0,15**

DUP : parti unioniste démocratique ; SNP : parti national écossais ; PC : parti du Pays de Galles ; SDLP : parti travailliste social-démocrate d'Irlande du nord.

Comme les autres scrutins majoritaires, ces scrutins ont donc une faible proportionnalité – rapport proportionnel entre le pourcentage en voix et le pourcentage en sièges. Dit autrement, leur **disproportionnalité** est forte. Celle-ci peut se mesurer par l'indice de disproportionnalité établi par Michael Gallagher[17]. L'indice de disproportionnalité est la somme des écarts en absolu entre le pourcentage en voix et en sièges divisé par deux. Plus le chiffre se rapproche de zéro, plus la proportionnalité est forte. Plus il s'en éloigne, plus la disproportionnalité est forte. Qu'en est-il pour les élections britanniques qui se tiennent au mode de scrutin uninominal à un tour ? Comme attendu, l'indice de disproportionnalité est élevé : il se situe à 22,76.

Indice de disproportionnalité aux élections législatives britanniques de 2010

	% en voix	% en sièges	Ecart
Parti conservateur	36,13	47,23	**11,10**
Parti travailliste	29	39,69	**10,69**
Libéraux démocrates	23,03	8,77	**14,26**
DUP	0,57	1,23	**0,66**

[17] M. Gallagher, « Proportionality, Disproportionality, and Electoral Systems », *Electoral Studies*, 1991, vol. 10, n° 1, p. 33-51.

SNP	1,65	0,92	**0,73**
Sinn Fein	0,58	0,77	**0,19**
PC	0,56	0,46	**0,10**
SDLP	0,37	0,46	**0,09**
Green	0,96	0,15	**0,81**
Alliance Party	0,14	0,15	**0,01**
UKIP	3,1	0	**3,10**
BNP	1,9	0	**1,90**
Autres	2,02	0,15	**1,87**
Total			45,51
Indice de disproportionnalité			**22,76**

Dans ce mode de scrutin, il faut tenir compte d'un élément très important pour les deux principales formations politiques en compétition: la répartition géographique des suffrages. Pour l'emporter, il est plus intéressant d'avoir une répartition homogène de ses performances électorales que d'être particulièrement fort à certains endroits. Mieux vaut gagner dans de nombreuses circonscriptions avec quelques points de pourcent d'avance sur le deuxième parti que de gagner avec vingt ou trente points de pourcent d'avance dans quelques circonscriptions. Cette observation en amène une autre: s'il y a des disparités dans la répartition géographique des suffrages, un parti peut être premier en suffrages à l'échelle nationale mais avoir moins de sièges que la deuxième formation. C'est rare, mais cela s'est produit au Royaume-Uni, lors de l'élection législative de 1951. Le parti travailliste y a réalisé son score historiquement le plus élevé: 13 948 883 voix (48,78%) pour 13 718 199 aux conservateurs (47,97%). Néanmoins, la répartition géographique des suffrages conservateurs était meilleure. Et ces derniers ont décroché plus de sièges: 302 pour 295 aux travaillistes.

Traditionnellement, le mode de scrutin uninominal à un tour pousse au **bipartisme** car la pression au phénomène dit du «vote utile» y est très forte. Il tend au bipartisme et au vote utile mais il ne l'impose pas en termes de présence de listes, ni même des résultats. Ainsi, malgré un nombre d'élus restreint, les libéraux démocrates britanniques conservent un électorat avoisinant les 15 à 20%. Et il y a par ailleurs d'autres partis en lice dans tout ou partie des circonscriptions: le Green Party, le Scottish National Party, le National Front, le British National Party, le Plaid Cymru...

Les tiers-partis qui obtiennent des élus dans ce type de scrutin sont souvent des partis régionalistes ou autonomistes. Nous l'avons observé dans le cas britannique, l'exemple du Canada et des performances du Bloc québécois l'atteste aussi.

Ce type de scrutin peut être très dur envers les partis qui arrivent en deuxième position car un petit déplacement de voix homogène peut engendrer une catastrophe en sièges pour une formation. En octobre 1993, le parti conservateur canadien qui était au pouvoir a ainsi subi une véritable déroute. Un déplacement homogène de voix du parti conservateur vers le parti libéral et surtout vers le parti réformiste associé à la prédominance du Bloc québécois au Québec a généré un séisme dans la distribution des sièges. Les conservateurs n'ont enlevé que deux sièges!

Résultat des élections législatives au Canada en 1993

	% en voix	Sièges	% en sièges
Néo-démocrates	6,90	9	3,10
Libéraux	41,30	177	60,00
Conservateurs	16,00	2	0,70
Bloc québécois	13,50	54	18,30
Parti réformiste	18,70	52	17,60
Autres	3,60	1	0,30

Cela dit, si les éléments de contrainte institutionnelle sont importants, ils ne déterminent pas tout (voir *infra*). En 2006 et 2008, l'élection fédérale canadienne n'a produit que des dimensions faiblement majoritaires. L'amplification en sièges par rapport au pourcentage en voix est restée modeste pour la première formation. L'écart avec le deuxième parti au niveau des sièges n'était pas exceptionnel. Surtout, le premier parti n'avait pas décroché la majorité absolue des sièges. Cette anomalie a été «corrigée» en mai 2011; le parti conservateur a décroché la majorité absolue. Mais on notera que cette «anomalie» s'est aussi produite aux élections britanniques de 2010 et au scrutin australien de 2010. La première formation – le parti travailliste australien – n'a enlevé que soixante-douze des cent cinquante sièges à pourvoir.

Résultat des élections fédérales canadiennes de 2011

	Voix	% en voix	Sièges	% en sièges
Parti conservateur	5 832 401	39,62	166	53,90
Nouveau Parti démocratique	4 507 042	30,62	103	33,44
Parti libéral	2 783 175	18,91	34	11,04
Bloc québécois	889 788	6,04	4	1,30
Parti vert	576 006	3,91	1	0,32
Autres	65 830	0,89	0	0

2. Le mode de scrutin plurinominal à un tour

Dans un mode de scrutin majoritaire plurinominal, il y a plusieurs sièges à pourvoir par circonscription. Le candidat ou la liste qui arrive en tête empoche **tous les sièges** de la circonscription ; c'est toujours la logique du « *winner takes all* ». Dans ce cas de figure, l'amplification de la victoire en sièges peut parfois être encore beaucoup plus forte que dans le scrutin uninominal.

L'exemple le plus connu de mode de scrutin majoritaire plurinominal à un tour est l'élection présidentielle américaine. **Il s'agit d'un *scrutin indirect* et majoritaire-plurinominal à la fois**. Le scrutin est en effet indirect dès lors que les électeurs ne votent pas directement pour le candidat à la présidence mais, dans chaque Etat, pour une liste de **grands électeurs** qui soutiennent un candidat. L'élection du président de la République par les grands électeurs se déroule au mois de décembre qui suit le scrutin et le président entre en fonction en janvier.

Chaque Etat des Etats-Unis – plus le district de Columbia – a un nombre de grands électeurs équivalent au nombre de sénateurs et de députés de l'Etat au Congrès américain. C'est-à-dire deux pour le Sénat et un nombre qui varie en fonction de la population de l'Etat pour la Chambre. Des ajustements sont donc opérés suivant les évolutions démographiques des Etats. La comparaison des grands électeurs par Etat entre 1984 et 2012 en témoigne.

Nombre de grands électeurs par Etat. Evolution entre 1984 et 2008

	1984	1996	2004	2008	2012		1984	1996	2004	2008	2012
Alabama	9	9	9	9	9	Hawaï	4	4	4	4	4
Alaska	3	3	3	3	3	Idaho	4	4	4	4	4
Arizona	7	8	10	10	11	Illinois	24	22	21	21	20
Arkansas	6	6	6	6	6	Indiana	12	12	11	11	11
Californie	47	54	55	55	55	Iowa	8	7	7	7	6
Caroline du nord	13	14	15	15	15	Kansas	7	6	6	6	6
Caroline du sud	8	8	8	8	9	Kentucky	9	8	8	8	8
Colorado	8	8	9	9	9	Louisiane	10	9	9	9	8
Connecticut	8	8	7	7	7	Maine	4	4	4	4	4
Dakota du nord	3	3	3	3	3	Maryland	10	10	10	10	10
Dakota du sud	3	3	3	3	3	Massachusetts	13	12	12	12	11
Delaware	3	3	3	3	3	Michigan	20	18	17	17	16
Columbia	3	3	3	3	3	Minnesota	10	10	10	10	10
Floride	21	25	27	27	29	Mississippi	7	7	6	6	6
Géorgie	12	13	15	15	16	Missouri	11	11	11	11	10

Montana	4	3	3	3	3	Rhode Island	4	4	4	4	4
Nebraska	5	5	5	5	5	Tennessee	11	11	11	11	11
Nevada	4	4	5	5	6	Texas	29	32	34	34	38
New Hampshire	4	4	4	4	4	Utah	5	5	5	5	6
New Jersey	16	15	15	15	14	Vermont	3	3	3	3	3
Nouveau-Mexique	5	5	5	5	5	Virginie	12	13	13	13	13
New York	36	33	31	31	29	Washington	10	11	11	11	12
Ohio	23	21	20	20	18	Virginie occidentale	6	5	5	5	5
Oklahoma	8	8	7	7	7	Wisconsin	11	11	10	10	10
Oregon	7	7	7	7	7	Wyoming	3	3	3	3	3
Pennsylvanie	25	23	21	21	20	**Etats-Unis**	**538**	**538**	**538**	**538**	**538**

Le candidat qui arrive en tête dans l'Etat – quel que soit son pourcentage – remporte tous les grands électeurs de cet Etat. Dans ce contexte, les candidats tentent avant tout de triompher dans les **grands Etats**. En effet, ceux-ci fournissent le plus grand nombre de grands électeurs. En 2012, les dix Etats qui comptaient le plus fort nombre de grands électeurs totalisaient ensemble près de la moitié des grands électeurs à conquérir (47,6 %).

Poids des grands électeurs des grands Etats

	Nombre de grands électeurs	Pourcentage de grands électeurs	Pourcentage cumulé de grands électeurs
Californie	55	10,2%	10,2%
Texas	38	7,1%	17,3%
Floride	29	5,4%	22,7%
New York	29	5,4%	28,1%
Illinois	20	3,7%	31,8%
Pennsylvanie	20	3,7%	35,5%
Ohio	18	3,3%	38,8%
Géorgie	16	3,0%	41,8%
Michigan	16	3,0%	44,8%
Caroline du nord	15	2,8%	47,6%

Cette observation mérite toutefois être nuancée. En effet, dans les faits, certains grands Etats sont en principe « acquis » d'avance au candidat démocrate ou au candidat républicain. En la matière, les choses évoluent. Dans la période contemporaine, il est par exemple exceptionnel que la Californie ou New York tombent dans l'escarcelle du candidat républicain. Si c'est le cas, cela indique que l'élection est faiblement disputée. *A contrario*, emporter le Texas pour un candidat démocrate est hors de portée. Soulignons néanmoins qu'il n'en a pas toujours été ainsi.

Victoire en Californie, au Texas, à New York et à l'échelle des Etats-Unis

	Californie	Texas	New York	Elu président
1960	R	D	D	D
1964	D	D	D	D
1968	R	D	D	R
1972	R	R	R	R
1976	R	D	D	D
1980	R	R	R	R
1984	R	R	R	R
1988	R	R	D	R
1992	D	R	D	D
1996	D	R	D	D
2000	D	R	D	R
2004	D	R	D	R
2008	D	R	D	D
2012	D	R	D	D

En réalité, les candidats ne font véritablement campagne que dans les Etats où ils peuvent l'emporter, ceux donc où la compétition est serrée. Ces Etats sont nommés les ***Swings States***, littéralement, les Etats qui peuvent *balancer* d'un candidat à l'autre. Il s'agit là de dix à quinze Etats où l'issue est incertaine. Pour emporter l'élection, il est donc indispensable, dans la dernière ligne droite, de «miser» sur les «bons» *Swings States*. En la matière, le nombre de grands électeurs de l'Etat est parfois une donnée relative. Lors de l'élection présidentielle de 2000, le regard s'est focalisé sur la Floride et l'énorme controverse relative au bulletin de vote dans le comté de Palm Beach, qui a influé sur le résultat dans l'Etat de Floride et donc du scrutin présidentiel. Mais une autre dimension a été occultée. Si Al Gore avait emporté le New Hampshire, qui n'envoie pourtant que quatre grands électeurs, il aurait remporté le scrutin. Il aurait en effet décroché 271 grands électeurs pour 267 à Georges Bush.

Résultat de l'élection présidentielle dans le New Hampshire en 2000

	Voix	% en voix	Grands électeurs
George Bush	273 559	48,07	4
Al Gore	266 348	46,80	0
Ralph Nader	22 198	3,90	0
Autres	6 976	1,23	0
	569 081	100,00	

C'est donc le vote dans ces *Etats hésitants* qui fait pencher la balance du côté démocrate ou républicain. Lors de l'élection présidentielle de novembre 2012, Barack Obama a remporté 332 grands électeurs.

Résultat de l'élection présidentielle américaine en 2012

	Popular vote		***Electoral vote***	
	Voix	**% en voix**	**Grands électeurs**	**% en grands électeurs**
Barack Obama	65 600 425	51,06	332	61,71
Mitt Romney	60 861 683	47,37	206	38,29
Gary Johnson	1 274 163	0,99	0	0,00
Jill Stein	467 011	0,36	0	0,00
Virgil Goode	121 475	0,09	0	0,00
Roseanne Barr	67314	0,05	0	0,00
Rocky Anderson	42 943	0,03	0	0,00
Tom Hoefling	40 594	0,03	0	0,00
	128 475 608	100	538	100

On est arrivé à ce résultat parce que, pour l'essentiel, Obama a emporté les *Swing States* de l'élection. Des *Swing States*, Mitt Romney n'a conquis que le Missouri – celui qui lui semblait le plus acquis dès le départ – l'Indiana et la Caroline du nord. Alors même que son équipe de campagne ne doutait pas de sa victoire en Floride, cette dernière a néanmoins été emportée par Obama.

Performances d'Obama et de Romney dans les *Swing States* en 2012

	Nombre de grands électeurs dans l'Etat	**Obama**	**Romney**
Nevada	6	**531 373**	463 567
Colorado	10	**1 322 998**	1 185 050
Missouri	11	1 223 796	**1 482 440**

Ohio	18	**2 827 621**	2 661 407
Caroline du nord	15	2 178 391	**2 270 395**
Floride	29	**4 237 756**	4 163 447
Pennsylvanie	20	**2 990 274**	2 680 434
Wisconsin	10	**1 620 985**	1 410 966
New Hampshire	4	**369 561**	329 918
Virginie	13	**1 971 820**	1 822 522
Indiana	11	1 152 887	**1 420 543**

Cela dit, un petit mouvement de voix aurait pu modifier la donne. Ainsi, un mouvement d'à peine 131 629 voix dans les Etats de Virginie, du New Hampshire et de Floride (extrêmement faible à l'échelle des Etats-Unis) aurait pu faire gagner Romney comme l'illustre ce tableau.

Hypothèse d'un mouvement de 111 806 suffrages d'Obama vers Romney

	Nombre de grands électeurs dans l'Etat	Obama	Romney	Transfert	Simulation Obama	Simulation Romney
Nevada	6	**531 373**	463 567		**531 373**	463 567
Colorado	10	**1 322 998**	1 185 050		**1 322 998**	1 185 050
Missouri	11	1 223 796	**1 482 440**		1 223 796	**1 482 440**
Ohio	18	**2 827 621**	2 661 407		**2 827 621**	2 661 407
Caroline du nord	15	2 178 391	**2 270 395**		2 178 391	**2 270 395**
Floride	29	**4 237 756**	4 163 447	37 156	4 200 600	**4 200 603**
Pennsylvanie	20	**2 990 274**	2 680 434		**2 990 274**	2 680 434
Wisconsin	10	**1 620 985**	1 410 966		**1 620 985**	1 410 966
New Hampshire	4	**369 561**	329 918	19 823	349 738	**349 741**
Virginie	13	**1 971 820**	1 822 522	74 650	1 897 170	**1 897 172**
Indiana	11	1 152 887	**1 420 543**		1 152 887	**1 420 543**

Dans ce cas d'école, Obama aurait décroché 266 grands électeurs alors que son rival en aurait obtenu 273. Mitt Romney aurait été élu.

Au final, quelles sont les dynamiques à l'œuvre dans les élections présidentielles américaines? Pour une part, nous observons le même type de phénomènes que pour l'élection uninominale à un tour; en d'autres termes, une **amplification en sièges par rapport au nombre de voix obtenues** pour le premier, dans la mesure où la philosophie est identique: arriver premier quel que soit son pourcentage. Mais deux éléments peuvent porter cette dynamique à son paroxysme ou l'atténuer très fortement:

1. l'élection est-elle très disputée ou non? Si l'élection est, comme en 2000 ou 2004, très disputée, l'amplification en sièges est relativement minime. En revanche, si elle est peu disputée comme en 1984 et 1996 par exemple, l'amplification du pourcentage en sièges joue à plein;
2. y a-t-il d'autres concurrents «sérieux» que les candidats démocrate et républicain. Celui-ci ou ceux-ci peuvent sérieusement perturber la donne. Ainsi, la candidature de John Anderson en 1980 (6,6% des suffrages à l'échelle des Etats-Unis) avait-elle été un handicap pour le démocrate Jimmy Carter. En 1992 et en 1996, c'est Ross Perot (18,9% et 8,8%) qui avait joué les trouble-fête mais cette fois plutôt au détriment des républicains (Georges Bush senior en 1992 et Robert Dole en 1996).

Aussi, si l'on regarde le tableau ci-dessous, on note qu'un même pourcentage peut entraîner la conquête d'un faible ou d'un très grand nombre de grands électeurs en fonction de la configuration de l'élection.

Résultats aux élections présidentielles américaines: *Popular Vote* et *Electoral Vote*

	Président élu	% au niveau national	Grands électeurs	% en grands électeurs
1960	Kennedy	49,7	303	56,32
1964	Johnson	61,0	486	90,33
1968	Nixon	43,2	301	55,95
1972	Nixon	60,7	520	96,65
1976	Carter	50,1	297	55,20
1980	Reagan	50,7	489	90,89
1984	Reagan	58,8	525	97,58
1988	Bush Sr	53,4	426	79,18
1992	Clinton	42,9	370	68,77
1996	Clinton	49,2	379	70,45
2000	Bush Jr	47,9	271	50,37
2004	Bush Jr	50,9	286	53,16
2008	Obama	53,5	365	67,60
2012	Obama	51,1	332	61,70

3. Le mode de scrutin uninominal à deux tours

Dans les scrutins uninominaux à deux tours, le principe d'un élu par circonscription est maintenu. En revanche, il **peut** y avoir deux tours au scrutin. En la matière, l'exemple le plus connu est le mode de scrutin uninominal à deux tours pratiqué lors des élections législatives françaises. En effet, le candidat qui arrive en tête au premier tour doit, pour l'emporter dès le premier tour, remplir deux conditions :

a) enlever la majorité absolue des suffrages (50 % des voix + 1) ;
b) décrocher au minimum 25 % des **électeurs inscrits** dans la circonscription, faute de quoi il y a ce qu'on appelle un « ballottage » et un second tour est organisé.

Lors de ce second tour, une majorité relative suffit pour rafler le siège : ce qui compte, c'est d'être premier. Ce système pratiqué en France est, selon Jean-Marie Cotteret et Claude Emeri, adapté à une société où le pluralisme des partis ne doit pas exclure toute possibilité de gouvernement :

> « Le premier tour donne une photographie précise de l'état de l'opinion et du rapport des forces politiques » et le second a pour vocation d'« éliminer » »[18].

Les conditions de la participation au second tour varient de pays à pays. En France, principal pays où se pratique le scrutin uninominal à deux tours, **peuvent** participer au second tour tous les candidats qui ont obtenu au moins 12,5 % des **électeurs inscrits** – et pas des suffrages exprimés – dans la circonscription ou qui sont parmi les deux premiers au premier tour. Les conditions de participation au second tour dépendent donc du score du candidat dans la circonscription, de la volonté des candidats de prendre part au second tour et du taux de participation. Si le taux de participation est de 80 % dans la circonscription, le candidat doit enlever au moins 15,6 % des suffrages ; s'il est de 70 %, il doit recueillir au moins 17,9 %,... pour autant, bien sûr, qu'il ne soit pas parmi les deux premiers candidats.

S'ils remplissent au minimum l'une des deux conditions, les candidats ont la possibilité de concourir au second tour. Il est donc possible d'avoir des « triangulaires » (un second tour avec trois candidats en présence), des « quadrangulaires » (quatre candidats en présence) au second tour... Hypothétiquement, on pourrait avoir au second tour huit candidats en lice.

Néanmoins, quand bien même il est en condition de le faire, un candidat n'est pas obligé de prendre part au second tour. Il peut se désister en appelant à voter pour un autre. Les stratégies de désistement sont souvent concertées entre partis avant le scrutin. L'**importance des alliances** dans ce type de scrutin est donc forte.

En France se pratique ce qu'on appelle le « désistement républicain ». Il s'agit d'un désistement réciproque à droite (si le candidat Nouveau Centre

---

[18] J.-M. Cotteret, C. Emeri, *Les systèmes électoraux*, Paris, PUF, 1994, p. 47.

arrive en deuxième position, il appelle à voter pour le candidat UMP, et vice versa) et à gauche (si le candidat du Front de gauche arrive en deuxième position, il appelle à voter pour le candidat socialiste ou Europe Ecologie-Les verts, et vice versa). Dans ces conditions, les partis qui ne peuvent pratiquer le désistement réciproque faute de partenaires (le Front national, par exemple) ou qui ne veulent pas le pratiquer (Les verts, jusqu'à l'élection législative de 1997) sont laminés en termes de sièges même s'ils obtiennent des résultats très honorables en termes de suffrages recueillis. Les résultats des élections législatives françaises de juin 2012 l'illustrent. Sans alliance, le FN reste largement privé de parlementaires. Avec un score de 6,7 points de pourcent en moins au premier tour, le Front de gauche a dix sièges alors que le FN n'en décroche que deux. Le premier est inscrit dans une alliance électorale, pas le second.

Elections nationales de 2012 en France

	Voix	% en voix	Sièges	% en sièges
Parti socialiste	7 618 326	29,35	280	48,53
Union pour un Mouvement populaire	7 037 268	27,12	194	33,62
Front national	3 528 663	13,60	2	0,35
Front de gauche	1 793 192	6,91	10	1,73
Europe-Ecologie-Les Verts	1 418 264	5,46	17	2,95
Divers droite	910 034	3,51	15	2,60
Divers gauche	881 555	3,40	22	3,81
Nouveau Centre	569 897	2,20	12	2,08
Le Centre pour la France	458 098	1,77	2	0,35
Radical de gauche	428 898	1,65	12	2,08
Parti radical	321 124	1,24	6	1,04
Extrême gauche	253 386	0,98	0	0,00
Ecologist	249 068	0,96	0	0,00
Alliance centriste	156 026	0,60	2	0,35
Régionaliste	145 809	0,56	2	0,35
Autres	133 752	0,52	0	0,00
Extrême droite	49 499	0,19	1	0,17

Il faut être attentif au sens et à l'ampleur de l'alliance ou du désistement. Parfois, ils peuvent être antérieurs à la période entre les deux tours. Une alliance pré-électorale peut déboucher sur un partage des circonscriptions entre partis partenaires d'un pôle. Le parti socialiste et Europe-Ecologie ont ainsi conclu un accord en ce sens pour l'élection législative de 2012. De même, certaines alliances peuvent déboucher, en cas de victoire, sur un accord de gouvernement. C'est ce qui s'est produit en 1997 pour les partis de la «gauche plurielle». Mais ce n'est pas nécessairement toujours le cas. En 2012, un accord de désistement existait entre le PS et le Front de gauche. Mais à l'issue du scrutin, le PS était dans le gouvernement et le Front de gauche, non.

Le scrutin uninominal à deux tours a pour conséquence de tendre vers une **bipolarisation du scrutin**. Deux pôles se dégagent: un pôle de droite et un pôle de gauche. A l'intérieur de ces deux pôles coexistent chaque fois deux ou plusieurs partis. Soulignons qu'à l'intérieur des pôles, ce sont les partis «modérés» qui prédominent, notamment à gauche. Néanmoins comme dans le cas du scrutin majoritaire à un tour, il ne s'agit que d'une tendance, qui n'empêche pas la présence de partis «hors pôle» – le Front national – qui peuvent obtenir des résultats significatifs. Cela provoque des tensions dans le système politique. Lors de l'élection nationale française de mai-juin 1997, le Front national pouvait se présenter au deuxième tour dans 133 circonscriptions. Et il fut présent dans 132 d'entre elles, ce qui fut un élément perturbateur non négligeable[19]. Comme dans le scrutin uninominal à un tour, mieux vaut, pour gagner au second tour, une performance géographique homogène bonne qu'un résultat exceptionnel dans une partie des circonscriptions.

4. Le mode de scrutin plurinominal à deux tours

Le scrutin plurinominal – plusieurs sièges à pourvoir dans une même circonscription – comporte l'exigence d'une majorité absolue des suffrages exprimés pour pouvoir remporter les sièges au premier tour. Ce système est exceptionnel. Il s'exprime sous la forme d'un panachage. Les électeurs ont le plus souvent autant de voix que de sièges à pourvoir et distribuent leurs suffrages comme ils l'entendent. Un candidat ne peut l'emporter au premier tour que s'il atteint une majorité absolue de suffrages. Un second tour est organisé pour affecter les sièges non attribués au premier.

Ce mode de scrutin prévalait en Belgique pour les circonscriptions plurinominales jusqu'à l'adoption d'un mode de scrutin proportionnel en 1899.

5. Les effets attendus des modes de scrutin majoritaires

Quels sont les effets d'un mode de scrutin de type majoritaire? D'une manière générale, le scrutin majoritaire dégage une (forte) amplification en sièges du premier parti en voix. En France, avec 29,4 % des voix, le PS a décroché 48,5 % des sièges en 2012. La représentation en sièges de chaque

---

[19] P. DELWIT, «Le Front national et les élections», *in* P. DELWIT (éd.), *Le Front national. Mutations de l'extrême droite française*, Bruxelles, Editions de l'Université de Bruxelles, 2012, p. 113-142.

formation politique dépend très fort de la répartition géographique de ses suffrages.

Souvent, les tiers-partis ont une faible représentation en sièges par rapport à leur résultat. En revanche, les tiers-partis implantés localement peuvent bénéficier de cet ancrage territorial, à l'image du Bloc québécois aux élections fédérales canadiennes.

Le scrutin majoritaire à un tour contribue en général à une confrontation de type bipartite tandis que le scrutin majoritaire à deux tours contribue à une confrontation de type bipolaire, avec deux familles politiques à l'intérieur de chaque pôle. Mais cet effet n'est pas mécanique.

Dans le scrutin majoritaire à deux tours, la représentation des partis politiques en sièges dépend autant de leur résultat au premier tour que de leur capacité ou de leur volonté à nouer des alliances pour le second.

Quels sont les avantages et les inconvénients prêtés aux modes de scrutin majoritaires ? En principe, le scrutin majoritaire a l'avantage de dégager des majorités claires en sièges et d'ainsi permettre un gouvernement clair qui a l'occasion de **faire ses preuves**. Dans le scrutin majoritaire à un tour, le parti qui gagne remporte, le plus souvent, la majorité absolue des sièges. Mais ce n'est pas mécanique. De manière intéressante, les derniers scrutins en Grande-Bretagne et en Australie ont abouti à des situations de *Hung Parliament* (assemblée sans majorité absolue).

Dans le scrutin majoritaire à deux tours se dégage une majorité le plus souvent absolue autour de deux ou plusieurs partis du même pôle. Le(s) parti(s) vainqueur(s) a (ont) donc la possibilité de gouverner avec une majorité qui le(s) soutient et de faire ses (leurs) preuves.

Lorsque l'électeur vote, il choisit à la fois son **représentant au parlement** et le parti qu'il souhaite voir au **gouvernement**. Il n'y a pas de surprise à l'issue du scrutin. Le(s) parti(s) vainqueur va (vont) au gouvernement et le(s) parti(s) vaincu(s), dans l'opposition.

Les scrutins majoritaires favorisent une connaissance par les citoyens de leur(s) député(s) de circonscription, ce qui contribue à éviter les déconnexions du monde politique avec la société. Il atténue, dans une certaine mesure, l'influence des partis dans la désignation des candidats.

Le scrutin majoritaire ne présente toutefois pas que des « avantages » ; il est aussi porteur d'un certain nombre d'inconvénients. Ainsi est-il jugé *injuste* voire très *injuste* en termes de représentation des différents courants, des différentes sensibilités qui composent la société. Le scrutin majoritaire à un tour lamine les tiers-partis, qui ne sont pas implantés localement. Les partis « généralistes » en souffrent. Nous l'avons souligné dans le chef des libéraux démocrates ou des écologistes en Grande-Bretagne.

Cette sous-représentation des tiers-partis généralistes **freine l'émergence de nouvelles idées** et de nouveaux partis dans l'arène parlementaire. De ce point de vue, le mode de scrutin majoritaire a plutôt tendance à figer le système et l'état des idées.

Par ailleurs, si les députés de circonscription ont l'avantage de favoriser un contact plus étroit avec les citoyens, ils ont l'inconvénient de parfois pervertir leur fonction de législateur «généraliste». Les députés interviennent surtout sur les questions concernant leur territoire et laissent souvent les problématiques générales aux soins d'une minorité d'autres parlementaires de leur parti ou du gouvernement quand leur parti est au pouvoir. La défense prioritaire des intérêts particuliers de chaque circonscription génère une «incohérence et un manque de discipline partisane» qui accroîtrait l'insatisfaction envers l'action des partis[20].

Enfin, les partis qui gouvernent sont souvent minoritaires en voix. Ainsi, l'Union pour le Mouvement populaire en France a-t-elle eu une majorité absolue confortable tout en ayant décroché 33% des voix des électeurs qui ont exprimé un vote valable aux élections de 2007!

B. Les modes de scrutin proportionnels

Si le scrutin majoritaire est consubstantiel à la naissance du parlementarisme, l'idée de la représentation proportionnelle est la «fille des partis et de la statistique, son développement s'inscrit dans celui dans la croyance en la capacité de la science à rationaliser la politique. Les premiers systèmes proportionnels ont été proposés par des mathématiciens et portent souvent le nom de leur auteur»[21]. La philosophie du scrutin proportionnel est donc celle de la représentativité[22]. La composition de(s) l'assemblée(s) doit être aussi proche que possible de celle exprimée en voix. L'exemple néerlandais lors des élections du 17 septembre 2012 en apporte un premier témoignage intuitif.

Résultat des élections législatives aux Pays-Bas (2012)

	Voix	% en voix	Sièges	% en sièges
VVD	2 504 948	**26,58**	41	**27,33**
PvdA	2 340 750	**24,84**	38	**25,33**

[20] J.J. LINZ, «Quel avenir pour les partis politiques dans les démocraties contemporaines?», *Pôle Sud*, 2004, n° 21, p. 58.

[21] P. MARTIN, *op. cit.*, p. 64. Pierre Martin rappelle que le Danemark est le premier à avoir introduit une technique de représentation proportionnelle, en 1855, pour l'élection d'une partie des membres du *Risgraas*.

[22] D.-L. SEILER, «Le mode de scrutin fait-il l'élection?», *op. cit.*, p. 33.

PVV	950 263	**10,08**	15	**10,00**
SP	909 853	**9,65**	15	**10,00**
CDA	801 620	**8,51**	13	**8,67**
D66	757 091	**8,03**	12	**8,00**
CU	294 586	**3,13**	5	**3,33**
GL	219 896	**2,33**	4	**2,67**
SGP	196 780	**2,09**	3	**2,00**
PvdD	182 162	**1,93**	2	**1,33**
50 Plus	177 631	**1,88**	2	**1,33**
Divers	88 655	**0,94**	0	**0,00**

VVD : parti libéral ; PvdA : parti social-démocrate ; PVV : parti de la liberté (droite radicale) ; SP : parti socialiste (gauche radicale) ; CDA : parti démocrate chrétien ; CU : Union chrétienne ; GL : parti vert ; SGP : parti réformé protestant ; PvdD ; parti des animaux.

Après l'adoption de la proportionnelle en Belgique en 1899[23], de nombreux pays opteront aussi pour des systèmes proportionnels : la Finlande (1906), la Suède (1907), le Portugal à Lisbonne et à Porto (1911), le Danemark (1915), les Pays-Bas (1917), la Norvège, l'Allemagne, l'Italie, la Suisse, l'Autriche, le Luxembourg et la Tchécoslovaquie (1919), l'Irlande (1921), Malte (1922), la Grèce (1974), le Portugal après le retour à la démocratie (1975), l'Espagne (1977) et depuis la chute du mur de Berlin, la Tchécoslovaquie (1990), la Roumanie (1990), la Bulgarie (1991), la Pologne (1991) et l'Albanie (1992).

Les systèmes proportionnels sont des **scrutins de listes**. On ne vote donc plus pour un candidat représentant un parti mais pour **une liste de candidats** représentant le parti. Le scrutin peut s'effectuer à l'échelle nationale : une seule liste pour tout le pays – c'est le cas par exemple en Israël ou aux Pays-Bas – ou à l'échelle de circonscriptions.

Comment s'effectue alors la répartition des sièges dans un mode de scrutin proportionnel ? Deux grandes méthodes de dévolution des sièges sont le plus souvent utilisées, la méthode par quotient ou la méthode par diviseur.

1. La distribution des sièges par la méthode du quotient

Pour savoir combien de sièges remporte un parti, on calcule d'abord un **quotient**. Le quotient est le nombre de voix nécessaires pour obtenir un siège. Lorsque le calcul du quotient a été réalisé, on divise le nombre de voix de

[23] P. Delwit, *La vie politique en Belgique de 1830 à nos jours*, Bruxelles, Editions de l'Université de Bruxelles, 2012 (3e édition), p. 79-80.

chaque liste (dans certains cas de chaque candidat) par le quotient. Le résultat avant la décimale ramène au nombre de sièges auxquels la liste a droit.

Il existe différentes formules pour déterminer le quotient. La plus simple est le **quotient de Hare** : il s'agit du rapport entre le nombre de suffrages valablement exprimés dans la circonscription (v) et le nombre de sièges à pourvoir (s) : Q = v/s. Toutefois, d'autres quotients sont parfois utilisés :

- le quotient de Hagenbach-Bischoff : Q = v/s + 1
- le quotient de Droop : Q = (v/(s + 1)) + 1
- le quotient Imperiali : Q = v/s + 2

Avec la méthode des quotients, il reste d'habitude des sièges non attribués. L'attribution de ces sièges vacants s'effectue en général à l'aide de la méthode des plus forts restes ou via la méthode de la plus forte moyenne.

La *méthode des plus forts restes* consiste à comparer le nombre de voix non utilisées lors de l'opération mettant en relation le nombre de suffrages de la liste avec le quotient. Les différents partis sont classés en fonction du **total des voix non utilisées**. Ensuite, les sièges sont attribués par ordre d'importance du plus fort reste du premier jusqu'au dernier siège restant à attribuer.

Illustrons la démarche par un exemple. Dans une circonscription à dix sièges, quatre partis se disputent les suffrages des électeurs. Au final le résultat est le suivant :

- le parti A enlève 91 000 voix :
- le parti B décroche 54 000 voix ;
- le parti C recueille 32 000 voix ;
- le parti D obtient 25 000 voix.

En première approche, on calcule le quotient. Dans le cas d'espèce, nous prenons le quotient de Hare. Le total des voix valablement exprimées est ainsi rapporté au nombre de sièges à pourvoir. Dans notre exemple, le quotient égale 202 000/10, soit 20 200. La première étape consiste alors à déterminer la répartition des sièges sur la base du quotient.

Qu'en est-il pour la liste A ? 91 000/20 200, soit 4,5. A enlève donc quatre sièges (4 × 20 200 = 80 800 voix). Il reste donc au parti A 91 000 – 80 800 = 10 200 voix non utilisées.

Qu'en est-il pour la liste B ? 54 000/20 200, soit 2,6. B glane ainsi deux sièges (2 × 20 200 = 40 400). Le calcul des voix non utilisées ramène de la sorte à 13 600 (54 000 – 40 400).

Qu'en est-il pour la liste C ? 32 000/20 200 = 1,5. C décroche un siège et conserve 11 800 suffrages non utilisés (32 000 – 20 200).

Qu'en est-il enfin pour la liste D ? 25 000/20 200 = 1,2. D emporte aussi un siège et peut se prévaloir de 4 800 voix non utilisées (25 000 – 20 200).

A l'issue de cette première étape, huit sièges ont été attribués et deux doivent encore être pourvus. La deuxième étape consiste à examiner les « restes » des partis, à savoir les **voix non utilisées**.

Voix non utilisées après la première dévolution

A	10 200
B	**13 600**
C	**11 800**
D	4 800

Les deux formations qui ont les « plus forts restes » sont respectivement la liste B – 13 600 voix – et la liste C – 11 800 voix. La liste B emporte de la sorte le neuvième siège et la liste C, le dixième.

A l'issue de ces deux étapes, la répartition des sièges se décline de la manière suivante.

Liste A : quatre sièges, soit 40 % des sièges.
Liste B : trois sièges, soit 30 % des sièges.
Liste C : deux sièges, soit 20 % des sièges.
Liste D : un siège, soit 10 % des sièges.

Tendanciellement, la méthode des plus forts restes est plutôt favorable aux moyens et aux petits partis au détriment des plus grandes formations. Elle est très souvent utilisée en Amérique latine ainsi qu'au Liechtenstein et à Chypre[24].

La plus forte moyenne consiste à rapporter le nombre de voix de chaque liste au nombre de sièges qu'elle a déjà décrochés plus un. Le parti qui dévoile la plus forte moyenne emporte le siège. L'opération est répétée jusqu'à ce que l'ensemble des sièges à pourvoir soient affectés. Reprenons notre exemple précédent. En première étape, le quotient de Hare est calculé et la première dévolution de sièges intervient sur cette base.

A : 91 000/20 200 = 4,5 : quatre sièges.
B : 54 000/20 200 = 2,6 : deux sièges.
C : 32 000/20 200 = 1,5 : un siège.
D : 25 000/20 200 = 1,2 : un siège.

[24] P. MARTIN, *op. cit.*, p. 79.

Deux sièges n'ont pas encore été affectés. Pour chaque liste, on calcule alors la plus forte moyenne, **à savoir le rapport voix / nombre de sièges acquis + 1**. Le siège est attribué à la liste présentant la plus forte moyenne de voix par siège. Dans notre exemple, le calcul de la plus forte moyenne ramène au niveau le plus élevé pour la liste A, qui remporte le neuvième siège.

Liste A = 91 000/4+1 = **18 200.**
Liste B = 54 000/2+1 = 18 000.
Liste C = 32 000/1+1 = 16 000.
Liste D = 25 000/1+1 = 12 500.

Pour l'affectation du dixième siège, l'opération est répétée. En l'espèce, c'est la liste B qui a la plus forte moyenne et qui glane le dernier siège.

Liste A = 91 000/5+1 = 15 166.
Liste B = 54 000/2+1 = **18 000.**
Liste C = 32 000/1+1 = 16 000.
Liste D = 25 000/1+1 = 12 500.

La répartition finale des sièges est donc la suivante :

Liste A : cinq sièges, soit 50 % des sièges.
Liste B : trois sièges, soit 30 % des sièges.
Liste C : un siège, soit 10 % des sièges.
Liste D : un siège, soit 10 % des sièges.

Ce mode de dévolution des sièges restants, après répartition par le quotient, est nettement moins favorable pour les petits partis et donc plus porteur pour les grandes formations. Le phénomène sera d'autant plus patent que la **magnitude de la circonscription** – le nombre de sièges à pourvoir – sera faible. Toutes choses égales par ailleurs, une faible magnitude profite aux partis les plus importants et une forte magnitude est plus avantageuse pour les formations moyennes et petites. Dans la comparaison qu'il réalise quant à la percée des *nouveaux partis*, Wiley isole cet élément comme central. Plus la magnitude est faible, plus les chances de percées électorales sont minimes. *A contrario*, plus elle est forte, plus les nouveaux partis ont de chances de décrocher des élus[25]. Dans notre exemple, une magnitude à cinq sièges ou vingt sièges aboutit à des répartitions différentes.

[25] J. WILLEY, « Institutional Arrangements and the Success of New Parties in Old Democracies », *Political Studies*, 1998, vol. XLVI, p. 651.

Pourcentage en sièges en fonction de la magnitude

		5 sièges à pourvoir		10 sièges à pourvoir		20 sièges à pourvoir	
	Voix	Sièges	% en sièges	Sièges	% en sièges	Sièges	% en sièges
Liste A	91 000	3	**60**	5	**50**	10	**50**
Liste B	54 000	1	**20**	3	**30**	5	**25**
Liste C	32 000	1	**20**	1	**10**	3	**15**
Liste D	25 000	0	**0**	1	**10**	2	**10**

2. La distribution des sièges par la méthode du diviseur

La deuxième méthode employée pour répartir les sièges est ce que l'on nomme la méthode par diviseur. On divise le score de chaque parti par un diviseur à concurrence du nombre de sièges à pourvoir. Lorsque notre tableau des diviseurs est prêt, on prend du premier diviseur jusqu'au nombre n pour déterminer qui emporte les sièges.

La **méthode D'Hondt** consiste à appliquer un diviseur simple : 1, 2, 3, 4, n. Cela amène au même résultat que la dévolution par quotient de Hare complété par la plus forte moyenne. Si on reprend notre exemple avec huit sièges à attribuer, la répartition s'opérerait de la manière suivante. Au terme de la démarche, nous avons un tableau des diviseurs. On affecte alors les sièges par ordre d'importance jusqu'à ce qu'il n'y ait plus de siège à distribuer. Dans notre exemple, le premier diviseur est 56 000, puis 33 000, ensuite 28 000… Dès lors que nos huit sièges sont affectés, on peut examiner combien de sièges chaque parti a conquis.

Distribution des sièges avec le diviseur D'Hondt

	56 000	33 000	26 000	15 000
1	(1) **56 000**	(2) **33 000**	(4) **26 000**	(7) **15 000**
2	(3) **28 000**	(6) **16 500**	13 000	7 500
3	(5) **18 667**	11 000	8 667	5 000
4	(8) **14 000**	8 250	6 500	3 750
5	11 200	6 600	5 200	3 000
6	9 333	5 500	4 333	2 500
7	8 000	4 714	3 714	2 143
8	7 000	4 125	3 250	1 875

D'autres diviseurs existent. Citons à titre d'exemple la **méthode Sainte-Laguë**. Dans ce cas, la série est impaire : 1, 3, 5, 7,… Cette méthode est plus favorable aux petits partis comme l'illustre notre exemple.

Distribution des sièges avec le diviseur Sainte-Laguë

	56 000	33 000	26 000	15 000
1	(1) **56 000**	(2) **33 000**	(3) **26 000**	(5) **15 000**
3	(4) **18 667**	(7) **11 000**	(8) **8 667**	5 000
5	(6)**11 200**	6 600	5 200	3 000
7	8 000	4 714	3 714	2 143
9	6 222	3 667	2 889	1 667
11	5 091	3 000	2 364	1 364
13	4 308	2 538	2 000	1 154
15	3 733	2 200	1 733	1 000

Il existe d'autres formules : 1, 4, 3, 5,... moins favorable aux petits partis ou encore 2, 3, 4, 5,... Cette méthode est appliquée au niveau communal en Belgique sous le nom de **diviseur Imperiali**. Comme l'atteste notre exemple, le diviseur Imperiali est défavorable aux petits partis. Prenons les résultats de l'élection communale dans la commune de Liège en octobre 2012 et comparons la distribution avec les trois diviseurs présentés.

On le voit sans peine, le système Imperiali offre une «prime» au parti le plus important. A l'autre extrême, le diviseur Sainte-Laguë dévoile la configuration la plus intéressante pour les petits partis. Dans les systèmes proportionnels, le choix du diviseur pour la répartition des sièges n'est donc pas une décision anodine.

Distribution des sièges dans la commune de Liège (Belgique) aux élections communales d'octobre 2012 en fonction de trois diviseurs

	Voix	% en voix	D'Hondt	Imperiali	Sainte-Laguë
Ecolo	12 021	12,23	6	6	6
PS	37 289	37,95	19	22	19
CDH	13 769	14,01	7	7	7
MR	20 819	21,19	11	11	10
PTB+	6 297	6,41	3	2	3
P. pensionnés	2 392	2,43	1	0	1
VEGA	3 534	3,6	1	1	2
PP	2 135	2,17	1	0	1
	98 256	100	49	49	49

Ecolo : parti vert francophone ; PS : parti socialiste ; CDH : parti démocrate chrétien ; MR : parti libéral ; PTB : parti du travail (gauche radicale) ; VEGA : Verts pour une gauche alternative ; PP : parti populaire.

Quels sont les effets attendus des systèmes proportionnels ? Tous les systèmes proportionnels tendent à augmenter le degré de proportionnalité du scrutin en particulier quand la magnitude des circonscriptions s'accroît. En d'autres termes, le pourcentage en voix est alors proche du pourcentage en sièges. L'exemple belge aux élections du 13 juin 2010 en atteste. Le pourcentage que décroche chaque formation politique est très proche de son pourcentage en voix.

Résultats des élections belges à la Chambre des représentants en 2010

	Voix	% en voix	Sièges	% en sièges
N-VA	1 135 617	**17,40**	27	**18,00**
PS	894 543	**13,70**	26	**17,33**
CD&V	707 986	**10,85**	17	**11,33**
MR	605 617	**9,28**	18	**12,00**
SP.a	602 867	**9,24**	13	**8,67**
Open VLD	563 873	**8,64**	13	**8,67**
Vlaams Belang	506 697	**7,76**	12	**8,00**
CDH	360 441	**5,52**	9	**6,00**
Ecolo	313 047	**4,80**	8	**5,33**
Groen	285 989	**4,38**	5	**3,33**
Lijst Dedecker	150 577	**2,31**	1	**0,67**
Parti populaire	84 005	**1,29**	1	**0,67**
Autres	316 108	**4,84**	0	**0,00**

N-VA : Nouvelle Alliance flamande ; SP.a : parti socialiste néerlandophone ; Open VLD : libéraux néerlandophones ; Vlaams Belang : La Flandre d'abord (extrême droite) ; Groen : parti vert néerlandophone.

Cela se vérifie en mesurant l'indice de disproportionnalité. En principe, dans un scrutin de type proportionnel, il doit être beaucoup plus faible que dans un scrutin de type de majoritaire. Le calcul effectué pour l'élection danoise de 2011 le montre. L'indice de disproportionnalité n'est que de 1,77.

Indice de disproportionnalité aux élections législatives danoises de 2011

	% en voix	% en sièges	Ecart
Parti social-démocrate – SD	24,81	25,14	0,33
Parti libéral social – RV	9,50	9,71	0,22
Parti populaire conservateur – KRF	4,94	4,57	0,37
Parti socialiste populaire – SF	9,20	9,14	0,06
Alliance libérale – LA	4,98	5,14	0,16
Démocrates chrétiens – KD	0,79	0,00	0,79
Parti populaire danois – DF	12,32	12,57	0,25
Parti libéral – V	26,73	26,86	0,13

Liste d'unité	6,68	6,86	0,18
Autres	0,05	0,00	0,05
			2,54
Indice de disproportionnalité	**1,77**		

3. Les effets attendus des modes de scrutin proportionnels

A l'instar du mode de scrutin majoritaire, on prête à la proportionnelle un certain nombre d'avantages et d'inconvénients. On l'aura compris, ils sont souvent en miroir des avantages et des inconvénients du système majoritaire.

Au rayon des avantages, le système proportionnel serait plus ***juste*** que le scrutin majoritaire. En effet, il rend beaucoup mieux les nuances et les conflits présents dans l'opinion au sein de l'assemblée parlementaire et, ce faisant, du système politique. Des partis petits et des formations de format moyen qui trouvent difficilement place au parlement avec le scrutin majoritaire peuvent y accéder lorsque le scrutin est proportionnel. Même si un (léger) décalage s'observe toujours au profit des listes les plus fortes, le rapport du pourcentage de suffrages en voix et du pourcentage en sièges est nettement plus proche de 1 que dans les scrutins majoritaires. Néanmoins, si les circonscriptions ont une faible magnitude et si la méthode utilisée est celle de la plus forte moyenne, le caractère proportionnel diminue.

Dans les grandes circonscriptions – *a fortiori* dans les circonscriptions nationales –, les élus sont plus des **élus généralistes**, plus attentifs à la dimension législative de leur métier et de contrôle de l'exécutif et donc un peu moins centrés sur la défense stricte des intérêts de leur circonscription. Dans ces conditions, la représentation proportionnelle renforcerait «le caractère programmatique des partis et le contenu idéologique de l'élection»[26]. Néanmoins, cet élément est contrebalancé par le fait qu'en système proportionnel, le poids des partis est plus fort et que se pose le problème de la discipline des députés au Parlement.

Le scrutin proportionnel permet plus aisément l'**émergence de nouvelles idées et de nouveaux acteurs politiques** dans l'arène parlementaire. Sous cet angle, il serait plus en phase avec l'évolution réelle de la société. Elizabeth Carter a cependant mis en cause cette hypothèse dans le cas de l'extrême droite:

> «*In light of this finding, it is reasonable to assume that right-wing extremist parties should perform less well under majoritarian formulae than under proportional formulae. However (...) this has not been the case*»[27].

---

[26] J.-M. Cotteret, C. Emeri, *op. cit.*, p. 71.

[27] E.L. Carter, «Proportional Representation and the Fortunes of Right-Wing Extremist Parties», *West European Politics*, 2002, vol. 25, n° 3, p. 133-134.

Au vu de nos travaux sur le rapport du Front national aux élections, cette conclusion d'Elizabeth Carter nous paraît cependant sujette à caution[28].

Le scrutin proportionnel permet l'expression d'un avis plus nuancé. On n'est pas nécessairement attaché à voter pour un parti ou un autre, pour un pôle ou un autre. On peut émettre un vote plus subtil.

Enfin, contrairement à la situation qui prévaut le plus généralement dans les modes de scrutin de type majoritaire, la majorité parlementaire recouvre le plus souvent une majorité des voix. En d'autres termes, le gouvernement s'appuie sur une majorité en voix et en sièges.

Les modes de scrutin proportionnels ne sont toutefois pas dénués d'un certain nombre de problèmes et d'inconvénients. Contrairement au scrutin majoritaire, l'électeur ne sait pas toujours aisément, lorsqu'il va voter, pour quel type de gouvernement il opte. Les alliances sont le plus souvent décidées après l'échéance électorale en fonction de critères multiples, dont les résultats électoraux sont un élément essentiel mais pas exclusif.

La représentation proportionnelle impose plus régulièrement des gouvernements de coalition que les scrutins majoritaires. Un seul parti ou un seul pôle a rarement l'occasion de «faire ses preuves», de «montrer ses capacités». En termes de politiques menées, l'alternance est moins forte. Les continuités sont en général – et en principe – plus nombreuses que dans le cadre d'un scrutin majoritaire.

Cela dit, la situation à l'échelle européenne dévoile de nombreuses exceptions. Par exemple en Espagne, en Grèce ou au Portugal, voire dans certains pays scandinaves comme en Norvège ou en Suède, le système proportionnel n'inhibe pas le principe d'alternance entre partis ou pôles de gauche ou de droite.

Si l'élu est parfois plus un élu «généraliste», le rapport à l'électeur est parfois «moins fort» que dans les scrutins majoritaires.

Aussi, pour tenter d'atténuer les inconvénients prêtés aux scrutins proportionnels (plus grande fragmentation et lien moins fort des élus avec les mandants), certains mécanismes peuvent être mis en place.

a) Les seuils

Pour limiter l'éparpillement des voix et des sièges, plusieurs pays ont instauré des seuils à atteindre pour pouvoir accéder à la répartition des sièges. En d'autres termes, pour prétendre décrocher un ou plusieurs

---

[28] P. Delwit, «Le Front national et les élections», *in* P. Delwit, *Le Front national, op. cit.*, p. 113-142.

sièges, une liste doit atteindre un pourcentage minimal de suffrages. Ces seuils peuvent être fixés à l'échelle nationale. Il en est ainsi en Allemagne (seuil à 5%), en Suède (seuil à 4%), en Grèce (seuil à 3%), en Israël (seuil à 1%) ou encore au Liechtenstein (seuil à 8%). Mais ils peuvent l'être aussi à l'échelle des circonscriptions. C'est le cas notamment en Espagne (seuil à 3% dans les circonscriptions) ou en Belgique (5% dans les circonscriptions).

b) Le panachage

Le panachage consiste à pouvoir voter pour des candidats de listes différentes. Cette situation prévaut pour les élections municipales en France dans les communes de moins de 3 500 habitants. Cette option était aussi possible en Belgique au plan local jusqu'à la fusion des communes de 1970-1976. A l'échelle législative, elle se pratique au Grand-Duché de Luxembourg et en Suisse. Dans chaque circonscription, l'électeur a autant de voix qu'il y a de sièges à pourvoir. Avec ces différentes voix, il peut opter pour le même parti ou pour des partis et candidats différents.

c) Des listes ouvertes ou semi-ouvertes

Pour établir un meilleur rapport de proximité entre élus et électeurs, une autre voie est de présenter des listes ouvertes ou semi-ouvertes, et donc pas de listes fermées. Dans les configurations de listes fermées, il n'est pas possible pour le citoyen de voter pour un ou plusieurs candidats de la liste. L'ordre de la liste prime. Il en est ainsi en France lors des élections européennes.

A contrario, dans les listes ouvertes, on ne peut voter que pour un candidat. Ce système prévaut par exemple aux Pays-Bas. A titre d'exemple, on lira ci-dessous le tableau des voix de préférence du PvdA – parti social-démocrate aux Pays-Bas – lors de l'élection de 2010.

Voix de préférence pour le PvdA. Election nationale de 2010

	Place sur la liste	Voix de préférence		Place sur la liste	Voix de préférence
Job Cohen	1	1 510 203	Lia Roefs	36	770
Nebahat Albayrak	2	129 005	Jan Boelhouwer	37	851
Ronald Plasterk	3	32 296	Mei Li Vos	38	10 200
Mariëtte Hamer	4	14 662	Henk Nijboer	39	451
Jeroen Dijsselbloem	5	3 010	Anja Timmer	40	1 756
Jetta Klijnsma	6	20 050	Paul Kalma	41	452
Diederik Samsom	7	10 982	Brigitte Troost	42	530

Gerdi Verbeet	8	4 317	Jan Vos	43	447
Frans Timmermans	9	8 684	Marianne Besselink	44	1 487
Sharon Dijksma	10	7 876	Wouter Neerings	45	226
Hans Spekman	11	3 718	Keklik Yücel	46	2 886
Angelien Eijsink	12	1 217	Serv Wiemers	47	128
Martijn van Dam	13	1 774	Saskia Laper-ter Stege	48	864
Attje Kuiken	14	2 974	Hans Spigt	49	289
Ahmed Marcouch	15	14 298	Marije van den Berg	50	913
Roos Vermeij	16	864	Thijs Reuten	51	2 935
Ed Groot	17	510	Ria Oonk	52	487
Sjoera Dikkers	18	698	Sander Terphuis	53	636
Pierre Heijnen	19	621	Chantal Gill'ard	54	436
Lea Bouwmeester	20	1 658	Hans Adriani	55	186
Jeroen Recourt	21	222	Loes Ypma	56	395
Agnes Wolbert	22	3 204	Ard van der Tuuk	57	181
Eelke van der Veen	23	486	Patricia Linhard	58	225
Pauline Smeets	24	3 094	Meint Helder	59	104
Metin Çelik	25	7 560	Grace Tanamal	60	657
Lutz Jacobi	26	5 109	Inge Polstra	61	148
Tjeerd van Dekken	27	2 958	Gülhan Akdemir	62	1 440
Tanja Jadnanansing	28	7 784	Joyce Vermue	63	320
Jacques Monasch	29	934	Karin Hazewinkel	64	365
Khadija Arib	30	5 121	Martientje Kuitenbrouwer	65	155
Jeroen de Lange	31	426	Maarten Divendal	66	245
Myrthe Hilkens	32	700	Marijke Drees	67	470
John Leerdam	33	3 341	Jan Hamming	68	567
Margot Kraneveldt	34	438	Hedy d'Ancona	69	675
Mohammed Mohandis	35	4 379	Lodewijk de Waal	70	755

Mais dans le cas d'espèce, le vote de préférence n'influe pas sur la distribution des sièges à l'intérieur de la liste. La dévolution reste liée à la place sur la liste.

Dans d'autres cas, les candidats sont classés en fonction du nombre de voix de préférence décrochées et la détermination des élus s'opère sur ce classement de voix de préférence. Enfin, dans les listes semi-ouvertes, le choix est laissé aux électeurs de voter soit pour la case de tête – vote pour la liste –, auquel cas on accepte l'ordre de la liste, soit pour un ou plusieurs candidats (effectifs et/ou suppléants) de la même liste. Ce système est pratiqué en Belgique aux élections nationales et régionales. Les électeurs ont la possibilité de voter pour **un ou plusieurs candidats** de la même liste. Ces dispositions permettent de répondre en partie à des critiques adressées à la proportionnelle.

C. Les modes de scrutin mixtes

Lors d'une élection, il peut y avoir application combinée d'éléments de scrutin majoritaire et de scrutin proportionnel. L'ambition est alors d'associer des avantages prêtés aux deux modes de scrutin ou, parfois plus justement, de minimiser les inconvénients attribués aux deux. Selon le type de scrutin mixte, la dynamique sera primairement proportionnelle ou essentiellement majoritaire.

La mixité peut être liée à la **combinaison de votes** dans une perspective uninominale et plurinominale. Dans ce type de scrutin, il y a deux types d'élus : les élus à la représentation proportionnelle et ceux au scrutin uninominal. L'exemple le plus connu est l'Allemagne. Aux élections fédérales, les citoyens ont deux voix : une pour un scrutin uninominal et une autre pour un scrutin de liste. La répartition finale des élus s'opère à la proportionnelle sur une base de « compensation » compte tenu de la première distribution au scrutin uninominal. Le bulletin de vote reprend donc les deux votes à exprimer.

La mixité des dynamiques peut aussi se dévoiler dans le mode de distributions des sièges. Dans certains modes de dévolution des sièges, la volonté est d'allier les avantages du scrutin majoritaire – par exemple, une majorité claire pour gouverner – et du scrutin proportionnel – par exemple, une certaine justice dans la répartition des sièges. Il en va ainsi du système électoral en vigueur lors des élections municipales en France depuis 1982. La liste qui a obtenu le plus de voix au second tour – ou au premier tour si elle a obtenu la majorité absolue – reçoit automatiquement la moitié des sièges. L'autre moitié est distribuée à la proportionnelle entre toutes les listes, en ce compris celle qui est arrivée première. Dans notre exemple qui porte sur le scrutin municipal à Lille en 2008, ceci explique l'amplification du pourcentage en sièges par rapport à son résultat en voix mais aussi que la deuxième liste a néanmoins une représentation au Conseil municipal.

Résultat des élections municipales à Lille en 2008 (2e tour)

	Voix	% en voix	Sièges	% en sièges
Union de la gauche	35 226	66,56	51	83,61
UMP	17 700	33,44	10	16,39
	52 926	100	61	100

La même dynamique prévaut pour les élections régionales. Mais la répartition est différente : la liste arrivée en tête au second tour emporte d'emblée 25 % des sièges ; les 75 % autres sont répartis à la proportionnelle entre toutes les listes, y compris la première.

En Grèce, deux cent cinquante des trois cents sièges sont affectés à la proportionnelle. Les cinquante autres sièges reviennent au premier parti. Celui-ci bénéficie de la sorte d'une « prime » majoritaire, comme le montre le résultat de l'élection législative de juin 2012.

Résultat des élections législatives en Grèce de juin 2012

	Voix	% en voix	Sièges	% en sièges
ND	1 825 497	30,25	129	43,00
Syriza	1 655 022	27,43	71	23,67
PASOK	756 024	12,53	33	11,00
ANEL	462 406	7,66	20	6,67
XA	426 025	7,06	18	6,00
DIMAR	384 986	6,38	17	5,67
KKE	277 227	4,59	12	4,00
Autres	247 344	4,10	0	0,00

ND : Nouvelle démocratie ; Syriza : Coalition de la gauche radicale ; PASOK : parti socialiste ; ANEL : les Grecs indépendants ; XA : Aube dorée (parti néo-nazi) ; DIMAR : Gauche démocratique ; KKE : parti communiste.

IV. Le mode de scrutin « fait-il » l'élection ?

La question de l'impact du mode de scrutin et, plus généralement, de la ***contrainte institutionnelle*** est une thématique très importante et très controversée en science politique. Elle renvoie à un débat scientifique qui oppose deux grandes écoles de pensée : l'*école institutionnaliste* et l'*école socio-historique*.

D'une façon globale, les tenants de l'approche institutionnaliste jugent que les institutions façonnent la société et un certain nombre de comportements politiques et sociaux. La contrainte institutionnelle est alors déterminante dans le fait social et politique. La configuration institutionnelle ***produit le résultat***. Dans le registre électoral, les défenseurs de cette école considèrent que le ***mode de scrutin fait l'élection***. Dans le champ des modes de scrutin, son représentant le plus illustre est le célèbre politologue

Maurice Duverger (1917-). Dans son ouvrage le plus connu, *Les partis politiques*, il dégage trois tendances qui prendraient la forme de *lois* :

– la représentation proportionnelle tend à un système de partis multiples, rigides, indépendants et stables, sauf dans le cas de mouvements passionnels. Cela générerait des systèmes de partis multipartites (voir *infra*) ;
– le scrutin majoritaire uninominal à deux tours tend à un système de partis multiples, souples, dépendants et relativement stables. Cela déboucherait sur des systèmes multipartites articulés autour de pôles ;
– enfin, le scrutin majoritaire uninominal à un tour tend à un système dualiste, avec alternance de grands partis indépendants. Cela donnerait naissance à des configurations de bipartisme.

En d'autres termes, pour les tenants de l'approche institutionnaliste, le mode de scrutin **fait** l'élection : **la contrainte institutionnelle détermine le résultat** ou, plus exactement, le système de partis.

Les tenants de l'approche socio-historique mettent en question l'ordonnancement du raisonnement. Pour ces derniers, la contrainte institutionnelle est d'abord le résultat ou, plus exactement, **la traduction d'un choix politique et social et non l'inverse.** Est-ce le mode de scrutin qui façonne le système de partis ou les partis qui façonnent le système électoral et le type de scrutin ? Dans *Partis politiques et réalités sociales*, Georges Lavau (1918-1990) a défendu vigoureusement la thèse opposée : les systèmes de partis sont prioritairement le résultat de la sociologie et de l'histoire et, face à ces facteurs explicatifs, le mode de scrutin serait tout à fait accessoire.

Il est en effet difficile d'attribuer des effets mécaniques ou automatiques à un mode de scrutin. A n'en point douter, c'est une contrainte importante. Mais il en existe d'autres. De plus, la mise en place de tel ou tel type de scrutin correspond souvent à une réalité socio-politique donnée. Quand celle-ci mue ou disparaît, l'impact de la contrainte institutionnelle s'affadit. Ainsi, un même mode de scrutin produira des effets différents dans des contextes socio-politiques ou socio-démographiques différents. Et un même mode de scrutin peut aussi produire des résultats différents dans une même configuration mais dans une temporalité différente. L'exemple belge l'illustre. Au lendemain de la guerre 1940-1945, la Belgique est un pays faiblement fragmenté du point de vue du système de partis. Deux partis agrègent 80 % des suffrages. Peu à peu pourtant, la fragmentation du système se développe et le morcellement du système politique belge s'accroît de manière substantielle. Pourtant, le mode de scrutin n'a pas été modifié : il s'agit toujours d'un mode de scrutin proportionnel avec dévolution des sièges sur la base de la clé D'Hondt. Bien sûr, les grands partis nationaux se sont scindés en des formations unilingues, mais l'ouverture du système dépasse très largement cette implosion des formations nationales.

Comparaison des élections législatives en Belgique 1950-2010

	Election de 1950	Election de 2010		
CVP-PSC	47,62	CD&V	16,37	10,85
		CDH		5,52
PSB-BSP	35,51	PS	22,94	13,70
		SP.a		9,24
PL-LP	12,08	VLD	17,92	8,64
		MR		9,28
PCB-KPB	4,75	FG		0,32
		Ecolo		4,80
		Groen		4,38
		N-VA		17,40
		Vlaams Belang		7,36
		LDD		2,31
Autres	0,04	Autres		6,20

Cela dit, l'impact de la contrainte institutionnelle est une question très débattue parmi les politologues. Il n'y a pas unanimité dans la communauté scientifique. En tout état de cause, chaque politologue conçoit le problème dans une approche dynamique. Les institutionnalistes ne rejettent pas l'importance de la profondeur historique et de la structuration des clivages dans une société. Les tenants d'une approche socio-historique jugent aussi que la contrainte institutionnelle produit des effets sur l'essence du débat politique et social et de la sorte sur les comportements politiques.

CHAPITRE V

Les élections et le comportement électoral

Le vote est sans aucun doute le principal moyen d'exercice de la souveraineté du peuple et l'élément fondamental de légitimation du régime de démocratie représentative. Avant de considérer le vote sous la forme d'expression de la participation des citoyens à la démocratie représentative, appréhendons les mécanismes de non-participation. Il existe en effet deux façons de ne pas voter pour un parti et/ou un candidat en présence à l'occasion d'un scrutin : ne pas s'inscrire sur les listes électorales (non-inscription) ou ne pas voter (abstention).

I. La non-inscription sur les listes électorales

La question de l'inscription électorale est importante à bien des points de vue. D'abord, elle renvoie à l'évaluation et à la comparaison de la participation électorale. En effet, la participation électorale ne s'évalue pas de la même façon suivant les pays. En fonction des modalités d'inscription électorale, des réalités statistiques différentes se donnent à voir relativement à la participation électorale des citoyens.

L'inscription peut être **automatique** et ne nécessiter aucune démarche. Il en est ainsi en Belgique ou en Espagne. Dans ce cas de figure, l'ensemble des citoyens inscrits est équivalent à l'ensemble des citoyens susceptibles d'émettre un vote. De par l'inscription au registre de la population dans une commune, un citoyen est *ipso facto* inscrit sur les listes électorales.

L'inscription peut être **obligatoire mais néanmoins nécessiter une démarche**. C'est le cas en Grande-Bretagne, où s'opère une mise à jour mensuelle. Au Portugal, la mise à jour est permanente. Pourtant, même si la démarche est obligatoire, certains citoyens ne l'accomplissent pas. Dans ce cas d'école, l'ensemble des inscrits sur la liste électorale n'équivaut pas à l'ensemble des citoyens susceptibles d'émettre un vote.

Enfin, l'inscription peut être **facultative**, comme en France ou aux Etats-Unis. Plus encore qu'en Grande-Bretagne ou au Portugal, un certain nombre de citoyens ne pourront pas voter alors que ce sont des électeurs potentiels. L'estimation du nombre de Français non inscrits sur les listes électorales, et qui ne voteront donc pas, avoisine 9 à 10 %. Aussi, comparer le taux de participation électorale de pays différents nécessite-t-il de connaître la dynamique d'inscription pour corriger l'approche en fonction de cette donnée. Seuls les Etats-Unis calculent le taux de participation électorale sur la base des électeurs potentiels et non sur la base des inscrits sur les listes électorales.

Tout cela n'est pas anodin car l'inscription peut aussi être un enjeu politique. Il en a toujours été ainsi aux Etats-Unis. Très souvent, démocrates et républicains essaient d'empêcher l'inscription ou de favoriser la désinscription d'électeurs dont ils croient qu'ils voteront pour l'adversaire. L'attitude des républicains à l'endroit des étudiants dans le New Hampshire est un exemple parmi d'autres :

> *« New Hampshire's new Republican state House speaker is clear about what he thinks of college students and how they vote. They're « foolish », Speaker William O'Brien said in a recent speech to a tea-party group.*
>
> *« Voting as a liberal. That's what kids do », he added (...). Students lack « life experience », and « they just vote their feelings » ».*
>
> *As a result, New Hampshire House Republicans are pushing for new laws that would prohibit many college students from voting in the state – and effectively keep some from voting at all ».*

Et les associations civiques n'hésitent pas à parler d'une vraie « guerre » pour l'inscription sur les listes électorales !

> *« « **It's a war on voting** » said Thomas Bates, vice president of Rock the Vote, a youth-voter-registration group mounting a campaign to fight the array of state measures. « We'd like to be advocating for a 21st-century voting system, but here we are fighting against efforts to turn it back to the 19th century » »*[1].

Dans d'autres Etats, son caractère discriminant entre différentes catégories de la population est établi. Purdam, Fieldhouse, Kalra et Russell ont par exemple établi que le taux de non-inscription dans la communauté noire au Royaume-Uni atteint 15%, plus de deux fois le taux moyen de non-inscription[2]. Pierre Bréchon a identifié trois catégories de non-inscrits, les « mobiles », les « exclus » et les « anarchistes ». Les premiers se caractérisent par leur forte mobilité géographique liée à l'emploi. Les exclus jugent que les élections ne les concernent pas. Quant aux anarchistes, la non-inscription serait un marqueur du refus de toute norme sociale[3].

---

[1] http://o.seattletimes.nwsource.com/html/nationworld/2014421348_studentvote07.html.

[2] K. Purdam, E. Fieldhouse, V. Kalra, A. Russell, *Voter engagement among black and minority ethnic communities*, Research Report, The Electoral commission, July 2002, p. 7.

[3] P. Bréchon, *La France aux urnes. Soixante ans d'histoire électorale*, Paris, Les études de la Documentation française, 2009, p. 30-31.

Dans la période contemporaine, des chercheurs français ont appréhendé la question de l'inscription électorale et de l'abstention sous un angle nouveau : la « mal-inscription » électorale.

Dans les territoires défavorisés culturellement et socialement – notamment dans les banlieues populaires –, nombre d'électeurs, souvent jeunes, seraient inscrits à un mauvais endroit, dans une commune où ils n'habitent plus. Ce faisant, il y aurait deux impacts. D'une part, bien sûr, ils ne sont pas en mesure de voter. De l'autre, cela gonfle artificiellement le taux d'abstention. Cette observation pourrait nuancer l'idée d'un abstentionnisme grandissant dans les quartiers populaires :

> « De cette observation du comportement des bien-inscrits, il ressort que lorsque le vote reste aisément praticable parce que le bureau se trouve à proximité immédiate du domicile, on ne constate aucun basculement dans l'abstentionnisme structurel et durable »[4].

Ainsi, les comparaisons de taux d'abstention pourraient-elles s'expliquer en partie par cette *mal-inscription*. Et il est vrai que le différentiel est parfois important, comme l'illustre la comparaison entre la participation électorale dans les scrutins municipaux de 2008 à Saint-Denis et à Neuilly-sur-Seine. Le taux d'abstention à Saint-Denis est de loin supérieur à celui de Neuilly-sur-Seine.

Participation électorale comparée à Saint-Denis et à Neuilly-sur-Seine aux élections municipales de 2008

	Saint-Denis	Neuilly-sur-Seine
Nombre d'inscrits	38 229	38 859
Nombre de suffrages exprimés	16 021	21 743
Taux de participation	**41,91%**	**55,95%**

II. L'abstention électorale

Alain Garrigou le rappelle opportunément, voter n'allait pas de soi et ne va toujours pas de soi :

> « A en juger par le nombre d'injonctions à voter qui ont accompagné l'histoire du suffrage universel, celui-ci ne s'est pas imposé spontanément. L'intérêt de la participation n'allait pas de soi pour les auteurs de manuels et de catéchismes électoraux »[5].

[4] C. Braconnier, J.-Y. Dormagen, B. Verrier, *Non-inscrits, mal-inscrits et abstentionnistes. Diagnostic et pistes pour une réforme de l'inscription sur les listes électorales*, Paris, La Documentation française, 2007, p. 23.

[5] A. Garrigou, *Histoire sociale du suffrage universel en France. 1848-2000*, Paris, Seuil, 2002, p. 15.

Mobiliser la communauté des citoyens à se prononcer par l'intermédiaire du bulletin de vote reste un passage obligé lors de chaque scrutin. Pourtant, certains, nous l'avons vu, ne s'inscrivent pas sur les listes électorales et d'autres ne votent pas. Ce faisant, **ils s'abstiennent**. Le taux d'abstention est le pourcentage de citoyens qui ne votent pas, rapporté au total des citoyens inscrits sur les listes électorales. Le taux de participation est le pourcentage de citoyens qui vont voter sur le total des citoyens inscrits sur les listes sauf, nous l'avons vu, aux Etats-Unis.

Connaître le taux d'abstention, le taux d'inscription mais aussi le nombre de bulletins blancs et nuls est crucial pour lire et analyser correctement des résultats électoraux. En effet, la présentation des résultats ramène toujours au pourcentage des partis qui ont été calculés sur les **votes valablement exprimés**. Mais on peut ramener les pourcentages aux votes exprimés (qui intègrent donc les blancs et nuls) ou aux électeurs inscrits (et donc intégrer l'abstention).

En Belgique, pays où le vote est obligatoire, la comparaison donnée est instructive. Faisons l'exercice pour la principale commune flamande, Anvers. Calculer les pourcentages des partis en les ramenant a) aux votes valablement exprimés, b) au total des électeurs qui ont exprimé un vote (avec les votes blancs et nuls donc) ou c) au total des inscrits, permet de dégager une image plus subtile des résultats que le simple rapport aux électeurs ayant émis un vote valable.

Résultats dans le canton d'Anvers aux élections fédérales de juin 2010

Inscrits	333 246			
Exprimés	287 232	**86,19%**		
Valables	276 559		**82,99%**	
Blancs et nuls	10 673			
	Voix	Valables	Exprimés	Inscrits
Vlaams Belang	**51 343**	18,56%	17,88%	15,41%
Lijst Dedecker	**4 749**	1,72%	1,65%	1,43%
Open VLD	**26 973**	9,75%	9,39%	8,09%
CD&V	**25 850**	9,35%	9,00%	7,76%
SP.a	**54 495**	19,70%	18,97%	16,35%
N-VA	**70 153**	25,37%	24,42%	21,05%
Groen!	**30 674**	11,09%	10,68%	9,20%
LSP	**888**	0,32%	0,31%	0,27%
PVDA+	**11 434**	4,13%	3,98%	3,43%
	276 559	100,00%	96,28%	82,99%

Dans une configuration où le vote n'est pas obligatoire, la différence apparaît de manière encore plus flagrante. En 2011, les électeurs portugais ont été appelés aux urnes dans un contexte social et politique tendu. Le parti socialiste a été largement défait au profit du principal parti de droite, le parti social-démocrate. Mais on constatera qu'au final, seuls 22,8% des électeurs potentiels ont opté pour cette formation.

Résultat des élections législatives au Portugal en 2011

Inscrits	9 429 024			
Exprimés	5 554 002	**58,90%**		
Abstentions	3 875 022			
Blancs	148 058			
Nuls	75 280			
Valables	5 330 664		**56,53%**	
	Voix	Valables	Exprimés	Inscrits
PPD/PSD	2 145 452	40,25%	38,63%	22,75%
PS	1 557 864	29,22%	28,05%	16,52%
CDS-PP	652 194	12,23%	11,74%	6,92%
PCP-PEV	440 850	8,27%	7,94%	4,68%
B.E.	288 076	5,40%	5,19%	3,06%
Autres	246 228	4,62%	4,43%	2,61%
	5 330 664	100,00%	95,98%	56,53%

PSD : parti social-démocrate droite ; PS : parti socialiste ; CDS-PP : Centre démocrate et social-parti populaire ; PCP : parti communiste ; B.E. : Bloc de gauche.

Il existe plusieurs formes d'abstention. Soulignons d'emblée une distinction importante : celle qui sépare l'abstention structurelle de l'abstention conjoncturelle.

L'**abstention structurelle** est le cas d'école de citoyens qui s'abstiennent de manière systématique, lors de chaque scrutin. Structurellement, l'individu ne prend jamais part au vote, quels que soient les scrutins ou les enjeux du scrutin. L'**abstention conjoncturelle** est une abstention de circonstance ou à l'inverse une participation de circonstance. Une personne vote à l'occasion ; de temps à autre, elle ne vote pas.

Depuis une trentaine d'années, on relève une augmentation du nombre des abstentionnistes. Cela s'inscrit-il dans une dynamique linéaire et d'affaissement participatif pour chaque occurrence ? Pour répondre à cette question, nous prenons en compte les élections considérées comme démocratiques en Europe de 1944 à décembre 2009, dont les résultats sont validés à l'interne et à l'international. Trente-cinq Etats ont été pris en considération. Pour chacun de ces Etats, nous avons pris en compte toutes les élections législatives nationales véritablement démocratiques pour la désignation des députés, qui ont eu lieu de 1944 au 31 décembre 2009, soit au total 402 scrutins analysés. Tous les Etats n'entrent pas en ligne de compte tout au long de la période, eu égard aux transitions démocratiques intervenues dans les années soixante-dix dans certains Etats d'Europe du sud et dans les années quatre-vingt-dix en Europe centrale et orientale. Que nous révèle l'évolution du pourcentage moyen décennal de participation électorale[6]?

Evolution de la participation électorale décennale moyenne des 35 Etats considérés en Europe de 1944 à 2009 (calcul sur le total des voix)

	Décennie 1940	Décennie 1950	Décennie 1960	Décennie 1970	Décennie 1980	Décennie 1990	Décennie 2000
Europe 16	**82,52**	**84,45**	**84,39**	**84,30**	**81,69**	**78,44**	**73,23**
Sans vote obligatoire	81,63	83,59	83,72	83,90	81,42	77,97	72,77
Avec vote obligatoire	93,23	94,26	91,97	92,91	95,47	91,39	91,35
Europe 4				***77,24***	***75,86***	***74,77***	***71,42***
Sans vote obligatoire				*74,86*	*74,39*	*73,68*	*70,47*
Avec vote obligatoire				*81,07*	*82,33*	*78,31*	*74,51*
Europe 20				**83,47**	**80,48**	**77,87**	**72,84**
Sans vote obligatoire				83,05	80,18	77,42	72,37
Avec vote obligatoire				90,39	87,09	84,16	79,25
Europe 10						***66,80***	***54,01***
Sans vote obligatoire						–	–
Avec vote obligatoire						–	–
Europe 30						**75,19**	**68,81**
Sans vote obligatoire						74,71	68,21
Avec vote obligatoire						84,16	79,25
Europe 5							***58,97***
Sans vote obligatoire							–
Avec vote obligatoire							–
Europe 35							**68,45**
Sans vote obligatoire							67,85
Avec vote obligatoire							79,25

[6] Pour un développement et une analyse détaillée, voir P. Delwit, « The End of Voters in Europe? Electoral Turnout in Europe since WWII », *Open Journal of Political Science*, 2013, vol. 3, n° 1, p. 44-52.

Plusieurs enseignements peuvent être épinglés à l'examen de l'évolution de la participation moyenne. D'abord, la courbe ne s'inscrit pas dans une perspective linéaire, quel que soit l'indicateur utilisé. Des années quarante aux années soixante-dix, le taux moyen de participation électorale est à la fois élevé et stable: entre 82 et 84,5% des électeurs européens prennent part aux élections nationales. En revanche, depuis la fin des années soixante-dix, le mouvement est clair: l'abstention électorale progresse. En l'espace de deux décennies, deux seuils sont franchis. Dans la décennie quatre-vingt-dix, le pourcentage moyen d'abstentionnistes passe nettement sous la barre des 80%. Et dans la décennie 2000, il est passé sous la barre des 70%, rapporté à l'ensemble des Etats analysés. De ce point de vue, l'affaissement contemporain de la participation électorale se trouve corroboré. Soulignons néanmoins que l'acte électoral reste, à ce stade, très majoritaire. L'électeur européen n'est pas une espèce en voie de disparition. Cette observation n'occulte pas la montée de l'abstentionnisme mais elle la contextualise.

Si nous opérons le même travail uniquement pour les seize Etats qui ont été démocratiques tout au long de la période – Allemagne, Autriche, Belgique, Danemark, Finlande, France, Irlande, Islande, Italie, Luxembourg, Malte, Norvège, Pays-Bas, Royaume-Uni, Suède et Suisse –, une dimension importante se donne à voir: la croissance de l'abstentionnisme est plus contenue, surtout si l'on prend en considération les taux moyens de participation dans les Etats. En d'autres termes, l'enracinement de la démocratie représentative apparaît comme une variable freinant le processus de désengagement conjoncturel ou structurel de l'acte électoral.

A contrario, cela éclaire l'engagement moins manifeste des citoyens des «nouvelles» démocraties dans le processus électoral. Dans ces dix-sept Etats – Bulgarie, Croatie, Chypre, République tchèque, Estonie, Grèce, Hongrie, Lettonie, Lituanie, Macédoine, Pologne, Portugal, Roumanie, Serbie, Slovaquie, Slovénie et Espagne –, l'abstention moyenne se situe entre 40 et 45% suivant la mesure choisie. Suivant l'indicateur utilisé, le différentiel de participation électorale avec les démocraties consolidées dans la dernière décennie se situe entre douze et dix-huit points de pourcent.

Evolution de la participation électorale décennale moyenne dans chacun des Etats européens considérés de 1944 à 2009 (calcul sur le total des voix)

	Décennie 1940	Décennie 1950	Décennie 1960	Décennie 1970	Décennie 1980	Décennie 1990	Décennie 2000
Allemagne	78,49	86,91	87,05	90,93	87,30	79,65	75,83
Autriche	95,70	95,32	93,79	92,34	91,51	83,59	80,46
Belgique	93,07	93,15	91,31	92,97	95,62	91,47	91,35

Danemark	86,03	81,77	87,37	87,51	86,04	84,35	86,09
Finlande	76,61	76,49	85,01	77,84	73,89	67,40	67,28
France	79,92	80,00	76,62	82,35	71,83	68,43	62,36
Irlande	70,98	74,34	74,26	76,45	72,88	68,45	64,84
Islande	88,30	90,75	91,26	90,34	89,40	87,17	85,42
Italie	90,68	93,79	92,83	92,25	89,77	85,38	79,36
Luxembourg	91,63	92,15	89,56	89,49	88,10	87,39	91,24
Malte	75,44	78,05	90,25	94,07	95,29	96,19	95,06
Norvège	79,33	78,82	82,83	81,59	83,07	77,10	76,43
Pays-Bas	93,40	95,36	95,04	84,73	83,45	76,04	79,82
Royaume-Uni	72,55	80,24	76,56	75,02	74,13	74,61	60,63
Suède	77,56	78,70	86,42	90,42	89,06	84,96	82,60
Suisse	71,69	68,98	64,11	52,30	47,67	43,85	46,78
Chypre				80,65	95,15	91,94	90,33
Espagne				81,11	80,79	77,90	74,12
Grèce				87,44	77,82	65,69	61,79
Portugal				72,80	73,20	76,92	72,77
Bulgarie						76,94	61,10
Estonie						82,79	61,25
Hongrie						64,39	60,11
Lettonie						63,38	69,18
Lituanie						77,90	68,15
Pologne						63,97	51,05
République tchèque						48,40	47,04
Roumanie						79,55	53,08
Slovaquie						79,98	62,27
Slovénie						79,57	64,26
Albanie							49,70
Croatie							59,31
Macédoine							61,87
Monténégro							66,19
Serbie							60,86

Le déclin de la participation électorale indique-t-il une évolution de l'abstention structurelle ou conjoncturelle ? En 1997, une analyse de François Héran apportait des éléments de réponse. Fondé sur une observation de 40 000 électeurs entre 1995 et 1997, l'auteur relevait que seuls 8% des inscrits étaient des abstentionnistes durables, qui fondent donc une abstention structurelle; les autres sont des abstentionnistes intermittents, qui représentent donc les abstentionnistes conjoncturels[7].

Si l'on mesure l'abstention structurelle sur plusieurs scrutins, on constate que le nombre d'électeurs qui ne prennent jamais part au scrutin est faible. Aussi, quand on évoque l'abstentionnisme, on fait surtout référence à l'abstentionnisme conjoncturel, c'est-à-dire aux citoyens qui votent parfois et ne votent pas à d'autres moments. Notons toutefois que qu'Aline Désesquelles, qui a mesuré la participation aux élections régionales et européennes françaises de 2004, a mis en évidence qu'un quart des Français n'a voté à aucun de ces deux scrutins[8].

Participation aux élections régionales et européennes de 2004 en France

	Hommes	Femmes	Ensemble
Régionales 1er tour	62,7	61,9	62,3
Régionales 2e tour	66,3	65,4	65,8
Européennes	44,2	42,6	43,3
Participation systématique	**36,7**	**35,1**	**35,9**
Intermittence dont:	**37,8**	**38,6**	**38,2**
tous les scrutins sauf le 1er tour des régionales	3,3	3,3	3,3
tous les scrutins sauf le 2e tour des régionales	2,1	2,3	2,2
tous les scrutins sauf les européennes	19,9	20,4	20,1
uniquement le 1er tour des régionales	4	4,2	0,1
uniquement le 2e tour des régionales	6,5	6,5	6,5
uniquement les européennes	1,9	1,9	1,9
Abstention systématique	**25,5**	**26,3**	**25,9**
Taux moyen de participation	**57,7**	**56,6**	**57,1**

Mais, ces scrutins sont des élections intermédiaires (voir *infra*). Pour sa part, Stéphane Jugnot a pu mesurer qu'aux quatre moments des élections présidentielles et législatives de 2007, neuf électeurs inscrits sur dix ont au

[7] F. HÉRAN, «Les intermittences du vote. Un bilan de la participation de 1995 à 1997», INSEE *Première*, septembre 1997, n° 546, p. 1-2. Soulignons néanmoins qu'à ces abstentionnistes durables, il convient d'ajouter les 9% de Français non inscrits sur les listes électorales.

[8] A. DÉSESQUELLES, «La participation électorale au printemps 2004, un électeur inscrit sur quatre s'est abstenu à tous les scrutins», INSEE *Première*, décembre 2004, n° 998, p. 2.

moins pris part à un des quatre votes (premier et second tours de l'élection présidentielle et législative de 2007)[9]. L'essence de l'abstention tant structurelle que conjoncturelle peut donc être de divers ordres. Sous cet angle, isolons quatre «tunnels» de causalité.

A. L'abstentionnisme de condition

L'abstentionnisme de condition recouvre des réalités relatives au statut et à la place de la personne dans la société.

1. Sous cet angle, l'abstentionnisme est proportionnellement plus élevé parmi les **citoyens à faible capital social et scolaire,** et chez les citoyens en risque ou en situation de **désaffiliation politique et sociale.** Plusieurs auteurs ont pu montrer une corrélation statistique entre le faible capital scolaire et le niveau d'abstention. Plus le niveau de diplôme est faible, plus la probabilité de voter décroît. *A contrario*, plus il est élevé, plus la tendance à la participation électorale est forte[10]. La tendance contemporaine serait par ailleurs accentuée en raison du déclin de l'adhésion aux organisations syndicales et/ou aux partis de masse. Ceux-ci pouvaient «corriger» l'effet du capital scolaire[11] et générer des effets de mobilisation électorale. «*Conversely, throughout history when parties have failed to perform their functions, electoral participation has declined*», souligne par exemple Wattenberg[12].

En lien avec le faible capital scolaire, mais parfois dans une perspective autonome, nombre de travaux attestent du fait que l'abstention se donne à voir comme un **signe de moindre intégration**. Lorsqu'on se sent exclu du système, de la vie politique ou du processus décisionnel, on ne se sent en général pas ou moins concerné par l'élection et, proportionnellement, on y prend beaucoup moins part. Dans nombre d'Etats européens se formeraient de la sorte de véritables «ghettos électoraux»[13] ou des *no man's land* électoraux, territoires très défavorisés à tous les points de vue où s'additionneraient un faible pourcentage d'inscription sur les listes, un niveau élevé de mal-inscription et, parmi les inscrits, une participation électorale très

---

[9] S. Jugnot, «La participation électorale en 2007. La mémoire de 2002», INSEE *Première*, décembre 2007, n° 1169, p. 3.

[10] A. Gallego, «Where else does turnout decline come from? Education, Age, Generation and Period Effects in three European countries», *Scandinavian Political Studies*, 2009, vol. 32, n° 1, p. 31.

[11] *Ibid.*, p. 39.

[12] M.P. Wattenberg, «The decline of Party Mobilization», *in* R.J. Dalton, M.P. Wattenberg (ed.), *Parties Without Partisans. Political Change in Advanced Industrial Democracies*, Oxford, Oxford University Press, 2002, p. 64.

[13] B. Verrier, C. Braconnier, J.-Y. Dormagen, *op. cit.*, p. 26.

en-deçà de la moyenne. Ces espaces génèrent peu à peu une «indivisibilité sociale et politique» des citoyens qui y vivent[14].

Le recul du fait participationniste y est d'autant plus patent que l'idée de **devoir électoral** est moins prégnante qu'auparavant. Il s'agit désormais de convaincre l'électeur de se rendre aux urnes:

> «Les citoyens des sociétés modernes votent de moins en moins par devoir et par principe, ils veulent être convaincus qu'ils ont de bonnes raisons d'aller voter avant de se déplacer aux urnes. Le vote se rationalise et s'individualise, ce qui fait à la fois sa grandeur mais aussi sa fragilité»[15].

Cet élément expliquerait une observation régulière dans l'acte électoral, la faible participation des jeunes électeurs[16].

2. La *condition* d'isolé suscite le plus souvent une participation politique et sociale plus faible que chez les actifs. Aussi, l'abstentionnisme est-il plus prégnant parmi les isolés. De manière générale, plus on est inséré dans des réseaux et des relations – familiaux, professionnels, amicaux,... –, plus la probabilité de prendre part au vote sera élevée. L'insertion dans des groupes, dans des associations ou dans des partis contribue à la participation politique. Dans cette optique, il est très important de souligner la problématique de l'emploi ou de l'absence d'emploi pour la participation politique. Le fait d'être actif professionnellement et d'être inséré dans un «milieu» et dans un «lieu» de travail concourt grandement à la participation politique. A l'inverse, l'inactivité professionnelle et l'isolement favoriseront une faible participation politique et électorale.

L'importance de la socialisation dans la participation politique est une des raisons qui explique que la participation au vote est en moyenne plus élevée dans les endroits semi-urbains et semi-ruraux que dans les grands centres urbains. Dans les villages et les villes de petite dimension, il y a une «vie commune», un *fait communautaire*, qui diminue les effets de la solitude. Le jour de l'élection, il y a aussi un effet d'entraînement plus important voire l'existence d'une certaine pression sociale. «Espace d'interconnaissance», l'abstention d'un citoyen dans l'espace rural a toutes les chances d'être connue du voisinage[17].

3. Dans cette logique, l'abstentionnisme est traditionnellement plus élevé chez les seniors à partir de 75 ans. La *sortie* du débat de société, du

---

[14] D. Goux, E. Maurin, *Les nouvelles classes moyennes*, Paris, Seuil, 2012, p. 7.

[15] P. Bréchon, «Comprendre les logiques d'abstention», *Revue politique et parlementaire*, 2002, n° 1020-1021, p. 84.

[16] R.S. Flickinger, D.T. Studlar, «The disappearing voters? Exploring declining turnout in Western European Elections», *West European Politics*, 1992, vol. 15, n° 2, p. 7.

[17] P. Bréchon, «La participation électorale», *Revue politique et parlementaire*, 2008, n° 1047, p. 35.

système, de la vie politique y est fréquente ; d'autant que peuvent se développer des problèmes de santé qui peuvent aller de pair avec des problèmes de mobilité. On ajoutera que la posture de « retrait » de la société est particulièrement marquée chez les veufs et veuves. Dans les pays où le vote est obligatoire, il n'est d'ailleurs pas rare que les maisons de repos et de retraite délivrent des *certificats collectifs* pour l'ensemble des pensionnaires.

B. L'abstentionnisme de protestation

Le deuxième grand ordre de raisons qui peut expliquer un comportement abstentionniste est ce que l'on peut qualifier d'*abstentionnisme de protestation.*

1. La protestation peut recouvrir la désaffection envers le système politique ou envers « le » politique. Sous cet angle, l'abstention se donne à voir comme un « avertissement critique adressé au système politique »[18], voire une marque de **désaffection envers le système politique**. Les citoyens ayant le sentiment que les partis, les hommes et les femmes politiques ne prennent pas en considération leurs problèmes, leurs difficultés ou leur situation ont une propension très forte à ne pas aller voter. Dans les travaux qu'elle a consacrés à l'abstention lors des élections présidentielles et législatives française de 2007, Anne Muxel relève ainsi la part importante de ce segment parmi les abstentionnistes. Un segment significatif des abstentionnistes se déclinerait comme « hors du jeu politique », dévoilant un lien très distendu avec la politique, l'élection et la campagne électorale[19].

2. La protestation peut concerner un parti en particulier. Il est en effet aussi possible de s'abstenir car on est mécontent de l'action (ou de l'inaction) du parti dont on se sent proche. On ne choisira pas un candidat ou un parti adversaires, mais pour sanctionner « son » parti, on se refuse à prendre part au vote. Cet abstentionnisme est qualifié de « différentiel ». Les électeurs de chaque parti se mobilisent différemment :

> « Plus concrètement, entre la pleine mobilisation du corps électoral et sa totale apathie, on retiendra que l'abstentionnisme différentiel contribue à faire pencher la balance, sous la Cinquième République, tantôt au profit de la majorité (dans ce qu'il est désormais convenu d'appeler les élections de confirmation), tantôt au profit de l'opposition. A l'heure où les abstentionnistes sont parfois plus nombreux que les votants, cela nous rappelle

[18] F. Subileau, « Une participation en baisse depuis dix ans », *Revue politique parlementaire*, mars-avril 1998, p. 54.

[19] A. Muxel, « La mobilisation électorale. L'envers de 2002 et un sursaut généralisé », *Revue française de science politique*, 2007, vol. 57, n° 3-4, p. 323.

que l'issue d'un scrutin dépend tout autant des électeurs qui restent à l'écart des urnes que de ceux qui choisissent de prendre part au vote»[20].

L'ampleur de la défaite du parti socialiste français au scrutin national de 1993 a par exemple été analysée à cette aune. En revanche, la situation lors du scrutin législatif de 1997 était à front renversé. Cette fois, l'électorat de gauche s'est fortement mobilisé alors qu'on a pu observer une abstention plus élevée chez les sympathisants de droite. Marc Swyngedouw a pu établir que le solde net des pertes de Jacques Chirac et d'Edouard Balladur au profit des abstentionnistes et des gains obtenus par l'UDF-RPR chez les électeurs qui se sont abstenus en 1995 est très négatif, soit deux millions d'électeurs[21].

3. La contestation du principe électif ou de la démocratie parlementaire existe aussi. Certaines personnes ou certains groupes contestent le principe même de l'élection qui, à leurs yeux, est inutile et/ou non susceptible de provoquer un changement. Par principe, ces personnes ne votent pas au nom d'une idée résumée dans le slogan bien connu: «Election, piège à cons».

Dans ce registre, une **abstention de combat** s'observe dès lors qu'un parti ou une organisation appelle à l'abstention. Lors du référendum de 1972 sur l'adhésion de la Grande-Bretagne à la Communauté économique européenne, le parti socialiste français avait par exemple appelé les électeurs à l'abstention. En 2011, nombre de groupements libéraux avaient appelé à boycotter le premier scrutin législatif et présidentiel en Egypte.

4. Enfin, on peut aussi observer des comportements abstentionnistes si l'offre électorale est jugée insatisfaisante. Il s'agit souvent de personnes politisées, qui estiment que «**l'offre électorale**»[22] n'est pas satisfaisante et qui dès lors ne se déplacent pas pour voter. Cela peut se produire dans des scrutins uninominaux où existent des dynamiques d'alliances préalables à la tenue du scrutin. En France, certains électeurs peuvent choisir les verts mais pas le parti socialiste alors même qu'un pré-accord PS-EELV affecte sa circonscription à un candidat socialiste.

---

[20] B. Dolez, «A la recherche de l'abstentionnisme différentiel. Actualité d'une vieille question», *Revue française de science politique*, 2004, vol. 54, n° 4, p. 679.

[21] M. Swyngedouw, avec la collaboration de D. Boy et N. Mayer, «Mesures de la volatilité électorale en France (1993-1997)», *Revue française de science politique*, 2000, vol. 50, n° 3, p. 504.

[22] D. Chagnollaud, *Introduction à la politique*, Paris, Seuil, 1996, p. 42.

C. L'abstentionnisme lié à l'essence de l'élection

1. La polarisation d'une élection ou l'enjeu de la campagne sont des données fondamentales quant à la participation. Le rapport entre la polarisation d'une campagne et la participation électorale fut soulevé très tôt. Dès le début du XXe siècle, André Siegfried (1875-1959) distinguait les *élections de combat* des *élections d'apaisement*. Ces dernières sont appréhendées comme moins polarisées, moins liées à des enjeux forts. Dans cette configuration, les taux de participation électorale ont tendance à s'affaisser. *A contrario*, si un enjeu majeur domine le scrutin, la participation électorale augmente.

2. En matière de participation électorale, le mode de scrutin joue aussi. D'une manière générale, aux élections législatives, la participation électorale est plus élevée lorsque le mode de scrutin est proportionnel[23]. Cela s'explique par le fait que dans un certain nombre de circonscriptions où le scrutin est majoritaire, les jeux sont faits d'avance. Dans ce que l'on nomme les *Safe districts*, les citoyens savent quel parti remportera la circonscription. Dans ces conditions, nombre d'électeurs ne se déplacent pas dès lors que l'acte de vote apparaît dépourvu de tout sens. Le cas le plus emblématique, ce sont les seconds tours en France où il n'y a qu'un seul candidat. En 2012, dans la première circonscription de Seine-Saint-Denis, Bruno Le Roux est seul en lice et le taux d'abstention atteint 66,23%. Dans la quatrième circonscription, où Marie-George Buffet concourt seule au second tour, le niveau de l'abstention s'élève à 67,61%.

Plus largement Linz estime qu'un jeu politique bipartisan entraîne une réduction de l'offre politique : les citoyens n'ont qu'un choix politique très restreint. Sous cet angle, un « système multipartisan modéré et non polarisé » serait plus attractif pour des « électeurs insatisfaits du choix contraint de la compétition bipartisane »[24].

3. Enfin, il convient d'opérer une distinction en fonction de l'essence du scrutin. Les électeurs ne placent pas toutes les élections sur un même pied. En science politique, on distingue ainsi les élections dites de *premier ordre*, considérées comme importantes pour de nombreux citoyens, des élections de *deuxième ordre*, jugées moins cruciales. Ce faisant, elles dévoilent des traits spécifiques. Le(s) partis(s) au gouvernement national sont généra-

---

[23] B. Radcliff, P. Davis, « Labor Organization and Electoral participation in Industrial Democracies », *American Journal of Political Science*, 2000, vol. 44, n° 1, p. 133.

[24] J.J. Linz, « Quel avenir pour les partis politiques dans les démocraties contemporaines ? », *Pôle Sud*, 2004, n° 21, p. 58-59.

lement sanctionnés au profit des formations de l'opposition[25], notamment des plus petits partis qui bénéficieraient d'un «vote de cœur»[26].

Ces caractéristiques associeraient aussi l'élection de premier ordre à un vote marqué par la rationalité ou l'utilité, et l'élection de deuxième ordre, à un vote de cœur ou plus émotionnel:

> «*This type of voting has also been referred to as «voting with the head». In first-order elections, voters may be afraid to «waste their votes» by choosing a minor party that has no impact on government formation. Therefore, voters strategically choose a less-preferred party with a better chance of winning.*
>
> *The second type of voting is* sincere *voting, which is a voter's genuine choice for the party of her preference*»[27].

Les élections nationales sont souvent considérées comme les élections de premier ordre par excellence. Aux Etats-Unis et en France, ce sont plutôt les élections présidentielles qui sont vécues comme des scrutins de premier ordre. *A contrario*, les élections européennes, par exemple, sont des exemples typiques d'élections de deuxième ordre:

> «*And this leads us to the other dilemma, European elections face: Since it is the national arena that clearly dominates political life in Western Europe, European elections – just as any other subsystem election in the member countries – are inevitably relevant for the domestic competition among political parties in each country. Of course, they have no constitutional, institutionally binding, consequences for the distribution of power among parties in the national institutions. They nevertheless play a role in the national game of politics. European elections are inevitably second order national elections*»[28].

Elles ont moins de signification et moins d'importance de l'avis des électeurs. Aussi, suscitent-elles une moindre mobilisation et donc une abstention beaucoup plus forte.

D'une manière générale, l'abstention sera beaucoup plus forte lorsqu'on aura affaire à des élections de deuxième ordre qu'à des scrutins de premier ordre. Ces derniers sont considérés comme «valant la peine de se déplacer» par beaucoup plus d'électeurs. La comparaison des taux de participation dans un même pays est éloquente en la matière.

---

[25] J.R. Koepke, N. Ringe, «The Second-order Election Model in an Enlarged Europe», *European Union Politics*, 2006, vol. 7, n° 3, p. 322.

[26] S. Hix, M. Marsh, «Punishment or protest? Understanding European Parliament Elections», *The Journal of Politics*, 2007, vol. 69, n° 2, p. 497.

[27] J.R. Koepke, N. Ringe, *op. cit.*, p. 325.

[28] K. Reif, «Ten Second-order national elections», *in* K. Reif, *Ten European Elections*, Aldershot, Gower, 1985, p. 4.

Comparaison du taux de participation électorale aux élections législatives et aux élections européennes de juin 2009

	Elections européennes	Elections législatives	Date des élections législatives	Différence en points de pourcent
Allemagne	43,29	70,82	2009	27,53
Autriche	45,34	70,81	2008	25,47
Belgique	90,39	89,22	2010	– 1,17
Bulgarie	38,92	60,64	2009	21,72
Chypre	59,39	78,70	2011	19,31
Danemark	59,54	87,73	2011	28,19
Espagne	46,01	73,85	2008	27,84
Estonie	43,90	63,53	2011	19,63
Finlande	38,60	67,37	2011	28,77
France	40,65	57,22	2012	16,57
Grèce	52,63	70,92	2009	18,29
Hongrie	36,31	64,37	2010	28,06
Irlande	57,57	70,04	2011	12,47
Italie	65,05	75,52	2008	10,47
Lettonie	20,98	63,12	2010	42,14
Lituanie	20,97	48,58	2008	27,61
Luxembourg	90,75	90,81	2009	0,06
Malte	78,79	93,29	2008	14,50
Pays-Bas	36,94	75,39	2010	38,45
Pologne	24,55	48,92	2011	24,37
Portugal	36,77	59,74	2009	22,97
République tchèque	28,22	62,59	2010	34,37
Roumanie	27,69	39,20	2008	11,51
Royaume-Uni	32,77	65,74	2010	32,97
Slovaquie	19,64	58,65	2010	39,01
Slovénie	27,82	62,27	2008	34,45
Suède	41,62	84,62	2010	43,00

En France, les politistes épinglent souvent la notion d'*élections intermédiaires*. Toutefois la focale est plus souvent mise sur la sanction des partis du gouvernement national[29]. L'analyse porte plutôt sur des scrutins sub-nationaux : élections cantonales et régionales, voire municipales. La dimension « sanction » est effectivement plus marquée et l'affaissement de la participa-

[29] S. BROUARD, « Le retournement du rapport de force aux élections régionales de mars 2004 : amplitude et déterminants », *Revue française de science politique*, 2004, vol. 54, n° 4, p. 621.

tion électorale n'est pas un phénomène marquant. Cela dit, les situations diffèrent dans les Etats. Suite à l'installation des structures dévolutives écossaise et galloise au Royaume-Uni, nombre de politologues ont rapporté les scrutins régionaux depuis à des élections de deuxième ordre ; ces scrutins sont effectivement marqués par une participation électorale notoirement plus basse que celle observée aux élections nationales[30].

D. Les effets de la conjoncture

Certains effets de conjoncture peuvent aussi susciter une abstention ou une participation plus fortes. Ainsi, si plusieurs élections se suivent, on constatera souvent une tendance à la baisse du taux de participation. La succession des scrutins génère une certaine lassitude et, parfois, la « difficulté à évaluer l'enjeu »[31]. A l'inverse, si l'élection précédente a eu lieu il y a un certain temps, le taux de participation sera meilleur. De la même façon, la concomitance de scrutins favorise un meilleur taux de participation. Rawlings et Tracher ont ainsi établi que l'amélioration du taux de participation aux élections européennes de 2004 en Grande-Bretagne était liée à l'organisation simultanée des élections locales[32].

Tendanciellement aussi, le taux de participation sera meilleur lorsque les élections se déroulent le dimanche – dans les pays à tradition catholique ou orthodoxe – que lorsqu'elles se déroulent un jour de semaine, comme c'est souvent le cas dans les pays à tradition protestante. Certains moments sont aussi moins propices à l'organisation d'élections : les mois de juin, juillet et août génèrent une moindre participation électorale. La même observation vaut pour les vacances de Pâques ou de Noël. Eric Dubois et Christian Ben Lakhdar ont pu établir que l'organisation du premier tour de l'élection présidentielle française durant les vacances de Pâques avait coûté 1,7 point de pourcent de participation électorale en 2007[33]. Cette observation est tout sauf anodine lorsque l'on sait par exemple que l'écart entre Jean-Marie Le Pen et Lionel Jospin lors du scrutin présidentiel de 2002 ne fut que 0,68 point de pourcent !

---

[30] Ch. Jeffery, «Judgements on devolution? The 2003 Elections in Scotland, Wales and Northern Ireland», *Representation*, 2004, vol. 40, n° 4, p. 302.

[31] G. Grunberg, « La grève des urnes », *Esprit*, mars-avril 1989, p. 127.

[32] C. Rallings, M. Thrasher, « Not all « second-order » Contests are the same : Turnout and Party choice at the Concurrent 2004 Local and European Parliament Elections in England », *British Journal of Politics and International Relations*, 2005, vol. 7, n° 4, p. 590.

[33] E. Duboisa, Ch. Ben Lakhdar, « More on the Seasonal Determinants of Turnout : Holidays and French Presidential Elections », *French Politics*, 2005, vol. 5, p. 154.

Les conditions météorologiques ou encore les heures d'ouverture des bureaux peuvent aussi avoir une influence, mais celle-ci est dans ce cas plutôt marginale.

III. Le vote blanc

Le vote blanc consiste à voter mais à refuser de choisir dans l'offre électorale. Pour saisir les dynamiques du vote blanc, il convient de distinguer les espaces à vote obligatoire des territoires où le vote ne l'est pas. En effet, l'obligation de vote génère en général un pourcentage de bulletins nuls proportionnellement plus élevé que lorsqu'elle est absente. En Belgique, dans la principale ville wallonne, Charleroi, l'ampleur du vote blanc est saisissante. Lors des élections locales d'octobre 2012, 10,3% des votes exprimés (8,5% rapporté aux inscrits) étaient des votes blancs ou nuls.

Participation et vote blanc à Charleroi aux élections municipales de 2012

Inscrits	135 969		
Exprimés	112 289	82,58	
Valables	100 682		**74,04**
Blancs et nuls	11 607	**10,33**	**8,53**

Eu égard à l'obligation de vote et à l'inscription automatique des électeurs, on peut supposer que le vote blanc, dans cette configuration, est en partie une forme de refus d'inscription et d'abstention. On note d'ailleurs que contrairement à l'abstentionnisme, le vote blanc structurel y serait fréquent. A l'occasion d'une étude menée en Belgique sur quatre scrutins – 1974, 1977, 1978 et 1979 –, 40% des répondants qui avaient voté blanc en 1979 déclaraient avoir agi de même lors des autres scrutins considérés: 5% à trois reprises, 16% à deux reprises et 38% à une seule[34].

Dans les pays à vote non obligatoire, le vote blanc exprime en général deux attitudes. La première est celle d'un nombre appréciable de citoyens intéressés par la politique mais déçus de l'offre politique ou de l'offre programmatique. De la sorte, toutes choses égales par ailleurs, le vote blanc croîtrait avec le niveau de capital scolaire. La deuxième est le fait de

[34] J. Ackaert, L. De Winter, A.-M. Aish, A.-P. Frognier, «L'abstentionnisme électoral et le vote blanc et nul en Belgique», *Res Publica*, 1992, vol. xxxiv, n° 2, p. 222.

citoyens qui souhaiteraient ne pas voter mais qui se rendent au bureau de vote sous l'effet d'une pression sociale. En France, les votes blancs et nuls sont plus importants dans des départements dotés d'une population âgée et rurale, c'est-à-dire où les mécanismes de contrôle social sont plus forts.

> « On préférera aller voter pour manifester son mécontentement quant à l'offre électorale que de simplement s'abstenir. Dans les zones urbaines où le contrôle social et la norme du bon citoyen se relâchent, on pourra plus facilement s'abstenir. Les cartes de l'abstention et celles des blancs et nuls ne se recoupent pas, mais elles se complètent »[35].

IV. Les méthodes d'analyse du comportement électoral

Après avoir examiné les sources de la non-inscription, de l'abstention ou du vote blanc et nul, considérons à présent les démarches visant à comprendre le comportement électoral.

A. La géographie électorale

A l'origine, la géographie électorale s'inspire d'une approche dite écologique, c'est-à-dire la mise en relation de séries de données électorales avec des données d'essence socio-démographique, socio-politique, culturelle,... dans un territoire donné. Le précurseur le plus connu de la méthode est André Siegfried (1875-1959). Dans son *Tableau politique de la France de l'Ouest*[36], Siegfried met en relation des cartes électorales avec des informations socio-démographiques comme le pourcentage de filles allant à l'école privée comparé à l'école publique, la nature du sol, calcaire ou granit,... Il y isole des territoires avec des *tempéraments politiques* et opère sa fameuse distinction entre les territoires de « granit » et de « calcaire » :

> « On voit ainsi que terrains anciens, population éparse, grande propriété et politique de droite vont ensemble ; tandis que terrains calcaires ou d'alluvions, population agglomérée, propriété morcelée et politique démocratique vont de pair. Un dicton suggestif énonce que, dans cette région vendéenne, « le granit produit le curé et le calcaire l'instituteur » »[37].

---

[35] P. Bréchon, *La France aux urnes. Soixante ans d'histoire électorale*, Paris, Les études de la Documentation française, 2009, p. 61.

[36] A. Siegfried, *Tableau politique de la France de l'Ouest sous la Troisième République*, Bruxelles, Editions de l'Université de Bruxelles, 2010 (réédition).

[37] *Ibid.*, p. 44.

Par la suite, le travail de géographie électorale s'est considérablement affiné et perfectionné grâce à l'amélioration de la connaissance politico-électorale des territoires et à la constitution de bases de données de plus en plus fiables. La géographie électorale est ainsi devenue une méthode très précieuse dans l'analyse du comportement électoral, mais elle nécessite des règles d'utilisation rigoureuses.

Il importe ainsi de travailler à **l'échelon territorial le plus bas possible** pour tirer le meilleur parti d'une analyse écologique et pour isoler au mieux les *territoires du vote*. En fonction des lois électorales, on peut plus ou moins y arriver. A titre d'exemple, il est possible de travailler en France à l'échelon du bureau de vote, ce qui permet une analyse particulièrement fine[38]. *A contrario*, en Belgique, il n'est possible pour les élections régionales et fédérales que de prendre en considération les chiffres électoraux à l'échelle des cantons, agrégation d'une ou plusieurs communes. Autant dire que dans ce cas d'école, les travaux de géographie électorale qui peuvent être menés sont beaucoup plus pauvres.

L'analyse doit s'accomplir sur des séries de données qui couvrent le **même territoire**. En France, nous ne pouvons pas mettre en relation des données électorales issues d'un bureau de vote et des données socio-démographiques qui concernent un département.

La **temporalité des données** est cruciale. Les données socio-démographiques utilisées doivent être proches de la date du ou des scrutins pris en compte, faute de quoi le risque est de décliner des interprétations dépassées ou erronées, singulièrement dans les espaces urbains où la mobilité des personnes est très importante.

B. La sociologie électorale

La sociologie électorale naît au milieu du XXe siècle. Elle s'établit à partir de la réalisation d'enquêtes par questionnaires auprès d'un échantillon d'électeurs. Dans le domaine des enquêtes électorales, il est possible de réaliser des enquêtes pré-électorales, *sortie des urnes* ou post-électorales. Chacune a des avantages et des inconvénients.

Une enquête pré-électorale permet de diffuser un questionnaire (relativement) long auprès d'un échantillon d'électeurs. Les citoyens ne sont pas affectés par le résultat du scrutin. En revanche, nous sommes toujours dans le registre virtuel dès lors que l'acte de vote n'a pas encore été posé et peut donc encore changer. Une enquête «sortie des urnes» a l'avantage d'être menée avant l'annonce du résultat du vote et après que l'acte du vote a

---

[38] Voir par exemple F. SALMON, *Atlas électoral de la France (1848-2001)*, Paris, Seuil, 2001.

été accompli. Mais on ne peut soumettre aux citoyens qu'un questionnaire relativement bref au risque de voir nombre d'entre eux refuser de répondre ou abandonner le sondeur au milieu du questionnaire. Une enquête post-électorale permet de soumettre un questionnaire relativement long après l'acte du vote. Mais certaines réponses peuvent être biaisées en raison du résultat du vote et du commentaire qui l'entoure.

A l'aide d'un questionnaire que le scientifique construit et soumet à un échantillon représentatif de la population, un traitement quantitatif des données recueillies est opéré pour *approcher* les termes du comportement électoral et/ou les mouvements à l'occasion d'une élection. A l'image de la géographie électorale, la rigueur s'impose dans l'utilisation.

Il importe d'abord d'élaborer un **questionnaire de qualité.** C'est un exercice très difficile. Chaque question doit être compréhensible par chaque personne, ce qui se révèle en fait très complexe à accomplir. Ce faisant, on essaie d'éviter un maximum d'erreurs de compréhension et donc d'interprétation dans le chef des sondés. Il faut aussi veiller à ne pas susciter des réponses, par des questions dites de «désirabilité sociale» ou par des chaînes de réponses attendues.

Il est bien sûr très important de se fixer sur la **qualité de l'échantillon**, et cela de deux points de vue.

1. Sur le nombre d'abord. Plus l'échantillon est petit, plus grande est la **marge d'erreur**. Qu'est-ce que la marge d'erreur? C'est la probabilité à concurrence d'un certain pourcentage que votre résultat se situe dans une certaine fourchette. La marge d'erreur se calcule donc sur le nombre de sondés **et** le pourcentage de probabilité que votre résultat soit dans la marge d'erreur lorsqu'un parti atteint 50%. Qu'en est-il pour une probabilité à 99%? La marge d'erreur se calculera comme suit:

la marge d'erreur à 99% = $2{,}58 \times \sqrt{0{,}5(1-0{,}5)}/\text{N}$. Aussi, si l'échantillon est égal à 1 000, la marge d'erreur = 4,08; s'il est de 2 000, la marge d'erreur = 2,88; s'il est de 750, la marge d'erreur = 4,71 et s'il est de 500, la marge d'erreur = 5,77.

Autrement dit, si un échantillon est égal à 750, l'information délivrée est la suivante: la probabilité que le score d'un parti à 50% d'intentions de vote se situe entre 45,29% et 54,71% est de 99%.

Qu'en est-il pour une probabilité à 95%? La marge d'erreur se calculera comme suit: $1{,}96 \times \sqrt{0{,}5(1-0{,}5)}/\text{N}$.

En fonction de la taille de l'échantillon, les marges d'erreur suivantes évolueront. Si N = 1 000: 3,09; si N = 2 000: 2,19; si N = 750: 3,57; si N = 500: 4,38.

Autrement dit, si l'échantillon est égal à 750, l'information que l'on a est la suivante : la probabilité que le score d'un parti à 50 % d'intentions de vote se situe entre 46,43 % et 53,57 % est de 95 %.

2. D'un point de vue qualitatif, ensuite. Il importe que l'échantillon soit représentatif. C'est-à-dire qu'il soit le plus proche de ce qu'est la situation socio-démographique dans la société. Pour ce faire, on peut procéder de manière totalement aléatoire ou le constituer sur la base d'un certain nombre d'attributs socio-démographiques. Même lorsque le travail est de grande qualité et mené avec une grande rigueur, il existe toujours certains biais, d'où la nécessité de **corriger** les données *brutes* et de les transformer en données *nettes*. C'est ce qu'on nomme « redresser » les données. Pourquoi redresser ? Pour corriger les biais. Mais quels types de biais ?

De manière quasi systématique, la propension à répondre est plus grande parmi les citoyens à fort capital scolaire que parmi les personnes faiblement diplômées. Par ailleurs, il existe des réponses « désirables ». C'est « mieux » de dire qu'on a voté même si on s'est abstenu. Dans les enquêtes post-électorales, la participation électorale mesurée est souvent (très) supérieure à ce qui est observé dans la réalité. C'est aussi « mieux » de dire que l'on a voté pour un parti qui a gagné que pour une formation qui a subi une défaite électorale. Par ailleurs, certains partis ont des scores annoncés toujours supérieurs à la réalité. C'est notamment le cas des verts. Et l'inverse est vrai aussi. Il en va ainsi des partis d'extrême droite.

Dans l'interprétation des résultats d'une enquête par questionnaire, il importe d'avoir du recul sur ce que donnent à voir des résultats, sur ce que « pensent » les sondés. En effet, dans l'écrasante majorité des cas, les enquêteurs ne connaissent pas l'importance de la problématique pour les sondés. Une question peut être cruciale pour un citoyen sondé et ne jamais s'être posée pour un autre[39]. Les deux, pourtant, peuvent répondre. Peut-on dire pour autant que les deux « pensent » que… ? Bien sûr, le questionnement vaut plus encore pour un échantillon large.

Au-delà de l'importance de la qualité de l'enquête réalisée et de sa présentation, certains sociologues et politologues estiment qu'aujourd'hui, le sondage et, plus largement, les enquêtes d'opinion ont pris une place démesurée dans l'analyse et le commentaire politiques au point, parfois, de dévoyer la démocratie ou de présenter une « opinion publique » inexistante :

> « Un vote libre, c'est un vote indépendant des autres, indépendant des supérieurs, indépendant des proches, indépendant des calculs stratégiques. Or, les sondages sur les intentions de vote violent depuis longtemps le

[39] J. De Legge, *Sondage et démocratie*, Paris, Dominos-Flammarion, 1998, p. 48.

principe de l'indépendance du vote. On s'en est ému il y a déjà longtemps sans être entendu, tant les lois du commerce sont fortes»[40].

Mais d'où viennent les enquêtes par questionnaire et les sondages? Le sondage commercial et politique apparaît dans la période de l'entre-deux-guerres. Sa naissance et son développement doivent beaucoup à George Gallup (1901-1984) dont le nom deviendra d'ailleurs synonyme de sondage[41]. Dans le domaine des prédictions politiques, le sondage s'impose contre l'ancienne formule dite des *straw votes*, littéralement les votes de papier, qui avaient été organisés à partir de 1824[42]. La pratique du *straw vote* consistait, dans le chef de journaux et magazines américains, à envoyer de très nombreux bulletins fictifs en demandant de les renvoyer remplis. Ainsi, le *Literary Digest* envoie en 1920 onze millions de questionnaires et reçoit en retour 1,5 million de bulletins remplis. Quatre ans plus tard, 16,6 millions de bulletins sont diffusés et 2,3 millions sont renvoyés. Le problème majeur est l'absence totale de vérification de la représentativité. Aucune opération de *redressement* des résultats bruts n'est opérée. C'est cette absence de rigueur qui est épinglée par les promoteurs de ce nouvel instrument qu'est le sondage d'opinion. Pendant plusieurs années, les méthodes du sondage et des *straw votes* s'affrontent sur la prédiction du résultat. La «bataille» est remportée par Gallup lors de l'élection présidentielle de 1936. Alors que le *Literary Digest* annonce la victoire du républicain Alf Landon, Gallup prévoit la victoire du démocrate Franklin Roosevelt. Ce triomphe du sondage comme méthode plus rigoureuse doit rétrospectivement être analysé avec prudence. En effet, lors du scrutin présidentiel de 1936, Gallup a commis plusieurs erreurs dans les Etats. Au final, la somme des erreurs n'a pas perturbé le résultat. Surtout, Gallup connaîtra un revers très sévère lors de l'élection présidentielle de 1948. Alors qu'il avait annoncé une assez large victoire du républicain Thomas E. Dewey et interrompu les sondages trois semaines avant le scrutin tant la victoire de Dewey semblait inéluctable, le démocrate Harry Truman emporta l'élection.

---

[40] Voir à ce sujet le réquisitoire sans nuance de A. Garrigou, R. Brousse, *Manuel anti-sondages. La démocratie n'est pas à vendre !,* Paris, La ville qui brûle, 2011, p. 100.

[41] L. Blondiaux, *La fabrique de l'opinion. Une histoire sociale des sondages*, Paris, Seuil, 1998, p. 160.

[42] *Ibid.*, p. 162.

Les sondages Gallup et les résultats aux élections américaines[43]

		Dernier sondage Gallup	**Résultat**	**Déviation**
		%	%	%
2008	Obama	55,0	53,0	2,0
	McCain	44,0	46,0	– 2,0
2004	Bush Jr	49,0	50,7	– 1,7
	Kerry	49,0	48,3	0,7
2000	Bush Jr	48,0	47,9	0,1
	Gore	46,0	48,4	– 2,4
	Nader	4,0	2,7	1,3
1996	Clinton	52,0	49,2	2,8
	Dole	41,0	40,7	0,3
	Perot	7,0	8,4	– 1,4
1992	Clinton	49,0	43,3	5,7
	Bush Sr	37,0	37,7	– 0,7
	Perot	14,0	19,0	– 5,0
1988	Bush Sr	56,0	53,0	3,0
	Dukakis	44,0	46,1	– 2,1
1984	Reagan	59,0	59,2	– 0,2
	Mondale	41,0	40,8	0,2
1980	Reagan	47,0	50,8	– 3,8
	Carter	44,0	41,0	3,0
	Anderson	8,0	6,6	1,4
	Autres	1,0	1,6	– 0,6
1976	Carter	48,0	50,1	– 2,1
	Ford	49,0	48,1	0,9
	McCarthy	2,0	0,9	1,1
	Autres	1,0	0,9	0,1
1972	Nixon	62,0	61,8	0,2
	McGovern	38,0	38,2	– 0,2
1968	Nixon	43,0	43,5	– 0,5
	Humphrey	42,0	42,9	– 0,9
	Wallace	15,0	13,6	1,4
1964	Johnson	64,0	61,3	2,7
	Goldwater	36,0	38,7	– 2,7
1960	Kennedy	50,5	50,1	0,4
	Nixon	49,5	49,9	– 0,4
1956	Eisenhower	59,5	57,8	1,7
	Stevenson	40,5	42,2	– 1,7

[43] http://www.gallup.com/poll/9442/election-polls-accuracy-record-presidential-elections.aspx.

1952	Eisenhower	51,0	55,4	-4,4
	Stevenson	49,0	44,6	4,4
1948	Truman	44,5	49,5	-5,0
	Dewey	49,5	45,1	4,4
	Wallace	4,0	2,4	1,6
	Thurmond	2,0	2,0	0,0
1944	Roosevelt	51,5	53,8	-2,3
	Dewey	48,5	46,2	2,3
1940	Roosevelt	52,0	55,0	-3,0
	Willkie	48,0	45,0	3,0
1936	Roosevelt	55,7	62,5	-6,8
	Landon	44,3	37,5	6,8

C. L'approche qualitative

L'approche qualitative passe par un travail de compréhension par entretiens auprès d'un certain nombre d'électeurs. En l'espèce, on sort d'une logique d'échantillon représentatif, mais on peut essayer de comprendre par cette voie quels éléments ont le plus compté pour l'électeur dans son choix, et comment et quand ce choix s'est cristallisé.

L'électeur a un rôle (plus) actif dans cette méthode. Il n'est pas dépendant du questionnaire qui lui est soumis lors d'une enquête. Bien sûr, cette méthode dévoile aussi un certain nombre d'inconvénients. On en relèvera deux en particulier :

- le premier est la difficulté de trouver les citoyens qui veulent bien se prêter à la démarche d'entretiens approfondis et, idéalement, sans qu'il y ait de relations entre les citoyens interviewés, faute de quoi on risque d'introduire un biais de sélection ;
- le deuxième est l'absence de représentativité. On peut récolter des informations très importantes lors d'entretiens approfondis. Mais cela ne peut se pratiquer qu'auprès d'un nombre réduit d'électeurs. On ne peut donc pas aisément transposer ou généraliser les informations recueillies.

V. Les grands modèles d'interprétation du comportement électoral

Il existe certains travaux pionniers dans l'interprétation du comportement électoral. Mais les grands modèles interprétatifs naissent au milieu du XXe siècle.

A. Le déterminisme social : le « modèle de Columbia »

Le modèle dit de Columbia est développé par l'équipe dirigée par Paul Lazarsfeld (1901-1976) à l'Université de Columbia. En 1940, Lazarsfeld, Berelson et McPhee réalisent une grande enquête longitudinale dans le comté d'Erié de l'Etat d'Ohio. Pour les besoins de l'enquête, ils interrogent un panel d'électeurs à sept reprises et essaient d'isoler les éléments qui fondent le vote.

Pour Lazarsfeld, Berelson et McPhee, une personne pense politiquement comme elle est socialement[44]. En d'autres termes, l'environnement social conditionne fortement le comportement politique et électoral. Dans le comportement électoral, les variables les plus déterminantes en la matière seraient : a) le statut socio-économique des personnes, b), l'appartenance confessionnelle, c) le lieu de résidence. Viennent ensuite d) le statut social vécu subjectivement, e) le vote précédent, f) la socialisation familiale.

Dans cette perspective, les campagnes électorales ne jouent qu'un rôle modeste. Pour l'essentiel, elles auraient pour effet d'activer et de renforcer les prédispositions politiques existantes. Les conversions sont rares mais peuvent néanmoins avoir un rôle déterminant sur le résultat de l'élection. Elles concernent au premier chef les citoyens moins intéressés par l'élection et ceux qui, parmi les démocrates et les républicains, se trouvent sur les positions les plus modérées[45].

B. Le déterminisme psycho-affectif : le « modèle de Michigan »

Le modèle dit de Michigan est celui de l'équipe dirigée par Angus Campbell (1884-1976), Philip Converse (1928-), Warren Miller (1924-1999) et Donald Stokes (1927-1997) du Survey Research Center à l'Université de Michigan. Les chercheurs de cette université s'appuient sur des enquêtes nationales menées à chaque élection présidentielle.

Pour Campbell et Converse, le registre de la psychologie individuelle est plus central dans le comportement électoral[46]. Les **perceptions socio-politiques** comptent plus que les caractéristiques socio-culturelles ou socio-démographiques. A leurs yeux, l'élément majeur et le concept clé, c'est ce qu'ils nomment l'**identification partisane**.

---

[44] B.R. Berelson, P.F. Lazarsfeld, W.N. McPhee, *Voting : a study of opinion formation in a presidential campaign*, Chicago, the University of Chicago Press, 1954.

[45] *Ibid.*, p. 33.

[46] A. Campbell, Ph.E. Converse, W.E. Miller, D.E. Stokes, *The American Voter*, New York, Wiley, 1960.

L'identification partisane est l'attachement affectif de l'électeur au groupe de référence que représente pour lui l'un des deux grands partis américains. Celle-ci est héritée familialement, pour une bonne part inconsciente et permanente. C'est ce que Campbell et Conserve nomment l'**effet d'immunisation**.

L'effet d'immunisation joue à plein dans les élections *normales*, ce que Converse appelle les *élections de maintien*. Il n'y a pas d'éléments perturbateurs du modèle (par exemple un candidat particulièrement saillant).

Mais il peut y avoir des *élections déviantes*, au cours desquelles une contradiction temporaire entre les identifications partisanes et le choix politique se présente, par exemple en raison de la personnalité d'un candidat.

Enfin, il peut aussi y avoir des *élections de réalignement*, qui marquent un changement structurel d'identification partisane dans le chef de certains segments électoraux. Ce phénomène a notamment été observé dans le sud des Etats-Unis où le parti démocrate était presque hégémonique. En raison du choix démocrate d'appuyer l'égalité des droits civiques entre blancs et noirs, les Etats du sud, anciennement esclavagistes et démocrates, ont changé de «couleur politique». Le vote pour le parti démocrate s'est effondré. Un réalignement s'est opéré au profit du parti républicain dans ces territoires. L'évolution du score du candidat démocrate aux élections présidentielles en Géorgie et dans l'Alabama en témoigne. Du lendemain de la guerre, jusqu'à l'élection de 1960, le candidat démocrate est dominant dans ces Etats. A partir de 1964, le candidat démocrate ne parvient que très exceptionnellement à emporter l'un de ces deux Etats lors des élections présidentielles.

Score du candidat démocrate aux élections présidentielles dans les Etats de Géorgie et d'Alabama

	Géorgie	Alabama		Géorgie	Alabama
1944	81,7	81,3	**1980**	55,8	47,5
1948	60,8	49,6	**1984**	39,8	38,3
1952	64,6	64,6	**1988**	39,5	39,9
1956	66,5	56,5	**1992**	43,5	40,9
1960	62,5	56,4	**1996**	45,8	43,2
1964	45,9	30,6	**2000**	43,0	41,6
1968	26,8	18,7	**2004**	41,4	36,8
1972	24,7	25,5	**2008**	46,9	38,7
1976	66,7	55,7	**2012**	45,5	38,4

C. Les variables lourdes de la sociologie électorale en Europe

En Europe, la sociologie électorale a emprunté des éléments aux deux modèles. L'identification partisane est surtout évaluée à l'aune de l'attachement à la gauche ou à la droite[47]. En Europe, les chercheurs se sont surtout attachés à isoler les **variables lourdes**, celles qui structurent le comportement électoral, indépendamment de toute autre. Suivant les pays, elles diffèrent quelque peu. Plusieurs dimensions façonnent le vote.

L'importance du **positionnement philosophique** joue surtout dans les pays à tradition catholique. Le rapport à la religion y a manifestement un impact sur le comportement électoral. Plus un électeur présente des attributs religieux, plus il aura tendance à voter à la droite du spectre politique. A l'inverse, moins il a d'attributs religieux, plus la propension à voter à gauche est frappante. Dans certaines configurations, le positionnement est brouillé en raison d'une opposition entre confessions différentes. De manière emblématique, les partis d'Irlande du nord sont tous étiquetés à l'aune de leur positionnement confessionnel et de leur posture sur le destin de l'Irlande du nord. Le Sinn Fein est réputé catholique et avoir un positionnement pro-irlandais «dur», le Social Democratic and Labour Party (SDLP) est réputé catholique et dévoiler un positionnement pro-irlandais «modéré», l'Ulster Unionist Party (UUP) est réputé protestant et considéré comme ayant une posture pro-britannique modérée et le Democratic Unionist Party (DUP) est réputé protestant et assumer un positionnement pro-britannique dur.

Le statut socio-professionnel serait l'une des variables lourdes les plus importantes. Tendanciellement, les travailleurs salariés ont une propension plus importante à voter pour des formations de gauche. *A contrario*, le comportement électoral des travailleurs non salariés, commerçants, indépendants, artisans et professions libérales est plus favorable à la droite. Des nuances existent néanmoins. Ainsi, le comportement plus favorable à gauche est surtout prégnant dans les bas niveaux de la hiérarchie sociale chez les salariés, et dans les niveaux intermédiaires parmi les fonctionnaires[48]. En revanche, les cadres intermédiaires et supérieurs du secteur privé votent davantage à droite.

Le rapport au logement est un autre élément structurant du vote dans certains Etats. En Grande-Bretagne, une majorité importante des propriétaires de leur logement votent pour le parti conservateur. *A contrario*, la

[47] N. MAYER, *Sociologie des comportements politiques*, Paris, Armand Colin, 2010, p. 98.

[48] N. MAYER, E. SCHWEISGUTH, «Classe, position sociale et vote», *in* D. GAXIE (éd.), *Explication du vote. Un bilan des études électorales en France*, Paris, Presses de la Fondation nationale des sciences politiques, 1985, p. 280.

majorité des locataires optent pour le parti travailliste. Cette observation peut s'étendue à « l'effet patrimoine » mis en évidence par Jacques Capdevielle et Elisabeth Dupoirier[49]. Plus le patrimoine d'un citoyen est diversifié (compte d'épargne, actions, obligations, patrimoine immobilier...), plus sa propension à voter à droite sera forte. Et vice versa.

Sociologie électorale au premier tour des élections législatives de 2012 parmi les électeurs qui ont voté valablement[50]

	Extrême gauche	Front de gauche	PS et PRG	EELV	MODEM	UMP et NC	FN	Autres
Ensemble	**1**	**6,9**	**34,4**	**5,5**	**1,8**	**34,9**	**13,6**	**1,9**
Sexe								
Homme	1	8	35	6	2	31	15	2
Femme	1	6	34	5	1	39	12	2
Age								
18-24 ans	0	11	31	7	3	28	17	3
25-34 ans	1	7	35	6	2	31	17	1
35-44 ans	2	5	39	7	2	28	15	2
45-59 ans	1	8	35	5	1	30	17	3
60 ans et plus	0	6	33	5	2	43	7	4
Profession								
Artisan, commerçant, chef d'entreprise	2	4	31	3	1	41	14	4
Profession libérale, cadre	2	6	39	10	1	32	7	3
Profession intermédiaire	0	7	40	6	2	28	15	2
Employé	2	6	30	6	1	29	24	2
Ouvrier	1	9	30	5	1	28	23	3
Retraité	1	7	33	5	2	43	7	2
Statut								
Salarié	1	7	36	7	1	29	17	2
dont... Salarié du privé	*1*	*7*	*31*	*7*	*1*	*32*	*19*	*2*
dont... Salarié du public	*1*	*7*	*44*	*7*	*2*	*23*	*15*	*1*
A votre compte	1	7	29	5	1	43	12	2
Au chômage	2	6	34	5	1	29	19	4
Niveau de diplôme								
Pas de diplôme	6	8	28	3	0	31	20	4

[49] J. Capdevielle, E. Dupoirier, « L'effet patrimoine », *in* J. Capdevielle, E. Dupoirier, G. Grunberg, E. Schweisguth, C. Ysmal (éd.), *France de gauche vote à droite*, Paris, Presses de la Fondation nationale des sciences politiques, 1981.

[50] ipsos, *1er tour des élections législatives. Comprendre les Français*, 2012.

BEPC/BEP/CAP/CEP	1	8	33	5	2	32	18	1
Baccalauréat	1	7	26	5	2	39	18	2
Bac +2	1	6	39	4	1	33	14	2
Au moins Bac +3	0	6	39	8	2	37	6	2
Niveau de revenu du foyer								
Moins de 1 200 €	3	8	32	4	1	31	18	3
De 1 200 à 2 000 €	1	9	39	5	2	30	16	-2
De 2 000 à 3 000 €	1	6	34	5	2	36	14	2
De 3 000 à 4 500 €	1	6	35	7	1	36	12	2
4 500 euros et plus	1	6	36	6	1	42	7	1
Religion								
Catholique	1	5	24	4	2	44	15	5
dont pratiquant régulier	*1*	*1*	*18*	*4*	2	66	*4*	*4*
dont pratiquant occasionnel	*1*	2	*24*	3	2	57	*10*	*1*
dont non pratiquant	*1*	7	29	5	2	36	*18*	2
Autre religion	1	6	40	8	*1*	28	*12*	4
Sans religion	1	10	47	7	2	19	12	2

L'importance du capital scolaire est de plus en plus soulignée. Le niveau de capital scolaire influe sur les comportements politico-électoraux. Sous cet angle, on peut par exemple mettre en évidence deux électorats mutuellement intransitifs, les électorats vert et d'extrême droite. Les premiers se déclinent en moyenne comme un électorat à fort capital scolaire, libéral culturel et universaliste. Les seconds se caractérisent en général par un faible capital scolaire, sont conservateurs sur les questions de société et ethnocentriques. De fait, dans la période contemporaine, nombre de sociologues et de politologues soulignent l'affaissement des lignes de fractures traditionnelles, socio-économique et philosophique en particulier. Se développerait un conflit axé sur les valeurs, opposant des citoyens à la posture conservatrice sur les questions de société et ethnocentrique dans le rapport à l'autre à d'autres segments libéraux culturels et universalistes[51].

En France, le pouvoir prédictif d'ensemble des dimensions socio-économiques était largement plus élevé que celui des valeurs ethnocentriques-autoritaires pour « départager positionnements et votes de droite et de gauche »[52]. Depuis, l'élection présidentielle de 2007, l'observation ne se vérifie plus. Et cette mutation est plus marquée encore dans les nouvelles générations.

[51] S. Bornschier, « The new cultural divide and the two-dimensional political space in Western Europe », *West European Politics*, 2010, vol. 33, n° 3, p. 440.

[52] N. Mayer, *Sociologie des comportements politiques*, Paris, Armand Colin, 2010, p. 128.

D. L'*issue voting*

L'*issue voting* recouvre aujourd'hui deux perspectives distinctes en partie. La première a été dévelopée par Norman Nie, Sidney Verba et John Petrocik dans *The Changing American Voter*[53]. Ces trois auteurs considèrent que le comportement électoral – et donc les résultats électoraux – sont de plus en plus liés à l'**enjeu de l'élection**. La configuration serait moins déterminée par les attributs sociaux ou psycho-affectifs et beaucoup plus par l'enjeu ou les enjeux de la campagne électorale. Selon leurs estimations, l'identification partisane reculerait, rendant plus importante le contexte et les thématiques de chaque scrutin dans un contexte où le jugement personnel serait plus saisissant qu'auparavant[54]. Le vote sur enjeu ne se déploie pour autant qu'à trois conditions:

- qu'il y ait une position claire des partis et/ou des candidats sur l'enjeu en tête des préoccupations lors d'une élection;
- que les électeurs perçoivent les différences entre les positions des candidats et partis en présence;
- qu'ils votent pour un parti ou un candidat parce qu'il a les mêmes positions qu'eux.

Ce faisant, nous aurions affaire à un électeur détaché des liens partisans, plus politisé, plus autonome et dès lors moins prévisible.

Le deuxième angle d'approche considère qu'un certain nombre d'électeurs votent pour un parti qui, à leur estime, a une position très singulière sur une question qu'ils jugent primordiale. Dans cette perspective, il existerait des *one-single issue parties*, des partis focalisés sur une seule problématique. Certains politologues estiment qu'il en va ainsi du vote en faveur des partis verts – l'enjeu est la question environnementale – et des partis d'extrême droite – l'enjeu est la question migratoire/sécuritaire[55].

---

[53] N.H. Nie, S. Verba, J.R. Petrocik, *The changing American Voter*, Cambridge, Harvard University Press, 1976.

[54] G. Grunberg, «L'instabilité du comportement électoral», *in* D. Gaxie (éd.), *Explication du vote. Un bilan des études électorales en France*, *op. cit.*, p. 420.

[55] R. Eatwell, «Ten theories of the Extreme Right», *in* P.H. Merkl, L. Weinberg (éd.), *Right-Wing Extremism in the Twenty-first century*, Londres, Cass, 2003, p. 49.

E. Les théories du choix rationnel

Le modèle du choix rationnel a été amené dans le débat scientifique par Anthony Downs (1930-) dans son ouvrage *An Economic Theory of Democracy* (1957), aujourd'hui traduit en français[56].

Pour Downs et les tenants du choix rationnel, il s'agit de partir du comportement du citoyen sur le «marché» pour analyser le comportement politique.

Chaque personne se livrera à une analyse coût/bénéfice du «produit», comme elle le fait avant d'acheter un bien économique par exemple:

> «Dans un monde où il dispose d'une information complète et gratuite, le citoyen rationnel décide de son vote comme suit:
>
> 1. l'électeur trouve ses différentiels partisans actuels en comparant le flux de revenu en utilité issu de l'activité gouvernementale qu'il a reçu sous le gouvernement en place (ajusté en ce qui concerne les tendances) avec les flux qu'il aurait reçus, évalue-t-il, si les divers partis d'opposition avaient été au pouvoir. Ces différentiels partisans définissent sa préférence parmi les partis en compétition;
> 2. dans un système bipartite, l'électeur vote pour le parti qu'il préfère. Dans un système multipartite, il évalue ce qu'il pense être les préférences des autres électeurs; il agit alors comme suit:
>   a. si son parti favori semble avoir une chance raisonnable de l'emporter, il vote pour lui;
>   b. si son parti favori semble n'avoir quasi aucune chance de l'emporter, il vote pour un autre parti qui a une chance raisonnable, de façon à empêcher le parti qu'il apprécie le moins de gagner;
>   c. si c'est un électeur orienté-futur, il peut voter pour son parti favori, même si celui-ci semble n'avoir à peu près aucune chance de l'emporter, afin d'améliorer les alternatives qui s'offriront à lui lors de futures élections;
> 3. si l'électeur ne peut déterminer de préférence entre les partis parce qu'au moins un parti d'opposition partage avec le parti au pouvoir la première place dans son ordre de préférence, il fait comme suit:
>   a. si les partis sont dans une impasse, même si leurs programmes ou leurs politiques du moment, voire les deux à la fois sont différents, il s'abstient;
>   b. si les partis sont dans une impasse parce que leurs programmes ou leurs politiques sont identiques à ce moment-là, il compare le taux de performance du parti au pouvoir avec ceux de ses prédécesseurs aux affaires. Si les sortants ont fait du bon travail, il vote

[56] A. Downs, *Une théorie économique de la démocratie*, Bruxelles, Editions de l'Université de Bruxelles, 2013.

> pour eux; si leur bilan est mauvais, il vote contre eux; si leur performance n'est ni bonne ni mauvaise, il s'abstient»[57].

On vote donc en fonction de ses intérêts, en évaluant «rationnellement» les différents apports possibles des candidats ou partis pour sa propre situation. Par la suite, cette approche fut considérablement affinée. Mais elle est l'objet de nombreux débats en science politique comme aussi dans le champ de la science économique.

[57] *Ibid.*, p. 67-68.

CHAPITRE VI

Les partis politiques

Les partis politiques sont des acteurs de premier plan des régimes et des systèmes politiques de démocratie représentative. Leur étude et leur analyse sont donc fondamentales.

I. A l'origine des partis politiques

Quelle est l'origine des partis politiques? De nombreuses raisons permettent d'expliquer l'émergence et le développement des partis. Les principales d'entre elles ressortissent aux transformations exceptionnelles liées aux révolutions économique et politique du XIXe siècle.

Une des origines les plus importantes est l'extension progressive du droit de suffrage, vers le suffrage universel. L'élargissement du vote entraîne peu à peu un passage de la «démocratie de notables» ou, plus justement, du parlementarisme de notables vers une démocratie libérale représentative (voir *supra*). Ce ne sont plus quelques individus, quelques personnalités ou quelques notables qui se présentent aux élections pour quémander le suffrage de quelques dizaines ou centaines d'électeurs dans les premiers régimes parlementaires, mais bien des candidats qui s'agrègent au nom d'intérêts communs et qui se présentent au suffrage de centaines de milliers voire de millions d'électeurs. En France, suite à la réforme du 5 mars 1848, le député représente désormais 10 000 électeurs ou plus, alors que le total ne s'élevait qu'à 1 000 électeurs avant la modification. Ce changement qualitatif se répercute immédiatement sur la qualité du rapport représentatif.

> «Ce rapport va devenir de plus en plus hétérogène et distendu, ce qui signifie que l'élu est appelé à représenter des intérêts divergents, et souvent contradictoires. (...) Le parti politique est destiné à assurer la médiation entre le député et ses électeurs»[1].

[1] J.-M. Cotteret, *Gouverner, c'est paraître*, Paris, PUF, 1997 (2e édition), p. 15.

Dans cette optique, «**l'irruption des masses sur la scène politique**»[2] et sur la scène électorale est un phénomène fondamental. Les partis politiques sont des émanations des différents conflits présents dans les sociétés. L'émergence, comme acteurs politiques, de classes sociales, importantes en termes quantitatifs – la paysannerie et la classe ouvrière –, marque tout à la fois l'importance d'un conflit social et entraîne l'agrégation de formations politiques qui représentent leurs intérêts. Mais les conflits peuvent ressortir à d'autres dimensions que les questions socio-économiques: religieuse, philosophique, territoriale, culturelle...

De tous temps, nombreux sont ceux qui ont dénoncé les partis comme *diviseurs* de la société, comme des organisations brisant une harmonie supposée ou une volonté générale transcendante[3]. Dans les cas britannique et américain, Moisei Ostrogorski (1854-1919), un des précurseurs de l'étude des partis politiques, affirmait que le processus de représentation avait été «détourné» par les partis et que la démocratie en était par conséquent affaiblie. En réalité, les partis politiques ne sont que **l'effet** ou le **reflet** d'une situation. Ils ne créent pas le conflit, ils le traduisent dans la sphère parlementaire et dans l'activité gouvernementale.

L'instauration du suffrage universel et l'émergence de la paysannerie et de la classe ouvrière comme acteurs politiques et sociaux rendent compte d'un troisième phénomène consubstantiel au développement des partis politiques: la **démocratisation de la société et la marche vers une démocratie libérale représentative**.

Dans ces conditions, il n'est pas étonnant que les lieux d'implantation premiers et privilégiés des partis aient été l'Europe occidentale et les Etats-Unis, c'est-à-dire les pays les plus marqués par l'accélération de la révolution industrielle et les mutations sociales, sociologiques et politiques qu'elle induit.

Les Etats-Unis, les premiers, voient se créer des partis modernes. La raison principale en est la combinaison du suffrage populaire, du principe selon lequel l'élection était le mode normal de nomination aux fonctions publiques et de la «brièveté des mandats»[4]. Ils serviront d'ailleurs de modèle dans la démonstration de l'importance du fait partisan en Europe compte tenu de l'élargissement du suffrage:

---

[2] D.-L. SEILER, *Les partis politiques*, Paris, Armand Colin, 1993, p. 6.

[3] Ce fut le cas notamment des précurseurs des études de partis: Bryce, Ostrogorski, etc. On s'étonne qu'en 1990, certains affirment encore la dimension «contre-nature» des partis: «L'idée de parti a quelque chose qui est politiquement contre nature (*sic*); elle est synonyme de division et la sagesse (*sic*) nous apprend depuis Platon qu'il n'est de pire mal pour la cité que ce qui divise». P. AVRIL, *Essais sur les partis politiques*, Petite bibliothèque Payot, 1990, p. 23.

[4] P. AVRIL, *op. cit.*, p. 55.

> «Les Américains, nos maîtres dans l'art de pratiquer la liberté républicaine, ont admirablement compris le problème de l'organisation des partis en vue de l'organisation électorale. Les grands partis politiques y forment de vastes associations rayonnant jusque dans les villages les plus reculés et dont les adhérents régulièrement inscrits constituent la partie active du parti. S'agit-il par exemple d'élire le gouverneur d'un Etat. Rien n'est laissé au hasard des bonnes volontés individuelles ni aux démarches personnelles des candidats. Les membres de l'association se réunissent dans chaque commune. Ils élisent régulièrement des délégués qui, réunis, eux-mêmes au chef-lieu du comté, en élisent d'autres en nombre déterminé et d'après le mode prévu par le règlement; ceux-ci se constituent dans une ville désignée, en convention nationale»[5].

La construction des partis politiques est très souvent un processus lent. Il s'opère à partir du parlement ou dans la société. Lorsque les partis voient le jour dans la société, ils sont le plus souvent précédés de sociétés de pensée, d'associations circonstancielles, d'organisations sociales apolitiques comme certains syndicats. Au XIXe siècle, ils sont parfois issus de périodiques ou de journaux. A cette époque, il était très courant que les partis aient «leur» journal. Certaines formations pouvaient même se prévaloir d'un très grand nombre de journaux. En la matière, le parti social-démocrate allemand (SPD) est un exemple emblématique.

II. Définir le parti politique

Définir le parti politique s'est de tout temps révélé complexe. Isoler les limites et les caractéristiques d'un parti en regard des autres organisations sociales et sociétales n'est pas une chose aisée. Quelles sont les *frontières* du parti ? Il importe en premier lieu de rappeler les différences d'«essence»[6] entre partis politiques et groupes d'influence ou groupes de pression, notamment en fonction des objectifs poursuivis. La plupart des partis ont pour vocation d'assumer la **fonction de gouvernement**. Par exemple, prendre des décisions politiques et contrôler leur devenir. Ils sont donc les acteurs qui **prennent la décision, les acteurs du processus décisionnel**. Pour leur part, les groupes de pression ambitionnent «d'arracher une décision particulière»[7]; en d'autres termes, d'**influencer la prise de décision** et non pas d'être l'acteur du processus décisionnel. Le plus

---

[5] R. HUARD, *La naissance du parti politique en France*, Paris, Presses de Sciences po, 1996, p. 164.

[6] J. et M. CHARLOT, «Les groupes politiques dans leur environnement», *in* M. GRAWITZ, J. LECA (dir.), *Traité de science politique. volume 3. L'action politique*, Paris, PUF, 1985, p. 432.

[7] D.-L. SEILER, *La politique comparée*, Paris, Armand Colin, 1982, p. 89-90.

souvent, les partis se présentent avec une conception propre de l'**intérêt général** et du bien commun. Ils défendent un projet de société global. *A contrario*, les groupes de pression défendent en général un ou des **intérêts spécifiques**, sectoriels ou catégoriels.

Distinguer les partis politiques des groupes d'influence est une première étape indispensable. Elle a cependant ses limites car tous les partis ne défendent pas nécessairement une vision de l'intérêt général et peuvent se focaliser sur des dimensions spécifiques. Ainsi existe-il des partis régionalistes dont la mission première sinon exclusive est le soutien à la région de référence. Des partis mono-thématiques, ce qu'on appelle des *single issue parties*, se développent d'ailleurs dans plusieurs Etats européens: Partij voor de Dieren (parti des animaux) aux Pays-Bas, les partis des seniors,... Relevons aussi que certains groupes de pression peuvent avoir une vocation généraliste: il en est par exemple ainsi du mouvement alter-mondialiste. Par ailleurs, plusieurs partis sont issus de groupes de pression: nombre de partis socialistes et sociaux-démocrates sont issus du monde syndical; les partis verts viennent des nouveaux mouvements sociaux des années soixante-dix, etc.

Il s'agit donc de définir «positivement» les partis. La tâche n'est pas aisée. En la matière, il existe plusieurs approches.

Dans *Economie et société*, Max Weber définit l'idéal-type du parti dans une **conception instrumentaliste** de la manière suivante:

> «On doit entendre par partis des associations reposant sur un engagement (formellement) libre ayant pour but de procurer à leurs chefs le pouvoir au sein d'un groupement et à leurs militants actifs des chances – idéales ou matérielles – de poursuivre des buts objectifs, d'obtenir des avantages personnels, ou de réaliser les deux ensemble»[8].

Plusieurs auteurs comme Michel Offerlé, Dominique Chagnollaud ou Daniel Gaxie se sont inspirés du canevas proposé par le célèbre sociologue allemand. Mais cette approche du parti politique est, à nos yeux, trop instrumentaliste. L'idée selon laquelle le parti ne serait, ou au premier chef, qu'une organisation en charge de procurer le pouvoir ou des avantages à un petit nombre d'individus est pour le moins restrictive et dénigrante.

Plusieurs auteurs ont associé la définition du parti politique au **processus électoral**. Ce fut notamment le cas de Giovanni Sartori, célèbre politologue italien. Sartori s'est en effet longuement penché sur la question de la qualification partisane en situation de «parti unique». A ses yeux, il n'est pas possible de penser le parti en dehors de la confrontation

---

[8] M. Weber, *Economie et société*, Plon, Paris, 1971, p. 292 (réédition).

avec d'autres partis. Aussi, un des éléments fondamentaux de la définition du parti est-il, à son estime, la participation à un **processus électoral compétitif**[9]. Les partis sont les acteurs de la compétition dans un cadre électoral libre. Bien qu'importante, la démarche paraît restrictive. On ne peut appréhender l'étude et l'analyse d'un parti politique à la seule lumière de sa participation aux élections et de ses performances électorales. Cela exclut les partis, dans le cadre démocratique, qui ne se présentent pas (toujours) aux élections et, surtout, cela exclut du champ de l'étude des partis toutes les organisations politiques présentes dans les régimes autoritaires. Avec quatre-vingts millions de membres, la plus grande organisation au monde – le parti communiste chinois – ne pourrait de la sorte pas ressortir à l'analyse des partis. A l'image de Siegfried Neumann (1904-1962), certains complètent la définition de Sartori, par la notion de volonté de conquérir le pouvoir par la compétition électorale :

> « *To summarize: we may define «political party» generally as the articulate organisation of society's active political agents, those who are concerned with the control of governmental power and who compete for popular support with another group or groups holding divergent views* »[10].

Un des apports déterminants dans la réflexion sur la définition des partis politiques et dans la recherche des éléments constitutifs pour qu'une organisation soit qualifiée de parti politique est venu de deux auteurs américains : Joseph LaPalombara et Myron Weiner (1931-1999). Dans une contribution importante publiée en 1966, ils dégagent les principales caractéristiques des partis politiques ou, plus exactement, les conditions nécessaires pour prétendre à la définition scientifique d'un parti. Elles sont au nombre de quatre :

1. la **continuité de l'organisation**. Un des éléments importants du caractère durable de l'organisation est sa *dépersonnalisation* : le parti doit dépasser l'espérance de vie de son fondateur, de son ou de ses dirigeant(s) originel(s) (quels qu'ils soient)[11] ;
2. la **visibilité et le caractère complet de l'organisation**. Pour avoir affaire à un parti, il s'agit d'être présent et repérable de l'échelon local à l'échelon national, voire international aujourd'hui. Un parti digne de ce nom ne peut se contenter d'être présent à un seul échelon ;

---

[9] G. SARTORI, *Parties and party systems. A framework for analysis*, Cambridge, Cambridge University Press, 1976. Traduction française : *Partis et systèmes de partis. Un cadre d'analyse*, Bruxelles, Editions de l'Université de Bruxelles, 2011.

[10] S. NEUMANN, « Toward a Comparative Study of Political Parties », *in* S. NEUMANN (ed.), *Modern Political Parties*, Chicago, The University of Chicago Press, 1956, p. 396.

[11] J. et M. CHARLOT, « Les groupes politiques dans leur environnement », *op. cit.*, p. 437.

3. la **volonté** dans le chef des dirigeants et des cadres du parti **d'accéder au pouvoir et de tenter de le garder,** que ce soit seul ou dans le cadre d'une coalition. En d'autres termes, pour le parti, il ne s'agit pas simplement d'influencer l'exercice du pouvoir;
4. l'adaptation du parti afin d'obtenir un **soutien populaire maximal**, en particulier à l'occasion des échéances électorales, mais pas uniquement à ce moment[12].

Cette définition ou plus exactement les éléments constitutifs de la définition des partis représentent le plus petit commun dénominateur sur lequel se basent nombre de travaux des politistes qui étudient les formations politiques. Soulignons toutefois qu'elle n'est pas exempte de reproches. Notamment, le fait que ces deux auteurs n'évoquent pas la dimension relative au «projet» du parti politique.

L'**axe du projet** est celui qu'emprunte Daniel-Louis Seiler, en particulier dans ses travaux consacrés aux partis politiques en Europe:

> «On définira donc les partis comme étant des organisations visant à mobiliser les individus dans une action collective menée contre d'autres, pareillement mobilisés, afin d'accéder, seuls ou en coalition, à l'exercice des fonctions de gouvernement. Cette action collective et cette prétention à conduire la marche des affaires publiques sont justifiées par une conception particulière de l'intérêt général»[13].

Acteurs qui voient le jour au XIXe siècle, les partis sont des acteurs d'un cadre donné, l'Etat-nation, quand bien même ils se déclinent comme internationalistes. Le parti est donc historiquement une **«institution» nationale**. Cette observation n'est pas anodine par rapport aux mutations à l'œuvre dans la phase contemporaine. On constate notamment une européanisation de la décision politique avec l'approfondissement de l'Union européenne. Les partis politiques nationaux ne sont pas nécessairement bien armés par rapport à ce cheminement. Et à l'heure actuelle, les fédérations européennes de partis politiques (voir *infra*) n'ont pas la même influence et ne jouent pas le même rôle au niveau européen que les formations politiques à l'échelle nationale, même si tendanciellement leur influence et leur impact progressent.

---

[12] J. LaPalombara, M. Weiner, «The origin and development of Political Parties», *op. cit.*, p. 6.
[13] D.-L. Seiler, *Les partis politiques*, *op. cit.*, p. 23.

III. Les fonctions des partis

Quelles fonctions les partis remplissent-ils dans la société? On entend ici par fonction l'acception «biologisée». Elle renvoie à la notion de besoin: en l'occurrence ici, de **besoins de l'ensemble social ou culturel**. Les fonctions peuvent être *manifestes* ou *latentes* selon la distinction proposée par Georges Lavau (1918-1990)[14] ou Peter Merkl. La fonction *manifeste* est une fonction que remplit un parti politique consciemment, volontairement et de manière évidente. La fonction latente est une fonction qu'un parti remplit *de facto* sans toujours le savoir ou le vouloir.

La **fonction de gouvernement** fait référence à l'exercice du pouvoir. Nous l'avons vu, beaucoup d'auteurs en font un élément discriminant de leur définition par rapport à n'importe quelle autre organisation:

> «Les partis politiques sont d'abord et avant tout des sortes de collectivités non éphémères d'individus qui partagent, à des degrés divers, un ensemble d'objectifs communs. Le parti se distingue de toute autre collectivité – famille, école, atelier, groupe d'intérêt, groupe d'action civique, armée, Eglise – en ce qu'il prétend pouvoir recruter parmi ses membres le personnel capable de gouverner la nation (seul ou si nécessaire, en coalition avec d'autres partis)»[15].

Cette fonction peut se manifester sous trois aspects principaux: a) la fonction de participation à la création de gouvernements, b) la fonction de contrôle de la gestion gouvernementale et c) la fonction disciplinaire. C'est-à-dire, celle qui établit une cohérence entre les instances du parti et ses représentants extérieurs.

Les partis assurent aussi la **relève politique**. C'est en leur sein que **se recrute et qu'est sélectionné le personnel dirigeant pour les postes de gouvernement**. Les partis choisissent les candidats et assurent la relève des générations dirigeantes. Cette fonction est aujourd'hui quelque peu dépassée d'un certain point de vue. Nous observons de plus en plus que la formation et la socialisation des élites dirigeantes s'opèrent dans les grandes

---

[14] G. Lavau, «Partis et systèmes politiques: interactions et fonctions», *Revue canadienne de science politique*, 1969, vol. II, n° 1, p. 18-44.

[15] W. Schonfled, «Les partis politiques. Que sont-ils et comment les étudier?», *in* Y. Mény (études réunies par), *Idéologies, partis politiques et groupes sociaux*, Paris, Presses de la Fondation nationale des sciences politiques, 1989, p. 190.

Seiler en fait aussi l'élément discriminant de sa définition: «On définira donc les partis comme étant des organisations visant à mobiliser les individus dans une action collective menée contre d'autres, pareillement mobilisés, afin d'accéder seuls ou en coalition, à l'exercice des fonctions de gouvernement. Cette action collective et cette prétention à conduire la marche des affaires publiques sont justifiées par une conception de l'intérêt général». D.-L. Seiler, *Les partis politiques*, *op. cit.*, p. 23.

universités (Oxford et Cambridge en Grande-Bretagne) et dans les grandes écoles (SciencesPo Paris et l'ENA en France). L'aboutissement d'une carrière politique est de moins en moins le fruit du travail à l'intérieur du parti – du local vers le national – et de plus en plus le résultat d'un cursus académique, ce qui entraîne notamment un rajeunissement de la classe politique. On accède plus tôt aux postes à responsabilités politiques : dans les partis, dans les enceintes parlementaires et à l'échelle des exécutifs. De ce point de vue, l'Ecole nationale d'administration (ENA) en France ou encore les universités d'Oxford et de Cambridge (Oxbridge) en Grande-Bretagne sont de véritables tremplins. Tremplins pour l'accès à des postes politiques importants ou tremplins pour des fonctions de conseillers dans les appareils de partis ou dans les ministères.

Le phénomène est d'autant plus important que, dans une large mesure, les partis « gardent » largement la main dans le choix des candidatures aux postes électifs : dans la désignation des candidats dans les circonscriptions uninominales, dans l'ordre de la liste lorsque nous avons affaire à un scrutin proportionnel ou lorsqu'il y a un prétendant à choisir, par exemple en cas d'élections présidentielles.

Cette prérogative est néanmoins parfois bousculée compte tenu de l'introduction de nouveaux mécanismes de désignation ou de contestations des priorités partisanes. En 2006, Ségolène Royal avait ainsi été désignée dans une « primaire fermée », comme candidate socialiste à l'élection présidentielle française alors même qu'elle se présentait comme l'aspirante « anti-appareil ». Par un retour curieux de l'histoire, en 2012, investie par l'appareil central du parti socialiste dans la première circonscription de Charente-maritime, elle fut battue aux élections législatives par le dissident Olivier Farloni qui, avec la majorité des militants locaux, avait refusé le choix de la « rue de Solférino ». Claude Guéant, ministre de l'Intérieur sous Nicolas Sarkozy, subit le même désaveu dans la 9e circonscription des Hauts-de-Seine face au dissident de l'UMP, Thierry Solère.

La dynamique d'introduction de mécanismes de *primaires* pour la sélection des candidats pourrait affecter l'importance de l'appareil central du parti dans ses prérogatives. Cela dit, à ce stade, le phénomène reste marginal en Europe[16].

La **fonction programmatique** que remplissent les formations politiques est constituée de « la fonction idéologique », qui donne une explication convaincante de l'état de la société et des mécanismes qui président à son fonctionnement, et de « la fonction d'agrégation des intérêts » dans

---

[16] Voir par exemple, G. SANDRI, *Intra-party democracy and political activism : a comparative analysis of attitudes and behaviours of grass-roots party members*, Thèse de doctorat en sciences politiques et sociales, Université libre de Bruxelles, 2011.

laquelle le parti essaye de présenter un programme qui attire un maximum des gens en rencontrant leurs intérêts. De la sorte, les partis contribuent à structurer les opinions dans la société. Chaque formation politique présente sa version et sa vision de l'intérêt général par rapport à laquelle se positionnent et se situent tout à la fois les citoyens et les autres acteurs sociaux.

Les partis remplissent une **fonction de médiation** dans la mesure où **ils médiatisent les revendications des différents groupes sociaux vers le pouvoir** et les actions du pouvoir vers les différents groupes sociaux: ils sont de la sorte agents du conflit et... de sa résolution, en particulier au gouvernement. A partir de cette idée, Jean et Monica Charlot à la suite de Kay Lawson, évoquaient, dans leur typologie des partis, l'idée de *parti-connexion*:

> «Seuls les partis aspirent ouvertement à «assurer la connexion entre les masses et le pouvoir politique en plaçant les représentants de leur organisation à des postes où ils peuvent exercer ce pouvoir au nom des masses. D'où l'idée de parti-connexion»[17].

Cette fonction de médiation est cruciale pour la bonne compréhension du processus décisionnel, pour l'action politique et pour la capacité des acteurs de la décision à appréhender l'état de la société. Or, la capacité de médiation des formations politiques est, dans la phase contemporaine, mise en cause en raison d'une plus grande fluidité «des» pouvoirs politiques. En effet, des décisions se prennent aux échelons sub-national, national, européen et parfois même international si on songe au rôle d'organisations comme l'Organisation des nations unies (ONU), le Fonds monétaire international (FMI) ou l'Organisation mondiale du commerce (OMC). Cela rend, dans une certaine mesure, moins clair le processus de décision. Aujourd'hui, la question se pose de manière particulièrement prégnante à l'échelon européen. Les partis nationaux ont des difficultés à porter les revendications du «bas» vers les institutions européennes. A l'inverse, ils ont des difficultés à expliquer et à rendre compte des choix opérés par les instances de l'Union européenne, si tant est qu'ils le veuillent. La médiation est dès lors fort érodée, ce qui explique peut-être les réactions négatives exprimées lors de référendums ou de consultations populaires. Le refus majoritaire français et néerlandais, en 2005, au traité constitutionnel européen l'ont illustré, tout comme le «non» irlandais au traité de Lisbonne lors du premier référendum organisé sur la question. Et les résultats aux élections législatives de mai et juin 2012 en Grèce ou de février 2013 en Italie sont aussi interprétés à cette aune.

---

[17] J. et M. CHARLOT, *op. cit.*, p. 209.

Cette difficulté nouvelle à assurer la médiation renvoie à un problème contemporain dans l'exercice d'une autre fonction : **concourir à la légitimation du système politique**. Comme acteurs cruciaux de la démocratie, les partis ont largement contribué à « légitimer » le régime démocratique et donc à faire vivre ses règles de fonctionnement. Ils y ont participé dans la mesure où ils médiatisaient du bas vers le haut et du haut vers le bas. Dès lors que cette médiatisation est nettement moindre, que le fonctionnement institutionnel et le processus décisionnel européen sont peu compréhensibles, que les décisions prises sont mises en cause, les partis assurent beaucoup moins cette fonction de légitimation du système. La défiance grandit, ce qui est une menace tout à la fois pour les partis, l'Union européenne et la démocratie. C'est toute la problématique de ce qu'on appelle communément le « déficit démocratique » européen. Dans un article portant sur les raisons de la survivance des partis, Nathan Yanai argumente sur ce rôle fondamental de la légitimation du régime assumé par les partis. Aussi lie-t-il étroitement le devenir des partis et de la démocratie représentative :

> « En retour, la survie du partie est conditionnée par sa capacité à rendre le régime représentatif non seulement opératoire mais légitime. Aussi le futur du parti moderne peut être vu comme étroitement lié à celui du régime représentatif »[18].

Les partis politiques et les organisations (organisations syndicales, coopératives, mutuelles,...) qui leur sont proches ont très souvent joué un **rôle de socialisation** auprès de leurs membres. Cette socialisation s'effectue via un encadrement social et par une intégration des groupes qui permet de créer des liens de solidarité entre groupes ethniques, religieux et culturels différents. Ils ont ainsi contribué à l'éducation de leurs membres, à leur ascension sociale, à leur intégration dans la société,... palliant dans une large mesure, dans la première moitié du XXe siècle, les déficiences fonctionnelles de différents systèmes politiques. Néanmoins, la fonction de socialisation des partis a beaucoup évolué sous l'effet de mutations importantes. L'accès généralisé à l'enseignement primaire, d'abord, secondaire, ensuite, supérieur, enfin, a permis une scolarisation et une socialisation nouvelles que les partis ont moins dû assurer. De même, le développement des moyens de communication de masse – radio, télévision surtout et désormais internet – ont aussi transformé les formes et les lieux de socialisation. La réception et le traitement de l'information sont moins « collectifs » qu'auparavant. Ce n'est pas sans incidence. Selon plusieurs auteurs, l'individualisation du comportement, et donc du comportement politique et électoral, se développe. Cela se refléterait dans le cadre du militantisme et du

---

[18] N. YANAI, « Why do Political Parties survive ? », *Party Politics*, 1999, vol. 5, n° 1, p. 7.

vote (voir *supra*). De ce point de vue donc, la socialisation des partis serait nettement moins importante qu'auparavant, l'encadrement social et sociétal serait moins prégnant. Cette évolution affecterait surtout les partis de masse (voir *infra*). Il y a par ailleurs une autre évolution capitale : ce que nous pourrions appeler la « révolution communicationnelle ». En d'autres termes, les changements quantitatifs et qualitatifs formidables dans la communication en relation avec les nouvelles technologies. Il y a soixante ans, les trois moyens de communication privilégiés étaient la radio, le journal et, dans une certaine mesure, le cinéma. Aujourd'hui, il existe une panoplie de moyens de communication : radio, télévision, vidéoconférence, internet, SMS... La communication est plus rapide et plus massive. Cette transformation s'opère ici aussi dans le sens d'une « libération » des individus de la « tutelle » des partis et plus largement des structures d'encadrement social. Pour les partis et les responsables politiques, cette mutation est aussi en jeu et un enjeu. Jean-Marie Cotteret présente même l'hypothèse d'une cohabitation de deux types d'hommes politiques : les « parlementaires » et les « cathodiques ». Les premiers seraient à l'œuvre dans un « microcosme » dont eux seuls connaîtraient les règles du jeu. Les deuxièmes vivraient avec, par et pour les médias :

> « Sachant que leur autorité, leur légitimité dépendent d'eux, ils en ont fait l'alpha et l'oméga de leur vie politique. C'est le gouvernement de la télévision, par la télévision et pour la télévision »[19].

Cette interpellation pose la problématique des « nouveaux médiateurs », en particulier tout le domaine de la presse.

Il peut y avoir des dysfonctions et des dysfonctionnements. Cette problématique a été mise en évidence par Georges Lavau dans sa définition de la fonction :

> « Les fonctions sont des contributions (ou des solutions) que les acteurs apportent, par leurs actes, à des exigences fonctionnelles des systèmes auxquels ces acteurs sont reliés, ces exigences fonctionnelles étant supposées être ce qui est nécessaire à ce système pour survivre, s'adapter, atteindre ses buts, ne pas se dénaturer. Ces contributions peuvent résulter soit des buts proclamés et de l'activité immédiate des acteurs (fonctions manifestes), soit des résultats non consciemment recherchés et non immédiats des dits acteurs (fonctions latentes). Résultats non immédiats et buts proclamés et manifestes peuvent être dys-fonctionnels ou a-fonctionnels »[20].

---

[19] J.-M. COTTERET, *op. cit.*, p. 47.

[20] G. LAVAU, « Partis et systèmes politiques : interactions et fonctions », *Revue canadienne de science politique*, 1969, vol. II, n° 1, p. 32.

C'est dans cette optique que Lavau isolera, dans le cas du parti communiste français (PCF), l'exercice de la **fonction «tribunitienne»**. En d'autres termes, la possibilité pour certaines catégories sociales d'utiliser un parti (le cas échéant, un syndicat) pour exprimer leur exclusion du système politique et leur volonté d'y entrer. Le parti sert alors de «tribune» pour ces catégories sociales:

> «Si les structures du système ne comportent aucune institution tribunitienne ou si celles-ci, bien qu'organisées, remplissent mal leur office, il est infiniment vraisemblable que des partis politiques (et, à défaut de ceux-ci, des églises, des syndicats, des ligues) chercheront à donner une expression à cette conscience de non-participation au système. Des partis politiques qui seront «manifestement» hostiles au système pourront donc remplir de façon latente cette fonction tribunitienne. Cela signifie pour eux plusieurs choses: d'abord qu'ils sont censés être des partis révolutionnaires; ensuite qu'ils ont acquis assez de force et de représentativité pour pouvoir bloquer effectivement ou entraver le fonctionnement du système sans que ce dernier ose répliquer par la répression ou la mise hors la loi de ces partis; enfin, qu'ils ont assez d'autorité sur les groupes dont ils prétendent être les porte-parole pour empêcher ceux-ci de se livrer à des actions «sauvages» ou de se réfugier dans des comportements de retrait et de boycott»[21].

IV. Les systèmes de partis

On ne peut étudier les partis que dans leur rapport à leur environnement. En ce sens, il convient de savoir dans quel *système de partis* ils œuvrent. Le système de partis constitue «l'ensemble structuré constitué des relations tantôt d'opposition, tantôt de coopération qui existent entre les partis politiques agissant sur la scène politique d'une même société politique»[22].

A. Bipartisme et multipartisme

Dans l'étude des systèmes de partis, la distinction entre systèmes de partis s'est longtemps fixée à l'aune du **nombre de partis considérés dans le système**. Dans cette optique, deux configurations sont mises en évidence: le **bipartisme** *vs* le **multipartisme**. Cette distinction a été pointée par Maurice Duverger dans son livre majeur: *Les partis politiques*, ouvrage publié en 1951. Comme nous l'avons souligné, elle s'opère principalement sur le nombre de formations politiques à l'œuvre dans le système.

---

[21] *Ibid.*, p. 39.

[22] D.-L. SEILER, *op. cit.*, p. 121.

La première configuration est le bipartisme, système dans lequel la confrontation politique s'articule pour l'essentiel dans une lutte entre **deux partis politiques principaux**, à l'image de la Grande-Bretagne, entre le parti travailliste et le parti conservateur, ou de l'Australie, entre le parti travailliste et le parti national libéral. Le bipartisme fait surtout référence à une situation dominante dans la répartition des sièges. On considère en général que le bipartisme se donne à voir lorsque deux partis détiennent de 80 à 85 % de la représentation parlementaire. En effet, le bipartisme parfait – deux partis détiennent 100 % des sièges – est une occurrence rare. Il n'y a aucun Etat démocratique où la confrontation ne concerne que deux partis. Et une distribution des sièges centrée sur deux formations est exceptionnelle.

En termes de représentation parlementaire, deux Etats atteignent un bipartisme parfait. Le premier, le plus connu, ce sont les Etats-Unis. A l'exception de l'un ou l'autre représentant indépendant, tous les parlementaires sont soit démocrate, soit républicain.

Résultats des élections au Congrès des Etats-Unis (2012)

	Chambre		Sénat	
	Sièges	**% en sièges**	**Sièges**	**% en sièges**
Parti démocrate	201	46,21	53	53,00
Parti républicain	234	53,79	45	45,00
Indépendants			2	2,00
	435	100,00	100	100,00

L'autre exemple, beaucoup moins connu, est le cas maltais. A Malte, tous les parlementaires appartiennent soit au parti travailliste, soit au parti nationaliste.

Résultats des élections à Malte (2013)

	Votes	% en votes	Sièges	% en sièges
Parti travailliste	167 533	54,83	39	56,52
Parti nationaliste	132 426	43,34	30	43,48
Alternative démocratique	5 506	1,80	0	0,00
Parti Ajkla	47	0,02	0	0,00
Alliance libérale	12	0,00	0	0,00
Indépendants	32	0,01	0	0,00
	305 556	100,00	69	100,00

Bien qu'il soit exceptionnel dans sa forme pure, le bipartisme a souvent été célébré comme la forme du débat politique la plus « naturelle » ou la plus claire :

> « Ainsi, la valeur du bipartisme ne tient pas seulement, comme cela fut maintes fois démontré, aux avantages qu'il offre pour le fonctionnement régulier du régime parlementaire ; elle se situe bien au-dessus des péripéties de la formation ou de la chute des ministères. Le bipartisme est la formule qui assure le rapprochement optimal entre les exigences des partis et les impératifs du pouvoir étatique »[23].

L'autre configuration est le multipartisme. Le multipartisme est un système de partis dans lequel la confrontation politique s'agence dans une lutte qui met aux prises plus de deux partis. L'environnement du système politique contribue à façonner soit un système bipartite soit un système multipartite.

Quelles sont les composantes le plus souvent évoquées dans le façonnement des systèmes de partis ? Nous l'avons observé, les deux éléments le plus souvent cités sont les modes de scrutin et le droit, donc la *contrainte institutionnelle*. Outre les modes de scrutin que nous avons examinés, certaines lois peuvent contribuer à la présence ou non de partis politiques. Par exemple, la possibilité dans certaines constitutions d'interdire des partis. A titre d'exemple, le droit constitutionnel allemand prohibe les partis « extrémistes » anti-démocratiques. A ce titre, le parti communiste allemand (KPD) fut longtemps interdit après 1954. Et suite à la découverte qu'un groupe d'extrême droite était responsable du meurtre de plusieurs citoyens d'origine étrangère, un débat sur une interdiction éventuelle du NPD – Nationaldemokratische Partei Deutschlands –, parti d'extrême droite en Allemagne, divise aujourd'hui la société allemande. Aux Pays-Bas aussi, il est possible d'interdire des formations politiques.

La contrainte juridique peut aussi concerner les conditions de présentation des partis et des candidats. Ainsi, le droit électoral britannique impose-t-il une forte somme aux candidats pour se présenter dans les circonscriptions, ce qui limite le nombre de candidatures. En France, les frais de campagne ne sont remboursés que si le candidat atteint 5 % des suffrages exprimés.

De même, le fait de ne pas pouvoir se présenter sans avoir l'aval de parlementaires ou de signatures de citoyens peut aussi limiter le nombre de partis. Il est parfois difficile de recueillir un grand nombre de signatures, notamment pour les partis très marqués d'un point de vue idéologique. En Belgique, le Front national a toujours eu beaucoup de peine à recueillir

---

[23] G. Burdeau, *L'Etat*, Paris, Points-Seuil, 1970, p. 101.

le nombre nécessaire de signatures à l'échelle communale, régionale ou provinciale pour pouvoir présenter des listes. C'est tellement vrai que plusieurs d'entre elles ont été invalidées pour signatures frauduleuses dans les années quatre-vingt-dix. Lors de l'élection législative de mai 1995, la liste FN pour le Sénat avait été invalidée de même que sa liste à la Chambre dans la province du Brabant wallon. A Liège, aux élections communales d'octobre 2012, la liste Fédération nationale F-N a été écartée pour acte de présentation «incomplet et irrégulier». En France, il est toujours très difficile pour le candidat du Front national à l'élection présidentielle de recueillir cinq cents signatures de parrainage de mandataires des collectivités territoriales. Jean-Marie Le Pen n'y est d'ailleurs pas parvenu en 1981 et il y a eu un certain suspense (entretenu toutefois) quant à la capacité de Marine Le Pen d'atteindre le nombre requis pour l'élection présidentielle du printemps 2012. Mais l'obstacle peut être rédhibitoire. L'ancien Premier ministre, Dominique De Villepin, de même que l'ancienne ministre Corine Lepage n'ont pu le franchir pour le scrutin présidentiel français de 2012.

Enfin, relevons aussi que les conditions du financement public des partis peuvent favoriser l'arrivée de nouvelles candidatures, de nouvelles listes ou de nouveaux partis ou, au contraire, être très dissuasives. En France, la loi de financement public des partis a longtemps été considérée comme très ouverte. C'est la raison pour laquelle elle a été modifiée. Il faut désormais présenter des candidatures dans au moins cinquante circonscriptions et décrocher un pourcent des votes. En Belgique, la loi est plutôt considérée comme fermée. Pour obtenir le financement public des partis, un parti doit décrocher au moins un parlementaire fédéral, ce qui est un objectif difficilement accessible pour certaines petites formations comme par exemple le Rassemblement Wallonie-France (RWF) ou le parti du travail (PTB). Cela peut même concerner des formations plus importantes. En mai 2003, le parti vert Agalev, devenu Groen, a perdu toute représentation parlementaire et a dû vivre une législature sans financement public fédéral des partis. Il a retrouvé des élus à l'élection fédérale du 10 juin 2007 et le financement public afférent.

B. Les formes de multipartisme

1. L'apport de Jean Blondel

Comment distinguer et affiner les différentes formes de multipartisme présentes dans les démocraties parlementaires ?

Dans une configuration de **multipartisme égalisé**, les partis et/ou les pôles en confrontation sont de forces sensiblement égales. Il n'y a pas un parti ou un pôle dominant par rapport aux autres. Tel est, par exemple, le cas de la Belgique du point de vue des partis et des pôles : si l'on prend les partis principaux – parti socialiste (PS), Centre démocrate humaniste (CDH), Mouvement réformateur (MR), Ecolo, Christen Democratisch en Vlaams (CD&V), Nieuw Vlaams-Alliantie (N-VA), Open Vlaamse Liberalen en Democraten (VLD), Socialistische partij.anders (SP.a), Groen, Vlaams Belang – ou les quatre pôles essentiels – socialiste, libéral, écologiste et social chrétien –, on peut observer de nos jours l'absence d'hégémonie d'une famille politique. En juin 2010, la famille libérale totalisait 17,92 % ; la famille socialiste, 22,94 % ; la famille démocrate chrétienne, 16,37 % et les verts, 9,18 %. Il y a quarante ans, il n'en allait pas ainsi, le parti socialiste belge (PSB-BSP) et le parti social chrétien (PSC-CVP) recueillaient plus de 80 % des voix (voir les élections de 1950, 1954 et 1958, par exemple[24]).

A contrario, il existe des **systèmes multipartites à parti dominant**. Dans cette configuration, proposée par Jean Blondel[25], il existe un parti (ou un pôle) « dominant »[26], à savoir une formation politique qui glane à elle seule presque autant de suffrages que l'ensemble des autres partis politiques en concurrence. Ce fut longtemps le cas en Suède, où le parti social-démocrate suédois (SAP) obtenait très souvent presque autant de voix que ses adversaires de droite réunis. La dernière élection en date a néanmoins contrevenu à cette tendance. Le SAP n'a devancé le parti des modérés que d'une courte tête. Au gouvernement, on a donc soit un exécutif social-démocrate homogène, parfois soutenu de l'extérieur par le parti de la gauche ou le parti vert, soit une coalition des partis de droite, comme c'est le cas depuis 2006, rassemblant le parti des modérés, le parti populaire libéral, le parti du centre et la Démocratie chrétienne.

Evolution de la configuration électorale en Suède (1944-2010)

	Parti social-démocrate	Parti de gauche	Parti vert	Parti des modérés	Parti populaire libéral	Démocratie chrétienne	Parti du centre
2010	**30,67**	5,61	7,34	30,07	6,77	5,60	6,56
2006	**34,98**	5,85	5,24	26,22	7,53	6,59	7,58
2002	**39,25**	8,26	4,58	15,02	13,19	9,01	6,10
1998	**36,39**	11,99	4,50	22,90	4,72	11,77	5,13

[24] P. DELWIT, « Elections et gouvernements en Belgique depuis 1945 », *in* P. DELWIT, E. VAN HAUTE, J.-B. PILET (éd.), *Les partis politiques en Belgique*, Bruxelles, Editions de l'Université de Bruxelles, 2011 (3e édition), p. 317-350.

[25] J. BLONDEL, « Party Systems and Patterns of Government in Western Democracies », *Canadian Journal of Political Science*, 1968, vol. I, n° 2, p. 180-203.

[26] J. CHARLOT, « Du parti dominant », *Projet*, 1970, n° 941-952, p. 245.

1994	**45,25**	6,17	5,02	22,38	7,19	4,07	7,65
1991	**37,71**	4,51	3,38	21,92	9,13	7,14	8,50
1988	**43,21**	5,84	5,53	18,30	12,20	2,94	11,30
1985	**44,68**	5,36	1,50	21,33	14,23		12,42
1982	**45,61**	5,56	1,65	23,64	5,90	1,87	15,48
1979	**43,24**	4,61		20,34	10,59	1,39	18,07
1976	**42,75**	4,75		15,59	11,06	1,36	24,08
1973	**43,56**	5,33		14,29	9,42	1,75	25,10
1970	**45,34**	4,76		11,53	16,21	1,58	19,92
1968	**50,12**	3,01		12,86	14,26	1,50	15,68
1964	**47,27**	5,22		13,72	16,98	1,78	13,18
1960	**47,79**	4,48		16,56	17,49		13,61
1958	**46,22**	3,36		19,52	18,21		12,66
1956	**44,58**	5,00		17,11	23,81		9,45
1952	**46,05**	4,37		14,37	24,44		10,74
1948	**46,13**	6,31		12,39	22,75		12,34
1944	**46,55**	10,32		15,84	12,91		13,64

De même, au Danemark, le parti social-démocrate a longtemps conservé une large avance sur ses concurrents de centre-droit. Ce n'est plus vrai aujourd'hui. La comparaison des résultats entre 1945 et 2011 au Danemark est éclairante. Le parti social-démocrate a perdu son rôle dominant et n'est même plus le premier parti du Royaume, même s'il a récupéré le poste de Premier ministre en 2011.

Evolution de la configuration électorale au Danemark (1945-2011)

	SD	SF	Enh	RV	V	KRF	LA	DK	DF	FRP	CD
2011	**24,81**	9,20	6,68	9,50	26,73	4,94	4,98	0,79	12,32		
2007	**25,47**	13,04	2,17	5,12	26,26	10,39	2,81	0,87	13,86		
2005	**25,84**	5,99	3,40	9,18	29,03	10,27		1,73	13,25		1,01
2001	**29,08**	6,37	2,40	5,19	31,25	9,07		2,28	12,00	0,56	1,77
1998	**35,93**	7,56	2,70	3,85	24,01	8,92		2,51	7,41	2,42	4,31
1994	**34,56**	7,28	3,15	4,59	23,3	15,02		1,85		6,43	2,84
1990	**37,38**	8,30	1,67	3,55	15,79	15,97		2,29		6,44	5,11
1988	**29,82**	13,01		5,58	11,84	19,29		2,04		8,96	4,67
1987	**29,32**	14,58		6,22	10,54	20,84		2,37		4,77	4,79
1984	**31,60**	11,51		5,49	12,07	23,45		2,73		3,59	4,60
1981	**32,87**	11,31		5,12	11,31	14,35		2,61		8,91	8,28

1979	**38,27**	5,91		5,44	12,50	12,48		2,59		11,01	3,22
1977	**37,03**	3,87		3,65	11,97	8,48		3,42		14,61	6,45
1975	**29,94**	4,95		7,10	23,33	5,51		5,34		13,58	2,17
1973	**25,65**	6,01		11,24	12,26	9,14		4,05		15,89	7,76
1971	**37,27**	9,11		14,34	15,64	16,69		1,98			
1968	**34,15**	6,11		14,97	18,57	20,35					
1966	**38,26**	10,9		7,30	19,29	18,68					
1964	**41,94**	5,06		5,31	20,82	20,06					
1960	**42,10**	6,14		5,80	21,05	17,92					
1957	**39,40**			7,78	25,06	16,62					
1953	**41,31**			7,81	23,06	16,85					
1950	**39,59**			8,28	21,33	17,78					
1947	**40,02**			6,92	27,58	12,44					
1945	**32,78**			8,15	23,38	18,24					

SD : parti social-démocrate ; SF : parti socialiste populaire ; Enh : Liste d'unité rouge-verte ; RV : parti libéral-social ; V : parti libéral ; KRF : parti populaire conservateur ; LA : Alliance libérale ; DK : Démocrates chrétiens ; DF : parti populaire danois ; FRP : parti du progrès ; CD : Centre démocrate

Aujourd'hui, seule la Norvège ressortit encore dans une large mesure à cette configuration.

Dans le **bipartisme imparfait**, aussi suggéré par Jean Blondel, la compétition électorale se déroule à titre principal entre trois partis ; deux partis principaux et un ***parti pivot***, le *king-maker*. C'est ce cas d'école qui a longtemps prévalu dans le système politique allemand. Le parti chrétien démocrate (CDU-CSU) affrontait le parti social-démocrate (SPD) et le petit parti libéral (FDP). Captant entre 5 et 7 % des suffrages, ce dernier « arbitrait » : il était donc le ***parti pivot*** (ce qu'on appelle parfois en anglais le ***king-maker***), c'est-à-dire la formation qui était au pouvoir presque en permanence et s'alliait tantôt avec un partenaire politique, tantôt avec un autre. Ce parti pivotal doit en ce sens être « centriste » et pouvoir gouverner avec les deux autres partis du système. Depuis quelques années, le FDP ne joue plus ce rôle[27] en raison du développement du poids politique des Grünen et, plus récemment, du PDS devenu Die Linke, qui a obtenu un score à deux chiffres aux élections de 2009. Le scrutin de 2009 a d'ailleurs donné à voir une nouvelle forme de fragmentation du système politique allemand. Le score cumulé du SPD et de la CDU-CSU n'atteint plus que 56,9 % alors qu'il s'élevait à 91,1 % en 1976.

[27] G. Roberts, «Le FDP allemand: adieu au rôle pivot, adieu au parti?», *in* P. Delwit (éd.), *Libéralismes et partis libéraux en Europe*, Bruxelles, Editions de l'Université de Bruxelles, 2002, p. 106.

Evolution des résultats électoraux en Allemagne (en pourcentage)

	CDU-CSU	FDP	SPD	Grünen	Linke
1949	31,0	**11,9**	29,2		
1953	45,2	**9,5**	28,8		
1957	50,3	**7,7**	31,8		
1961	45,4	**12,8**	36,2		
1965	47,6	**9,5**	39,3		
1969	46,1	**5,8**	42,7		
1972	44,8	**8,4**	45,9		
1976	48,6	**7,9**	42,5		
1980	44,5	**10,6**	42,8		
1983	48,8	**6,9**	38,2	5,4	
1987	44,3	**9,1**	37,0	8,5	
1990	43,8	**11,0**	33,5	1,2	2,6
1994	41,4	**6,9**	36,3	7,3	4,5
1998	35,2	**6,2**	40,9	7,0	5,2
2002	38,5	**7,4**	38,5	8,2	0,3
2005	36,8	**9,9**	29,3	8,3	8,8
2009	33,9	**14,6**	23,0	10,7	11,9

2. L'apport de Giovanni Sartori

Dans un ouvrage essentiel, *Parties and Party systems*[28], Giovanni Sartori amende les études sur les systèmes politiques. D'abord sur la question du parti unique. Peut-on suggérer l'existence de «systèmes à parti unique»[29]? Une lecture transversale de l'ouvrage amène à une conclusion nuancée de l'auteur italien. Nous l'avons relevé, pour une part, les partis uniques ne peuvent être considérés comme des *partis*, et les systèmes à parti unique n'ont pas de sens. Sartori rejoint ainsi Neumann qui considérait qu'un «système à parti unique est une contradiction en soi»[30]. Ceci vaut tout spécialement pour les formations monolithiques dans des régimes de «type totalitaire»: l'élément «compétition» étant absent, le rapport aux autres n'existe pas. Mais Sartori évoque une autre possibilité: celle du «pluralisme dans un parti»[31]. Dans quelles conditions est-on confronté à un pluralisme

[28] Traduction française: G. Sartori, *Partis et systèmes de partis. Un cadre d'analyse*, *op. cit.*

[29] *Ibid.*, p. 42.

[30] S. Neumann, «Toward a Comparative Study of Political Parties», *in* S. Neumann (ed.), *Modern Political Parties*, *op. cit.*, p. 395.

[31] G. Sartori, *Partis et systèmes de partis. Un cadre d'analyse*, p. 91.

à parti unique ? Dans les cas d'école où la confrontation partisane absente fait place à une compétition d'une autre nature : celle qui se déroule ***dans*** le parti. Il y aurait un effet de substitution à la lutte partisane. Pour autant, le politiste italien se montre pour le moins circonspect à ce sujet :

> « L'affirmation selon laquelle la « démocratie libérale n'est pas exclue par définition par la présence d'un système à parti unique » pourrait bien représenter l'état d'esprit actuellement dominant dans la discipline. A mon grand regret, je suis incapable de trouver des arguments à l'appui de la thèse qui veut que lorsque la compétition entre partis (entre divers partis) est réprimée, elle peut être remplacée par le conflit interne au parti (au parti unique) »[32].

Au-delà des situations spécifiques de monopartisme qui rendent complexe la présence et, parfois, l'analyse du système de partis, Sartori examine les situations mettant en jeu et en compétition plusieurs partis. En d'autres termes, les démocraties représentatives, pour l'essentiel. Sartori met en cause le critère numérique – le nombre de partis. En effet, tous les partis ne devraient pas être pris en considération dans l'étude du système de partis. Il y a des partis « qui comptent » – les ***partis relevants ou pertinents*** – et des partis « qui ne comptent pas » – les ***partis irrelevants ou non pertinents***[33]. Comment établir la distinction ? Sartori identifie quatre critères :

- le poids électoral des partis,
- la force parlementaire mesurée par le nombre de sièges obtenus,
- le potentiel gouvernemental, établi à l'aide du temps de participation gouvernementale,
- le potentiel de chantage d'un parti.

Les deux premiers critères sont étroitement liés et relativement clairs. Un parti se mesure, entre autres, à l'aune de ses performances électorales en voix et, plus nettement encore, du pourcentage en sièges qu'il recueille. Selon Sartori, c'est l'élément qui « est, en dernière analyse, ce qui compte réellement une fois les élections passées »[34].

Les deux suivants sont plus problématiques. Le « potentiel gouvernemental » recouvre le besoin que l'on a d'un parti pour établir une coalition gouvernementale. En l'espèce, la taille du parti serait moins importante que son « coefficient de coalition ». Ne sont concernés par ce critère que les partis susceptibles d'être partie prenante au gouvernement. Cette exclusive

[32] *Ibid.*, p. 95.

[33] *Ibid.*, p. 182.

[34] *Ibid.*, p. 183.

concerne surtout, dans l'esprit de Sartori, les partis communistes d'Europe occidentale et, plus précisément dans ses analyses, le parti communiste italien. Est-ce à dire qu'une formation récoltant de 25 à 35 % des suffrages et absente du pouvoir n'entrerait pas en ligne de compte pour la qualification d'un système de partis ? Non. Car Sartori considère le « besoin d'un parti » dans une autre optique : le potentiel de « chantage » (*blackmail potential*) de partis anti-système qui permet de les classer dans les « partis qui comptent ». Le potentiel de chantage s'examine à l'aune des possibilités de blocage du parti considéré. Cela peut tenir à sa capacité extra-institutionnelle. Un parti peut être à même de mobiliser des mouvements sociaux pour influer sur les orientations dans les politiques publiques menées. Cela peut aussi ressortir au cadre institutionnel. Le poids parlementaire du parti est tel qu'il *force* un type de coalition donné.

Lors des élections régionales flamandes de 2004, le poids du parti d'extrême droite – le Vlaams Blok – fut tel qu'il laissait peu de marge pour atteindre une majorité. Lorsque Groen, le parti vert, annonça son refus d'entrer dans une quelconque majorité, il n'y en avait plus du tout. Le gouvernement devait nécessairement associer le CD&V-N-VA, le VLD et le SP.a-Spirit. Le potentiel de blocage du Vlaams Blok s'avéra en l'espèce très important.

Résultat des élections régionales flamandes de 2004

	Votes	% en votes	Sièges	% en sièges
CD&V-NVA	1 060 580	26,09	35	28,23
Vlaams Blok	**981 587**	**24,15**	**32**	**25,81**
VLD-Vivant	804 578	19,79	25	20,16
SP.a-Spirit	799 325	19,66	25	20,16
Groen	308 898	7,60	6	4,84
UF	43 391	1,07	1	0,81

La même observation vaut à l'analyse des résultats du scrutin de 2008 en Autriche. Les deux partis d'extrême droite, le parti de la liberté (FPÖ) et l'Alliance pour l'avenir de l'Autriche (BZÖ), réalisèrent une performance telle qu'elle rendit indispensable et incontournable la présence simultanée dans la majorité parlementaire du parti social-démocrate (SPÖ) et du parti populaire (ÖVP).

Résultat des élections nationales en Autriche de 2008

	Votes	% en votes	Sièges	% en sièges
Parti social démocrate – SPÖ	1 316 091	29,71	58	31,69
Parti populaire – ÖVP	1 134 837	25,61	50	27,32
Grüne	433 810	9,79	19	10,38
Parti de la liberté – FPÖ	**797 993**	**18,01**	**35**	**19,13**
Alliance pour l'avenir de l'Autriche – BZÖ	**486 397**	**10,98**	**21**	**11,48**
	4 430 473	100,00	183	100,00

A partir de ces critères, quels systèmes de partis Sartori met-il en évidence ? Quatre configurations partisanes principales sont épinglées :

- le bipartisme,
- le pluralisme limité,
- le pluralisme extrême,
- le système atomisé.

Qu'en est-il des démarcations introduites dans les systèmes pluralistes ? Le **pluralisme atomisé** consiste en une situation – très rare – où la présence d'un ou plusieurs partis politiques n'influe pas sur les autres formations. Le parallèle avec une concurrence atomistique en économie est envisagé. Dans cette configuration, un très grand nombre de partis sont présents au Parlement. Cette situation est rare, mais pas inédite. Ce fut notamment le cas de la Diète polonaise entre 1991 et 1993. Vingt-neuf listes décrochèrent des sièges. La plus importante, l'Union démocratique, ne détenait que 62 des 460 sièges que compte l'Assemblée. Cinq partis au minimum devaient prendre part à la coalition pour obtenir une majorité parlementaire.

Distribution des sièges dans la Diète polonaise en 1991

	Nombre de sièges	% en nombre de sièges	Nombre cumulé de sièges	% cumulé
Union démocratique – UD	62	13,48	62	13,48
Alliance de la gauche démocratique – SLD	60	13,04	122	26,52
Action électorale catholique – WAK	49	10,65	171	37,17

Parti paysan polonais – PSL	48	10,43	219	47,61
Confédération pour une Pologne indépendante – KPN	46	10,00	265	57,61
Alliance du Centre civique – POK	44	9,57	309	67,17
Congrès démocratique libéral – LKLD	37	8,04	346	75,22
Alliance paysanne – PL	28	6,09	374	81,30
Solidarité	27	5,87	401	87,17
Amis polonais du parti de la bière – PPPP	16	3,48	417	90,65
Minorité allemande	7	1,52	424	92,17
La démocratie chrétienne – DC	5	1,09	429	93,26
Solidarité du travail – SP	4	0,87	433	94,13
Parti des démocrates chrétiens – PCD	4	0,87	437	95,00
Union occidentale polonaise – PZZ	4	0,87	441	95,87
Union du réalisme politique – UPR	3	0,65	444	96,52
Parti X	3	0,65	447	97,17
Mouvement pour un Silésie autonome	2	0,43	449	97,61
Parti démocratique – SD	1	0,22	450	97,83
Mouvement social-démocrate – RDS	1	0,22	451	98,04
Alliance électorale paysanne « Piast »	1	0,22	452	98,26
Coalition cracovienne de Solidarité avec le président	1	0,22	453	98,48
Union Podhalanne	1	0,22	454	98,70
Grande Pologne	1	0,22	455	98,91
Union paysanne	1	0,22	456	99,13
Comité électorale des croyants orthodoxes	1	0,22	457	99,35
Solidarité '80	1	0,22	458	99,57
Union des Grands Polonais	1	0,22	459	99,78
Alliance des femmes	1	0,22	460	100,00
	460	100,00		

En Europe, le système politique finlandais dévoile aussi une très grande fragmentation. A l'issue des élections nationales de 2011, pas moins de neuf formations décrochèrent des sièges en nombre.

Elections nationales en Finlande en 2011

	Votes	% en votes	Sièges	% en sièges
Coalition nationale	599 138	20,38	44	22,00
Parti social-démocrate	561 558	19,10	42	21,00
Vrais Finlandais	560 075	19,05	39	19,50
Parti du Centre	463 266	15,76	35	17,50
Alliance de gauche	239 039	8,13	14	7,00
Ligue verte	213 172	7,25	10	5,00
Parti suédophone de Finlande	125 785	4,28	9	4,50
Démocrates chrétiens	118 453	4,03	6	3,00
Autres	59 085	2,01	1	0,50

La distinction entre pluralismes limité et extrême est la plus importante dans les systèmes politiques compétitifs. Sartori dégage un **critère numérique** pour différencier les deux situations et le **degré de polarisation**. Jusqu'à cinq partis pertinents, on serait dans une fragmentation faible, favorisant un pluralisme limité. Au-dessus de cinq partis, on tendrait vers un pluralisme extrême. En effet, au-delà de cinq partis, l'effet des interactions multiples se complexifie fortement. Mais en réalité, le critère numérique ne serait qu'un reflet de l'existence ou de l'absence de compétition idéologique forte. En l'absence d'une compétition idéologique forte, le pluralisme serait « modéré » et s'assimilerait souvent au pluralisme limité. La présence d'une compétition idéologique forte favoriserait un pluralisme polarisé ressortissant à la catégorie du pluralisme extrême.

Comme toute typologie, celle de Sartori a suscité beaucoup de commentaires et de critiques. Nous en relèverons une en particulier : la question des systèmes politiques des pays fédéraux. Le politiste italien a clairement sous-estimé cette situation qui contribue très souvent à l'extension du nombre de partis, surtout dans les pays où se pratiquent plusieurs langues. L'exemple canadien est à cet égard révélateur dans la période contemporaine. Celui de la Belgique l'est plus encore : les familles politiques sont toutes divisées en deux partis[35]. A l'issue du scrutin de mai 1995, on ne recensait pas moins de onze partis représentés au Parlement. Ce nombre n'a pas diminué dès lors qu'aux élections de juin 2010, on dénombrait des élus du CD&V, du CDH, du PS, du SP.a, de l'Open VLD, du MR, d'Ecolo, de Groen, du Vlaams Belang, de la N-VA, de la LDD et du PP. Se trouve-t-on, en l'espèce, dans un cas de pluralisme extrême ? A l'examen des critères avancés par Sartori,

[35] P. Delwit, « Partis et systèmes de partis en Belgique », *in* P. Delwit, J.-B. Pilet, E. van Haute (éd.), *Les partis politiques en Belgique*, *op. cit.*, p. 7-34.

la réponse est ambivalente. La polarisation idéologique n'est pas démesurée mais elle est très forte au plan communautaire. La Belgique entre peut-être dans une configuration de pluralisme extrême.

C. L'utilisation d'indices : le nombre effectif de partis et l'indice de fragmentation

Une autre voie pour apprécier et classer les systèmes multipartites est de procéder par indices. En la matière, deux indices importants sont souvent utilisés : le **nombre effectif de partis** et l'**indice de fragmentation**.

Le **nombre effectif de partis** se focalise sur la fragmentation du système d'un **point de vue parlementaire**. Il a été mis au point par deux politologues : Markku Laakso (1949-) et Rein Taagepera (1933-)[36]. Il vise à mesurer deux choses : le nombre de partis présents dans l'enceinte parlementaire et leur poids parlementaire. Pour calculer le nombre effectif de partis, on additionne le nombre de sièges de chaque parti rapporté au nombre total de sièges au carré. L'indice est égal à 1 divisé par ce total. Plus le chiffre est élevé, plus le paysage politique est fragmenté. En toute logique, le nombre effectif de partis devrait être plus élevé dans un pays doté d'un mode de scrutin proportionnel que dans une Etat régi par le mode de scrutin majoritaire. Comparons les cas belge et français pour tester cette hypothèse.

Comme l'établit le calcul, à l'issue de l'élection fédérale de juin 2010, le nombre effectif de partis en Belgique s'élevait à 8,42, soit un niveau élevé.

Nombre effectif de partis en Belgique (élection de 2010)

	Sièges	Rapport au nombre total de sièges	Mise au carré
Vlaams Belang	12	0,08	0,0064
Lijst Dedecker	1	0,01	0,0000
Open VLD	13	0,09	0,0075
PS	26	0,17	0,0300
MR	18	0,12	0,0144
FN	0	0,00	0,0000
CDH	9	0,06	0,0036

[36] M. Laakso, R. Taagepera, « Effective number of Parties: A Measure with Application to West Europe », *Comparative Political Studies*, 1979, vol. 12, n° 1, p. 3-27.

CD&V	17	0,11	0,0128
SP.a	13	0,09	0,0075
N-VA	27	0,18	0,0324
Ecolo	8	0,05	0,0028
Groen!	5	0,03	0,0011
PP	1	0,01	0,0000
	150	**1**	**0,11876**
		1/0,11876	**8,42**

Qu'en est-il en France ? Le nombre effectif de partis est nettement plus faible. Il s'élève à 2,83. L'hypothèse est pleinement confirmée.

Nombre effectif de partis en France (élection de 2012)

	Sièges	**Rapport au nombre total de sièges**	**Mise au carré**
Parti socialiste	280	0,4853	0,2355
Union pour un Mouvement populaire	194	0,3362	0,1130
Divers gauche	22	0,0381	0,0015
Europe-Ecologie-Les Verts	17	0,0295	0,0009
Divers droite	15	0,0260	0,0007
Parti radical de gauche	12	0,0208	0,0004
Nouveau Centre	12	0,0208	0,0004
Front de gauche	10	0,0173	0,0003
Parti radical	6	0,0104	0,0001
Régionalistes	2	0,0035	0,0000
Centre pour la France	2	0,0035	0,0000
Alliance centriste	2	0,0035	0,0000
Front national	2	0,0035	0,0000
Extrême droite	1	0,0017	0,0000
Extrême gauche			
Ecologistes			
Autres			
	577	**1,0000**	**0,3529**
		1/0,3529	**2,83**

Pour sa part, l'**indice de fragmentation** se focalise sur la **fragmentation à l'aune de la distribution en suffrages**. Il a été mis au point par le politologue Douglas Rae (1939-)[37]. Pour calculer l'indice de fragmentation, on somme la proportion de vote au carré de chaque parti. L'indice est égal à 1 moins cette proportion. Plus le chiffre est proche de 1, plus le système est fragmenté. A l'inverse, plus il avoisine 0,5, moins il est fragmenté. En toute logique, il doit être bas dans un mode de scrutin uninominal à un tour et élevé dans les scrutins proportionnels. Les scrutins uninominaux devraient dévoiler une situation d'entre-deux.

Prenons comme exemple de scrutin proportionnel, le cas norvégien. L'indice de fragmentation y atteint 0,7860. Nous avons donc affaire à un système politique plutôt fragmenté à l'aune de la distribution des suffrages.

Calcul de l'indice de fragmentation pour l'élection législative norvégienne de 2009

	Voix	Proportion	Mise au carré
Parti du travail – A	949 049	0,3490	0,1218
Parti du progrès – FRP	614 717	0,2261	0,0511
Parti conservateur – H	462 458	0,1701	0,0289
Parti de la gauche socialiste – SV	166 361	0,0612	0,0037
Parti du centre – SP	165 006	0,0607	0,0037
Parti populaire chrétien – KRF	148 748	0,0547	0,0030
Parti libéral – V	104 144	0,0383	0,0015
Rouge – R	36 219	0,0133	0,0002
Autres	36 201	0,0135	0,0000
			0,2140
Indice de fragmentation	**0,7860**		

Nous l'avons signalé, le Canada est un pays où se pratique le mode de scrutin uninominal à un tour. *A priori donc*, son indice de fragmentation devrait être faible. En est-il ainsi ? Contrairement aux attentes, l'indice de fragmentation n'est pas si faible. Il s'élève à 0,7081.

[37] D. Rae, « A note on the fractionalization of some European Party Systems », *Comparative Political Studies*, 1968, vol. 1, n° 3, p. 413-418.

Calcul de l'indice de fragmentation pour l'élection législative canadienne de 2011

	Suffrages	**Proportion**	**Mise au carré**
Parti conservateur	5 832 401	0,3963	0,1571
Nouveau Parti démocratique	4 508 474	0,3064	0,0939
Parti libéral	2 783 175	0,1891	0,0358
Bloc québécois	889 788	0,0605	0,0037
Parti vert	576 221	0,0392	0,0015
Indépendant	72 731	0,0049	0,0000
Parti de l'héritage chrétien	19 218	0,0013	0,0000
Parti marxiste-léniniste	10 160	0,0007	0,0000
Autres	23 848	0,0016	0,0000
	14 716 016		0,2919
Indice de fragmentation			**0,7081**

Qu'en est-il avec un mode de scrutin uninominal à deux tours ? Observons les choses sur la base des données de l'élection législative française de juin 2012. L'indice de fragmentation se révèle élevé pour un mode de scrutin majoritaire. Il s'élève à 0,8102, soit plus que l'indice examiné pour le cas norvégien. Cette observation nous invite à bien évaluer les dynamiques à l'œuvre pour ce qui a trait à la fragmentation des systèmes de partis, en examinant soigneusement la répartition des suffrages, d'une part, et la distribution des sièges, de l'autre.

Calcul de l'indice de fragmentation pour l'élection législative française de 2012

	Suffrages	**Proportion**	**Mise au carré**
Parti socialiste	7 618 326	0,2935	0,0862
Union pour un Mouvement populaire	7 037 268	0,2712	0,0735
Front national	3 528 663	0,1360	0,0185
Front de gauche	1 793 192	0,0691	0,0048
Europe-Ecologie-Les Verts	1 418 264	0,0546	0,0030
Divers droite	910 034	0,0351	0,0012
Divers gauche	881 555	0,0340	0,0012
Nouveau Centre	569 897	0,0220	0,0005
Centre pour la France	458 098	0,0177	0,0003
Parti radical de gauche	428 898	0,0165	0,0003
Parti radical	321 124	0,0124	0,0002
Extrême gauche	253 386	0,0098	0,0001
Ecologiste	249 068	0,0096	0,0001

Alliance centriste	156 026	0,0060	0,0000
Régionaliste	145 809	0,0056	0,0000
Autres	133 752	0,0052	0,0000
Extrême droite	49 499	0,0019	0,0000
	25 952 859		0,1898
Indice de fragmentation			**0,8102**

V. Les typologies de partis

En matière de typologie de partis, une prudence liminaire s'impose: la méfiance envers toute **typologie nominale**. Deux partis portant le même nom peuvent en réalité être très différents sous l'angle identitaire et programmatique. Au Portugal, le principal parti de la droite est le parti social-démocrate alors qu'en Allemagne, le parti social-démocrate est le principal parti de la gauche. Au Danemark, le parti libéral s'appelle la Venstre, ce qui veut dire... la «gauche». Aux Pays-Bas, le Socialistische Partij est un parti de la gauche radicale alors que le Partij van de arbeid est une formation sociale-démocrate. En Belgique, c'est exactement l'inverse. Le Socialistische Partij est le parti social-démocrate et le Partij van de arbeid, le parti de la gauche radicale.

En matière d'étude des partis politiques, la principale typologie trouve sa source dans les travaux et l'analyse des clivages, proposés par Seymour Martin Lipset (1922-2006) et Stein Rokkan (1921-1979). Dans un texte très important intitulé *Cleavages Structures, Party Systems and Voter Alignments*, désormais traduit en français[38], Lipset et Rokkan suggèrent l'importance de deux révolutions ayant chacune donné lieu à la naissance de deux clivages: la **révolution nationale** et la **révolution industrielle**. Par la suite, une troisième révolution se serait produite: la **révolution internationale**. Elle n'aurait cependant affecté qu'un seul clivage.

Que faut-il entendre par clivage? Selon Pierre Bréchon, il s'agit d'un conflit fondamental pacifié dans le cadre de la démocratie représentative:

> «Progressivement, le conflit a été largement pacifié. On parlera alors d'un «clivage», c'est-à-dire un conflit bureaucratisé et routinisé où les demandes sociales trouvent des lieux pour se dire et se réguler: les parlements, l'accès aux médias et aux débats publics, les négociations entre partenaires sociaux»[39].

---

[38] S.M. Lipset et S. Rokkan, *Structures de clivages, systèmes de partis et alignement des électeurs: une introduction*, Bruxelles, Editions de l'Université de Bruxelles, 2008 (réédition).

[39] P. Bréchon, *Les partis politiques*, Paris, Clef-Montchrestien, 1999, p. 67.

A. L'apport de Seymour Martin Lipset et Stein Rokkan

Pour Rokkan et Lipset, les clivages naissent sur deux axes conflictuels: *fonctionnel* et *territorial-culturel*. De la révolution nationale serait né, dans l'axe territorial-culturel, un clivage opposant les tenants de la «culture centrale de construction nationale» à ceux de la «résistance croissante des populations dominées des provinces et des périphéries», en d'autres termes, un clivage centre-périphérie. Dans l'axe fonctionnel, un clivage oppose les tenants des privilèges corporatistes de l'Eglise aux tenants d'un «Etat-nation centralisateur, normalisateur et mobilisateur». En d'autres termes, un clivage laïc-clérical.

De la révolution industrielle serait issu, dans l'axe territorial-culturel, un clivage entre les intérêts agraires et ceux de la «classe montante des entrepreneurs industriels» (ville-campagne), ou secteur primaire-secteur secondaire. Dans l'axe fonctionnel, un clivage oppose les possédants et les «locataires, ouvriers agricoles et travailleurs»[40]. A l'estime de Rokkan et Lipset, c'est le principal des quatre clivages. Dans cette proposition, on recense donc quatre clivages et huit versants.

Pour sa part, la révolution internationale n'affecte que le clivage possédants-travailleurs. Sur le versant «travailleurs», un clivage se déploie, qui met aux prises les tenants de la voie réformiste, la famille socialiste, aux partisans de la voie révolutionnaire, les communistes.

Soulignons un élément fondamental de l'approche de Lipset et Rokkan: la théorie du *gel des clivages*. Après leur émergence, la structure des clivages se serait «gelée». Elle serait restée identique dans le temps, ce qui expliquerait les faibles évolutions dans les idéologies des partis et les structures des systèmes de partis.

A partir de cette typologie, plusieurs auteurs ont proposé des classifications de partis et de familles politiques s'appuyant sur les huit versants des quatre clivages. Daniel-Louis Seiler s'y est essayé en particulier et a proposé un tableau des familles politiques classées sur la base d'un des huit versants: les partis ouvriers et leurs alliés, la famille libérale, la démocratie chrétienne, le communisme[41], les populistes et les régionalistes, les centralistes, les agrariens, les anticléricaux.

---

[40] S.M. Lipset et S. Rokkan, *Structures de clivages, systèmes de partis et alignement des électeurs: une introduction*, *op. cit.*, p. 33.

[41] Selon Daniel-Louis Seiler, la famille communiste serait née d'une troisième révolution: la révolution internationale qui aurait surtout affecté le versant «travailleurs» du clivage «possédants-travailleurs». Voir son ouvrage récent: D.-L. Seiler, *Clivages et familles politiques en Europe*, Bruxelles, Editions de l'Université de Bruxelles, 2011.

Typologie des clivages de Rokkan et Lipset

	Révolution nationale	
	Axe fonctionnel	
Eglise		Etat
	Axe territorial-culturel	
Périphérie		Centre
	Révolution industrielle	
	Axe territorial-culturel	
Primaire		Secondaire
	Axe fonctionnel	
Possédants		Travailleurs

	Révolution internationale	
Réformisme		Révolution

B. Les réflexions contemporaines

Cette approche a suscité plusieurs critiques relatives à l'étiquetage des partis et à la possibilité de cataloguer un parti à partir d'un seul versant d'un clivage[42]. Mais la critique la plus récente concerne la grande difficulté qu'il y aurait à classer les nouvelles familles politiques des années quatre-vingt, quatre-vingt-dix et deux mille, les partis verts et les formations d'extrême droite en particulier. Aussi, certaines propositions sont-elles en débat.

A la fin des années soixante-dix, Ronald Inglehart a annoncé ainsi l'avènement d'un clivage opposant les *matérialistes* aux *postmatérialistes*. Dans

[42] Michel Offerlé : « Au nom de quoi peut-on dire que la CDU-CSU porte le faux nez de la démocratie-chrétienne sinon à partir d'une prédéfinition qui omet de préciser que la définition de la « vraie » démocratie-chrétienne est un enjeu de la compétition politique. De manière inverse, comment admettre sans commentaire que les partis communistes – ou socialistes – sont des partis ouvriers sinon par le biais d'une double réification, celle du parti donné comme existant comme un tout, et celle du clivage dont le parti n'est que l'expression, alors que ce sont justement les mécanismes qui ont conduit à la croyance que, par exemple, le parti travailliste est bien le représentant de la classe ouvrière britannique qu'il conviendrait de prendre pour objet d'étude ». M. OFFERLÉ, *Les partis politiques*, Paris, PUF, 1987, p. 16.

B.D. Graham : « Le problème de cette approche est qu'elle place l'observateur dans la position de juge qui doit décider quels buts poursuivent les partis dans leur schéma de pensée historique ». B.D. GRAHAM, *Representation and Party Politics. A comparative perspective*, Londres, Blackwell, 1993, p. 55.

son livre marquant *The Silent Revolution* (1977), il annonce l'avènement d'une révolution silencieuse qui marque les jeunes générations : la révolution culturelle. Les valeurs partagées par des franges importantes de ces jeunes générations porteraient beaucoup moins qu'auparavant sur des thématiques matérielles – en particulier, tout ce qui est lié à la problématique du travail et toute la relation à la deuxième guerre mondiale – et beaucoup plus sur des valeurs dites postmatérialistes : bien-être, qualité de la vie, éthique, protection de l'environnement… Il s'agirait d'une révolution culturelle liée à l'accession de plus en plus large de jeunes aux études supérieures universitaires ou non universitaires, et à leur absence de rapports directs ou indirects avec la seconde guerre mondiale.

Plusieurs auteurs ont raccroché l'émergence du postmatérialisme avec celle des partis écologistes dans les pays européens. En effet, les partis verts ont été perçus, en termes idéologiques, comme les formations reflétant « le plus étroitement le nouvel alignement postindustriel des valeurs politiques » et, sous l'angle organisationnel, comme les acteurs les plus sensibles aux « demandes de participation d'une nouvelle génération de citoyens compétents politiquement et avec un haut capital scolaire »[43]. Il y a parfois eu des applications « mécanistes » du propos d'Inglehart : avec le temps, le vote pour les partis écologistes devait immanquablement monter. Les années quatre-vingt-dix et deux mille ont contredit cette vision mécaniste et a-sociologique.

Pour ce qui a trait à l'extrême droite, une des hypothèses débattues dans la littérature scientifique suggère l'avènement d'un clivage opposant les gagnants de la modernisation (politique, économique, culturelle) aux perdants de cette même modernisation. Ici aussi, la ligne de démarcation pour les jeunes serait le *capital scolaire* mesuré par le niveau de diplôme obtenu. Dans ce clivage, les partis d'extrême droite seraient placés sur le versant « perdants de la modernisation » et capteraient donc un électorat proportionnellement plus jeune que la moyenne et surtout moins diplômé que la moyenne. Pieri Ignazi évoque en la matière une véritable *contre-révolution silencieuse*[44]. Merkl et Weinsberg pointent aussi cette transformation dans un contexte d'affadissement du conflit de classe et d'affermissement d'une ligne de fracture sur les valeurs. Se seraient développés concomitamment « *the familiar post-materialist New left but also a neo-conservative New Right deeply alienated from the democratic politicians and parties of Western Governments* »[45]. Les enquêtes menées sur les électorats des formations d'extrême

[43] P Mair, « Evaluation des performances politiques des partis verts en Europe », *in* P. Delwit, J.-M. De Waele (éd.), *Les partis verts en Europe*, Bruxelles, Complexe, 1999, p. 23.

[44] P. Ignazi, « The silent counter-revolution : hypotheses on the emergence of extreme right-wing parties in Europe », *European Journal of Political Research*, 1992, vol. 22, n° 1, p. 3-34.

[45] P.H. Merkl, L. Weinberg, « Introduction », *in* P.H. Merkl, L. Weinberg (ed.), *Right-Wing Extremism in the Twenty-first century*, Londres, Cass, 2003, p. 10.

droite corroborent cet élément[46]. Il faut toutefois être prudent sur l'installation véritable et durable d'un *clivage* à ce sujet.

VI. Crise ou adaptation des partis ?

De nombreux observateurs et commentateurs de la vie politique avancent et annoncent régulièrement l'idée d'une crise des partis politiques, voire leur entrée dans l'automne d'un cycle de vie [47]. Les éléments principaux sur lesquels ils fondent leurs arguments sont les suivants.

A. La rupture des partis politiques avec leur base sociale et avec les citoyens

Les partis ont toujours présenté un équilibre délicat entre la représentation des citoyens et la participation aux fonctions gouvernementales. Depuis le début des années quatre-vingt, du fait de « leur intégration totale aux institutions » et au « moment où leur enracinement sociétal déclinait », cet équilibre se serait rompu. Le parti politique se serait rapproché du « pôle étatique » et ses liens avec sa base sociale et la « société civile » se seraient fortement distendus. Il y aurait de la sorte coupure, voire rupture de plus en plus forte, des hommes et des femmes politiques, des partis politiques avec la grande majorité des citoyens. C'est une des hypothèses fortes de la proposition de Katz et Mair (1951-2011) qui annoncent l'avènement du *cartel party* (voir *infra*).

Sous un autre angle, cette perspective avait été avancée par Otto Kirchheimer (1905-1965) lorsqu'il parlait de l'avènement du *catch-all party* (parti attrape-tout). Les partis ne se focaliseraient plus sur une « clientèle » en particulier mais viseraient à atteindre et attirer différents segments, différentes « clientèles ».

B. Le recours aux financements illégaux et les questions de morale publique

La question du financement des partis est une question centrale depuis le début des années quatre-vingt. Elle fut encore largement évoquée dans

---

[46] N. Mayer, « De Jean-Marie à Marine Le Pen : l'électorat du Front national a-t-il changé ? », *in* P. Delwit (éd.), *Le Front national. Mutations de l'extrême droite française*, Bruxelles, Editions de l'Université de Bruxelles, 2012, p. 143-160.

[47] A. Touraine, « L'automne des partis », *Le Monde*, 15 septembre 1989.

la campagne présidentielle américaine de 2012. Barack Obama et Mitt Romney y auraient dépensé ensemble 5,8 milliards de dollars.

Pour les partis, une des sources originelles du financement des partis est la cotisation. Les adhérents du parti lui versent régulièrement – une fois par mois en général – une cotisation qui doit servir à toutes les fonctions des partis. Cela est particulièrement crucial et important pour les partis de masse. Mais d'autres sources existent. Des associations ont pu contribuer. C'est le fait notamment d'organisations syndicales dans certains pays, à l'instar du Royaume-Uni pour le parti travailliste. Il peut s'agir aussi de groupes de pression. Au fil du temps, l'importance du financement par la cotisation a beaucoup diminué et ce, pour trois raisons :

- d'abord, parce que les recettes des formations politiques se sont diversifiées ;
- ensuite parce que les dépenses à charge des partis ont beaucoup augmenté ;
- enfin, parce que le nombre de membres des partis est en déclin (voir *infra*).

A titre d'exemple pour l'année 1990 et pour les partis politiques français, la cotisation représentait – officiellement – selon les déclarations des partis, 1,88 % des recettes du CDS, 5,9 % de celles du PR, 13,8 % de celles du RPR, 15,9 % de celles du PS et 20,9 % de celles du PCF. Plus de vingt ans plus tard, la cotisation reste une recette minoritaire pour les principaux partis français.

Tableau des recettes des partis français en 2011[48]

	Cotisation	Contributions des élus	Dons des personnes physiques	Financement public	Autres recettes	Total
PS	9 411 894	15537 179	2 976 812	23 255 001	8 660 079	59 840 965
UMP	5 670 022	1745 736	10 281 536	33 122 661	2 315 907	53 135 862
PCF	3 103 216	14322 180	5 161 612	3 629 152	4 629 841	30 846 001
FN	1 406 035	577 760	262 666	1 835 199	7 783 519	11 865 179
EELV	1 621 588	2445 512	317 418	1 835 455	2 392 124	8 612 097
MODEM	394 381	27 371	289 462	3 826 244	598 692	5 136 150
LO	1 053 915	95 525	595 612	365 568	1 132 257	3 242 877
PdG	742 002	291 244	218 155		995 637	2 247 038
PRG	124 288	268 890	74 735	1 382 180	214 877	2 064 970

[48] Publication générale des comptes des partis et groupements politiques au titre de l'exercice 2011 », *Journal officiel*, 27 décembre 2012.

Durant les années quatre-vingt, dans un contexte où l'argent était « roi », les partis ont dépensé énormément d'argent notamment durant les campagnes électorales dont les coûts ont crû de manière exponentielle. La croissance des dépenses des partis politiques concerne d'abord les campagnes électorales. L'avènement de nouveaux moyens de communication politique a entraîné une explosion de leurs coûts. Dans ce contexte de forte circulation d'argent, il est apparu que de nombreux hommes politiques ont eu recours à des financements illicites ou à des financements qui, s'ils ne l'étaient pas, étaient douteux du point de vue moral ou éthique. De nombreux hommes politiques ont été poursuivis par la justice (et certains, condamnés) pour financement illégal mais parfois aussi pour enrichissement personnel. Cette « saga des affaires » a beaucoup contribué au discrédit du monde politique et des partis.

Aujourd'hui encore, même si certains Etats ont introduit des lois de financement public, certains responsables sont mis sur la sellette. Le scandale des frais des parlementaires britanniques au cours de l'été 2009 a témoigné à la fois de dérapages difficiles à comprendre dans le chef de responsables politiques et, en même temps, de l'extrême sensibilité des segments de l'opinion à cette problématique.

Dans un autre registre, la confession de l'ancien ministre du Budget en France, Jérôme Cahuzac, sur l'ouverture d'un compte non déclaré à l'étranger a frappé les imaginations au printemps 2013. Le discrédit à l'endroit de la politique et des responsables publics a atteint un nouveau sommet.

C. La difficile adaptation aux transformations sociétales

Les transformations sociétales et sociales contribueraient à accroître l'écart entre l'élu et l'électeur. En effet, l'agrégation des demandes sociales et sociétales est de plus en plus difficile à réaliser. Ces demandes sont de moins en moins générales, « généralistes » et de plus en plus particulières. Il y aurait de la sorte une multiplication de demandes spécifiques auxquelles les partis politiques auraient du mal à répondre. Ils sont ainsi confrontés à de plus en plus de « clientèles politiques particulières »[49]. « Les partis politiques qui avaient le monopole de l'offre politique autour de programmes cohérents (à prendre ou à laisser) ne réussissent plus à amalgamer les intérêts contradictoires de leur électorat autour d'idéologies structurantes et simplificatrices », confirme le politologue Yves Mény[50].

---

[49] Voir A. Touraine, « L'automne des partis ? », *Le Monde*, 15 septembre 1989.

[50] Y. Mény, « Aux grands maux de la démocratie, les grands remèdes des mots vrais », *Le Monde*, 30 octobre 2006.

D'autant que parallèlement, les partis doivent œuvrer dans le cadre d'une interdépendance économique et politique accrue, nous l'avons souligné.

Enfin, cette rationalisation désenchantée épouse l'épuisement gestionnaire de la capacité inventive des partis à proposer des solutions politiques alternatives, d'autant que l'encadrement juridique croissant par le droit constitutionnel interne ou le droit européen limite toujours plus le champ des possibles. Les partis seraient confrontés à un trop grand nombre d'évolutions : l'élévation du capital scolaire, la tertiarisation de l'économie, le déclassement et le déclin socio-démographique de la classe ouvrière, la mise en cause de l'identité nationale, l'interdépendance économique et financière,...

D. Un canevas organisationnel inadapté

L'élévation tendancielle du capital scolaire rendrait les adhérents et les militants plus soucieux d'intervenir dans le débat et dans le processus décisionnel partisan. L'acceptation « inconditionnelle » des décisions et d'un mode de fonctionnement articulé aux décisions du « centre » est de moins en moins acceptée. Nous sommes de plain-pied dans l'ère de la « conditionnalité » : on conditionne son soutien, son appui ou son adhésion à des schèmes d'organisation nouveaux et ouverts au rôle des membres. Mai 1968, « insurrection contre l'ordre du temps »[51], aurait inauguré « une insubordination généralisée à l'égard d'un ensemble de rapports d'autorité (dans l'entreprise, dans l'Université, le parti, le syndicat, l'église, la famille...) antérieurement perçu comme allant de soi »[52].

E. De nouveaux canaux de médiation et de représentation

Pendant longtemps, les partis politiques ont été les vecteurs principaux de la médiation et de la représentation dans le champ politique. Depuis plusieurs années, et en particulier dans le cadre de l'européanisation, d'autres acteurs se sont imposés comme des canaux possibles de la représentation et de la défense d'intérêts : des organisations de la société civile, des mouvements associatifs, des *lobbies*, etc. Bref, comme le souligne Anders Widfeldt dans le cas suédois, les partis ont perdu en partie cette capacité à être le vecteur majeur de la représentation des intérêts des citoyens :

---

[51] J. Donzelot, *L'invention du social, Essai sur le déclin des passions politiques*, Paris, Points-Essais, 1994, p. 195.

[52] L. Mathieu, *La démocratie protestataire*, Paris, Les presses de Sciences Po, 2011, p. 116.

« What seems clear, however, is that participation, to an increasing extent, takes place outside the political parties »[53].

F. Un cadre institutionnel inadapté

Nous l'avons pointé, les partis sont des organisations nées dans le cadre stato-national qui accompagne la démocratisation des sociétés et l'avènement du suffrage universel. Le cadre stato-national et la démocratie dans cet espace sont aujourd'hui soumis à de nombreuses tensions avec des délégations de compétences vers les échelons *infra*-national et supranational. Or, l'action du « parti » à une échelle supranationale est bien moins évidente et s'agence à un schéma institutionnel tout à fait différent. C'est donc un grand défi pour eux.

G. La « fin » des idéologies « structurantes »

L'époque contemporaine se caractériserait par l'estompement des grandes « idéologies structurantes » des comportements et des positionnements en termes de communauté : démocrate chrétienne, socialiste, libérale, communiste... Cela génèrerait une « prise de recul » à l'endroit des partis, un moindre attachement et une considération atténuée sinon même l'absence de considération quant à leurs capacités de « changer les choses ».

S'il y a effectivement plusieurs éléments d'interpellation sur le devenir et le fonctionnement des partis politiques, il convient cependant d'épingler des données ou des réflexions qui peuvent nuancer l'idée d'une crise contemporaine des partis politiques.

H. La crise des partis politiques est un thème récurrent dans l'histoire contemporaine et dans l'appréhension des partis

Les travaux consacrés aux partis le révèlent : leur crise et leur fin ont été annoncées de tout temps. En réalité, l'idée de crise des partis est quasi consubstantielle à leur existence. Il n'est donc pas aisé de distinguer ce qui est presque devenu une rengaine – les partis politiques sont en crise et

---

[53] A. Widfeldt, « Losing touch? The Political Representativeness of Swedish Parties, 1985-1994 », *Scandinavian Political Studies*, 1999, vol. 22, n° 4, p. 307.

les campagnes électorales sont insipides – d'indicateurs établissant les difficultés contemporaines des formations politiques.

Un regard rétrospectif rapide sur la littérature scientifique contemporaine en porte témoignage.

> «*Among the major themes of party research since the 1970s has been the crisis of parties which can be located on various interrelate levels. Most attention has been given to the* electoral level, *that is, changes in voting behaviour. There is broad evidence for a general increase in electoral volatility in nearly all Western democracies. While much electoral flux has taken place within parties of one political bloc (left – right), the individual parties have suffered from the decline of voters loyalties. Popular has become less based on stable party alignments but increasingly depends on the perception of party performances and party images as well as on candidate appeals and short-term issues*»[54].

> «La crise des partis est cependant mondiale. Les expériences de partitocratie dans le monde, le développement par l'éducation de l'esprit critique de citoyens qui ne sont plus des sujets, l'accélération encore plus accentuée de l'histoire depuis les années quatre-vingt, la fin des grandes idéologies politiques et, plus généralement, l'émergence des politiques et programmes en faveur de la citoyenneté, des droits de l'homme et de la culture démocratique, se répercutent sur la nature, la forme et la durée de l'engagement des citoyens»[55].

> «Différente d'un pays à l'autre, en fonction des traditions aussi bien que de l'histoire récente, la crise des partis politiques est devenue une donnée essentielle de la situation européenne»[56].

I. Le nouveau rapport des partis politiques à l'Etat

Une des adaptations des partis aux mutations contemporaines serait l'établissement d'un nouveau rapport des partis à l'Etat. Telle est la thèse de Katz et Mair lorsqu'ils évoquent l'avènement du *cartel party*[57]. A leur estime, les relations entre partis, société civile et Etat sont passées par différentes phases, du parti de cadre au parti de cartel.

Dans la situation originelle du parti de cadre, il y a intrication forte entre l'Etat, ce qui constitue alors la société civile et les partis.

---

[54] K. Detterbeck, *Multi-Level Party Politics in Western Europe*, Londres, Palgrave, 2012, p. 36.

[55] A. Messarra, «Les partis politiques au Liban: une expérience arabe pionnière et en déclin», *Revue du monde musulman et de la Méditerranée*, 1996, vol. 81, n° 81-82, p. 135-151.

[56] D. Berger, «Appareils, nous voilà! De la misère des partis politiques», *Futur antérieur*, 1995, n° 28, p. 70.

[57] K. Detterbeck, *Multi-Level Party Politics in Western Europe*, *op. cit.*

Rapport Etat – société civile – partis au temps du parti de cadre

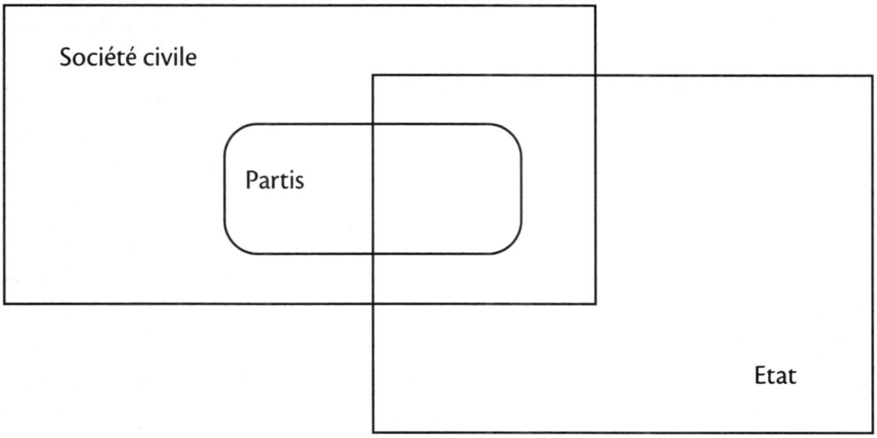

Dans la phase où s'édifient les partis de masse, société civile et Etat sont désormais distincts, et les partis constituent l'interface entre les deux. Ils assurent la médiation et la connexion envisagées auparavant.

Rapport Etat – société civile – partis au temps du parti de masse

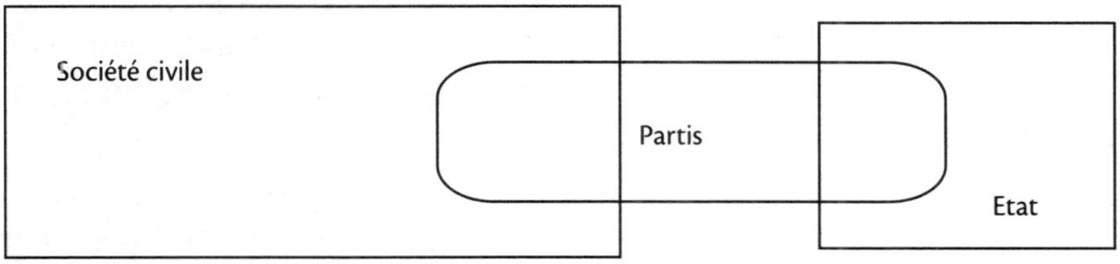

Dans la phase contemporaine, le parti-cartel ne joue plus véritablement ce rôle d'interface et de médiation entre la société civile et l'Etat. Le parti s'est beaucoup rapproché du pôle étatique.

Rapport Etat – société civile – partis au temps du parti-cartel

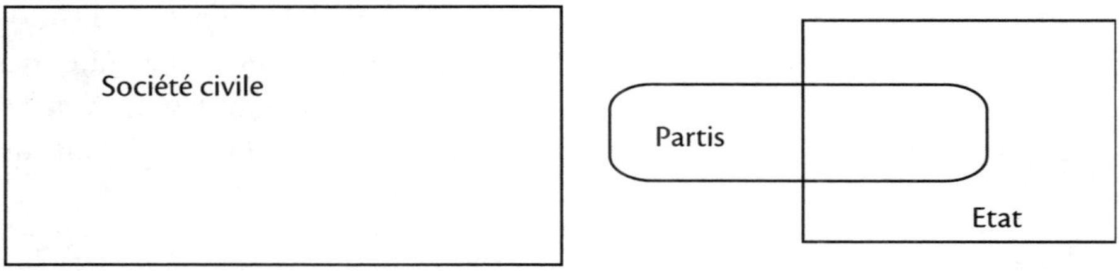

Ce rapprochement est particulièrement éloquent en termes de financement public. En France, le financement des partis politiques fait l'objet de dispositions spéciales dans les textes votés en 1990, soumis, en principe, au contrôle du Conseil constitutionnel. Modifiée en 1995, la loi institue un financement public forfaitaire des frais engagés par les candidats (aux présidentielles et législatives). Ceux-ci doivent établir un compte de campagne et collecter des fonds par le biais d'un mandataire («association de financement électorale» ou «mandataire financier»). Les candidats qui dépassent la somme autorisée sont pénalisés. La sanction peut aller jusqu'à la déchéance du mandat. C'est ainsi que l'ancien ministre de la Culture et de la Justice, Jack Lang, avait été démis de son mandat de député après l'élection législative de 1993 pour avoir dépassé le plafond autorisé. En Allemagne, alors qu'elle l'avait interdit en 1961, la Cour constitutionnelle a autorisé, en 1992, le financement public de l'activité des partis. En Belgique, le financement public des partis a été introduit en 1989. A l'origine, les partis devaient pouvoir faire état de l'élection d'au moins un député et un sénateur. En 2003, le législateur a assoupli la règle. Un seul parlementaire est désormais nécessaire, qu'il soit député ou sénateur.

Le financement public a pour vocation de rendre les partis moins dépendants du financement privé; en particulier du monde des entreprises et de leurs désidératas. Cela représente un avantage considérable. Mais il peut aussi avoir des effets pervers. Les grands partis peuvent avoir moins de considération pour leurs membres et pour le recrutement dans la mesure où leur financement est somme toute assuré. Ce faisant les partis seraient moins dépendants des adhérents dans leurs performances politico-électorales:

> «*Leaders of Political Parties have professionalised their organisations extensively, in particular through substantial ressources from state funding, thereby making parties less dependent on membership fees and voluntary activism by party members*»[58].

Par ailleurs, le financement public peut entraîner une prolifération de listes qui ne seraient pas présentées sans financement public, en ce compris des sectes comme le «parti de la loi naturelle».

Ajoutons, que pour les partis petits et moyens, le financement public des partis au prorata du nombre de voix pèse comme une épée de Damoclès. Une élection désastreuse peut entraîner une chute drastique des moyens du parti et des problèmes très graves. En Belgique, les verts néerlandophones ont vécu cette amère expérience aux élections législatives du

---

[58] A. Krouwel, L. Meeuwsen, «Dismembered Parties. Consequences of vanishing party membership organisations in Europe», Paper presented to the Panel *Party Membership: an empirical assessment* at the first ECPR General Conference, University of Kent, 6-10 September 2001, p. 3.

printemps 2003 et les verts irlandais ont connu le même sort lors des élections législatives de 2011.

J. L'hypothèse de l'avènement des partis européens

Dans le cadre de l'européanisation de la prise de décision, les partis politiques tentent de s'adapter – lentement – à travers la création et le développement de fédérations européennes des partis politiques. A l'horizon du premier scrutin européen au suffrage universel (1979), des groupements de partis d'une même famille idéologique qui fonctionnaient jusqu'alors selon une approche relativement lâche et surtout au niveau du Parlement européen se sont formés. De ce bouillonnement sont nées plusieurs fédérations européennes de partis, le parti populaire européen (PPE) qui rassemble les partis démocrates chrétiens et conservateurs, la Fédération des partis libéraux et démocrates en Europe (FPL) et l'Union des partis socialistes de la Communauté européenne (UPSCE).

Dans le temps, cette structuration partisane s'est affirmée lentement. Elle a connu une cristallisation et une accélération avec l'annonce d'un financement public desdites fédérations. Cette réalisation fut rendue complexe en raison de la grande difficulté à mettre en place des critères acceptables pour l'ensemble des parties prenantes à la décision. *In fine*, quatre conditions furent énoncées: a) le parti européen doit avoir la personnalité juridique dans l'Etat membre où il a son siège. b) Il doit être représenté, dans au moins un quart des Etats membres, par des députés européens ou par des parlementaires nationaux ou régionaux. A défaut, il doit avoir réuni, dans au moins un quart des Etats membres, au moins 3% des votes exprimés dans chacun de ces Etats membres lors des dernières élections au Parlement européen. c) La fédération européenne de partis doit respecter, notamment dans son programme et par son action, les principes sur lesquels l'Union européenne est fondée – principes de la liberté, de la démocratie, du respect des droits de l'homme et des libertés fondamentales –, ainsi que de l'Etat de droit. d) Enfin, le parti européen doit avoir participé aux élections au Parlement européen ou en avoir exprimé l'intention.

Les principales fédérations européennes de partis qui portent désormais le titre de parti, sont les suivantes:

- le parti socialiste européen (PSE) qui regroupe toutes les formations socialistes et sociales-démocrates des Etats de l'Union européenne;
- le parti populaire européen (PPE) qui agrège la plupart des formations démocrates chrétiennes et conservatrices en Europe;
- le parti européen des libéraux, démocrates et réformateurs (ELDR) qui rassemble la plupart des partis libéraux européens;

- le parti démocratique des peuples d'Europe-Alliance libre européenne (PDPE-ALE) qui est composé de certaines formations régionalistes ;
- le parti vert européen (PVE), qui a succédé – formellement – à la Fédération européenne des partis verts (FEPV) et réunit les partis écologistes d'Europe ;
- le parti démocrate européen (PDE) créé au printemps 2004 par François Bayrou et qui rassemble les démocrates chrétiens en rupture de ban avec le PPE ;
- le parti de la gauche européenne (PGE), qui rassemble plusieurs partis communistes et ex-communistes et a aussi vu le jour au printemps 2004.

Même si les fédérations européennes s'intitulent désormais « parti », il paraît très douteux, à la lumière de la théorie classique sur les partis, de pouvoir les qualifier comme tels d'un point de vue scientifique[59]. Leur cadre de référence n'est pas le même. L'architecture institutionnelle de l'Union européenne[60] est très différente de celle du régime parlementaire dans le cadre national. Soulignons en particulier l'absence, au niveau de l'Union européenne, de « gouvernement » au sens propre du terme. Aussi, le Parlement européen ne peut-il jouer le même rôle de **sanction** éventuelle de cet exécutif. Il n'y a pas au Parlement européen de majorité et de minorité. Cela change radicalement la donne[61].

Ce phénomène de structuration supranationale n'est pas nouveau à proprement parler. Dans l'histoire, les *Internationales de partis* avaient vu le jour dès la fin du XIXe siècle : l'Association internationale des travailleurs (1864), l'Internationale ouvrière (1889), l'Internationale ouvrière socialiste (1923) et l'Internationale socialiste (1951) pour la famille socialiste/sociale-démocrate, l'Internationale communiste (1919) et le Bureau d'information des partis communistes et ouvriers (1947) pour la famille communiste ; l'Internationale libérale (1947) ; l'Internationale démocrate chrétienne – Internationale démocrate centriste (1947) et l'Union démocrate internationale (1983) pour les partis conservateurs.

De même existe-t-il au Parlement européen des groupes transnationaux. Dans la législature 2009-2014, on dénombre sept groupes : le Groupe

---

[59] P. DELWIT, J.-M. DE WAELE, E. KÜLAHCI, C. VAN DE WALLE, « Les fédérations européennes de partis : des partis dans le processus décisionnel européen ? », *in* P. MAGNETTE, E. REMACLE (éd.), *Le nouveau modèle européen. Volume 1. Institutions et gouvernance*, Bruxelles, Editions de l'Université de Bruxelles, 2000, p. 125-138.

[60] Voir l'ouvrage de référence de P. MAGNETTE, Le *régime politique de l'Union européenne*, Paris, Presses de Sciences Po, 2009 (3e édition).

[61] Sur cette question, voir P. DELWIT, J.-M. DE WAELE, P. MAGNETTE (éd.), *A quoi sert le Parlement européen ? Stratégies et pouvoirs d'une assemblée transnationale*, Bruxelles, Complexe, 1999, et l'ouvrage de O. COSTA, N. BRACK, *Le fonctionnement de l'Union européenne*, Bruxelles, Editions de l'Université de Bruxelles, 2011.

du Parti populaire européen (Démocrates chrétiens), le Groupe de l'Alliance progressiste des socialistes & démocrates, le Groupe Alliance des démocrates et des libéraux pour l'Europe, le Groupe des Verts/Alliance libre européenne, le Groupe des Conservateurs et réformistes européens, le Groupe confédéral de la Gauche unitaire européenne/Gauche verte nordique et le Groupe Europe de la liberté et de la démocratie.

CHAPITRE VII

Les différentes formes de participation sociale et politique

La participation politique et sociale recouvre toutes les formes d'engagement des citoyens dans l'activité et le débat sociaux et politiques. L'engagement peut être minimal voire inexistant ou être beaucoup plus substantiel. Traditionnellement, on distingue les formes de participation politique de type conventionnel de la participation politique non conventionnelle. La première recouvre la participation considérée comme «institutionnalisée»; la seconde se situe en dehors des institutions. Cette distinction est néanmoins réfutée par certains auteurs[1].

I. Les formes conventionnelles de la participation politique

Analyser les formes conventionnelles de la participation politique consiste à étudier le comportement et la participation politiques à l'aune du fonctionnement normal et du rythme de la vie politique et sociale. Les études dédiées à la participation politique proposent des échelles de participation: elles vont du moindre degré de participation politique vers le degré de participation le plus élevé. Classiquement, le marqueur le plus connu en termes de participation conventionnelle est l'adhésion à un parti politique.

A. La participation politique et les partis

Dans le rapport au parti politique, cinq niveaux sont considérés en général: l'**électeur**, le **sympathisant**, l'**adhérent**, le **militant** et le **cadre/dirigeant**. Soulignons néanmoins que certaines recherches présentent jusqu'à dix échelles de participation partisane: a) les électeurs occasionnels, b) les électeurs réguliers, c) les sympathisants, d) les membres passifs, e) les militants, f) les cadres intermédiaires, g) les dirigeants nationaux, h) les mandataires sous-nationaux, i) les mandataires nationaux et j) les permanents[2].

---

[1] C'est notamment le cas de L. Mathieu, *La démocratie protestataire*, Paris, Les Presses de Sciences Po, 2011.

[2] E. van Haute, *Adhérer à un parti. Aux sources de la participation politique*, Bruxelles, Editions de l'Université de Bruxelles, 2009, p. 45.

Pendant très longtemps, les trois strates qui étaient les plus traitées dans la littérature scientifique étaient les adhérents, les militants et les cadres. Avec l'introduction des mécanismes des primaires pour désigner des présidents de partis ou des candidats aux élections, une attention plus soutenue commence à se faire jour dans l'étude des sympathisants[3].

1. Les adhérents

Etudier le phénomène d'adhésion au parti politique nécessite de préciser les formations politiques dont on traite et les pays que l'on envisage. De fait, adhérer à un parti peut être un acte banal, comme en Belgique. De nombreux Belges sont membres d'un parti politique – environ 300 000. Dans d'autres pays, au contraire, l'adhésion est un phénomène beaucoup plus rare. Il en est ainsi de la France ou de l'Allemagne. Dès lors, selon que l'on envisage la France, la Belgique, l'Allemagne ou d'autres pays, il faut saisir l'acte d'adhésion de manière différente. Le contexte est donc crucial.

Par ailleurs, il importe de distinguer les partis centripètes et centrifuges. L'acte d'adhérer à une formation politique comme l'UMP ou le PS en France, le parti conservateur ou le parti travailliste en Grande-Bretagne ne revêt pas la même signification que celui de rejoindre les rangs du Front national ou de Lutte ouvrière en France ou du British National Party au Royaume-Uni. La deuxième configuration exige un investissement plus substantiel ou entraîne de possibles formes de stigmatisation. Le profil de ces adhérents est d'ailleurs distinct :

> « Extrémistes de droite et de gauche partagent une conception positive et volontariste de la politique. Ils s'intéressent plus à la politique. Ils sont plus nombreux à en parler avec leur conjoint, leur famille, leur voisin ou leurs collègues de travail, et à ressentir une communauté d'intérêts avec ceux qui partagent leurs idées dans ce domaine. Ils ont des convictions fortes, comme le montre la forte proportion d'entre eux qui disent avoir choisi leur candidat pour l'élection présidentielle « longtemps à l'avance » ou qui affirment qu'ils n'ont besoin de personne pour se faire une opinion, et surtout pas la télévision »[4].

Selon de nombreux auteurs, nous connaîtrions un ample mouvement de déclin de l'adhésion aux partis politiques. Au début des années deux mille, Peter Mair et Ingrid Van Biezen sonnaient littéralement le tocsin sur la question :

> « *Thus while the overall number of members in a number of polities had actually remained stable or had even grown in the period from 1960 to the late 1980s, they had usually failed to keep pace with the enormous expansion of electorates in this*

---

[3] R. Lefebvre, *Les primaires socialistes. La fin du parti militant*, Paris, Raison d'agir, 2011.

[4] B. Klandermans, N. Mayer, « Militer à l'extrême droite », *in* P. Perrineau (éd.), *Les croisés de la société fermée. L'Europe des extrêmes droites*, Paris, L'Aube, 2001, p. 151.

> *same period, and hence had registered a relative decline. What we see here now, however, when extending these data through to the end of the 1990s is not only an accentuation of this decline in membership relative to the electorate, but also, and for the first time, a strong and quite consistent decline in the raw numbers themselves*»[5].

Dans une contribution récente, Peter Mair, Ingrid Van Biezen et Thomas Poguntke annoncent, dans les faits, la fin des partis d'adhérents:

> « *While political parties continue to play a major role in the elections and institutions of modern European democracies, it seems that they have all but abandoned any pretensions to being mass organisations*»[6].

Mais en est-il réellement ainsi? Pour répondre à cette question, nous examinons l'évolution du nombre d'affiliés dans les Etats européens qui sont démocratiques depuis 1945. Depuis vingt ans, nous observons effectivement un déclin tendanciel[7]. Dans six pays sur treize, le nombre moyen d'adhérents est le plus faible dans la période la plus récente.

Evolution du nombre d'adhérents de 1945 à la fin des années 2000

	1946	1956	1966	1976	1986	1996	2006	Delta
Allemagne	1 180 818	*935 219*	1 114 575	1 954 779	**1 969 278**	1 887 772	1494 183	1 034 059
Autriche	1 122 449	1 243 572	1 461 766	**1 473 578**	1 413 831	1 035 146	*900 088*	573 490
Belgique	*332 848*	443 136	479 244	593 790	**639 731**	488 875	404 638	306 883
Danemark	554 180	**601 929**	535 505	356 769	261 179	202 962	*173 023*	428 906
Finlande	*235 611*	380 356	521 581	590 757	568 338	427 707	356 851	355 146
France	**1 314 163**	612 331	*555 000*	968 074	751 406	634 829	822 538	759 163
Irlande				*103 237*	**127 329**	106 143	104 738	22 591
Royaume-Uni	1 604 280	**3 680 310**	3 235 772	2 392 587	1 672 575	925 325	*551 337*	3 128 973
Italie	3 728 282	**4 566 732**	4 497 829	4 199 732	4 033 205	2 073 285	*1 626 181*	2 102 101
Norvège	263 435	391 418	408 636	385 320	**478 522**	249 369	*187 024*	291 498
Pays-Bas	722 235	**753 934**	576 984	386 096	385 062	*297 935*	301 444	455 999
Suède		1 255 494	1 193 184	1 375 928	**1 504 510**	392 202	*333 762*	1 170 748
Suisse				**392 100**	361 791	*302 872*	340 541	89 228

En gras, le nombre le plus élevé de la période; en italique, le total le plus faible.

[5] P. MAIR, I. VAN BIEZEN, «Party membership in twenty European Democracies, 1980-2000», *Party Politics*, 2001, vol. 7, n° 1, p. 6.

[6] I. VAN BIEZEN, P. MAIR, Th. POGUNTKE, «Going, going, ... gone? The decline of party membership in contemporary Europe», *European Journal for Political Research*, 2012, vol. 51, n° 1, p. 24-56.

[7] P. DELWIT, «Still in Decline? Party Membership in Europe», *in* E. VAN HAUTE (éd.), *Party Membership in Europe: Exploration into the anthills of party politics*, Bruxelles, Editions de l'Université de Bruxelles, 2011, p. 25-42.

Cet affaissement apparaît plus net encore si l'on utilise des indices. Si nous prenons l'année 2006 comme année de référence (100), nous constatons que dans un grand nombre de cas, la dernière année considérée est la plus «mauvaise» en termes d'adhésion aux partis dans les différents pays étudiés. Parfois, le nombre d'affiliés a été jusqu'à six fois plus important qu'en 2006.

L'évolution de l'adhésion aux partis dans les démocraties européennes consolidées: 2006 = 100

	1946	1956	1966	1976	1986	1996	2006	Delta
Allemagne	79	*63*	75	131	**132**	126	100	69
Autriche	125	138	162	**164**	157	115	*100*	64
Belgique	*82*	110	118	147	**158**	121	100	76
Danemark	320	**348**	309	206	151	117	*100*	**248**
Finlande	*66*	107	146	**166**	159	120	100	100
France	**160**	74	67	118	91	77	100	92
Irlande	291	**668**	587	434	303	168	*100*	**568**
Italie	229	**281**	277	258	248	127	*100*	129
Norvège	141	209	218	206	**256**	133	*100*	156
Pays-Bas	240	**250**	191	128	128	99	100	151
Royaume-Uni				*99*	**122**	101	100	22
Suisse				**115**	106	*89*	100	26

Il est encore possible d'affiner les chiffres en rapportant le nombre d'adhérents aux partis à la base possible de recrutement: en gros, le nombre d'électeurs régulièrement inscrits sur les listes électorales. Ce faisant, nous calculons le *taux d'adhésion.* En la matière, les données sont sans équivoque. Presque tous les pays enregistrent leur taux d'adhésion le plus faible en 2006. En termes absolus et, plus encore, relatifs, un déclin de l'adhésion aux partis est bien marqué.

Membres/électeurs dans les démocraties consolidées européennes

	1946	1956	1966	1976	1986	1996	2006
Allemagne	3,78	2,64	2,89	**4,65**	4,34	3,11	2,42
Autriche	**32,54**	26,95	29,91	29,36	25,89	17,95	*14,74*
Belgique	5,91	7,44	7,87	**9,4**	9,14	6,79	5,24
Danemark	**22,76**	21,71	16,93	10,04	6,68	5,09	4,30

Finlande	9,73	14,59	**18,62**	15,79	14,15	10,46	8,74
France	**5,25**	2,29	1,97	2,81	2,05	1,62	1,87
Irlande	4,83	**10,56**	9	5,97	3,87	2,11	1,25
Italie	13,31	**14,08**	12,65	10,39	8,85	4,25	3,27
Norvège	13,43	**17,03**	16,98	13,86	15,43	7,53	5,47
Pays-Bas	13,69	**12,31**	7,74	4,06	3,59	2,53	2,46
Royaume-Uni				4,87	**5,21**	4,03	3,37
Suède		**25,61**	21,91	23,14	24,07	5,94	4,84
Suisse				**10,5**	8,58	6,59	6,93

Cela dit, l'érosion de l'adhésion peut concerner les différents types de partis à des degrés divers. Comparons la configuration pour les partis de masse ou d'intégration sociale selon la terminologie de Neumann et les partis de cadre. Pour les partis de masse, nous prenons en considération le parti chrétien démocrate allemand (CDU), le parti social-démocrate allemand (SPD), le parti travailliste britannique (Labour), le parti conservateur britannique (Tory), le parti social-démocrate danois (SD), le parti communiste italien devenu parti de la gauche démocratique (PCI-PDS), le parti du travail norvégien (DNA), le parti social-démocrate suédois (SAP), le parti démocrate chrétien hollandais (CDA) et le parti communiste français (PCF). Pour les partis de cadres, les formations retenues sont le parti libéral allemand (FDP), les démocrates chrétiens danois (KD), le parti socialiste français (PS), les libéraux démocrates britanniques (LD), le parti travailliste irlandais (ILP), le parti libéral danois (V), le parti des modérés suédois (MSP), le parti libéral-social hollandais (D66) et le parti libéral belge néerlandophone (Open VLD). 1975 est l'année de référence (100) que nous mettons en relation avec l'année 2005.

L'examen des résultats révèle que l'érosion partisane moyenne est bien plus nette dans le chef des partis de masse que dans celui des partis de cadres. En référence à 1975, le niveau moyen des partis de cadres s'élève à 87,66 alors qu'il se situe à 34,30 pour les partis de masse. Ce dernier type de parti serait donc affecté au premier chef par le recul de l'adhésion.

Evolution comparée de l'adhésion aux partis de cadres et aux partis de masse

Partis de masse	**2005**	**1975**	**Partis de cadres**	**2005**	**1975**
FDP	87,83	100	CDU	93,80	100
KD	44,10	100	SPD	56,21	100
PS	96,91	100	Labour	27,02	100
LD	45,16	100	Tory	16,67	100

ILP	224,12	100	SD	43,39	100
V	88,59	100	PCI-PDS	31,48	100
MSP	95,39	100	DNA	36,43	100
D66	1923,09	100	SAP	13,03	100
Open-VLD	166,69	100	CDA	61,63	100
			PCF	27,49	100
Moyenne	**87,66**	100	**Moyenne**	**34,30**	**100**

Pourquoi rejoint-on un parti ? En adhérant à un parti ou à une organisation politiques, on exprime une certaine communion d'idées avec ceux-ci : avec leur programme, avec leurs idées voire avec leur mode de fonctionnement. Cela dit, les motifs de l'adhésion sont plus larges et plus variés que la seule communion d'idées.

- On peut adhérer voire militer sur la base d'une **conviction** ou d'une **croyance** : le soutien à telle ou telle idéologie, à tel programme, à telle action qui justifieraient une participation active – je suis d'accord avec les objectifs et le programme du parti et je marque cet accord par une adhésion.
- On peut adhérer et militer pour des motifs d'ordre individuel et collectif. Le militantisme contribue souvent à des formes de **communion**, de **fraternité** et d'**intégration** que l'on trouve difficilement dans la société. C'est un élément important dans l'étude et l'apport du militantisme. Dans ses études sur les partis, Frédéric Sawicki met en évidence, d'une part, l'entretien de formes spécifiques de sociabilité et l'activation des identités à la fois locales et professionnelles que remplissent les partis et, de l'autre, « l'existence de multiples relations liant membres du parti, sympathisants et électeurs au principe de son « encadrement » social »[8]. Certes, toutes les familles et tous les partis politiques ne sont pas logés à la même enseigne en la matière. Il semble par exemple que les adhérents des partis verts soient moins concernés par cette motivation. Lynn Bennie a bien montré que la dimension « socialisatrice » était un faible motif d'adhésion aux verts écossais[9]. Néanmoins, dans une enquête qualitative consacrée aux verts des Pays-Bas, Lucardie relève que cette dimension n'est pas absente des raisons à l'origine de l'adhésion à GroenLinks[10]. D'une manière générale toute-

[8] F. Sawicki, « Configuration sociale et genèse d'un milieu partisan. Le cas du parti socialiste en Ille-et-Vilaine », *Sociétés contemporaines*, 1994, n° 20, p. 84.

[9] L.G. Bennie, « Motivations behind Scottish Green Party membership : joining and leaving », paper prepared for delivery at the annual meeting of the ECPR, Copenhagen, April 2000.

[10] P. Lucardie, « Why do they bother ? An essay on Moral Reasons, Needs, and Incentives of Green Party Activists », Paper presented at the Joint Sessions of the ECPR, New forms of Political Parti-

fois, les *principes moraux* jouent plus pour les verts que pour les membres des autres formations politiques.

- On peut aussi adhérer pour marquer son **appartenance «communautaire»** ou par tradition **familiale**. Dans les partis avec un référent à une *communauté* donnée – partis ouvriers, agrariens, régionalistes, ethniques,... –, adhérer marque un sentiment d'appartenance à la communauté ou à la famille, dans le sens restreint ou symbolique.
- On peut militer pour toutes les **rétributions** qu'offre le militantisme. Dans un article pionnier, Daniel Gaxie avait pointé toutes les formes de rétributions des partis qui favorisent le militantisme: une certaine sécurité, de nombreux avantages matériels et de multiples gratifications symboliques – prestige, honneur, puissance... :

  > «Offrant une certaine sécurité, de nombreux avantages matériels et de multiples gratifications symboliques – prestige, honneur, puissance – ces postes présentent suffisamment d'attraits pour que certains agents sociaux en fassent le but de leur vie et se consacrent du même coup totalement au parti qui leur permettra de les atteindre»[11].

- On peut aussi militer parce que l'on a certaines **ambitions** et que le militantisme peut contribuer à les assouvir. C'est parfois le cas de ceux qui désirent faire une carrière politique.

Ces différentes raisons ne s'excluent pas l'une l'autre. Elles peuvent s'entrecroiser dans l'acte d'adhésion et de militantisme. Elles évoluent aussi dans le temps. Si l'adhésion est, en tout état de cause, un acte marquant, un degré de participation politique plus important que celui de la moyenne de citoyens, cela reste, nous l'avons vu, un acte minoritaire.

Ajoutons que dans la communauté des adhérents, un grand nombre de citoyens restent des *adhérents passifs*. Il s'agit donc surtout de prendre sa carte de membre – ce qui est un acte important –, de payer une cotisation mensuelle ou annuelle et, parfois, de prendre part à certaines activités du parti. A partir d'enquêtes réalisées en 1991 et 2001, Heidar et Saglie montrent que les *adhérents passifs* représentent plus de la moitié des membres des partis norvégiens[12] et que parmi les militants, l'investissement temporel reste mesuré.

---

cipation: Activism in Green and Alternative Parties, Copenhagen, 2000, p. 12.

[11] D. GAXIE, «Economie des partis et rétributions du militantisme», *Revue française de science politique*, 1977, vol. 27, n° 1, p. 129.

[12] K. HEIDAR, J. SAGLIE, «A decline of linkage? Intra-party participation in Norway 1991-2000», *European Journal of Political Research*, 2003, vol. 42, n° 6, p. 766.

En effet, dès lors que l'on s'investit davantage, que l'on consacre du temps au parti ou à l'organisation, on entre dans le registre du militantisme.

2. Les militants

Comme militant, on accomplit consciemment et ouvertement, dans l'écrasante majorité des circonstances, certaines tâches politiques : « propagande en faveur des thèses du parti, soutien à ses candidats, travail interne d'organisation et de réflexion »[13],... L'élément fondamental qui distingue le militant de l'adhérent est **le temps et l'énergie** qu'ils consacrent au parti.

Ce temps et cette énergie sont beaucoup plus importants pour les militants que pour les adhérents. Françoise Subileau isole quatre ordres de raisons spécifiques au militantisme : la quête de l'identité, la recherche d'une désaliénation, la promotion socio-politique et la socialisation[14].

3. Les dirigeants

L'étude des dirigeants politiques confirme la nature des relations observées entre hiérarchie sociale et participation politique : plus on progresse dans la hiérarchie sociale, plus la participation tend à s'élever.

> « L'engagement politique semble obéir à une logique forte : celle de la position sociale qui entraîne un certain sentiment de compétence sociale et politique qui lui-même génère un certain niveau de participation »[15].

Trois modèles d'accession au niveau de dirigeants ont été mis en évidence. En déclin, mais toujours présent, le premier fait référence au notable, souvent issu d'une « dynastie familiale ». Le second est le cadre-militant et incarne la voie classique d'élévation progressive dans les arcanes du parti et du paysage institutionnel du pays dans lequel il œuvre. Le troisième est en développement. Il s'agit du professionnel de la politique recruté au sortir de ses études ou dans la fonction publique, en raison de sa formation et de ses capacités supposées par le niveau de son capital scolaire[16].

Le temps de travail des cadres politiques est très élevé en général. Au demeurant, plus la fonction de l'homme politique gagne en importance, plus le temps qu'il y consacre s'allonge. Dans les critiques adressées au « monde politique », cette dimension est très souvent oubliée. La pénétration dans la professionnalisation politique est un choix dont on sort rarement. La majorité des hommes et des femmes politiques ne « sortent » de la vie

---

[13] J.-M. Denquin, *Introduction à la science politique*, Paris, Hachette, 1992, p. 80.

[14] Fr. Subileau, « Le militantisme dans les partis politiques sous la cinquième République : état des travaux de la langue française », *Revue française de science politique*, 1981, vol. 31, n° 5, p. 1042.

[15] N. Mayer, P. Perrineau, *Les comportements politiques*, Paris, Armand Colin, 1992, p. 18.

[16] P. Bréchon, *Les partis politiques*, Paris, Clef-Montchrestien, 1999, p. 124.

politique qu'en raison de la maladie, de la vieillesse ou de la mort[17]. Toutefois, comme on accède plus tôt que par le passé à des fonctions importantes, ce constat est peut-être amené à évoluer.

Dès lors qu'il y a professionnalisation, il y a vécu en commun et acquisition d'une expérience qui distinguent les hommes et les femmes politiques des autres acteurs de la vie politique[18]. Il y a donc, comme dans toute situation professionnelle, création d'un « milieu », ce qu'on appelle parfois le « monde politique » ou la « classe politique ».

En ce début de XXIe siècle, il semble que plusieurs formations politiques aient des difficultés à recruter des cadres compétents. Cela s'expliquerait de trois manières. D'abord, en raison du discrédit et de la dévalorisation des hommes et des femmes politiques. Ensuite, parce que le temps d'un investissement temporel faiblement limité est derrière nous. Dans de nombreux « métiers » où l'engagement professionnel est presque total, on observe un refus d'une vie de ce type. La vie politique en fait partie. Enfin, certains qui pourraient faire une carrière politique jugent que le secteur privé paie désormais (beaucoup) mieux, surtout par rapport au nombre d'heures de travail prestées.

B. Pourquoi un déclin de l'adhésion aux partis ?

Nous l'avons pointé, les formations politiques sont confrontées à un fort recul de l'adhésion. Comment s'explique-t-il ? Dans la littérature scientifique, six ordres de raisons sont le plus souvent épinglés.

1. L'affaissement des idéologies

Les grandes idéologiques structurantes et mobilisatrices – la démocratie chrétienne, le socialisme, le communisme, le libéralisme,... – ont perdu de leur valeur d'ordonnancement des comportements ; ordonnancement dans l'expression du vote pour un parti mais peut-être plus dans la vocation de mobilisation et d'empathie pour un parti. Plusieurs scientifiques avancent ainsi l'hypothèse d'importants changements dans la militance. Selon Jacques Ion, nous assistons à une déliquescence de la militance dans les organisations généralistes de masse – notamment les partis politiques et les organisations syndicales – au profit d'une militance au niveau local et sur des questions relativement restreintes[19]. Les origines de ces transformations seraient multiples et s'interpénétreraient. Ion cite le déclin des idéologies et

---

[17] D. GAXIE, *op. cit.*, p. 82.

[18] Y. SCHÉMEIL, *La science politique*, Paris, Armand Colin, 1994, p. 143.

[19] J. ION, *La fin des militants ?*, Paris, Editions de l'Atelier, 1997, p. 11.

des grandes croyances qui fondaient le militantisme que l'on peut qualifier de « total ».

2. L'érosion de l'importance partisane dans la gestion des affaires et de la représentation

Nous l'avons vu, pour de plus en plus de citoyens, les partis ont perdu tout à la fois le « monopole » de la représentation mais aussi leur capacité d'influer de manière « massive » ou substantielle sur le cours des choses. Aussi, l'attrait ou « l'intérêt » d'adhérer à un parti pour faire changer les choses, pour défendre une cause apparaîtrait moins saisissant que par le passé voire, dans les cas extrêmes de considération, sans objet.

3. La « délocalisation » des investissements

Ceci expliquerait un phénomène de « délocalisation » des investissements pour certains. Là où d'aucuns militaient auparavant dans un parti, d'autres rejoindraient désormais des groupes ou des associations fixés sur une problématique – défense des agriculteurs, des droits de l'homme, des sans-papiers, des animaux, des malades du sida... – sans avoir de lien partisan ; même si la double appartenance existe dans le chef de certains militants.

4. L'individualisation progressive de la société

Le phénomène serait d'autant plus patent qu'avec l'élévation du capital scolaire, s'affirmerait plus manifestement un individualisme sans doute plus à l'aise dans de petites structures voire en dehors de toute organisation que dans les organes partisans, où une certaine discipline doit nécessairement prévaloir. Il n'est pas toujours simple de brider une partie de sa liberté de parole et d'action au nom de l'efficacité attendue de l'action groupée.

5. La fragmentation socio-démographique : l'érosion des communautés

Nous l'avons mis en évidence, l'adhésion aux partis fut régulièrement une forme d'affirmation d'appartenance à une communauté, à un groupe. Or, nous observons un déclin des *communautés* : érosion socio-démographique et identitaire de la « classe ouvrière », affaissement du monde paysan, délitement de la communauté des croyants... Dans cette optique, l'adhésion comme « acte communautaire » est immanquablement en recul.

6. Les mutations socio-professionnelles et sociétales

Enfin, il s'agit aussi d'épingler un certain nombre de transformations socio-professionnelles et sociétales qui modifient les conditions de l'exercice de l'activisme et du militantisme politique et social.

L'entrée massive des femmes sur le «marché du travail» a sensiblement transformé l'organisation familiale. Le temps où l'homme allait aux réunions syndicales et/ou politiques alors que la femme «gardait» les enfants n'est peut-être pas révolu mais est sûrement écorné. Compte tenu de la subsistance partielle de la division de genre du travail, la féminisation de l'engagement a aussi des impacts. L'attention aux horaires de réunion et à leur durée est plus soutenue. «Disparaissent ainsi beaucoup de réunions «interminables», commencées en retard et prolongées à l'envi; la poursuite ou l'achèvement de la réunion autour d'un verre dans le débit de boisson proche devient l'exception quand elle était hier l'ordinaire»[20].

De même, l'introduction de la flexibilité dans les horaires de travail rend plus complexe l'organisation de réunions et la participation régulière à celles-ci. Le développement des familles monoparentales rend plus difficile aussi le militantisme. Ajoutons-y les mutations dans la socialisation, que nous avons déjà évoquées, qui contribueraient à un détachement par rapport à l'engagement et à la socialisation politique et/ou syndicale et à un repli individuel. Enfin, l'engagement de masse, politique et/ou syndical, concernait et concerne encore au premier chef les actifs de nos sociétés. Or, à côté des modifications dans le monde du travail, une autre grande mutation se donne à voir: la diminution du nombre d'actifs et l'accroissement du nombre d'inactifs. Que ce soit chez les chômeurs ou les (pré)pensionnés, la militance est beaucoup moins importante que dans le monde des actifs.

En première approche, la plupart des partis ne se sont pas préoccupés outre mesure de ce déclin partisan important. Le vote des lois de financement public des partis leur assurait des moyens de fonctionner indépendamment du nombre de membres. Et l'avènement des moyens de communications de masse, de la télévision au développement de réseaux sociaux, semblait pouvoir suppléer aux campagnes de terrain classiques. Depuis plusieurs années pourtant, les partis semblent «redécouvrir paradoxalement leurs membres»[21]. L'apport des membres serait plus substantiel qu'estimé. En la matière, Scarrow dénombre huit ressources stratégiques supposées des adhérents de partis: les *legitimacy benefits* que tire le parti du nombre des citoyens qu'il peut annoncer comme l'ayant rejoint, les *direct electoral benefits*

---

[20] *Ibid.*, p. 61-62.

[21] D. Andolfatto, «Les adhérents: une ressource réévaluée», *in* F. Greffet, L. Olivier (éd.), *Les partis politiques: quelles perspectives?,* Paris, L'Harmattan, 2001.

par la constitution d'un électorat sûr et fidèle, les *outreach benefits*, grâce aux contacts quotidiens des adhérents, les *financial benefits* par le biais des cotisations et des dons, les *labour benefits* par l'implication militante, les *linkage benefits* grâce aux liens réticulaires des adhérents, les *innovation benefits* par l'expertise et les nouvelles idées des adhérents et les *personnel benefits*, par la base de recrutement des élites qu'ils constituent[22].

Aussi, pour contrer ce déclin, les partis tentent-ils de se réformer et de confier, à tout le moins formellement, plus de prérogatives aux membres. Il y a pourtant loin de la coupe aux lèvres. «A la lumière des pratiques militantes, la participation réelle des adhérents demeure largement symbolique», observe par exemple Frédérique Chadel dans le cas du parti populaire espagnol[23].

II. Les formes non conventionnelles de la participation politique

Analysons à présent la participation politique et sociale hors des frontières institutionnelles de la participation politique. Nous l'avons vu, la participation conventionnelle décline. En va-t-il de même pour la participation non conventionnelle? La politologue Pippa Norris suggère le contraire. Il y aurait substitution ou transvasement des engagements associé à une très grande diversification des formes d'engagement:

> «*Lastly, multiple newer channels of civic engagement, mobilization and expression are rapidly emerging in postindustrial societies to supplement traditional modes. Political participation is evolving and diversifying in terms of the* who *(the* agencies *or collective organizations),* what *(the* repertoires *of actions commonly used for political expression) and* where *(the* targets *that participants seek to influence)*»[24].

Pour Nonna Mayer aussi, le militantisme se porte plutôt bien à condition de ne pas mettre la focale sur les organisations historiques: les partis et les syndicats[25]. Cet effet de vase communicant a été observé à l'occasion. Ainsi, dans ses travaux consacrés à la Ligue communiste révolution-

---

[22] S.E. Scarrow, *Parties and their members. Organizing for victory in Britain and Germany*, Oxford, Oxford University Press, 1996, pp. 42-45.

[23] F. Chadel, «Participation des adhérents au sein du Partido Popular: analyse de l'implication des bases dans trois activités partisanes stratégiques», Atelier électronique «Regards sur les partis de droite en Europe», p. 3.

[24] P. Norris, *Democratic Phoenix: Reinventing Political Activism*, Cambridge, Cambridge University Press, 2002, p. 4.

[25] N. Mayer, *Sociologie des comportements politiques*, Paris, Armand Colin, 2010, p. 254.

naire, Florence Joshua pointe-t-elle le réinvestissement partisan au profit du monde associatif ou syndical quand surviennent certains désenchantements[26].

La principale forme de participation politique extra-institutionnelle reste la participation aux différents types de mouvements sociaux. On entendra ici par mouvement social une «forme d'action collective, c'est-à-dire une action menée par plusieurs individus en même temps, de façon concertée et intentionnelle»[27]. Celle-ci se traduit régulièrement par le travail dans des groupes et des organisations de la société civile. Nous l'avons souligné, les groupes qui agissent dans la société n'ont pas vocation à participer au pouvoir. Leurs objectifs sont autres: «obtenir des pouvoirs publics les décisions de toute nature que les groupes de pression estiment conformes à leurs intérêts, et empêcher l'adoption de celles qui leur seraient contraires»[28]. Les organisations sociales peuvent avoir vocation à défendre des intérêts très larges mais parfois aussi très spécifiques.

A. La question sociale

Historiquement, l'essence des mouvements sociaux concerne au premier chef toute la problématique de la question sociale: emplois, conditions de travail, rémunération, co-gestion... Quels sont les acteurs de la question sociale et leurs modalités d'actions?

1. Les acteurs

De manière schématique, deux acteurs principaux s'affrontent sur les thématiques de la question sociale: le monde ouvrier et employé, d'une part, et le monde patronal, de l'autre. Chacun essaie de peser sur les décisions avec ses moyens propres. Tous deux forment des organisations syndicales, mais dont l'essence est très différente.

Le **syndicalisme ouvrier et paysan** naît principalement au XIXe siècle et durant la première moitié du XXe. Issu le plus souvent d'associations de secours mutuel, les organisations syndicales de salariés naissantes agrègent les divers groupes de protection ouvrière. A l'instar des partis, on recense plusieurs types d'organisations syndicales. Il est donc important d'examiner à quel type de syndicalisme on a affaire.

---

26 F. Johsua, «Les conditions de (re)production de la LCR. L'approche par les trajectoires militantes», *in* F. Haegel (éd.), *Partis et système partisan en France*, Paris, Presses de Sciences Po, 2007, p. 40.

27 J.-Y. Dormagen, D. Mouchard, *Introduction à la sociologie politique*, Bruxelles, De Boeck, 2007, p. 210-211.

28 J.-M. Denquin, *op. cit.*, p. 135.

a) Les organisations de masse et les organisations de militants

Un des critères distinctifs des organisations syndicales salariées est leur nombre d'adhérents qui permet de calculer un indicateur important, le taux de syndicalisation. Le **taux de syndicalisation** représente le nombre d'affiliés aux syndicats rapporté à la population active. Dans un **syndicalisme de masse**, le taux de syndicalisation sera important. Le tableau ci-dessous dévoile deux éléments importants.

- Il existe de grandes disparités dans les taux de syndicalisation. Certains Etats, notamment les pays nordiques, ont une tradition de syndicalisme fort, avec des taux impressionnants. D'autres Etats ont une tradition syndicale plus chétive. Dans ce cas d'école, il s'agit le plus souvent d'Etats dotés d'une tradition de **syndicalisme de militants**. Il s'agit en général d'un syndicalisme plus «politisé». Le taux de syndicalisation y est donc nettement moins important. En France, par exemple, le taux de syndicalisation se situe sous la barre des 10%.
- Par ailleurs, et l'observation vaut pour les deux catégories évoquées, l'affiliation syndicale décroît dans la période contemporaine.

Evolution du taux de syndicalisation

	1960	1965	1970	1975	1980	1985	1990	1995	2000	2005	2006	2007	2008	2009	2010	2011
Allemagne	34,7	32,9	32,0	34,6	34,9	34,7	31,2	29,2	24,6	21,7	20,7	19,9	19,1	18,8	18,5	
Australie	50,2	47,9	44,2	50,1	48,5	45,5	39,6	32,1	24,5	21,9	19,8	18,2	18,2	19,0	18,0	18,0
Autriche	67,9	66,2	62,8	59,0	56,7	51,6	46,9	41,1	36,6	33,3	31,0	29,9	29,1	28,6	28,1	
Belgique	41,5	39,9	42,1	51,9	54,1	52,4	53,9	55,7	49,5	52,9	54,1	52,9	51,9	52,0		
Canada	29,2	26,7	31,0	34,3	35,3	36,7	35,8	35,7	30,2	29,9	29,5	29,4	29,2	29,4	29,5	28,8
Chili							18,6	15,8	13,3	13,5	13,7	13,9	15,0	15,8	15,0	
Corée du sud		11,6	12,6	15,8	14,7	12,4	17,2	12,5	11,4	9,9	10,0	10,6	10,3	10,0	9,7	
Danemark	56,9	58,2	60,3	68,9	78,6	78,2	75,3	77,0	74,2	71,7	69,4	69,1	67,6	68,8		
Espagne						10,2	12,5	16,3	16,7	15,2	15,0	14,9	15,0	15,9		
Estonie								32,4	14,9	9,1	8,0	7,4	7,1	7,7	8,1	
Etats-Unis	30,9	28,2	27,4	25,3	22,1	17,4	15,5	14,3	12,9	12,0	11,5	11,6	11,9	11,8	11,4	11,3
Finlande	31,9	38,3	51,3	65,3	69,4	69,1	72,5	80,4	75,0	72,4	71,7	70,3	67,5	69,2	70,0	
France	19,6	19,5	21,7	22,2	18,3	13,6	10,0	8,8	8,0	7,7	7,6	7,6	7,6			
Grèce							34,1	31,3	26,5	24,6	24,7	24,5	24,0			
Hongrie								49,1	21,7	17,5	17,0	16,9	16,8			
Irlande	43,1	45,8	50,6	52,6	54,3	51,5	48,5	45,1	38,0	34,0	33,1	32,2	32,2	33,7	35,0	35,6
Islande					66,2	78,5	93,0	87,3	89,4				79,4			
Italie	24,7	25,5	37,0	48,0	49,6	42,5	38,8	38,1	34,8	33,6	33,2	33,5	33,4	34,7	35,1	

Japon	32,3	35,3	35,1	34,5	31,1	28,8	25,4	24,0	21,5	18,8	18,3	18,3	18,2	18,5	18,4	19,0
Luxembourg			46,8	45,7	50,8	52,1	46,4	43,5	42,5	41,4	40,1	38,7	37,3			
Mexique								13,7	13,7	15,1	14,8	15,2	14,3	13,9	13,0	13,2
Norvège	60,0	59,0	56,8	53,8	58,3	57,5	58,5	57,3	54,4	54,9	54,9	53,7	53,3	54,3	54,8	54,6
Nouvelle-Zélande			56,5	60,9	69,1	56,0	49,7	27,2	22,3	20,9	21,2	21,3	20,6	21,4	20,8	20,8
Pays-Bas	40,0	37,4	36,5	37,8	34,8	27,7	24,6	25,9	22,9	20,6	20,0	19,3	18,8	19,1	18,6	18,2
Pologne							30,4	30,8	24,2	19,0	16,8	15,2	15,6	15,1	15,0	
Portugal					54,8	44,6	28,0	25,4	21,6	21,2	20,8	20,8	20,5	20,1	19,3	
République tchèque								43,5	27,2	19,7	18,7	17,9	17,4	17,3		
Royaume-Uni	38,9	38,7	43,0	42,1	49,7	44,3	38,2	33,1	30,2	28,4	28,1	27,9	27,1	27,2	26,5	25,8
Slovaquie								56,1	32,3	22,8	20,6	18,8	17,2			
Slovénie													28,1	25,6		
Suède	72,1	66,3	67,7	74,5	78,0	81,3	79,4	83,1	79,1	76,0	74,2	70,8	68,3	68,4	68,4	67,7
Suisse	36,1	32,8	28,9	32,3	27,7	24,9	22,7	22,7	20,6	19,3	18,9	18,6	18,2	17,8		
Turquie							19,2	13,4	9,9	8,2	7,5	6,6	5,8	5,9	5,9	

Plusieurs éléments permettent de saisir ce recul de l'adhésion syndicale. Le monde du travail s'est profondément transformé en l'espace de trente ans. Nombre d'Etats européens connaissent des formes de désindustrialisation significatives. Dans le même temps, le secteur tertiaire a connu un essor spectaculaire. Or, les travailleurs de l'économie de service et du secteur du non marchand ont une plus faible propension à se syndiquer que leurs collègues du secteur secondaire. Par ailleurs, la taille des entreprises s'est substantiellement réduite. Les entreprises – métallurgiques, sidérurgiques, du textile,... – où étaient rassemblés des milliers sinon même des dizaines de milliers de travailleurs ont périclité ou fort réduit leur effectifs. C'est dans ce type d'entreprise que le syndicalisme était le plus puissant. *A contrario*, la pénétration syndicale est beaucoup plus faible dans le monde des petites et moyennes entreprises. Au surplus, une partie des emplois les plus pénibles sont occupés en général par des travailleurs immigrés, souvent moins enclins à s'affilier à un syndicat.

b) Les organisations de « service » et les organisations « politiques »

Cette typologie recouvre la précédente en partie. Dans le syndicalisme de masse, les organisations syndicales offrent en général une large palette de « services » : défense des travailleurs dans les entreprises et dans le secteur de l'entreprise, promotion des acquis sociaux, encadrement juridique, payement des allocations de chômage, organisations de centres de vacances, etc. *A contrario*, dans le syndicalisme politique, l'offre de services est nettement moins marquée. La dimension idéologique du syndicat est plus souvent mise en exergue.

c) Les liens avec des partis politiques

Globalement, le rapport syndical aux partis donne à voir deux types d'organisations syndicales. Le premier rassemble les syndicats qui se proclament indépendants des formations politiques. Le second agrège des syndicats qui ont des liens forts avec un parti au point d'être parfois organiques, comme c'est toujours le cas du Trade Union Congress (TUC) avec le parti travailliste britannique.

Historiquement, les organisations syndicales de tendances anarcho-syndicalistes proclament leur indépendance envers les partis et investissent le champ politique autant que la sphère sociale. Il en est ainsi, entre autres, de la Confédération nationale du travail (CNT) en Espagne. Mais cette observation dépasse parfois le seul cadre des organisations syndicales anarchistes. En France, par exemple, le syndicalisme proclame à l'origine son indépendance à l'endroit des partis politiques. En 1906, la Confédération générale du travail (CGT) adopte un document célèbre, la charte d'Amiens, qui définit son attitude en la matière :

> «Le Congrès confédéral d'Amiens confirme l'article 2, constitutif de la CGT : «La CGT groupe, en dehors de toute école politique, tous les travailleurs conscients de la lutte à mener pour la disparition du salariat et du patronat». Le Congrès considère que cette déclaration est une reconnaissance de la lutte de classe, qui oppose sur le terrain économique, les travailleurs en révolte contre toutes les formes d'exploitation et d'oppression, tant matérielles que morales, mises en œuvre par la classe capitaliste contre la classe ouvrière. Le Congrès précise, par les points suivants, cette affirmation théorique : dans l'œuvre revendicatrice quotidienne, le syndicalisme poursuit la coordination des efforts ouvriers, l'accroissement du mieux-être des travailleurs par la réalisation d'améliorations immédiates, telles que la diminution des heures de travail, l'augmentation des salaires, etc. Mais cette besogne n'est qu'un côté de l'œuvre du syndicalisme ; il prépare l'émancipation intégrale, qui ne peut se réaliser que par l'expropriation capitaliste ; il préconise comme moyen d'action la grève générale et il considère que le syndicat, aujourd'hui groupement de résistance, sera, dans l'avenir, le groupe de production et de répartition, base de réorganisation sociale. Le Congrès déclare que cette double besogne, quotidienne et d'avenir, découle de la situation des salariés qui pèse sur la classe ouvrière et qui fait, à tous les travailleurs, quelles que soient leurs opinions ou leurs tendances politiques ou philosophiques, un devoir d'appartenir au groupement essentiel qu'est le syndicat. Comme conséquence, en ce qui concerne les individus, le Congrès affirme l'entière liberté pour le syndiqué, de participer, en dehors du groupement corporatif, à telles formes de lutte correspondant

à sa conception philosophique ou politique, se bornant à lui demander, en réciprocité, de ne pas introduire dans le syndicat les opinions qu'il professe au dehors. En ce qui concerne les organisations, le Congrès déclare qu'afin que le syndicalisme atteigne son maximum d'effet, l'action économique doit s'exercer directement contre le patronat, les organisations confédérées n'ayant pas, en tant que groupements syndicaux, à se préoccuper des partis et des sectes qui, en dehors et à côté, peuvent poursuivre en toute liberté la transformation sociale».

Les organisations qui ont un lien avec un parti ou une famille politiques sont majoritaires. Dans le temps, les partis socialistes et sociaux-démocrates sont ceux qui ont les relations les plus étroites avec le monde syndical: la Fédération générale du travail de Belgique (FTGB-ABVV), la Confédération danoise des syndicats (LO), la Confédération norvégienne des syndicats (LO), la Confédération suédoise des syndicats (LO), la Confédération allemande des syndicats (DGB), le Trade Union Congress (TUC) en Grande-Bretagne,...

Néanmoins, les partis catholiques et démocrates chrétiens ont régulièrement entretenu des rapports privilégiés avec certaines organisations syndicales imposantes: la Confédération des syndicats chrétiens (CSC-ACV) en Belgique, la Confédération italienne des syndicats de travailleurs (CISL) en Italie,...

Plusieurs partis communistes d'Europe occidentale ont aussi (eu) une proximité forte avec des organisations syndicales de salariés: la Confédération générale du travail (CGT) en France après 1945, la Confédération générale italienne du travail (CGIL) jusqu'à la transformation du parti communiste italien (PCI) en parti de la gauche démocratique (PDS) en 1990, la Confédération générale des travailleurs portugais (CGTP), les Commissions ouvrières (CCOO) en Espagne,...

Enfin, il existe parfois des organisations syndicales proches des partis libéraux, comme la Confédération générale des syndicats libéraux en Belgique (CGSLB).

Contrairement au syndicalisme ouvrier et au syndicalisme paysan, le **syndicalisme patronal** est un phénomène assez récent. Nombre d'organisations voient le jour dans l'entre-deux-guerres. L'établissement d'organisations patronales est davantage induit par la «nécessité de constituer un interlocuteur face au syndicalisme de salariés et aux pouvoirs publics, que par une volonté d'auto-organisation»[29]. A l'inverse aussi du syndicalisme ouvrier et paysan, le syndicalisme patronal joue moins sur la «loi du nombre» que sur la «qualité» de ses adhérents, nous y reviendrons.

[29] *Ibid.*, p. 141.

On recense très souvent dans les organisations du monde patronal des organisations représentatives du patronat de la grande industrie – par exemple, le Mouvement des entreprises de France (MEDEF) en France ou la Fédération des entreprises de Belgique (FEB) – et des organisations représentatives du patronat des petites et moyennes entreprises – en Belgique, l'Union des classes moyennes. Ces fédérations ont tout à la fois des intérêts et des visions convergents mais aussi des attentes et des revendications très divergentes. Songeons à l'opposition entre le secteur des grands magasins et celui du petit commerce.

2. Les répertoires d'action

Les méthodes utilisées par le syndicalisme ouvrier et le syndicalisme patronal sont très différentes l'une de l'autre.

Dans le syndicalisme ouvrier, les principaux répertoires d'actions se sont longtemps fondés sur une logique visant à montrer sa force en termes de mobilisation, en termes de citoyens concernés par le mouvement. Le «nombre» est donc une composante essentielle de l'action.

Les deux modes d'actions les plus souvent utilisés sont **la manifestation** et **la grève**. Ils attestent de la force d'un mouvement social, de la capacité organisationnelle d'une ou de plusieurs organisations syndicales et de l'état de la mobilisation. Dans la période contemporaine néanmoins, ces deux répertoires d'actions sont moins exploités en raison de l'affaissement du taux de syndicalisation. «Le nombre sans cesse plus restreint des grèves et, dans une moindre mesure, des manifestations constitue l'aspect le plus immédiatement visible et le moins contestable de l'évolution du syndicalisme et de ses formes d'actions», jugent ainsi Andolfatto et Labbé dans leur appréhension du syndicalisme français[30]. Cette réduction contemporaine de ces modalités de la mobilisation traduit aussi la détérioration du rapport de forces du monde du travail salarié dans le conflit social.

En amont de la manifestation et de la grève, il existe de nombreuses possibilités exploitées par les organisations syndicales pour faire entendre leur point de vue. Il en est ainsi de toute la concertation informelle ou institutionnalisée. En Belgique, par exemple, dans le secteur privé, chaque entreprise de plus de cinquante salariés dispose d'un Conseil d'entreprise et d'un Comité de prévention et de protection au travail (CPPT) où sont représentés paritairement les délégués du patronat et ceux des travailleurs. Les missions du Conseil d'entreprise sont avant tout d'information mais

[30] D. ANDOLFATTO, D. LABBÉ, «La transformation des syndicats français. Vers un nouveau «modèle social»?», *Revue française de science politique*, 2006, n° 2, vol. 56, p. 283.

nombre de problèmes y sont évoqués et traités. Le CPPT se focalise sur les problèmes sanitaires, d'hygiène et de sécurité sur les lieux de travail.

Une autre forme d'influence des organisations syndicales des travailleurs est l'intervention auprès des partis proches à des fins directes – mener telle ou telle politique publique – ou indirecte – essayer de les faire intervenir auprès d'acteurs du patronat.

Dans la phase contemporaine, marquée par une mutation du monde industriel et des transformations dans les catégories socio-professionnelles, la protestation prend parfois des formes moins visibles ou spectaculaires, plus confinées sinon même individuelles: «sabotage, absentéisme voire le suicide». En la matière, la situation qui a affecté France Télécom a frappé les imaginations: cinq-sept suicides après le lancement du plan NEXT. Certes, Gérald Bronner nous invite à la prudence quant à une lecture trop rapide de ce «fait social»[31]. Il n'empêche, le PDG Didier Lombard a dû abandonner la direction du groupe et s'est vu mettre en examen au printemps 2012.

Dans le syndicalisme patronal, les moyens d'action diffèrent sensiblement. Les répertoires ne sont pas fondés sur la «loi du nombre»: campagnes de presse, intimidations, *lock out* – fermeture temporaire de l'usine –, violence physique pour briser une grève mais surtout, dans la période contemporaine, utilisation de l'arsenal juridique ou menace de délocalisation. Le recours à la justice pour empêcher la mise en place de piquets de grève peut conduire à faire condamner des actions collectives. Cela dit, c'est un instrument à double tranchant: il entretient la conflictualité sociale et il suscite la controverse dans la société.

Bien sûr, un autre véhicule d'influence des organisations patronales est leur poids économique et politique dans la société. Il s'agit d'acteurs clés dans la croissance économique, dans le niveau d'emploi,... Aussi, leurs avis et leurs demandes sociales sont-ils «écoutés» avec attention.

Par ailleurs, nous l'avons pointé, depuis 1945, de nombreux rapports entre organisations du monde ouvrier et paysan, et du monde patronal sont institutionnalisés dans des organismes de concertation centralisés et décentralisés: réalisation de conventions collectives de travail, conseils d'entreprise,...

Classiquement donc, les formes de participation politique non institutionnelles sont liées à tout ce qui est du ressort des *mouvements sociaux*. Historiquement, les mouvements sociaux sont articulés surtout aux **conflits d'ordre économique et social**. Ce que recouvrent les conflits d'ordre économique et social évolue cependant dans le temps. D'aucuns suggèrent

[31] G. BRONNER, «France-Télécom: vague de suicides et commentaires hâtifs», *Le Monde*, 11 juillet 2012.

l'avènement d'une «nouvelle question sociale», associée notamment à la «réapparition de phénomènes de pauvreté»[32] massifs. «Si la redéfinition de l'efficacité économique et de la compétence sociale doit se payer de la mise hors-jeu de 10, 20, 30% ou plus de la population, peut-on encore parler d'appartenance à un même ensemble social? Quel est le seuil de tolérance d'une société démocratique à ce que j'appellerai, plutôt que l'exclusion, l'invalidation sociale? Telle est à mon sens la nouvelle question sociale»[33], interroge d'emblée le regretté Robert Castel dans son ouvrage classique sur la chronique du salariat. Les indicateurs de cette nouvelle question sociale seraient les suivants:

– l'expression quantitative et qualitative nouvelle du chômage. Pour Commaille, «le chômage crée, à l'échelle de l'Europe comme à celui de pays comme la France, un déficit de citoyenneté dans la mesure où l'engagement dans l'emploi est l'une des formes de participation à la vie sociale, «de reconnaissance de l'utilité et de la dignité de chacun et dans la mesure où, grâce à l'insertion dans l'échange social qu'il permet, il assure à la fois la sociabilité et l'autonomie financière des personnes»[34];

Evolution du taux de chômage en France[35]

1975	3,4	**1988**	8,8	**2001**	7,7
1976	3,8	**1989**	8,2	**2002**	7,9
1977	4,3	**1990**	7,9	**2003**	8,5
1978	4,5	**1991**	8,1	**2004**	8,9
1979	5,0	**1992**	9,0	**2005**	8,9
1980	5,3	**1993**	10,0	**2006**	8,8
1981	6,3	**1994**	10,7	**2007**	8,0
1982	6,9	**1995**	10,0	**2008**	7,4
1983	7,2	**1996**	10,6	**2009**	9,1
1984	8,4	**1997**	10,7	**2010**	9,4
1985	8,9	**1998**	10,3	**2011**	9,2
1986	8,9	**1999**	10,0		
1987	9,1	**2000**	8,5		

[32] J. COMMAILLE, *op. cit.*, p. 22.

[33] R. CASTEL, *Les métamorphoses de la question sociale. Une chronique du salariat*, Paris, Fayard, 1995, p. 21-22.

[34] *Ibid.*, p. 141.

[35] *Source*: Institut national de la statistique et des études économiques (INSEE).

– la précarisation de l'emploi. L'absence de travail est très souvent un indicateur crucial. Mais en même temps, le fait d'en avoir un ne garantit ni l'intégration, ni la sortie de la pauvreté. Il y a un rôle d'intégration sociale au fait d'avoir un emploi. Pour autant, il ne prémunit plus de phénomènes d'exclusion. Plusieurs raisons expliquent ce phénomène. La première est l'évolution contemporaine des conditions salariales. Nombre d'Etats ont réduit voire supprimé le salaire minimum. Le cas de l'Allemagne est emblématique. Aussi la catégorie des *working poor* s'est-elle développée. Par ailleurs, la précarisation des conditions d'emploi s'est approfondie : accroissement des contrats à durée déterminée, augmentation des contrats à temps partiel, développement du travail intérimaire... A l'aune de ces observations, «l'exclusion professionnelle n'est pas exclusive de l'intégration sociale»[36]. Dans les pays anglo-saxons, les indications sur le chômage n'ont, de ce point de vue, qu'une pertinence relative. En Grande-Bretagne, le chômage a un temps décru sensiblement. Dans le même temps pourtant, le nombre de personnes bénéficiant du revenu minimum a sensiblement augmenté. Pas moins de 17% de la population sont aujourd'hui concernés par ce revenu minimum. Les inégalités en matière de revenu ont crû de manière forte dans ce pays. Entre 1979 et 1992, le salaire moyen britannique a augmenté de 35%, mais de manière très différenciée : les revenus des 10% les plus pauvres ont chuté de 17% tandis que ceux des plus riches ont augmenté de 50%[37]. La précarisation du travail peut tenir au nombre d'heures prestées, au fait que l'on a un contrat ou non, au fait que ce contrat est à durée déterminée ou indéterminée, à l'ignorance ou non de ses horaires de travail,... ;
– la (ré)émergence de la pauvreté donc. Depuis trente ans, la pauvreté a refait son «apparition». Selon les statistiques de l'INSEE, le taux de pauvreté se situe entre 12,6% et 19,1% de la population dans la période contemporaine[38]. Au début de l'année 2013, l'Union européenne estimait qu'un quart de sa population vivait en risque de pauvreté ou d'exclusion sociale[39] ;

[36] M. ALALUF, «Rapport préliminaire», *Séminaire Evolutions démographiques et rôle de la protection sociale : le concept de cohésion sociale*, Centre de sociologie du travail, de l'emploi et de la formation (ULB), 16-17 septembre 1999, p. 14.

[37] A. REA, *La société en miettes. Epreuves et enjeux de l'exclusion*, Bruxelles, Labor, 1997, p. 32.

[38] Données collectées par l'Observatoire des inégalités.

[39] «Risque de pauvreté ou d'exclusion sociale dans l'UE27», *Eurostat*, 28/2013.

Risque de pauvreté ou d'exclusion sociale[40] par groupe d'âges, 2011 (%)

Allemagne	21,3	Grèce	31,6	Portugal	23,2
Autriche	16,2	Hongrie	31,7	République tchèque	15,1
Belgique	20,0	Irlande	29,7	Roumanie	39,0
Bulgarie	45,2	Italie	28,4	Royaume-Uni	21,4
Chypre	20,8	Lettonie	40,9	Slovaquie	20,6
Danemark	20,5	Lituanie	33,6	Slovénie	18,7
Espagne	27,2	Luxembourg	17,6	Suède	15,4
Estonie	24,2	Malte	20,1	**UE 27**	**24,3**
Finlande	18,0	Pays-Bas	17,0		
France	20,1	Pologne	27,0		

– plus largement que la pauvreté, la plupart des pays ont enregistré une précarisation des conditions de travail. Nous l'avons observé pour la question salariale. Mais il en va de même pour les rythmes de travail, les relations de travail,... Contrairement à une idée répandue, les travaux de la Fondation européenne pour l'amélioration des conditions de vie et de travail montrent une détérioration nette, notamment en termes de santé, de risques et de pénibilité physiques comme psychiques, d'irrégularité des horaires et d'augmentation de la violence au travail.

Les expressions et l'impact potentiels de cette *nouvelle* question sociale sont considérables. Nous l'avons déjà évoqué avec la question du vote.

[40] Les personnes à risque de pauvreté ou d'exclusion sociale sont celles qui correspondent à au moins un des trois critères suivants:

– les personnes à risque de pauvreté vivent dans un ménage disposant d'un revenu disponible équivalent-adulte inférieur au seuil de pauvreté qui est fixé à 60% du revenu disponible équivalent-adulte médian national (après transferts sociaux). Le revenu équivalent-adulte est calculé en divisant le revenu total du ménage par sa taille, déterminée par l'application des pondérations suivantes: 1,0 au premier adulte, 0,5 aux autres membres du ménage âgés de 14 ans ou plus et 0,3 à chaque membre du ménage âgé de moins de 14 ans;
– les personnes en situation de privation matérielle sévère ont des conditions de vie limitées par un manque de ressources et sont confrontées à la privation d'au moins 4 des 9 éléments suivants. Ils ne sont pas en mesure: 1) de payer un loyer, un prêt immobilier ou des factures courantes à temps, 2) de chauffer correctement leur domicile, 3) de faire face à des dépenses imprévues, 4) de consommer de la viande, du poisson ou un équivalent de protéines tous les deux jours, 5) de s'offrir une semaine de vacances en dehors de leur domicile, 6) de posséder une voiture personnelle, 7) un lave-linge, 8) un téléviseur couleur, ou 9) un téléphone (incluant un téléphone portable);
– les personnes vivant dans des ménages à très faible intensité de travail sont les personnes âgées de 0 à 59 ans vivant dans des ménages dans lesquels les adultes âgés entre 18 et 59 ans ont utilisé en moyenne moins de 20% de leur potentiel total de travail au cours de l'année passée. Les étudiants sont exclus.

Depuis trente ans, l'abstention a crû de manière notable de même que des votes que l'on peut qualifier de protestataires ou en faveur de partis anti-système. Mais d'autres expressions peuvent se développer, comme la répétition de ce que l'on nomme les « incivilités » : la violence à l'école, le non-respect des biens publics et privés,... La « nouvelle question sociale » a mis ces dernières années à l'avant-plan l'idée d'une société coupée entre, d'une part, les « exclus » et, de l'autre, les « inclus ». Surtout, une différence marquerait la dynamique du conflit social par rapport à la « question sociale classique » : la question sociale marquée par le chômage trouve désormais sa visibilité **non plus sur le lieu de travail** mais sur le **lieu de résidence** avec le cas emblématique des banlieues populaires en France, qui représente « son espace dramaturgique et médiatique par excellence »[41]. Sous cet angle, les émeutes de l'hiver 2005 ont marqué les imaginations. Dès lors, le **territoire** devient le principe organisateur des nouvelles politiques sociales de sécurisation. Robert Castel pousse le raisonnement plus avant. Nous assisterions à un bouleversement voire à un changement de paradigme : l'érosion sinon la fin de la *condition salariale* et le retour dans la gestion de la cité des « travailleurs sans travail », des surnuméraires, des « inutiles au monde »[42].

B. Les nouvelles formes de participation politique non conventionnelles

Une forme *récente* de participation politique non conventionnelle a fait couler beaucoup d'encre depuis la fin des années soixante. Il s'agit de l'émergence de ce que l'on nomme les « **nouveaux mouvements sociaux** ».

Comment définir un *nouveau mouvement social*? Il s'agit de toute « entreprise collective de protestation et de contestation visant à imposer des changements d'une importante variable – dans la structure sociale et/ou politique par le recours fréquent – mais pas nécessairement exclusif à des mouvements non institutionnalisés »[43]. A l'origine, ces mouvements sont présentés comme une réaction de la « société civile » contre l'Etat. Ils ont été qualifiés de *nouveaux* à la lumière de plusieurs éléments.

---

[41] A. Rea, *op. cit.*, p. 23.

[42] R. Castel, *op. cit.*, p. 386.

[43] N. Mayer, P. Perrineau, *Les comportements politiques*, Paris, Armand Colin, 1992, p. 113.

1. Les questions qu'elles concernent

Les mouvements sociaux traditionnels étaient et sont pour l'essentiel centrés sur les questions économiques et sociales, en d'autres termes les problématiques liées à la condition salariale et au *monde de l'entreprise et du travail*. Dans la foulée des événements de mai 1968, les questions soulevées se sont portées sur l'ensemble des rapports à la société : les valeurs de la société – le travail à tous crins, les questions sexuelles, le rôle des femmes dans la société, la vie politique « traditionnelle –, la survie de la société – notamment à travers toutes les questions relatives à l'environnement, à la question énergétique, les questions migratoires, les questions du logement[44] et toute la problématique qui concerne la santé. Bref, un ensemble de revendications rapportées à des droits nouveaux, qualifiés de « troisième génération ». Après les droits civils et politiques, puis les droits économiques et sociaux, on en serait à des droits individuels valorisant la différence : reconnaissance de la liberté et de la différence des femmes, des droits des immigrés, de l'orientation sexuelle, des minorités...[45].

2. Les acteurs

Dans le chef des nouveaux mouvements sociaux, on parle d'acteurs « non traditionnels ». Ce ne sont ni la *classe ouvrière*, ni la *paysannerie*, pas plus que le *patronat* ou leurs organisations représentatives qui sont au centre des *nouveaux mouvements sociaux* mais des acteurs supposés « nouveaux », ce qu'on appelle désormais les *nouvelles classes moyennes salariées*. A savoir les catégories intermédiaires qui travaillent (ou travailleront) dans le secteur des services ou du non-marchand (les travailleurs en cols blancs), qui se sont beaucoup développées à partir des années soixante-dix et qui sont détentrices d'un haut capital scolaire. La variable qui donne la meilleure corrélation avec la participation ou l'accord à la participation à ces nouveaux mouvements sociaux, au fort « potentiel protestataire », est l'âge. En effet, une étude du Centre d'étude de la vie politique française corrobore des résultats antérieurs :

> « Ce sont en majorité des jeunes appartenant aux classes moyennes salariées, ouverts aux valeurs du libéralisme culturel, intéressés et compétents en matière politique »[46].

---

[44] H. Kriesi, Ph. Van Praag, « Old and New politics : The Dutch Peace movement and the traditional political organizations », *European Journal of Political Research*, 1987, vol. 15, n° 3, p. 319.

[45] L. Bouvet, *Le sens du peuple. La gauche, la démocratie, le populisme*, Paris, Gallimard, 2011, p. 135.

[46] R. Castel, *op. cit.*, p. 134.

Le deuxième élément déterminant est le niveau de diplôme. Dans l'étude citée, 69% des diplômés de l'enseignement supérieur soutiennent des actions de type nouveau mouvement social contre 36% des personnes «sans diplômes».

3. Les répertoires d'action

Les méthodes d'action utilisées par ces nouveaux mouvements sociaux sont originales dans la mesure où elles s'appuient moins souvent sur la «loi du nombre» des mouvements sociaux classiques.

Nous n'avons pas affaire à des grèves ou à des manifestations à la dimension et au caractère massifs. Les formes d'action apparaissent moins «traditionnelles»: boycott, sit-in, actions spectaculaires, pétitionnement,... Au début des années 2000, ce qu'on nomme alors le mouvement des «sans» renouvelle les formes d'actions: occupations de lieux publics ou para-publics, «réquisitions de richesses», action dans les transports publics[47]...

Ce qui compte, c'est d'être spectaculaire. Parfois, ces mouvements acceptent de jouer avec les frontières de la légalité[48] et l'outrepassent à l'occasion, à l'image des *faucheurs volontaires*, les militants fauchant du maïs en expérimentation scientifique.

Cela dit, ce phénomène n'est pas exclusif d'actions de masse, à l'image des manifestations massives contre l'implantation de missiles américains en Europe occidentale et en faveur du démantèlement de missiles soviétiques en Europe centrale et orientale dans les années quatre-vingt.

Surtout, la question de la ***médiatisation*** est fondamentale. La médiatisation est étroitement associée au registre de la ***spectacularisation.*** La volonté d'être aussi original que faire se peut dans les actions est saillante. Il faut que les actions aient un écho plus ou moins important dans la presse écrite et, plus encore, dans les médias audiovisuels. Les actions n'ont d'ailleurs de sens que si elles trouvent un ou plusieurs relais médiatiques en frappant les imaginations. Dans ce domaine, l'organisation non gouvernementale Greenpeace est un précurseur. Dès sa naissance, l'ordonnancement des deux données est présent. En 1971, trois Canadiens qui souhaitent marquer radicalement leur rejet d'un essai nucléaire dans le golfe de l'Alaska embarquent sur un bateau en compagnie de... six journalistes, parmi lesquels des représentants de la chaîne CBC. La démarche met en place «l'élément structu-

---

[47] D. MOUCHARD, «Les mobilisations des «sans» dans la France contemporaine. L'émergence d'un «radicalisme autolimité»», *Revue française de science politique*, 2002, vol. 52, n° 4, p. 426.

[48] *Ibid.*, p. 433.

rant d'un mode opératoire»[49]. Depuis, aucune action de Greenpeace ne se déroule sans la présence de journalistes. La communication et le «monde» des médias sont aujourd'hui l'enjeu de batailles sévères. «A l'origine de (...) la «scandalisation publique», Act up a souvent fait preuve de sa capacité à faire des médias son premier «camp de bataille»», soulignent ainsi Ion, Franguiadakis et Viot[50]. On soulignera d'ailleurs que cette dynamique s'est largement imposée dans les mouvements sociaux réputés classiques.

Un nouveau registre mobilisé est l'expertise ou la contre-expertise. En matière environnementale, Sylvie Ollitrault a de la sorte identifié deux profils distincts: les «scientifiques amateurs», sollicités comme experts, et les «universitaires militants»[51]. Et parmi les militants d'organisations écologistes qu'elle a étudiés, elle ne dénombre pas moins de 40% d'enseignants du supérieur/chercheurs et 12,5% d'enseignants du secondaire[52]. Cette contre-expertise s'adosse régulièrement à une autre voie de contestation, le recours au droit. Au plan local, national et international, l'expertise ou la contre-expertise sont désormais mobilisés dans des enceintes juridiques pour contester le bien-fondé de propositions ou de décisions: protection sanitaire, aménagement du territoire, qualité de l'environnement...

Globalement, les phénomènes de participation dévoilent de la sorte certaines continuités mais aussi des évolutions profondes sinon des ruptures. Elles sont le plus souvent en phase avec des transformations concomitantes dans le monde du travail et dans la société.

Depuis quarante ans, nous observons un déclin du nombre d'entreprises industrielles en Europe et de leur taille. A titre d'exemple, la seule usine Fiat à Turin compta jusqu'à 230 000 travailleurs. Cette mutation a affecté le syndicalisme de manière protéiforme. Un syndicalisme plutôt offensif durant les *trente glorieuses* a fait place à un syndicalisme défensif, de protection vaille que vaille des acquis. A l'intérieur des organisations, le poids des branches industrielles a reculé au profit d'autres branches, comme le secteur non marchand. Les répertoires d'action ont en conséquence évolué: affaissement des grèves générales ou des grèves au «long cours», décroissance du caractère de masse des mouvements...

Parallèlement, l'élévation tendancielle du capital scolaire et le développement de nouveaux segments de classes moyennes salariées a conduit à des investissements nouveaux ou des réinvestissements de thématiques

---

[49] N. Fréour, «Le positionnement distancié de Greenpeace», *Revue française de science politique*, 2004, vol. 54, n° 3, p. 428.

[50] J. Ion, S. Franguiadakis, P. Viot, *Militer aujourd'hui*, Paris, Autrement, 2005, p. 58-59.

[51] S. Ollitrault, «Les écologistes français. Des experts en action», *Revue française de science politique*, 2001, vol. 51, n° 1-2, p. 119-123.

[52] *Ibid.*, p. 127.

jusqu'alors délaissées : protection de l'environnement, démocratie participative, place et rôle des femmes dans la société... La participation politique qui peut s'y déployer est parfois impressionnante, originale et innovante. Pour autant, elle ne saurait masquer certaines tendances lourdes, en particulier le recul profond de la participation sociale et politique des milieux populaires, grands *perdants* des mutations à l'œuvre à la charnière des XXe et XXIe siècles.

Orientation bibliographique

Livres

ANDOLFATTO D., LABBÉ, D., *Histoire des syndicats (1906-2006)*, Paris, Seuil, 2006.

ARENDT H., *Le système totalitaire*, Paris, Points-politique, Seuil, 1972.

ARON R., *Démocratie et totalitarisme*, Paris, Gallimard, 1965.

BADIE B., BIRNBAUM P., *Sociologie de l'Etat*, Paris, Grasset, 1979.

BAUDOUIN J., *Introduction à la science politique*, Paris, Dalloz-mémentos, 2004 (7e édition).

BEAUTHIER R., *Droit et genèse de l'Etat*, Bruxelles, Editions de l'Université de Bruxelles, 2011 (4e édition).

BERELSON B.R., LAZARSFELD P.F., MCPHEE W.N., *Voting: a study of opinion formation in a presidential campaign*, Chicago, the University of Chicago Press, 1954.

BERSTEIN S., *Démocraties, régimes autoritaires et totalitarismes au XXe siècle*, Paris, Hachette, 1992.

BEVERIDGE W., *Full employment in a free society*, Londres, New statesman and nation & Reynolds, 1944.

BLONDIAUX L., *La fabrique de l'opinion. Une histoire sociale des sondages*, Paris, Seuil, 1998.

BURDEAU G., *Méthode de la science politique*, Paris, Dalloz, 1959.

BRACONNIER C., DORMAGEN J.-Y., VERRIER B., *Non-inscrits, mal-inscrits et abstentionnistes. Diagnostic et pistes pour une réforme de l'inscription sur les listes électorales*, Paris, La Documentation française, 2007.

BRAUD Ph., *Sociologie politique*, Paris, LGDJ, 2004 (7e édition).

—, *La science politique*, Paris, PUF, 2007.

BRAUDEL F., *Civilisation matérielle, économie et capitalisme. XVe-XVIIIe siècle. Tome 1. Les structures du quotidien*, Paris, Le livre de poche, 1979.

BRÉCHON P., *Les partis politiques*, Paris, Clef-Montchrestien, 1999.

—, *La France aux urnes. Soixante ans d'histoire électorale*, Paris, Les études de la Documentation française, 2009.

BURDEAU G., *L'Etat*, Paris, Points-Seuil, 1970.

CAMPBELL A., CONVERSE Ph.E., MILLER W.E., STOKES D.E., *The American Voter*, New York, Wiley, 1960.

CASTEL R., *Les métamorphoses de la question sociale. Une chronique du salariat*, Paris, Fayard, 1995.

CHAGNOLLAUD D., *Introduction à la politique*, Paris, Seuil-essai, 1996.

CATTACIN S., GIUGNI M., PASSY F., *Mouvements sociaux et Etat. Mobilisations sociales et transformations de la société en Europe*, Paris, Centre européen de la culture-Actes sud, 1997.

COHEN A., LACROIX B., RIUTORT Ph. (éd.), *Nouveau manuel de science politique*, Paris, La Découverte, 2009.

COMMAILLE J., *Les nouveaux enjeux de la question sociale*, Paris, Hachette, 1997.

COSTA O., KERROUCHE E., MAGNETTE P. (éd.), *Vers un renouveau du parlementarisme en Europe ?*, Bruxelles, Editions de l'Université de Bruxelles, 2004, en ligne : http://digistore.bib.ulb.ac.be/2007/i9782800413440_000_o.pdf

Cot J.-P., Mounier J.-P., *Pour une sociologie politique, tome 1*, Paris, Points-politique, 1974.
Cotteret J.-M., *Gouverner, c'est paraître*, Paris, puf, 1997 (2e édition).
—, Emeri C., *Les systèmes électoraux*, Paris, puf, 1994.
Dalton R.J., Wattenberg M.P. (ed.), *Parties Without Partisans Political Change in Advanced Industrial Democracies*, Oxford, Oxford University Press, 2002.
Delbasch C., Pontier J.-M., *Introduction à la science politique*, Paris, Précis Dalloz, 1992.
De Legge J., *Sondage et démocratie*, Paris, Dominos-Flammarion, 1998.
Déloye Y., *Sociologie historique du politique*, Paris, La Découverte, 1997.
—, Voutat B., *Faire de la science politique*, Paris, Belin, 2002.
Delwit P., *La vie politique en Belgique de 1830 à nos jours*, Bruxelles, Editions de l'Université de Bruxelles, 2012 (3e édition).
— (éd.), *Démocraties chrétiennes et conservatismes en Europe. Une nouvelle convergence ?*, Bruxelles, Editions de l'Université de Bruxelles, 2003.
— (éd.), *Où va la social-démocratie européenne ? Débats, enjeux, perspectives*, Bruxelles, Editions de l'Université de Bruxelles, 2004, en ligne : http://digistore.bib.ulb.ac.be/2007/i9782800413402_000_o.pdf
— (éd.), *Le Front national. Mutations de l'extrême droite française*, Bruxelles, Editions de l'Université de Bruxelles, 2012.
—, De Waele J.-M. (éd.), *Le mode de scrutin fait-il l'élection ?*, Bruxelles, Editions de l'Université de Bruxelles, 2000, en ligne : http://digistore.bib.ulb.ac.be/2007/i9782800412351_000_f.pdf
—, —, Gotovitch J., *L'Europe des communistes*, Bruxelles, Editions complexe, 1992.
—, —, Magnette P., *A quoi sert le Parlement européen ? Stratégies et pouvoirs d'une assemblée transnationale*, Bruxelles, Editions, Complexe, 1999.
—, Pilet J.-B., van Haute E. (éd.), *Les partis politiques en Belgique*, Bruxelles, Editions de l'Université de Bruxelles, 2011 (3e édition).
Denquin J.-M., *Introduction à la science politique*, Paris, Hachette, 2001 (2e édition).
Detterbeck K., *Multi-Level Party Politics in Western Europe*, Londres, Palgrave, 2012.
Donzelot J., *L'invention du social. Essai sur le déclin des passions politiques*, Paris, Points-Essais, 1994.
Dormagen J.-Y., Mouchard D., *Introduction à la sociologie politique*, Bruxelles, De Boeck, 2007.
Downs A., *Une théorie économique de la démocratie*, Bruxelles, Editions de l'Université de Bruxelles, 2013 (réédition).
Duhamel O., *Les démocraties. Régimes, histoire et exigences*, Paris, Seuil, 1993.
Dulphy A., *Histoire de l'Espagne de 1814 à nos jours. Le défi de la modernisation*, Paris, Nathan-Université.
Durand J.-D., *L'Europe de la démocratie chrétienne*, Bruxelles, Editions Complexe, 1995.
Ferro M. (éd.), *Nazisme et communisme. Deux régimes dans le siècle*, Paris, Hachette, Pluriel-inédit, 1999.
Garrigou A., *Histoire sociale du suffrage universel en France. 1848-2000*, Paris, Seuil, 2002.
—, Brousse R., *Manuel anti-sondages. La démocratie n'est pas à vendre !*, Paris, La ville qui brûle, 2011.
Gaxie D., *La démocratie représentative*, Paris, Montchréstien-clé, 1993.
— (éd.), *Explication du vote. Un bilan des études électorales en France*, Paris, Presses de la Fondation nationale des sciences politiques, 1985.
Gérard E., Gubin E., Nandrin J.-P. et Witte E. (éd.), *Histoire de la Chambre des représentants de Belgique 1830-2002*, Bruxelles, Chambre des représentants, 2003.
Goodin R., Klingemann H.-D. (ed.), *A New Handbook of Political Science*, Oxford, Oxford University Press, 1996.

Gorz A., Bosquet M., *Ecologie et politique*, Paris, Points-Politique, 1978.

Greenstein F., Plosby N. (ed.), *Political Science: Scope and theory*, Boston, Addison-Wesley Publishing Company, 1975.

Hastings M., *Aborder la science politique*, Paris, Seuil, 1996.

Hayek F.A. von, *La route de la servitude*, Paris, PUF, 2005 (réédition).

Heymann-Doat A., *Les régimes politiques*, Paris, La Découverte, 1998.

Hermet G., *Le passage à la démocratie*, Paris, Presses de la Fondation nationale des sciences politiques, 1996.

—, *Les populismes dans le monde. Une histoire sociologique. XIXe-XXe siècle*, Paris, Fayard, 2001.

—, *L'hiver de la démocratie ou le nouveau régime*, Paris, Armand Colin, 2007.

—, Badie B., Birnbaum P., Braud P., *Dictionnaire de la science politique et des institutions politiques*, Paris, Armand Colin, 1994.

—, Hassner P., Rupnik J. (éd.), *Totalitarismes*, Paris, Economica, 1984.

Hirschman A.O., *Exit, voice, loyalty. Défection et prise de parole*, Bruxelles, Editions de l'Université de Bruxelles, 2011 (réédition).

Hobbes Th., *Léviathan*, Paris, Vrin, 2004.

Hobsbawm E.J., *L'âge des extrêmes*, Bruxelles, Editions Complexe, 1999.

—, *L'Empire, la démocratie, le terrorisme. Réflexions sur le XXIe siècle*, Waterloo, André Versaille éditeur, 2009.

Hofnung M.-G., *Le référendum*, Paris, PUF, 1994 (2e édition).

Huntington S.P., *The third wave. Democratization in the late XXth century*, Norman, University of Oklahoma Press, 1991.

Ignazi P., *Extreme Right Parties in Western Europe*, Oxford, Oxford University Press, 2003.

Ion J., *La fin des militants*, Paris, Editions de l'Atelier, 1997.

—, Franguiadakis S., Viot P., *Militer aujourd'hui*, Paris, Autrement, 2005.

Keynes J.F., *Théorie générale de l'emploi, de l'intérêt et de la monnaie*, Paris, Payot, 1969 (réédition).

Kitschelt H., *The radical Right in Western Europe. A comparative Analysis*, Ann Arbor, The University of Michigan Press, 1997.

LaPalombara J., Weiner M. (ed.), *Political Parties and Political Development*, Princeton, Princeton University Press, 1966.

Lazar M. (éd.), *La gauche en Europe depuis 1945. Invariants et mutations du socialisme européen*, Paris, PUF, 1996.

Lecomte P., Denni B., *Sociologie du politique*, Grenoble, Presses universitaires de Grenoble, 1990.

Letamendia P., *La démocratie chrétienne*, Paris, PUF, 1993 (2e édition).

Lipset S.M. et Rokkan S., *Structures de clivages, systèmes de partis et alignement des électeurs: une introduction*, Bruxelles, Editions de l'Université de Bruxelles, 2008 (réédition).

Locke J., *Le second traité du gouvernement: essai sur la véritable origine, l'étendue et la fin du gouvernement civil*, Paris, PUF, 1994.

Magnette P., *Le régime politique de l'Union européenne*, Paris, Presses de Sciences Po, 2009 (3e édition).

Marcus G.E., *Le citoyen sentimental. Emotions et politique en démocratie*, Paris, Presses de Sciences Po, 2008.

Martelli R., *Pour en finir avec le totalitarisme*, Paris, La ville brûle, 2012.

Martin P., *Les systèmes électoraux et les modes de scrutin*, Paris, Montchrestien, Clefs-politique, 1994.

Marx K., Engels F., *Le Manifeste du parti communiste*, Paris, éditions sociales, 1986.

Mathieu L., *La démocratie protestataire*, Paris, Les Presses de Sciences Po, 2011.

MAYER N., *Sociologie des comportements politiques*, Paris, Armand Colin, 2010.

—, PERRINEAU P., *Les comportements politiques*, Paris, Armand Colin, 1992.

MICHELS R., *Les partis politiques. Essai sur les tendances oligarchiques des démocraties*, Bruxelles, Editions de l'Université de Bruxelles, 2009 (réédition).

MILZA P., BERSTEIN S., *Le fascisme italien. 1919-1945*, Paris, Points-histoire, 1980.

MOSCHONAS G., *In the name of Social-Democracy: the great transformation, 1945 to the present*, Londres-New York, Verso, 2002.

NADEAU R., BÉLANGER E., LEWIS-BECK M., CAUTRÈS B., FOUCAULT M., *Le vote des Français de Mitterrand à Sarkozy*, Paris, Les Presses de Sciences Po, 2012.

NIE N.H., VERBA S., PETROCIK J.R., *The changing American Voter*, Cambridge, Harvard University Press, 1976.

NORRIS P., *Democratic Phoenix: Reinventing Political Activism*, Cambridge, Cambridge University Press, 2002.

OFFERLÉ M., *Les partis politiques*, Paris, PUF, 2008 (6e édition).

OLSON M., *Logique de l'action collective*, Bruxelles, Editions de l'Université de Bruxelles, 2011 (réédition).

OSTROGORSKI M., *Democracy and the Party System in the United States, a study in extra-constitutional government*, New York, MacMillan, 1910.

PARENTEAU D. et I., *Les idéologies politiques. Le clivage gauche-droite*, Québec, Presses de l'Université du Québec, 2008.

PERRINEAU P. (éd.), *Les croisés de la société fermée. L'Europe des extrêmes droites*, Paris, L'Aube, 2001.

POLANYI K., *La grande transformation: aux origines politiques et économiques de notre temps*, Paris, Gallimard, 2009.

POLSBY N., WILDAVSKY A., *Les élections présidentielles aux Etats-Unis*, Londreys, 1988 (7e édition).

QUERMONNE J.-L., *Les régimes politiques occidentaux*, Paris, Seuil-Essai, 2000 (4e édition).

RÉMOND R., *La politique est-elle intelligible?*, Bruxelles, Editions Complexe, 1999.

ROUSSEAU J.-J., *Du contrat social*, Paris, Garnier-Flammarion, 2012 (réédition).

ROUSSELLIER N., *L'Europe des libéraux*, Bruxelles, Editions Complexe, 1991.

SALMON F., *Atlas électoral de la France (1848-2001)*, Paris, Seuil, 2001.

SARTORI G., *Partis et systèmes de partis. Un cadre d'analyse*, Bruxelles, Editions de l'Université de Bruxelles, 2011 (réédition).

SCARROW S. E., *Parties and their members. Organizing for victory in Britain and Germany*, Oxford, Oxford University Press, 1996.

SCHÉMEIL Y., *La science politique*, Paris, Armand Colin, 1994.

SCHUMACHER E.F., *Small Is Beautiful: A study of economics as if people mattered*, New York, Harper and Row, 1973.

SEILER D.-L., *La politique comparée*, Paris, Armand Colin, 1982.

—, *Les partis politiques*, Paris, Armand Colin, 1993.

—, *Clivages et familles de partis en Europe*, Bruxelles, Editions de l'Université de Bruxelles, 2011.

SIEGFRIED A., *Tableau politique de la France de l'Ouest sous la Troisième République*, Bruxelles, Editions de l'Université de Bruxelles, 2010 (réédition).

SMITH A., *Recherches sur la nature et sur les causes de la richesse des nations*, Paris, Gallimard, 1976 (réédition).

SULEIMAN E., *Le démantèlement de l'Etat démocratique*, Paris, Seuil, 2003.

TALMON J.-L., *Les origines de la démocratie totalitaire*, Calmann-Lévy, 1966.

TILLY C., *Contrainte et capital dans la formation de l'Europe (990-1990)*, Paris, Aubier, 1991.

TOCQUEVILLE A. DE, *De la démocratie en Amérique*, Paris, Gallimard, 1986 (2 tomes) (réédition).
TOINET M.-F., *Le système politique américain*, Paris, PUF, 1987.
TOURAINE A., *Qu'est-ce que la démocratie ?*, Paris, Fayard, 1994.
VAN HAUTE E., *Adhérer à un parti. Aux sources de la participation politique*, Bruxelles, Editions de l'Université de Bruxelles, 2009.
— (ed.), *Party Membership in Europe : Exploration into the anthills of party politics*, Bruxelles, Editions de l'Université de Bruxelles, 2011.
VANTHEMSCHE G., *Les paradoxes de l'Etat. L'Etat face à l'économie de marché. XIXe & XXe siècle*, Bruxelles, Labor, 1997.
WEBER M., *Le savant et le politique*, Paris, Christian Bourgeois 10-18, 1959.
—, *Economie et société*, Paris, Plon, 1971.

Articles et chapitres

BLONDEL J., « Party Systems and Patterns of Government in Western Democracies », *Canadian Journal of Political Science*, 1968, vol. I, n° 2, p. 180-203.
BLONDIAUX L., « Les tournants historiques de la science politique américaine », *Politix*, 1997, n° 40, p. 7-38.
BORNSCHIER S., « The new cultural divide and the two-dimensional political space in Western Europe », *West European Politics*, 2010, vol. 33, n° 3, p. 419-414.
BOUISSOU J.-M., LAZAR M., « Comparer deux « démocraties hors normes » », *Revue française de science politique*, 2001, vol. 51, n° 4, p. 531-542.
BRAUD Ph., « Du pouvoir en général au pouvoir politique », *in* GRAWITZ M., LECA J. (dir.), *Traité de science politique. 1. La science politique, science sociale. L'ordre politique*, Paris, PUF, 1985.
CARTER E.L., « Proportional Representation and the Fortunes of Right-Wing Extremist Parties », *West European Politics*, 2002, vol. 25, n° 3, p. 125-146.
COAKLEY J., « Evolution dans l'organisation de la science politique : la dimension internationale », *Revue internationale des sciences sociales*, 2004, n° 179, p. 189-203.
DELWIT, P., « Still in Decline ? Party Membership in Europe », *in* VAN HAUTE E. (ed.), *Party Membership in Europe : Exploration into the anthills of party politics*, Bruxelles, Editions de l'Université de Bruxelles, 2011, p. 25-42.
—, « The End of Voters in Europe ? Electoral Turnout in Europe since WWII », *Open Journal of Political Science*, 2013, vol. 3, n° 1, p. 44-52.
DÉSESQUELLES A., « La participation électorale au printemps 2004, un électeur inscrit sur quatre s'est abstenu à tous les scrutins », *INSEE-Première*, décembre 2004 n° 998.
DOLEZ B., « A la recherche de l'abstentionnisme différentiel. Actualité d'une vieille question », *Revue française de science politique*, 2004, vol. 54, n° 4, p. 669-680.
FAVRE P., « Histoire de la science politique », *in* GRAWITZ M., LECA J. (dir.), *Traité de science politique. 1. La science politique, science sociale. L'ordre politique*, Paris, PUF, 1985.
FERRY L., PISIER-KOUCHNER E., « Théorie du totalitarisme », *in* GRAWITZ M., LECA J. (dir.), *Traité de science politique. 2. Les régimes politiques contemporains*, Paris, PUF, 1985.
FLANAGAN S., LEE A.-R., « The New Politics, culture wars, and the authoritarian-libertarian value change in advanced Industrial Democracies », *Comparative Political Studies*, 2003, vol. 36, n° 3, p. 235-270.
FLICKINGER R.S., STUDLAR D.T., « The disappearing voters ? Exploring declining turnout in Western European Elections », *West European Politics*, 1992, vol. 15, n° 2, p. 1-16.
GALLAGHER M., « Proportionality, Disproportionality, and Electoral Systems », *Electoral Studies*, 1991, vol. 10, n° 1, p. 33-51.

GAXIE D., «Economie des partis et rétributions du militantisme», *Revue française de science politique*, 1977, vol. 27, n° 1, p. 123-154.

HERMET G., «L'autoritarisme», *in* GRAWITZ M., LECA J. (dir.), *Traité de science politique. 2. Les régimes politiques contemporains*, PUF, 1985.

HIX S., MARSH M., «Punishment or protest? Understanding European Parliament Elections», *The Journal of Politics*, 2007, vol. 69, n° 2, p. 495-510.

IGNAZI P., «The silent counter-revolution: hypotheses on the emergence of extreme right-wing parties in Europe», *European Journal of Political Research*, 1992, vol. 22, n° 1, p. 3-34.

KATZ R.S., MAIR P., «Changing models of Party Organization and Party Democracy», *Party Politics*, 1996, vol. 1, n° 1, p. 5-28.

KIRCHHEIMER O., «The transformation of the Western European Party Systems», *in* LAPALOMBARA J., WEINER M. (ed.), *Political Parties and Political Development*, Princeton, Princeton University Press, 1966.

LAAKSO M., TAAGEPERA R., «Effective number of Parties: A Measure with Application to West Europe», *Comparative Political Studies*, 1979, vol. 12, n° 1, p. 3.-27.

LAVAU G., «Partis et systèmes politiques: interactions et fonctions», *Revue canadienne de science politique*, 1969, vol. II, n° 1, p. 18-44.

LINZ J.J., «L'effondrement de la démocratie, autoritarisme et totalitarisme dans l'Europe de l'entre-deux-guerres», *Revue internationale de politique comparée*, 2004, vol. 11, p. 531-586.

MAIR P., VAN BIEZEN I., «Party membership in twenty European Democracies, 1980-2000», *Party Politics*, 2001, vol. 7, n° 1, p. 5-21.

MUXEL A., «La participation électorale: un déficit inégalé», *Revue internationale de politique comparée*, 2009, vol. 16, n° 4, p. 569-581.

PILET J.-B., «Les nouveaux souffles dans l'analyse des systèmes électoraux», *Revue française de science politique*, 2008, vol. 85, n° 1, p. 141-147.

—, BOL D., «Party Preferences and Electoral Reform: How Time in Government Affects the Likelihood of Supporting a Change», *West European Politics*, 2011, vol. 34, n° 3, p. 568-586.

RADCLIFF B., DAVIS P., «Labor Organization and Electoral Participation in Industrial Democracies», *American Journal of Political Science*, 2000, vol. 44, n° 1, p. 132-141.

RAE D., «A note on the fractionalization of some European Party Systems», *Comparative Political Studies*, 1968, vol. 1, n° 3, p. 413-418.

VAN BIEZEN I., MAIR P., POGUNTKE Th., «Going, going,... gone? The decline of party membership in contemporary Europe», *European Journal for political Research*, 2012, vol. 51, n° 1, p. 24-56.

VAN HAUTE E., CARTY R.K., «Ideological misfits: A distinctive class of party members», *Party Politics*, 2012, vol. 18, n° 6, p. 885-895.

WIDFELDT A., «Losing touch? The Political Representativeness of Swedish Parties, 1985-1994», *Scandinavian Political Studies*, 1999, vol. 22, n° 4, p. 307-326.

YANAI N., «Why do Political Parties survive?», *Party Politics*, 1999, vol. 5, n° 1, p. 5-17.

Table des matières

EDITIONS DE L'UNIVERSITE DE BRUXELLES

Fondées en 1972, les Editions de l'Université de Bruxelles sont un département de l'Université libre de Bruxelles (Belgique). Elles publient des ouvrages de recherche et des manuels universitaires d'auteurs issus de l'Union européenne.

Principales collections et directeurs de collection

- Commentaire J. Mégret (Comité de rédaction : Marianne Dony (directeur), Emmanuelle Bribosia (secrétaire de rédaction), Claude Blumann, Jacques Bourgeois, Laurence Idot, Jean-Paul Jacqué, Henry Labayle, Fabrice Picod)
- Architecture, aménagement du territoire et environnement (Christian Vandermotten et Jean-Louis Genard)
- Etudes européennes (Marianne Dony et François Foret)
- Histoire (Eliane Gubin et Kenneth Bertrams)
- Histoire – conflits – mondialisation (Pieter Lagrou)
- Méthodes quantitatives : théories et applications (Catherine Dehon et Catherine Vermandele)
- Philosophie politique : généalogies et actualités (Thomas Berns)
- Quête de sens (Marie-Soleil Frère)
- Religion, laïcité et société (Monique Weis)
- Science politique (Pascal Delwit)
- Sociologie et anthropologie (Mateo Alaluf et Pierre Desmarez)
- UBlire (collection de poche)

Elles éditent trois séries thématiques, les *Problèmes d'histoire des religions* (direction : Alain Dierkens), les *Etudes sur le XVIIIe siècle* (direction : Valérie André et Brigitte D'Hainaut-Zveny) et *Sextant* (direction : Valérie Piette).

Les ouvrages des Editions de l'Université de Bruxelles sont soumis à une procédure de *referees* nationaux et internationaux.

Des ouvrages des Editions de l'Université de Bruxelles figurent sur le site de la Digithèque de l'ULB. Ils sont aussi accessibles via le site des Editions.

Founded in 1972, Editions de l'Université de Bruxelles is a department of the Université libre de Bruxelles (Belgium). It publishes textbooks, university level and research oriented books in law, political science, economics, sociology, history, philosophy, …

Editions de l'Université de Bruxelles, avenue Paul Héger 26 – CPI 163, 1000 Bruxelles, Belgique, EDITIONS@ulb.ac.be, http://www.editions-universite-bruxelles.be
Direction, droits étrangers : Michèle Mat.
Diffusion/distribution : Interforum Benelux (Belgique, Pays-Bas et grand-duché de Luxembourg) ; SODIS/ToThèmes (France) ; Servidis (Suisse) ; Somabec (Canada).